Informatik – Fachberichte

Band 99: K. Küspert, Fehlererkennung und Fehlerbehandlung in Speicherungsstrukturen von Datenbanksystemen. IX, 294 Seiten. 1985.

Band 100: W. Lamersdorf, Semantische Repräsentation komplexer Objektstrukturen. IX, 187 Seiten. 1985.

Band 101: J. Koch, Relationale Anfragen. VIII, 147 Seiten. 1985.

Band 102: H.-J. Appelrath, Von Datenbanken zu Expertensystemen. VI, 159 Seiten. 1985.

Band 103: GWAI-84. 8th German Workshop on Artificial Intelligence. Wingst/Stade, October 1984. Edited by J. Laubsch. VIII, 282 Seiten. 1985.

Band 104: G. Sagerer, Darstellung und Nutzung von Expertenwissen für ein Bildanalysesystem. XIII, 270 Seiten. 1985.

Band 105: G. E. Maier, Exceptionbehandlung und Synchronisation. IV, 359 Seiten. 1985.

Band 106: Österreichische Artificial Intelligence Tagung. Wien, September 1985. Herausgegeben von H. Trost und J. Retti. VIII, 211 Seiten. 1985.

Band 107: Mustererkennung 1985. Proceedings, 1985. Herausgegeben von H. Niemann. XIII, 338 Seiten. 1985.

Band 108: GI/OCG/ÖGJ-Jahrestagung 1985. Wien, September 1985. Herausgegeben von H. R. Hansen. XVII, 1086 Seiten. 1985.

Band 109: Simulationstechnik. Proceedings, 1985. Herausgegeben von D. P. F. Möller. XIV, 539 Seiten. 1985.

Band 110: Messung, Modellierung und Bewertung von Rechensystemen. 3. GI/NTG-Fachtagung, Dortmund, Oktober 1985. Herausgegeben von H. Beilner. X, 389 Seiten. 1985.

Band 111: Kommunikation in Verteilten Systemen II. GI/NTG-Fachtagung, Karlsruhe, März 1985. Herausgegeben von D. Heger, G. Krüger, O. Spaniol und W. Zorn. XII, 236 Seiten. 1985.

Band 112: Wissensbasierte Systeme. GI-Kongreß 1985. Herausgegeben von W. Brauer und B. Radig. XVI, 402 Seiten, 1985.

Band 113: Datenschutz und Datensicherung im Wandel der Informationstechnologien. 1. GI-Fachtagung, München, Oktober 1985. Proceedings, 1985. Herausgegeben von P. P. Spies. VIII, 257 Seiten. 1985.

Band 114: Sprachverarbeitung in Information und Dokumentation. Proceedings, 1985. Herausgegeben von B. Endres-Niggemeyer und J. Krause. VIII, 234 Seiten. 1985.

Band 115: A. Kobsa, Benutzermodellierung in Dialogsystemen. XV, 204 Seiten. 1985.

Band 116: Recent Trends in Data Type Specification. Edited by H.-J. Kreowski. VII, 253 pages. 1985.

Band 117: J. Röhrich, Parallele Systeme. XI, 152 Seiten. 1986.

Band 118: GWAI-85. 9th German Workshop on Artificial Intelligence. Dassel/Solling, September 1985. Edited by H. Stoyan. X, 471 pages. 1986.

Band 119: Graphik in Dokumenten. GI-Fachgespräch, Bremen, März 1986. Herausgegeben von F. Nake. X, 154 Seiten. 1986.

Band 120: Kognitive Aspekte der Mensch-Computer-Interaktion. Herausgegeben von G. Dirlich, C. Freksa, U. Schwatlo und K. Wimmer. VIII, 190 Seiten. 1986.

Band 121: K. Echtle, Fehlermaskierung durch verteilte Systeme. X, 232 Seiten. 1986.

Band 122: Ch. Habel, Prinzipien der Referentialität. Untersuchungen zur propositionalen Repräsentation von Wissen. X, 308 Seiten. 1986.

Band 123: Arbeit und Informationstechnik. GI-Fachtagung. Proceedings, 1986. Herausgegeben von K. T. Schröder. IX, 435 Seiten. 1986.

Band 124: GWAI-86 und 2. Österreichische Artificial-Intelligence-Tagung. Ottenstein/Niederösterreich, September 1986. Herausgegeben von C.-R. Rollinger und W. Horn. X, 360 Seiten. 1986.

Band 125: Mustererkennung 1986. 8. DAGM-Symposium, Paderborn, September/Oktober 1986. Herausgegeben von G. Hartmann. XII, 294 Seiten, 1986.

Band 126: GI-16. Jahrestagung. Informatik-Anwendungen – Trends und Perspektiven. Berlin, Oktober 1986. Herausgegeben von G. Hommel und S. Schindler. XVII, 703 Seiten. 1986.

Band 127: GI-17. Jahrestagung. Informatik-Anwendungen – Trends und Perspektiven. Berlin, Oktober 1986. Herausgegeben von G. Hommel und S. Schindler. XVII, 685 Seiten. 1986.

Band 128: W. Benn, Dynamische nicht-normalisierte Relationen und symbolische Bildbeschreibung. XIV, 153 Seiten. 1986.

Band 129: Informatik-Grundbildung in Schule und Beruf. GI-Fachtagung, Kaiserslautern, September/Oktober 1986. Herausgegeben von E. v. Puttkamer. XII, 486 Seiten. 1986.

Band 130: Kommunikation in Verteilten Systemen. GI/NTG-Fachtagung, Aachen, Februar 1987. Herausgegeben von N. Gerner und O. Spaniol. XII, 812 Seiten. 1987.

Band 131: W. Scherl, Bildanalyse allgemeiner Dokumente. XI, 205 Seiten. 1987.

Band 132: R. Studer, Konzepte für eine verteilte wissensbasierte Softwareproduktionsumgebung. XI, 272 Seiten. 1987.

Band 133: B. Freisleben, Mechanismen zur Synchronisation paralleler Prozesse. VIII, 357 Seiten. 1987.

Band 134: Organisation und Betrieb der verteilten Datenverarbeitung. 7. GI-Fachgespräch, München, März 1987. Herausgegeben von F. Peischl. VIII, 219 Seiten. 1987.

Band 135: A. Meier, Erweiterung relationaler Datenbanksysteme für technische Anwendungen. IV, 141 Seiten. 1987.

Band 136: Datenbanksysteme in Büro, Technik und Wissenschaft. GI-Fachtagung, Darmstadt, April 1987. Proceedings. Herausgegeben von H.-J. Schek und G. Schlageter. XII, 491 Seiten. 1987.

Band 137: D. Lienert, Die Konfigurierung modular aufgebauter Datenbanksysteme. IX, 214 Seiten. 1987.

Band 138: R. Männer, Entwurf und Realisierung eines Multiprozessors. Das System „Heidelberger POLYP". XI, 217 Seiten. 1987.

Band 139: M. Marhöfer, Fehlerdiagnose für Schaltnetze aus Modulen mit partiell injektiven Pfadfunktionen. XIII, 172 Seiten. 1987.

Band 140: H.-J. Wunderlich, Probabilistische Verfahren für den Test hochintegrierter Schaltungen. XII, 133 Seiten. 1987.

Band 141: E. G. Schukat-Talamazzini, Generierung von Worthypothesen in kontinuierlicher Sprache. XI, 142 Seiten. 1987.

Band 142: H.-J. Novak, Textgenerierung aus visuellen Daten: Beschreibungen von Straßenszenen. XII, 143 Seiten. 1987.

Band 143: R. R. Wagner, R. Traunmüller, H. C. Mayr (Hrsg.), Informationsbedarfsermittlung und -analyse für den Entwurf von Informationssystemen. Fachtagung EMISA, Linz, Juli 1987. VIII, 257 Seiten. 1987.

Band 144: H. Oberquelle, Sprachkonzepte für benutzergerechte Systeme. XI, 315 Seiten. 1987.

Band 145: K. Rothermel, Kommunikationskonzepte für verteilte transaktionsorientierte Systeme. XI, 224 Seiten. 1987.

Informatik-Fachberichte 190

Herausgegeben von W. Brauer
im Auftrag der Gesellschaft für Informatik (GI)

Dieter Maurer

Relevanzanalyse

Eine Kombination von Striktheits- und Datenflußanalyse zur effizienten Auswertung funktionaler Programme

Springer-Verlag
Berlin Heidelberg New York
London Paris Tokyo

Autor

Dieter Maurer
HighTec EDV-Systeme GmbH
Neue Bahnhofstraße 71, D-6670 St. Ingbert

CR Subject Classifications (1987): D.3.2, D.3.4, F.3.2

CIP-Titelaufnahme der Deutschen Bibliothek.
Maurer, Dieter:
Relevanzanalyse: e. Kombination von Striktheits- u. Datenflußanalyse zur effizienten Auswertung funktionaler Programme / Dieter Maurer. – Berlin; Heidelberg; New York; London; Paris; Tokyo: Springer, 1988
(Informatik-Fachberichte; 190)
Zugl.: Saarbrücken, Univ., Diss.

ISBN-13: 978-3-540-50429-0 e-ISBN-13: 978-3-642-74212-5
DOI: 10.1007/978-3-642-74212-5

NE: GT

2145/3140 – 543210 – Gedruckt auf säurefreiem Papier

Vorwort

In dem Bericht wird eine Technik zur Analyse von Computerprogrammen entwickelt, die in einer funktionalen Programmiersprache mit verzögerter Auswertung geschrieben sind. Solche Programmiersprachen (z.B. lazy HOPE, lazy ML, MIRANDA) behandeln Funktionen als Datenobjekte und erlauben insbesondere ihre Berechnung. Sie trennen Definition und Auswertung von Datenobjekten, wodurch die einfache Handhabung unendlicher Datenstrukturen ermöglicht wird. Sie bieten neue Modularisierungsmöglichkeiten und erleichtern so die Entwicklung sicherer und leicht wartbarer Software. Funktionale Programme können ohne die Notwendigkeit expliziter Synchronisation parallel ausgeführt werden.

Funktionale Programme spezifizieren einen Berechnungsprozeß auf einer hohen Abstraktionsstufe. Die Ausnutzung spezieller Eigenschaften eines Programms kann die Effizienz des daraus abgeleiteten konkreten Berechnungsprozesses wesentlich erhöhen. Oft ist eine mehr oder weniger komplexe Programmanalyse notwendig, um solche Eigenschaften zu erkennen. In dem Bericht stelle ich ein derartiges Analyseverfahren vor. Seine Ergebnisse ermöglichen während der Programmausführung Rückschlüsse auf *relevante Auswertungen*. Diese Information unterstützt in einer parallelen Implementierung die Schedulingentscheidungen und kann in einer sequentiellen Implementierung dazu benutzt werden, für gewisse Datenobjekte auf die Trennung von Definition und Auswertung zu verzichten und so den damit verbundenen Overhead zu vermeiden. Zur Analyse verwende ich neben einer einfachen Datenflußanalyse ein von mir entwickeltes und in dem Bericht beschriebenes Verfahren zur Striktheitsanalyse.

Der Bericht ist eine leicht überarbeitete Fassung meiner Dissertation. Sie wurde im Rahmen des Sonderforschungsbereiches 124 "VLSI und Parallelität", Teilprojekt C1 "Rechnerarchitekturen für funktionale Programmiersprachen" an der Universität des Saarlandes angefertigt. Ich möchte mich sehr herzlich bei meinem Doktorvater Herrn Prof. Dr. Reinhard Wilhelm für die zahlreichen Anregungen und Ermutigungen sowie bei dem zweiten Berichterstatter Herrn Prof. Dr. Klaus Indermark für sein Interesse an meiner Arbeit bedanken. Mein Dank geht ebenfalls an meine derzeitige Arbeitgeberin, die Firma HighTec EDV-Systeme GmbH in St. Ingbert, die mir den nötigen Freiraum für die Überarbeitung gewährt hat, sowie an den Springer-Verlag für die Möglichkeit, meine Dissertation auf diesem Wege einer breiteren Öffentlichkeit zugänglich zu machen.

Saarbrücken, im August 1988 Dieter Maurer

Inhalt

I Einleitung

Funktionale Programmiersprachen sind attraktive Kandidaten, um Möglichkeiten paralleler Rechnerarchitekturen zu nutzen. Zum einen stellen sie durch höhere Funktionen und verzögerte Auswertung neue mächtige Möglichkeiten zur Modularisierung von Programmen zur Verfügung und erleichtern so die Entwicklung klarer, zuverlässiger und flexibler Programme. Zum anderen erlaubt die Seiteneffektfreiheit funktionaler Programme ihre Auswertung auf einem parallelen Rechnernetz ohne die sonst übliche Notwendigkeit expliziter Synchronisation.

Funktionale Programmiersprachen kennen nicht die von imperativen Programmiersprachen gewohnte Trennung in eine Welt der Anweisungen (Statements) und eine Welt der Ausdrücke (Expressions). Ein funktionales Programm ist ein Ausdruck, wobei Ausdrücke hierarchisch aus Konstanten und Variablen unter Benutzung von Funktionsanwendung, Funktionsabstraktion und rekursiver Definition aufgebaut sind. Die Funktionsanwendung und Funktionsabstraktion unterliegen nicht den aus imperativen Sprachen bekannten Einschränkungen. Funktionen können uneingeschränkt als aktuelle Parameter von Funktionsanwendungen und als deren Ergebnis auftreten. Dies erlaubt funktionalen Programmen, Funktionen nicht nur zu definieren, sondern sie zu berechnen — durch Anwendung sogenannter Funktionen höherer Ordnung auf geeignete Argumente. Damit werden Schemata für die Definition von Funktionen programmierbar.

Die höhere Funktion *reduce* realisiert beispielsweise das Definitionsschema 'induktive Definition über die Struktur einer Liste'

$$reduce\ f\ a\ l == \textbf{if}\ l = nil\ \textbf{then}\ a\ \textbf{else}\ f\ \big(head\ l\big)\ \big(reduce\ f\ a\ (tail\ l)\big)$$

a legt den Funktionswert für die leere Liste fest, f gibt an, wie der Funktionswert für eine Liste aus ihrem ersten Element und dem Funktionswert für die Restliste berechnet wird. Alle Funktionen, die durch Induktion über die Listenstruktur definiert sind, können durch Anwendung von *reduce* auf geeignete Parameter erhalten werden. Beispielsweise erhält man die Funktion, die die Elemente einer Liste aufsummiert, als $list\_add == reduce + 0$.

Funktionale Sprachen enthalten kein Konstrukt, das Seiteneffekte einführt. Der Wert eines Ausdrucks ist deshalb unabhängig vom Zeitpunkt seiner Auswertung. Einige funktionale Programmiersprachen nutzen diese Eigenschaft aus und verzögern die Auswertung eines Ausdrucks so lange, bis sein Wert für den Fortgang der Programmauswertung unbedingt erforderlich ist. Nach der Auswertung wird der Wert gespeichert, so daß er für eine eventuelle weitere Benutzung zur Verfügung steht. Diese Auswertungsstrategie wird *verzögerte Auswertung*, *lazy evaluation* oder *Call-by-Need Auswertung* genannt. Ihre Benutzung hat zwei angenehme Auswirkungen: Zum einen kann der Wert einer Funktionsanwendung definiert sein, obwohl der Wert des Argumentes undefiniert ist. So hat das Programm

$$\textbf{let } eins\ x == 1 \textbf{ in } eins\ (1/0)$$

einen definierten Wert, obwohl 1/0 nicht definiert ist. Zum anderen sichert sie, daß auch strukturierte Datenobjekte nur dann und nur so weit ausgewertet werden, wie dies für die Berechnung des Programmergebnisses unbedingt erforderlich ist. Dies erlaubt, Datenobjekte, die vollständig ausgewertet sehr groß, evtl. sogar unendlich groß sind, in derselben Weise zu handhaben wie einfache Datenobjekte. Insbesondere kann der Programmierer die Berechnung seiner Daten unabhängig von den Algorithmen spezifizieren, die sie weiterverarbeiten, und dadurch die Modularität seiner Programme wesentlich erhöhen[1].

Die Seiteneffektfreiheit funktionaler Programmiersprachen eröffnet eine weitere Möglichkeit, die sich mit der fortlaufenden Entwicklung paralleler Rechnerarchitekturen als zunehmend interessanter erweisen wird. Teilausdrücke in einem funktionalen Programm können parallel zueinander ausgewertet werden. Im Gegensatz zu den meisten anderen Ansätzen zur Programmierung paralleler Rechnerarchitekturen ist keine explizite Synchronisation erforderlich. Funktionale Programme können in einer sequentiellen Umgebung mit den dort zur Verfügung stehenden Debughilfsmitteln entwickelt und getestet werden, um später auf einer parallelen Architektur abzulaufen. Ein aufgrund nichtdeterministischen Verhaltens schwieriges und kostspieliges Testen auf der parallelen Rechnerarchitektur entfällt.

Prinzipiell kann mit der Auswertung eines Teilausdrucks in einem funktionalen Programm begonnen werden, sobald bekannt ist, an welche Werte die in ihm (frei) vorkommenenden Variablen gebunden sind, d.h. in welcher *Bindungsumgebung* oder kurz *Umgebung* der Ausdruck auszuwerten ist. Aber nur einige dieser Auswertungen sind *relevant*, d.h. berechnen einen Wert, der zur Bestimmung des Programmergebnisses benötigt wird. Um angesichts der beschränkten Betriebsmittel eines Rechnernetzes die Möglichkeiten paralleler Auswertung effizient auszunutzen, ist deshalb Information über die Relevanz von Auswertungen wesentlich.

---

[1] [Hugh85] enthält eine Reihe eindrucksvoller Beispiele.

In dieser Arbeit entwickle ich ein Verfahren, das jedem Teilausdruck eines Programms sichere wenn auch unvollständige Information darüber zuordnet, welche Auswertungen zum Zeitpunkt seiner Auswertung relevant sind. Es stellt damit eine wichtige Grundlage für Schedulingentscheidungen bei der parallelen Programmauswertung zur Verfügung.

Neben ihrer Verwendung für Schedulingentscheidungen hat diese Information noch eine weitere Anwendung. Wird die Auswertung eines Ausdrucks verzögert, bis sein Wert benötigt wird (Call-by-Need Auswertung), muß durch Aufbau einer geeigneten Datenstruktur sichergestellt werden, daß er zu diesem Zeitpunkt in der korrekten Bindungsumgebung ausgewertet werden kann. Diese Datenstruktur belegt Platz und ihr Aufbau ist für eine wichtige Klasse von Implementierungen zeitaufwendig. Wird der Ausdruck ausgewertet, sobald die Bindungsumgebung bekannt wird (Call-by-Value Auswertung), kann auf den Aufbau der Datenstruktur verzichtet werden. Dies führt aber zu unnötigen Berechnungen, im schlimmsten Fall zu nicht terminierenden Berechnungen, wenn die Auswertung des Ausdrucks irrelevant ist. Die mit Hilfe des in dieser Arbeit entwickelten Verfahrens bestimmte Relevanzinformation kann dazu verwendet werden, Ausdrücke zu erkennen, die by-Value ausgewertet werden können, ohne daß dadurch unnötige Berechnungen veranlaßt werden. Die Ausnutzung dieser Information kann den Platzbedarf [Burt87] und bei vielen Implementierungen den Zeitbedarf [Fair86] wesentlich verringern.

Das Verfahren benutzt *abstrakte Interpretation*, eine von vielen optimierenden Übersetzern eingesetzte Technik. 'Abstrakte Interpretation' ordnet den Konstanten und Programmkonstrukten eine abstrakte Bedeutung zu, die gegenüber der von der Programmiersprache festgelegten vereinfacht ist und nur gewisse, für die aktuelle Anwendung relevante Aspekte berücksichtigt. Diese Vereinfachung ermöglicht in vielen Fällen, die *abstrakte* Bedeutung eines Ausdrucks zu berechnen und aus dem Ergebnis Rückschlüsse auf seine *konkrete*, durch die Programmiersprache festgelegte Bedeutung zu ziehen.

Die Bedeutung eines Ausdrucks E in einem funktionalen Programm ist eine Funktion f_E, die Werte für freie Variable und evtl. weitere Werte als Argumente nimmt. Der in der vorliegenden Arbeit interessante Aspekt an dieser Bedeutung sind ihre Striktheitseigenschaften, d.h. welche Argumente von f_E notwendigerweise definiert sein müssen, damit der Funktionswert definiert ist. Daraus läßt sich zum Zeitpunkt der Auswertung von E leicht auf relevante Auswertungen schließen.

Die Technik der abstrakten Interpretation wurde erstmals von Mycroft [Mycr80] zur Striktheitsanalyse funktionaler Programme eingesetzt. Sein Algorithmus arbeitet jedoch nur für Programme ohne höhere Funktionen. In Kapitel IV entwickle ich ein Verfahren, das für die Striktheitsanalyse beliebiger funktionaler Programme eingesetzt werden kann.

Die Striktheitseigenschaften eines Ausdrucks hängen nur von dem Ausdruck selbst, nicht von seinem Kontext innerhalb des Programms ab. Striktheitsinformation ist damit lokale Information. Ich ergänze sie durch globale Information, die ich durch eine einfache Datenflußanalyse bestimme. Sie macht Aussagen darüber, in welchen Bindungsumgebungen ein Ausdruck während der Programmauswertung ausgewertet und auf welche Argumente er angewendet werden kann. Lokale und globale Information zusammen erlauben die Bestimmung interessanter Relevanzinformation.

Nachdem ich im zweiten Kapitel einige Notationen eingeführt und eine Reihe technischer Hilfsmittel aufgelistet habe, werde ich im dritten Kapitel die in der vorliegenden Arbeit zugrundegelegte funktionale Programmiersprache definieren, anschließend den Relevanzbegriff einführen und einige seiner Eigenschaften beweisen. Im vierten Kapitel definiere ich Striktheitsausdrücke zur Darstellung von Striktheitseigenschaften und entwickle Algorithmen zur Lösung der bei der Striktheitsanalyse anfallenden Probleme. Das fünfte Kapitel beschäftigt sich mit Algorithmen zur Relevanzanalyse und ihrem Einsatz zur Effizienzsteigerung bei der Programmauswertung.

An dieser Stelle möchte ich all denjenigen herzlich danken, die zum Gelingen dieser Arbeit beigetragen haben. An erster Stelle möchte ich Herrn Prof. Dr. Reinhard Wilhelm nennen. Er hat diese Arbeit betreut und mich dabei durch fortwährende Ermutigung und gelegentlich durch wertvolle konstruktive Kritik wesentlich unterstützt. Besonderer Dank gebührt Herrn Fritz Müller für zahlreiche Diskussionen über die Arbeit, vor allem aber für das sehr sorgfältige Lesen des Manuskriptes und die zahlreichen Vorschläge zur Verbesserung der Darstellung. Ausdrücklich möchte ich auch Herrn Hans-Georg Oberhauser für seine stete Diskussionsbereitschaft und zahlreiche Anregungen danken. Herr Bernd Bellmann hat einen wesentlichen Teil des in der Arbeit entwickelten Verfahrens implementiert und mir damit die Möglichkeit gegeben, erste praktische Erfahrungen damit zu sammeln. Seine Implementierung bildet die Grundlage für den Einsatz des Verfahrens in einem zur Zeit in Entwicklung befindlichen Übersetzer von der funktionalen Sprache HOPE in die Eingabesprache der parallelen G-Maschine [Rabe87]. Frau Beatrix Weisgerber hat mir ein Programm zur Bestimmung kritischer Paare zur Verfügung gestellt und mir damit eine Reihe von Überprüfungen im vierten Kapitel wesentlich erleichtert. Viele weitere Personen haben mich durch ihre Mitarbeit und/oder ihr Verständnis unterstützt. Ich möchte mich bei ihnen allen bedanken.

II Notationen, Konventionen und Hilfsmittel

Im ersten Paragraphen werde ich einige Notationen angeben und Konventionen festlegen. Die Paragraphen 2-4 führen extrem knapp einige Begriffe zu Algebren, CPO's, stetigen Verbänden und Kategorien ein und stellen einige bekannte Eigenschaften fest. Leser, die mit den Gebieten vertraut sind, können diese Paragraphen überspringen. In Paragraph 5 definiere ich wohlfundierte Präordnungen und führe ein zugehöriges Induktionsprinzip ein. Es hat die Mächtigkeit von transfiniter Induktion, erlaubt aber, mit wohlfundierten Präordnungen anstelle von Wohlordnungen zu arbeiten. Die Kapitel 6 und 7 beschäftigen sich mit Reduktionsrelationen. Die Ergebnisse, es handelt sich um Verallgemeinerungen derjenigen aus [Huet77], werden in Kapitel IV benötigt. Paragraph 8 führt eine Erweiterung des untypisierten λ-Kalküls ein. Ich werde sie als funktionale Programmiersprache benutzen.

§1 Notationen und Konventionen

Logische Formeln

Für logische Formeln A, B und C benutze ich gelegentlich (aus optischen Gründen) A: $\frac{B}{C}$ für $A \Longrightarrow (B \Longrightarrow C)$ und A: $\overset{B}{\underset{C}{\longleftrightarrow}}$ für $A \Longrightarrow (B \iff C)$. A kann auch fehlen. In diesem Fall stehen $\frac{B}{C}$ und $\overset{B}{\underset{C}{\longleftrightarrow}}$ für $B \Longrightarrow C$ und $B \iff C$.

Eigenschaften

Eine Eigenschaft P über einer Menge $\mathcal{M}$ fasse ich sowohl als Teilmenge von $\mathcal{M}$ als auch als Prädikat über $\mathcal{M}$ auf, d.h. ich benutze sowohl $M \in P$ als auch $P(M)$, um auszudrücken, daß M die Eigenschaft P hat.

Ist P eine Eigenschaft über $\mathcal{M}$ und A ein Algorithmus, der bei Eingabe von $M \in \mathcal{M}$ ein Ergebnis $A(M) \in \{true, false\}$ berechnet, dann nenne ich A einen *Test für P*, wenn $A(M)$ genau dann *true* ist, wenn M die Eigenschaft P hat; ich nenne A einen *Nachweis für P*, wenn aus $A(M) = true$ folgt, daß M die Eigenschaft P hat.

Endliche Folgen

Endliche Folgen werden durch $[x_1, \ldots, x_n]$ oder äquivalent durch $[x_i]_{i=1}^n$ dargestellt. Ich benutze :, um ein Element am Anfang oder Ende anzufügen, <>, um eine Folge an eine andere anzuhängen, hd, um das erste Element einer Folge auszuwählen, und tl, um das erste Element aus einer Folge zu entfernen.

$$
\begin{aligned}
&x : [x_1, \ldots, x_n] := [x, x_1, \ldots, x_n] \\
&[x_1, \ldots, x_n] : x := [x_1, \ldots, x_n, x] \\
&[x_1, \ldots, x_n] <> [x'_1, \ldots, x'_{n'}] := [x_1, \ldots, x_n, x'_1, \ldots, x'_{n'}] \\
&\mathrm{hd}\,[x_1, \ldots, x_n] := x_1 \qquad \text{falls } n \geq 1 \\
&\mathrm{tl}\,[x_1, \ldots, x_n] := [x_2, \ldots, x_n] \qquad \text{falls } n \geq 1
\end{aligned}
$$

Relationen und Funktionen

Im folgenden bezeichnen $\mathcal{M}_1$, $\mathcal{M}_2$ und $\mathcal{M}_3$ Mengen.

Das Produkt zweier Relationen $\mathbf{R}_1$ und $\mathbf{R}_2$ zwischen $\mathcal{M}_1$ und $\mathcal{M}_2$ bzw. $\mathcal{M}_2$ und $\mathcal{M}_3$, d.h. die durch

$$M_1 \mathbf{R} M_3 \;:\Longleftrightarrow\; \exists M_2\colon M_1 \mathbf{R}_1 M_2 \wedge M_2 \mathbf{R}_2 M_3$$

definierte Relation $\mathbf{R}$ zwischen $\mathcal{M}_1$ und $\mathcal{M}_3$, bezeichne ich mit $\mathbf{R}_1 \cdot \mathbf{R}_2$.

Für eine binäre Relation $\rightarrow$ auf $\mathcal{M}$ bezeichne ich mit $\rightarrow^{\epsilon}$ ihren reflexiven Abschluß, $\rightarrow \cup =$, mit $\rightarrow^{+}$ ihren transitiven Abschluß, $\bigcup_{n>0} \rightarrow^{n}$, und mit $\rightarrow^{*}$ ihren reflexiven transitiven Abschluß.

Den Definitionsbereich einer partiellen Funktion f von $\mathcal{M}_1$ nach $\mathcal{M}_2$, d.h. die Menge der $M_1 \in \mathcal{M}_1$, für die $f(M_1)$ existiert, bezeichne ich mit $\mathrm{Def}(f)$. $\mathrm{Bild}(f)$ bezeichnet das Bild von f, d.h. die Menge der $f(M_1)$ mit M_1 aus dem Definitionsbereich von f.

Die Mengen der partiellen, totalen und endlichen Funktionen von $\mathcal{M}_1$ nach $\mathcal{M}_2$ werden mit $\mathcal{M}_1 \rightharpoonup \mathcal{M}_2$, $\mathcal{M}_1 \rightarrow \mathcal{M}_2$ bzw. $\mathcal{M}_1 \rightarrow_{fin} \mathcal{M}_2$ bezeichnet.

Eine endliche Abbildung f mit Definitionsbereich $\{M_1, \ldots, M_n\}$ stelle ich gelegentlich durch $[M_1 \mapsto f(M_1), \ldots, M_n \mapsto f(M_n)]$ oder $[M_i \mapsto f(M_i)]_{i=1}^{n}$ dar.

Die Identität auf $\mathcal{M}_1$ wird mit $Id_{\mathcal{M}_1}$ und mit $id_{\mathcal{M}_1}$ bezeichnet.

Für zwei partielle Funktionen f und g von $\mathcal{M}_1$ nach $\mathcal{M}_2$ ist die *Erweiterung von f um g*, fg, definiert durch

$$
\begin{aligned}
&\mathrm{Def}(fg) := \mathrm{Def}(f) \cup \mathrm{Def}(g) \\
&x \in \mathrm{Def}(fg) \Longrightarrow (fg)(x) := \begin{cases} g(x), & \text{falls } x \in \mathrm{Def}(g); \\ f(x), & \text{falls } x \in \mathrm{Def}(f) - \mathrm{Def}(g). \end{cases}
\end{aligned}
$$

Generische Bezeichnungen

Im allgemeinen lege ich mit der Definition einer Menge auch fest, wie ich ihre Elemente bezeichne. Ich benutze dazu die Wendung '*generische Bezeichnung*'.

Ist M die generische Bezeichnung für die Elemente einer Menge $\mathcal{M}$, dann heißt dies, daß ich Elemente von $\mathcal{M}$ mit M, evtl. in verschiedener Weise dekoriert, bezeichne. So bezeichnen etwa M_1, M', $\bar{M}$, $\tilde{M}$ alle Elemente von $\mathcal{M}$.

Ungebundene Bezeichnungen

Tritt in einer prädikatenlogischen Formel eine Bezeichnung M auf, die Instanz einer generischen Bezeichnung für Elemente einer Menge $\mathcal{M}$ ist und die nicht durch den Kontext gebunden ist, dann ist sie als implizit all-quantifiziert ($\forall M \in \mathcal{M}$) auf der Stufe der kleinsten logischen Formel aufzufassen, die alle (freien) Vorkommen von M enthält.

Beispiel:
Ich benutze i, j, n, m und l als generische Bezeichnungen für natürliche Zahlen. Nach der obigen Konvention ist

$$\frac{1 < m < n \Longrightarrow m \text{ ist kein Teiler von } n}{n \text{ ist Primzahl}}$$

eine Abkürzung für

$$\forall n \in \mathbf{N}\colon \ \frac{\forall m \in \mathbf{N}\colon\ 1 < m < n \Longrightarrow m \text{ ist kein Teiler von } n}{n \text{ ist Primzahl}}$$

§2 Algebren

Algebren sind ein wichtiges Hilfsmittel in der vorliegenden Arbeit. Sowohl die der Arbeit zugrundeliegende funktionale Programmiersprache wie die Striktheitsausdrücke werden als Algebren eingeführt. Die Technik der abstrakten Interpretation läßt sich sehr einfach unter Benutzung von Algebren beschreiben.

Definition II §2–1 Signatur

Eine *Signatur* Σ besteht aus einer nichtleeren Menge $\mathbf{S}$ von *Sorten*, einer Menge $\mathbf{F}$ von Funktionssymbolen (oder Operationen) und einer Abbildung τ von Funktionssymbolen auf nichtleere endliche Folgen von Sorten.

Ist $\tau(f) = [S_1, \ldots, S_{n+1}]$, dann schreibe ich dafür $\tau(f) = S_1 \times \cdots \times S_n \to S_{n+1}$ und nenne $\tau(f)$ den *Typ von* f.

Besteht $\mathbf{S}$ nur aus einem einzigen Element S, nenne ich Σ eine einsortige Signatur. In diesem Fall hat $\tau(f)$ die Form $S^n \to S$ und ist eindeutig durch n, die *Stelligkeit von* f, bestimmt. Einsortige Signaturen beschreibe ich deshalb auch durch Angabe von $\mathbf{F}$ und einer Abbildung n, die jedem Funktionssymbol seine Stelligkeit zuordnet.

Im folgenden bezeichnet $\Sigma = (\mathbf{S}, \mathbf{F}, \tau)$ eine Signatur.

Definition II §2–2 Σ-Algebra

Eine Σ-Algebra A ist eine Familie $(S^A)_{S\in\mathbf{S}}$ von Mengen und eine Familie $(f^A)_{f\in\mathbf{F}}$ von Abbildungen, so daß für alle Funktionssymbole folgende Bedingung erfüllt ist

$$\tau(f) = S_1 \times \cdots \times S_n \to S \Longrightarrow f^A \in S_1^A \times \cdots \times S_n^A \to S_n^A.$$

S^A heißt der *Träger von S in A* oder auch die *Interpretation von S in A*; f^A heißt die *Interpretation von f in A*.

Elemente von A sind Paare der Form (a, S) mit $a \in S^A$. Wird S von a eindeutig festgelegt oder ist aus dem Kontext ersichtlich, benutze ich auch a statt (a, S). Ich schreibe $e \in A$, wenn e ein Element von A ist.

Definition II §2–3 Σ-Algebrahomomorphismus

Seien A und B Σ-Algebren.

Eine Familie $H = (h_S : S^A \to S^B)_{S\in\mathbf{S}}$ heißt ein *Σ-Algebrahomomorphismus* von A nach B, wenn für alle Funktionssymbole f mit Typ $\tau(f) = S_1 \times \cdots \times S_n \to S$ und alle $a_i \in S_i^A$ (i=1 … n) gilt:

$$h_S(f^A(a_1, \ldots, a_n)) = f^B(h_{S_1}(a_1), \ldots, h_{S_n}(a_n))$$

H heißt ein *Algebraisomorphismus*, wenn alle h_S bijektiv sind.

Für ein Element (a, S) von A ist $H((a, S))$ definiert als $(h_S(a), S)$, für $(a_1, \ldots, a_n)$ aus $S_1^A \times \cdots \times S_n^A$ ist $H(a_1, \ldots, a_n)$ definiert als $(h_{S_1}(a_1), \ldots, h_{S_n}(a_n))$.

Informal ist H ein Σ-Algebrahomomorphismus, wenn es gleichgültig ist, ob man zunächst die Interpretation von f in A auf Elemente aus A anwendet und das Ergebnis mit H nach B abbildet, oder ob man zuerst die Elemente mit H nach B abbildet und anschließend die Interpretation von f in B darauf anwendet, kurz: wenn $H \circ f^A = f^B \circ H$ erfüllt ist.

Definition II §2–4 freie Σ-Algebra

Eine Σ-Algebra A heißt *frei*, wenn es zu jeder Σ-Algebra B genau einen Σ-Algebrahomomorphismus von A nach B gibt.

Eigenschaft II §2–5

Zu jeder Signatur Σ gibt es eine bis auf Isomorphie eindeutig bestimmte freie Σ-Algebra.

Ein Vertreter dieser Isomorphieklasse ist die Term-Algebra $\mathcal{T}_\Sigma$ zu Σ. Ihre Trägermengen $(S^{\mathcal{T}})_{S\in\mathbf{S}}$ sind die Sprachen $(L(S))_{S\in\mathbf{S}}$ der eindeutigen kontextfreien Grammatik G_Σ mit Terminalmenge $\mathbf{F}$, Nichtterminalmenge $\mathbf{S}$ und $\{\pi_f | \; f \in \mathbf{F}\}$ als Produktionenmenge mit

$$\pi_f\colon \quad S ::= f\, S_1 \,\cdots\, S_n \qquad \text{falls } \tau(f) = S_1 \times \cdots \times S_n \to S.$$

Hat f den Typ $S_1 \times \cdots \times S_n \to S$, dann ist seine Interpretation in $\mathcal{T}_\Sigma$, $f^{\mathcal{T}}$, definiert durch

$$f^{\mathcal{T}} : S_1^{\mathcal{T}} \times \cdots \times S_n^{\mathcal{T}} \to S^{\mathcal{T}}$$
$$f^{\mathcal{T}}(T_1, \ldots, T_n) = f\, T_1 \,\cdots\, T_n$$

Zur Definition freier Algebren benutze ich ein Definitionsschema, das ich an folgendem Beispiel erläutere:

Definierte Sorten

$$s_1 \in S_1 \quad \text{Sorte}_1$$
$$s_2 \in S_2 \quad \text{Sorte}_2$$

Struktur

$$s_1 ::= f\; s_1'\; s_1''\; s_2$$
$$\mid\; g$$
$$s_2 ::= h\; s_1\; s_2'$$

Beispiel für Benutzung des Definitionsschemas

Durch die obigen Angaben wird eine Signatur mit Sorten S_1 und S_2 und Funktionssymbolen f, g und h mit Typen $S_1 \times S_1 \times S_2 \to S_1$, S_1 bzw. $S_1 \times S_2 \to S_2$ definiert. s_1 und s_2 sind die generischen Bezeichnungen für die Elemente der Trägermengen von S_1 bzw. S_2.

Definition II §2–6 Vorkommen

Vorkommen sind Elemente der in der folgenden Tafel definierten freien Algebra.

$\mathcal{O}$ ist isomorph zum freien von $\mathbf{N}$ erzeugten Monoid $\mathbf{N}^*$. $u_1 = n_1.n_2.\ldots.n_{m_1}$ heißt ein *Präfix* von $u_2 = n_1.n_2.\ldots.n_{m_2}$, wenn $m_1 \leq m_2$ gilt. In diesem Fall schreibe ich $u_1 \preceq u_2$ oder $u_2 \succeq u_1$ und definiere $u_2 - u_1$ als $n_{m_1+1}.\ldots.n_{m_2}$. Zwei Vorkommen u_1 und u_2 heißen *disjunkt*, $u_1 \mid u_2$, wenn weder u_1 Präfix von u_2 ist, noch u_2 Präfix von u_1 ist.

Für $T \in \mathcal{T}_\Sigma$ ist die *Menge der Vorkommen von* T, $\mathcal{O}(T)$, induktiv über die

Importierte Sorten

$$n \in \mathbf{N}$$

Definierte Sorten

$u \in \mathcal{O}$ Vorkommen

Struktur

$u ::= \Lambda$ leeres Vorkommen, Wurzel
$\mid n.u$

Die Algebra der Vorkommen

Struktur von T definiert durch

$$\mathcal{O}(f\,T_1\,\ldots\,T_n) = \{\Lambda\} \cup \bigcup_{i=1}^{n} i.\mathcal{O}(T_i)$$

Die Elemente von $\mathcal{O}(T)$ bezeichnen *Stellen in* T.

Für $T \in \mathcal{T}_\Sigma$ und $u \in \mathcal{O}(T)$ ist $T_{/u}$, der *Teilausdruck von* T *an der Stelle* u, induktiv über die Struktur von u definiert durch

$$\begin{aligned} T_{/\Lambda} &:= T \\ T_{/i.u} &:= T_{i/u} \qquad \text{falls } T = f\,T_1 \ldots T_n \end{aligned}$$

Für $T, T' \in \mathcal{T}_\Sigma$ und $u \in \mathcal{O}(T)$ ist $T[u \to T']$, die Ersetzung von T' in T an der Stelle u, induktiv über die Struktur von u definiert durch

$$\begin{aligned} T[\Lambda \to T'] &:= T' \\ T[i.u \to T'] &:= f\,T_1'\,\ldots\,T_n' \\ &\text{mit } \begin{cases} f\,T_1\,\ldots\,T_n = T \\ T_j' = \begin{cases} T_j, & \text{falls } j \neq i; \\ T_i[u \to T'], & \text{falls } j = i. \end{cases} \end{cases} \end{aligned}$$

Definition II §2–7 Höhe

Die *Höhe* eines Terms $T \in \mathcal{T}_\Sigma$, $H(T)$, ist induktiv über die Struktur von T definiert durch

$$H(f\,T_1\,\ldots\,T_n) = 1 + \max_{i=1\ldots n} H(T_i)$$

1 Abstrakte Interpretation

Im folgenden sei $\Sigma = (\mathbf{S}, \mathbf{F}, \tau)$ eine Signatur.

Definition II §2.1–1 Σ-Relation

Seien A und B zwei Σ-Algebren.

Eine Familie $\delta = (\delta_S \subseteq S^A \times S^B)_{S \in \mathbf{S}}$ heißt eine Σ-*Relation* zwischen A und B, wenn für alle Funktionssymbole f vom Typ $S_1 \times \cdots \times S_n \rightarrow S$ und alle $a_i \in S_i^A$, $b_i \in S_i^B$ $(i{=}1 \ldots n)$ gilt

$$\frac{\forall i{=}1 \ldots n\colon\ a_i \ \delta_{S_i} \ b_i}{f^A(a_1, \ldots, a_n) \ \delta_S \ f^B(b_1, \ldots, b_n)}$$

Eigenschaft II §2.1–2

Sind A und B Σ-Algebren, $[\![\cdot]\!]^A$ und $[\![\cdot]\!]^B$ die Σ-Algebrahomomorphismen von $\mathcal{T}_\Sigma$ in A bzw. B, und ist δ eine Σ-Relation, dann gilt $[\![T]\!]^A \ \delta \ [\![T]\!]^B$ für alle $T \in \mathcal{T}_\Sigma$.

Beweis Strukturelle Induktion über T ∎

Diese Aussage läßt sich auf Σ-Terme über A bzw. B verallgemeinern; sie wird aber in der vorliegenden Arbeit nur in dieser Form benötigt.

Die Definition von Σ-Relationen behandelt A und B völlig symmetrisch. In vielen Anwendungen ist in der Situation der Definition II §2.1–1 eine der beiden Algebren, etwa B, "wesentlich einfacher" als die andere. In diesem Fall nenne ich $[\![\cdot]\!]^B$ eine *abstrakte Interpretation* relativ zu $[\![\cdot]\!]^A$ mit *Repräsentationsrelation* (*Abstraktionsrelation*) δ.

Beispiel II §2.1–3

Σ bezeichne die einstellige Signatur mit nullstelligen Operationssymbolen $\bar{z}$ für $z \in \mathbf{Z}$ und zweistelligen Operationssymbolen $\bar{+}$, $\bar{-}$ und $\bar{*}$.

Die Algebra A hat den Träger $\mathbf{Z}$, $\bar{z}^A = z$ und $\bar{+}$, $\bar{-}$ und $\bar{*}$ werden durch die Operationen Addition, Subtraktion und Multiplikation ganzer Zahlen interpretiert.

1) Vorzeichenabstraktion

Algebra B hat als Trägermenge $\{0, +, -, \top\}$. Ihre Operationen werden gegeben durch

$$\bar{z}^B = \begin{cases} 0, & z = 0; \\ +, & z > 0; \\ -, & z < 0 \end{cases}$$

$\bar{+}^B$	0	+	−	⊤
0	0	+	−	⊤
+	+	+	⊤	⊤
−	−	⊤	−	⊤
⊤	⊤	⊤	⊤	⊤

$\bar{-}^B$	0	+	−	⊤
0	0	−	+	⊤
+	+	⊤	+	⊤
−	−	−	⊤	⊤
⊤	⊤	⊤	⊤	⊤

$\bar{*}^B$	0	+	−	⊤
0	0	0	0	0
+	0	+	−	⊤
−	0	−	+	⊤
⊤	0	⊤	⊤	⊤

Die Repräsentationsrelation δ ist gegeben durch

$$\begin{aligned} z\,\delta\,0 &\iff z=0 \\ z\,\delta\,+ &\iff z\geq 0 \\ z\,\delta\,- &\iff z\leq 0 \\ z\,\delta\,\top & \end{aligned}$$

Dies sind die üblichen Vorzeichenregeln aus der Algebra. Das Element $\top$ repräsentiert jede ganze Zahl, und macht damit keine Aussagen über das Vorzeichen.

2) Restklassenabstraktion
Die Trägermenge der Algebra B ist die Menge der Restklassen modulo n, $\bar{z}^B$ ist die Restklasse von z modulo n, und $\bar{+}$, $\bar{-}$ und $\bar{*}$ werden als Restklassenaddition, -Subtraktion und -Multiplikation interpretiert. Die Repräsentationsrelation δ ist definiert durch $z\;\delta\;z'_{mod\,n} :\iff z \equiv z'\ (mod\,n)$.

§3 CPO's und stetige Verbände

Ich benutze CPO's (Complete Partial Orders) und stetige Verbände zur Beschreibung der denotationellen Semantiken der funktionalen Programmiersprache bzw. der Striktheitsausdrücke. Die Darstellung ist sehr knapp gehalten. Mehr Information findet man in [Apt81] bzw. [Scot72] und [Stoy77].

Definition II §3–1 partiell geordnete Menge, CPO

Eine reflexive, transitive und antisymmetische Relation heißt eine *partielle Ordnung*. Eine Menge $\mathcal{M}$ zusammen mit einer partiellen Ordnung, $\leq$, auf $\mathcal{M}$ ist eine *partiell geordnete Menge*, $(\mathcal{M}, \leq)$.

Die folgenden Definitionen beziehen sich auf eine partiell geordnete Menge $(\mathcal{M}, \leq)$.

$x \in \mathcal{M}$ heißt eine *obere (untere) Schranke* von $M \subseteq \mathcal{M}$, wenn $x' \leq x$ ($x \leq x'$) für alle $x' \in M$ erfüllt ist. Eine obere (untere) Schranke x von M heißt *kleinste obere (größte untere) Schranke*, $\bigvee M$ ($\bigwedge M$), wenn $x \leq x'$ ($x' \leq x$) für jede obere (untere) Schranke x' von M erfüllt ist. Kleinste obere und größte untere Schranken sind eindeutig (sofern sie existieren). Die kleinste obere (größte untere) Schranke einer endlichen Menge $M = \{x_1, \ldots, x_n\}$ wird auch mit $x_1 \vee \cdots \vee x_n$ ($x_1 \wedge \cdots \wedge x_n$) bezeichnet.

Eine nichtleere Teilmenge M von $\mathcal{M}$ heißt *gerichtet*, wenn sie mit je zwei Elementen x_1 und x_2 auch eine obere Schranke von $\{x_1, x_2\}$ enthält. $(\mathcal{M}, \leq)$ ist eine *vollständige partielle Ordnung* oder *CPO*, wenn $\mathcal{M}$ ein kleinstes Element $\bot$ enthält und jede gerichtete Menge eine kleinste obere Schranke besitzt.

Eine Abbildung f zwischen partiell geordneten Mengen $(\mathcal{M}_1, \leq_1)$ und $(\mathcal{M}_2, \leq_2)$ heißt *monoton*, wenn sie mit den Anordnungen auf $\mathcal{M}_1$ und $\mathcal{M}_2$ verträglich ist, d.h. wenn gilt

$$\forall x, x' \in \mathcal{M}_1\colon\ x \leq_1 x' \Longrightarrow f(x) \leq_2 f(x').$$

Definition II §3–2 stetig

Eine Funktion f zwischen CPO's $(C_1, \leq_1)$ und $(C_2, \leq_2)$ heißt *stetig*, wenn sie mit der Bildung kleinster oberer Schranken gerichteter Menge verträglich ist, d.h. wenn gilt

$$\forall M \subseteq C_1 \text{ gerichtet: } f(\bigvee M) = \bigvee f(M).$$

Jede stetige Abbildung ist monoton.

Definition II §3–3 Fixpunkt

x heißt ein *Fixpunkt* einer Abbildung f, wenn $f(x) = x$ gilt. Ist f eine Abbildung von einer partiell geordneten Menge in sich, so wird ihr kleinster Fixpunkt, sofern er existiert, mit $\operatorname{fix} f$ bezeichnet.

Eigenschaft II §3–4 Fixpunktsatz von Tarsky

Ist f eine monotone Abbildung von einer partiell geordneten Menge mit kleinstem Element $\bot$ in sich und wird die monoton wachsende Folge $(x_n)_{n\in\mathbf{N}}$ mit $x_0 := \bot$ und $x_{n+1} := f(x_n)$ *stationär*, d.h. gibt es m mit $x_n = x_m$ für alle $n \geq m$, dann ist der *stationäre Wert* der Folge, x_m, der kleinste Fixpunkt von f.

Ist f stetig und die partiell geordnete Menge eine CPO, dann existiert $\operatorname{fix} f$ und wird gegeben durch $\bigvee_{n\in\mathbf{N}} f^n(\bot)$, d.h. durch die kleinste obere Schranke der oben definierten Folge.

Definition II §3–5 Konstruktionen für CPO's

Sind $\mathtt{CPO}_1 = (C_1, \leq_1), \ldots, \mathtt{CPO}_n = (C_n, \leq_n)$ CPO's und ist $\mathcal{M}$ eine Menge, dann sind

1) $C_1 \times \cdots \times C_n$ mit der komponentenweisen Ordnung,
2) $C_1 + \cdots + C_n := \{\bot\} \cup \bigcup_{i=1}^{n} \{i\} \times (C_i - \{\bot_i\})$ mit der Summenordnung $\leq$, definiert durch:

$$\bot \leq x \quad \forall x \in C_1 + \cdots + C_n$$
$$(i, c_i) \leq (j, c_j') \;:\Longleftrightarrow\; i = j \,\wedge\, c_i \leq_i c_j'$$

3) die Menge der stetigen Abbildungen von $\mathtt{CPO}_1$ in $\mathtt{CPO}_2$ mit der punktweisen Ordnung, gegeben durch:

$$f \leq g \;:\Longleftrightarrow\; \forall x \in C_1\colon\ f(x) \leq_2 g(x)$$

4) die Menge der Abbildungen von $\mathcal{M}$ in $\texttt{CPO}_1$ mit der punktweisen Ordnung und

5) $C_1 \dot\cup \{\bot\}$ mit der Ordnung $\leq$, definiert durch $\bot \leq x \quad \forall x \in C_1 \dot\cup \{\bot\}$ und $c \leq c' :\Longleftrightarrow c \leq_1 c'$ für $c, c' \in C_1$

wiederum CPO's. Sie haben die folgenden Bezeichnungen und Notationen:

	Bezeichnung	*Notation*
1)	*Produkt*	$\texttt{CPO}_1 \times \cdots \times \texttt{CPO}_n$
2)	(verschmelzende) *Summe*	$\texttt{CPO}_1 + \cdots + \texttt{CPO}_n$
3)	(stetiger) *Funktionenraum*	$[\texttt{CPO}_1 \rightarrow \texttt{CPO}_2]$
4)	Funktionenraum	$\mathcal{M} \rightarrow \texttt{CPO}_1$
5)		$(\texttt{CPO}_1)_\bot$

Definition II §3–6 Verband

Ein Verband ist eine Menge V mit zwei assoziativen, kommutativen, idempotenten ($x \vee x = x = x \wedge x$) Operationen $\vee$ und $\wedge$, die das Absorptionsgesetz

$$\forall x, x' \in V\colon\ x \vee (x \wedge x') = x = x \wedge (x \vee x')$$

erfüllen. $\vee$ heißt *Vereinigung*, $\wedge$ *Schnitt*.

In einem Verband gilt $x \vee x' = x' \iff x \wedge x' = x$. $\leq$, definiert durch $x \leq x' :\Longleftrightarrow x \vee x' = x'$, gibt $(V, \vee, \wedge)$ die Struktur einer partiell geordneten Menge. $x \vee x'$ und $x \wedge x'$ sind die kleinste obere bzw. die größte untere Schranke von x und x' bzgl. $\leq$.

Ein Verband heißt *distributiv*, wenn seine Operationen eines der beiden Distributivgesetze (und dann sogar beide) erfüllen

$$\forall x_1, x_2, x_3 \in V\colon\ x_1 \wedge (x_2 \vee x_3) = (x_1 \wedge x_2) \vee (x_1 \wedge x_3)$$
$$\forall x_1, x_2, x_3 \in V\colon\ x_1 \vee (x_2 \wedge x_3) = (x_1 \vee x_2) \wedge (x_1 \vee x_3)$$

Ein Verband heißt *vollständig*, wenn jede Teilmenge eine kleinste obere und eine größte untere Schranke besitzt. Insbesondere besitzt ein vollständiger Verband ein kleinstes Element $\bot = \bigvee\{\}$ und ein größte Element $\top = \bigwedge\{\}$ und ist eine CPO.

In jedem vollständigen Verband ist die Vereinigung stetig. Dies gilt i.a. nicht für den Schnitt. Da die Stetigkeit auch des Schnitts in Kapitel IV wesentlich ist, verwende ich dort stetige Verbände, die diese Eigenschaft haben.

Definition II §3–7 stetiger Verband

Sei $(V, \vee, \wedge)$ ein vollständiger Verband mit zugehöriger partieller Ordnung $\leq$.

$x \in V$ heißt *deutlich unterhalb* von $x' \in V$, wenn jede gerichtete Menge M mit $x' \leq \bigvee M$ ein Element $x'' \geq x$ enthält.

V ist ein *stetiger Verband*, wenn jedes $x \in V$ die kleinste obere Schranke der deutlich unterhalb von ihm liegenden Elemente ist.

Eigenschaft II §3–8
Die Verbandsoperationen eines stetigen Verbandes sind stetig.

§4 Kategorien

Ich benutze Kategorien bei der Definition der semantischen Bereiche für die funktionale Sprache und die Striktheitsausdrücke. In diesem Abschnitt sind nur wenige elementare Begriffe definiert. Obwohl ich in der vorliegenden Arbeit wesentlichen Gebrauch von Ergebnissen aus [Smyt82] mache, kann ich aus Platzgründen leider keinen Abriß davon geben und muß den interessierten Leser auf die Originalarbeit verweisen.

Definition II §4–1 Kategorie
Eine *Kategorie* besteht aus einer Klasse von *Objekten*, je einer Menge von *Morphismen* $Hom(O_1, O_2)$ für je zwei Objekte O_1 und O_2 und je einer Abbildung $\circ : Hom(O_1, O_2) \times Hom(O_2, O_3) \to Hom(O_1, O_3)$, der *Komposition*, für je drei Objekte O_1, O_2 und O_3. Die Morphismenmengen sind paarweise disjunkt und $\circ(f, g)$ wird als $g \circ f$ dargestellt.

Die Objektklassen, Morphismenmengen und die Komposition einer Kategorie müssen folgende Eigenschaften haben:

- Zu jedem Objekt O gibt es einen identischen Morphismus $1_O \in Hom(O, O)$ mit der Eigenschaft $f \circ 1_O = f$ und $1_O \circ g = g$ für jedes $f \in Hom(O, O_1)$ und $g \in Hom(O_2, O)$.
- Die Komposition ist assoziativ, d.h. $(f \circ g) \circ h = f \circ (g \circ h)$, sofern definiert.

Ein Morphismus $f \in HOM(O_1, O_2)$ heißt ein *Isomorphismus*, wenn es ein $g \in HOM(O_2, O_1)$ gibt mit $f \circ g = 1_{O_2}$ und $g \circ f = 1_{O_1}$. In diesem Fall heißen O_1 und O_2 isomorph.

Definition II §4–2 Funktor
Seien C_1 und C_2 Kategorien. Ein (kovarianter) *Funktor* F bildet die Objekte von C_1 auf Objekte von C_2 und $Hom(O_1, O_1')$ in $Hom(F(O_1), F(O_1'))$ ab, wobei folgende Bedingungen erfüllt sind:

- $F(1_{O_1}) = 1_{F(O_1)}$, d.h. F erhält alle Identitäten.

- $F(g \circ f) = F(g) \circ F(f)$ für alle Morphismen f und g von C_1, für die $g \circ f$ definiert ist, d.h. F ist verträglich mit der Komposition.

Definition II §4–3 direkter und inverser Grenzwert
Sei C eine Kategorie.

Sei $\Delta = (O_n, \gamma_n)_{n \in \mathbf{N}}$ eine Folge von Objekt/Morphismenpaaren mit $\gamma_n \in HOM(O_n, O_{n+1})$.

Ein Objekt O_∞ und eine Folge von Morphismen $\gamma_{n,\infty} \in HOM(O_n, O_\infty)$ heißt *direkter Grenzwert* von Δ, wenn die beiden folgenden Bedingungen erfüllt sind

1) $\gamma_{n,\infty} = \gamma_{n+1,\infty} \circ \gamma_n$,
2) ist O'_∞ ein weiteres Objekt und $\gamma'_{n,\infty} \in HOM(O_n, O'_\infty)$ eine weitere Folge, die die Eigenschaft 1 hat, dann gibt es einen eindeutig bestimmten Morphismus $\psi \in HOM(O_\infty, O'_\infty)$, so daß $\gamma'_{n,\infty} = \psi \circ \gamma_{n,\infty}$ für alle $n \in \mathbf{N}$ erfüllt ist.

Sei $\Delta = (O_n, \alpha_n)_{n \in \mathbf{N}}$ eine Folge von Objekt/Morphismenpaaren mit $\alpha_n \in HOM(O_{n+1}, O_n)$.

Ein Objekt O_∞ und eine Folge von Morphismen $\alpha_{\infty,n} \in HOM(O_\infty, O_n)$ heißt *inverser Grenzwert* von Δ, wenn die beiden folgenden Bedingungen erfüllt sind

1) $\alpha_{\infty,n} = \alpha_n \circ \alpha_{\infty,n+1}$,
2) ist O'_∞ ein weiteres Objekt und $\alpha'_{\infty,n} \in HOM(O'_\infty, O_n)$ eine weitere Folge, die die Eigenschaft 1 hat, dann gibt es einen eindeutig bestimmten Morphismus $\psi \in HOM(O'_\infty, O_\infty)$, so daß $\alpha'_{\infty,n} = \alpha_{\infty,n} \circ \psi$ für alle $n \in \mathbf{N}$ erfüllt ist.

Definition II §4–4 CPO*
Seien CPO$_1$ und CPO$_2$ CPO's. Ein Paar (γ, α) stetiger Abbildungen von CPO$_1$ nach CPO$_2$ bzw. umgekehrt heißt ein *Approximationspaar*, wenn $\gamma \circ \alpha \leq id_{CPO_2}$ und $\alpha \circ \gamma = id_{CPO_1}$ erfüllt ist. In diesem Fall heißt CPO$_1$ eine *Approximation* an CPO$_2$ (vermittels (γ, α)), γ heißt eine *Einbettung* von CPO$_1$ in CPO$_2$, α eine Projektion von CPO$_2$ nach CPO$_1$. Einbettung und Projektion eines Approximationspaares bestimmen einander jeweils eindeutig.

CPO* ist die Kategorie mit CPO's als Objekten, Approximationspaaren als Morphismen und einer Komposition, die durch $(\gamma_1, \alpha_1) \circ (\gamma_2, \alpha_2) := (\gamma_2 \circ \gamma_1, \alpha_1 \circ \alpha_2)$ definiert ist.

§5 Induktion

Ich werde sehr viele Aussagen durch Induktion beweisen. Eine Reihe von Eigenschaften lassen sich einfacher beweisen, wenn man statt des üblichen Induktionsprinzips natürlicher Zahlen ein mächtigeres Induktionsprinzip verwendet: die Induktion über wohlfundierte Präordnungen. Dieses Prinzip hat die Mächtigkeit der transfiniten Induktion und wird ähnlich bewiesen.

Im folgenden bezeichnen $\mathcal{M}, \mathcal{M}_1, \ldots$ Mengen.

Definition II §5–1 Prä- oder Quasiordnung, wohlfundiert

Eine binäre reflexive und transitive Relation auf $\mathcal{M}$ heißt *Prä-* oder *Quasiordnung* auf $\mathcal{M}$.

Zu einer Präordnung $\leq$ auf $\mathcal{M}$ sind die binären Relationen $\equiv_\leq$, $<$ und $>$ auf $\mathcal{M}$ definiert durch

$$\begin{aligned} M_1 \equiv_\leq M_2 &:\Longleftrightarrow M_1 \leq M_2 \ \wedge \ M_2 \leq M_1 \\ M_1 < M_2 &:\Longleftrightarrow M_1 \leq M_2 \ \wedge \ \neg(M_2 \leq M_1) \\ M_1 > M_2 &:\Longleftrightarrow M_2 < M_1 \end{aligned}$$

$\equiv_\leq$ ist eine Äquivalenzrelation, die *Äquivalenzrelation zu* $\leq$.

Eine Präordnung $\leq$ heißt *wohlfundiert*, wenn $>$ *noether'sch* ist, d.h. wenn jede Folge

$$M_1 > M_2 > \cdots > M_n > \cdots$$

endlich ist.

$M \in \mathcal{M}' \subseteq \mathcal{M}$ heißt ein *minimales Element* von $\mathcal{M}'$ bzgl. der Präordnung $\leq$, wenn es kein $M' \in \mathcal{M}'$ gibt mit $M' < M$.

Lemma II §5–2

Jede nichtleere Teilmenge $\mathcal{M}'$ von $\mathcal{M}$ besitzt bzgl. einer wohlfundierten Präordnung auf $\mathcal{M}$ minimale Elemente.

Beweis

Sei $\leq$ eine wohlfundierte Präordnung auf $\mathcal{M}$, $\mathcal{M}'$ eine nichtleere Teilmenge von M und M_0 ein Element von $\mathcal{M}'$. Angenommen, wir haben induktiv eine Folge

$$M_0 > M_1 > \cdots > M_n$$

von Elementen in $\mathcal{M}'$ konstruiert. Entweder ist M_n ein minimales Element von $\mathcal{M}'$ – dann sind wir fertig – oder es gibt M_{n+1} in $\mathcal{M}'$ mit $M_n > M_{n+1}$ und wir können unsere Folge fortsetzen. Da $>$ noethersch ist, muß dieser Vorgang nach endlich vielen Schritten mit einem minimalen Element abbrechen. ∎

Definition II §5–3 vollständige Eigenschaft
Eine Eigenschaft P auf $\mathcal{M}$ heißt *vollständig* bzgl. einer Präordnung $\leq$ auf $\mathcal{M}$, wenn M die Eigenschaft P hat, sofern dies für alle $M' < M$ gilt.

Satz II §5–4 Induktionsprinzip für wohlfundierte Präordnungen.
Ist $\leq$ eine wohlfundierte Präordnung auf $\mathcal{M}$ und P eine bzgl. $\leq$ vollständige Eigenschaft, dann hat jedes Element von $\mathcal{M}$ die Eigenschaft P.

Beweis
Wir betrachten die Menge $\mathcal{M}'$ der Elemente von $\mathcal{M}$, die die Eigenschaft P nicht haben. Wenn $\mathcal{M}'$ nicht leer ist, hat sie nach dem vorigen Lemma minimale Elemente. Sei M ein solches minimales Element. Da M minimal in $\mathcal{M}'$ ist, liegen alle Elemente $M' < M$ nicht in $\mathcal{M}'$ und haben damit die Eigenschaft P. Dann hat aber auch M die Eigenschaft P – ein Widerspruch. ∎

Eigenschaft II §5–5
Sei $\mathcal{M} = \mathcal{M}_1 \times \cdots \times \mathcal{M}_n$ und $\leq_{i_0}$ eine wohlfundierte Präordnung auf $\mathcal{M}_{i_0}$. Dann ist $\leq$, definiert durch

$$(M_i)_{i=1}^n \leq (M_i')_{i=1}^n \;:\Longleftrightarrow\; M_{i_0} \leq_{i_0} M_{i_0}'$$

eine wohlfundierte Präordnung auf $\mathcal{M}$.

Wende ich das Induktionsprinzip für $\leq$ an, werde ich dies eine *Induktion über* $\leq_{i_0}$ nennen.

Eigenschaft II §5–6
Sind $\leq_1, \ldots, \leq_n$ wohlfundierte Präordnungen auf $\mathcal{M}$, dann sind ihr *Produkt* $\leq_1\times\cdots\times\leq_n$ und ihre *lexikographische Präordnung* $\leq_1\succ \cdots \succ\leq_n$, definiert durch

$$M \leq_1\times\cdots\times\leq_n M' \;:\Longleftrightarrow\; \forall i{=}1\ldots n\colon\; M \leq_i M'$$

$$\begin{aligned} M \leq_1\succ\cdots\succ\leq_n M' \;:\Longleftrightarrow\; & \\ & (\exists i_0 : (\forall i{=}1\ldots i_0\colon\; M \leq_i M') \wedge M <_{i_0} M') \\ & \vee\; \forall i{=}1\ldots n\colon\; M \leq_i M' \end{aligned}$$

wohlfundierte Präordnungen auf $\mathcal{M}$.

Eine Induktion über $\leq_1\times\cdots\times\leq_n$ werde ich eine *Induktion über* $\leq_1$, $\leq_2$, ... *und* $\leq_n$ nennen.

Eine Induktion über $\leq_1\succ\cdots\succ\leq_n$ nenne ich eine *Induktion über* $\leq_1$, *gefolgt von* $\leq_2$, ..., *gefolgt von* $\leq_n$.

Eigenschaft II §5–7
Ist $f: \mathcal{M}_1 \to \mathcal{M}_2$ und $\leq_2$ eine wohlfundierte Präordnung auf $\mathcal{M}_2$, dann ist $\leq_1$, definiert durch

$$M_1 \leq_1 M_1' \; :\Longleftrightarrow \; f(M_1) \leq_2 f(M_2)$$

eine wohlfundierte Präordnung auf $\mathcal{M}_1$.

Eine Induktion über $\leq_1$ nenne ich eine *Induktion über* $(f, \leq_2)$. Im Spezialfall $\mathcal{M}_2 = \mathbf{N}$ und $\leq_2 = \leq$ rede ich kurz von einer *Induktion über* f.

Eigenschaft II §5–8
Ist $(\Sigma, V, \mathbf{P})$ eine kontextfreie Grammatik und für $A \in V$

$$f_A(\omega) := \min\{n \mid A \Rightarrow^n \omega\},$$

dann ist die binäre Relation $\leq$ auf $V \times \Sigma$, definiert durch

$$(A, \omega) \leq (A', \omega') \; :\Longleftrightarrow \; \omega \in \mathrm{L}(A) \;\wedge\; \omega' \in \mathrm{L}(A') \;\wedge\; f_A(\omega) \leq f_{A'}(\omega')$$

eine wohlfundierte Präordnung.

Die entsprechende Induktion nenne ich *strukturelle Induktion* oder *Grammatikinduktion* (bzgl. $(\Sigma, V, \mathbf{P})$).

Eigenschaft II §5–9
Ist $\to$ eine noether'sche Relation auf $\mathcal{M}$, dann ist ihr reflexiver transitiver Abschluß eine wohlfundierte Präordnung.

Die entsprechende Induktion heißt *noether'sche Induktion.*

§6 Noether'sche Relationen und Vertauschbarkeit

In diesem Paragraphen definiere ich einige Begriffe für binäre Relationen und formuliere zugehörige Eigenschaften. Ich folge im wesentlichen dem ersten Teil von [Huet77]. Die Ergebnisse werden im nächsten Paragraphen benutzt, um hinreichende Bedingungen für Vertauschbarkeitseigenschaften, speziell Konfluenzeigenschaften, von Termersetzungssystemen herzuleiten.

Im folgenden bezeichnet $\mathcal{M}$ eine beliebige Menge; M, $\to$ und $\equiv$ sind generische Bezeichnungen für Elemente von $\mathcal{M}$, binäre Relationen über $\mathcal{M}$ bzw. Äquivalenzrelationen über $\mathcal{M}$.

Definition II §6–1 Normalform, noether'sch, beschränkt, lokal endlich.
M heißt eine $\to$*-Normalform*, $\mathrm{NF}_{\to}(M)$, wenn

$$M{\to}\cdot := \{M' \mid M \to M'\}$$

leer ist, d.h. wenn es kein M' mit $M \to M'$ gibt. $\to$ heißt *endlich in* M, wenn $M{\to}\cdot$ endlich ist. $\to$ heißt *lokal endlich*, wenn $\to$ in jedem $M \in \mathcal{M}$ endlich ist.

Eine $\to$-Normalform M' heißt eine $\to$*-Normalform von* M, wenn $M \to^* M'$. Besitzt M eine $\to$-Normalform, sagen wir, daß M von $\to$ *normalisiert* wird. Eine Relation, die jedes M normalisiert, nennen wir *normalisierend.*

Eine Folge

$$M = M_0 \to M_1 \to \cdots \to M_n \to \cdots$$

heißt eine *in* M *beginnende Reduktionsfolge.*

Hat M die Eigenschaft, daß jede in M beginnende Reduktionsfolge endlich ist, sagen wir, M werde von $\to$ *stark normalisiert*, $\mathrm{SN}_{\to}(M)$. Alternativ sagen wir auch $\to$ sei *stark normalisierend* oder *noether'sch* in M. Eine Relation, die jedes M stark normalisiert, nennen wir *noether'sch* oder auch *stark normalisierend.*

Für jedes M ist seine $\to$*-Reduktionsgröße*, $\mathrm{Si}_{\to}(M)$, definiert durch

$$\mathrm{Si}_{\to}(M) := \sup\{n \mid M{\to}^n\cdot \neq \emptyset\},$$

d.h. $\mathrm{Si}_{\to}(M)$ ist das Supremum der Längen von in M beginnenden Reduktionsfolgen.

$\to$ heißt *beschränkt in* M, wenn $\mathrm{Si}_{\to}(M)$ endlich ist; $\to$ heißt *beschränkt*, wenn $\to$ in jedem M beschränkt ist.

Lemma II §6–2
Eine lokal endliche Relation ist genau dann beschränkt in M, wenn sie noether'sch in M ist.

Beweis Lemma von Koenig ■

Definition II §6–3
Eine Teilmenge $\mathcal{M}'$ von $\mathcal{M}$ heißt *gegenüber* $\to$ *rechts* bzw. *links abgeschlossen*, wenn

$$\frac{M \in \mathcal{M}' \ \wedge \ M \to M'}{M' \in \mathcal{M}'} \quad \text{bzw.} \quad \frac{M \in \mathcal{M}' \ \wedge \ M' \to M}{M' \in \mathcal{M}'}$$

Definition II §6–4 Vertauschbarkeitsdiagramme
Das $(\to_1, \to_2, \to_3, \to_4)$-*Vertauschbarkeitsdiagramm* ist das Diagramm

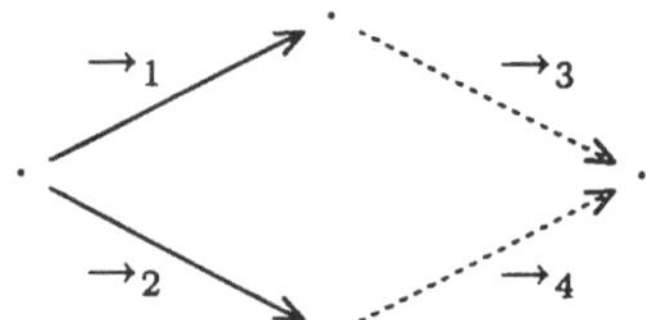

Es ist *in M erfüllt* – synomym: *gültig*, wenn zu jedem $M \rightarrow_1 M_1$ und $M \rightarrow_2 M_2$ ein M' existiert mit $M_1 \rightarrow_3 M'$ und $M_2 \rightarrow_4 M'$.
Es ist *erfüllt (gültig)*, wenn es in jedem M erfüllt ist[1].

Definition II §6–5 Vertauschbarkeit
$\rightarrow_1$ und $\rightarrow_2$ heißen *vertauschbar*, wenn das $(\rightarrow_1, \rightarrow_2, \rightarrow_2, \rightarrow_1)$-Vertauschbarkeitsdiagramm

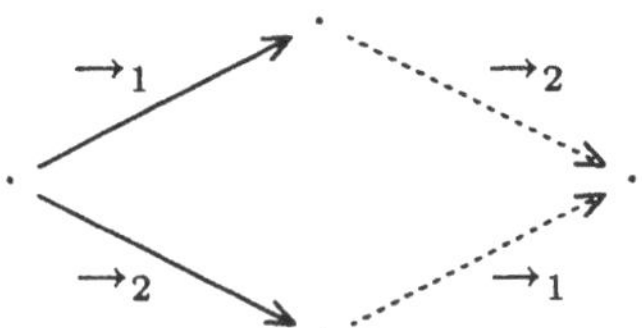

erfüllt ist.

$\rightarrow_1$ und $\rightarrow_2$ heißen *schwach vertauschbar*, wenn das $(\rightarrow_1, \rightarrow_2, \overset{*}{\rightarrow}_2, \overset{*}{\rightarrow}_1)$-Vertauschbarkeitsdiagramm

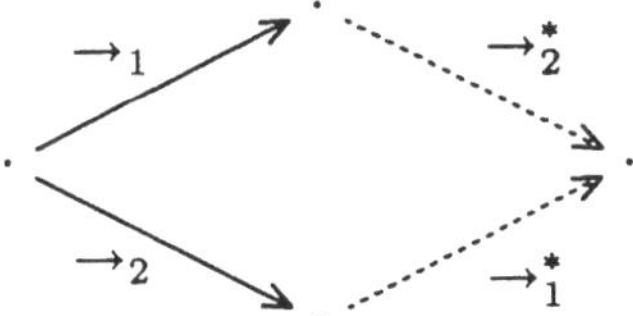

erfüllt ist.

$\rightarrow$ heißt *konfluent*, wenn $\rightarrow^*$ mit sich selbst vertauschbar ist, $\rightarrow$ heißt *schwach konfluent*, wenn $\rightarrow$ schwach mit sich vertauschbar ist.

Satz II §6–6 [Huet77, S. 799]

- Ist $\rightarrow$ noether'sch und schwach konfluent, dann ist $\rightarrow$ konfluent;
- Ist $\rightarrow$ konfluent, dann hat jedes M höchstens eine $\rightarrow$-Normalform;
- Ist $\rightarrow$ noether'sch, dann hat jedes M mindestens eine $\rightarrow$-Normalform;
- Ist $\rightarrow$ noether'sch und konfluent, dann hat jedes M genau eine $\rightarrow$-Normalform, $\eta_{\rightarrow}(M)$.

In Kapitel IV benötige ich eine Möglichkeit, $(\rightarrow_1 \cup \rightarrow_2)$-Reduktionsfolgen so umzuordnen, daß $\rightarrow_1$-Reduktionen am Anfang und $\rightarrow_2$-Reduktionen am Ende stehen, d.h. ich muß alle $\rightarrow_2$-Reduktionen über eventuelle $\rightarrow_1$-Reduktionen hinüberschieben. Dies ist z.B. möglich, wenn das $(\rightarrow_1, \rightarrow_2^{-1}, \rightarrow_2^{-1}, \rightarrow_1)$-Ver-

[1] Die durchgezogenen Pfeile drücken damit allquantifizierte Beziehungen, die gestrichelten Pfeile von ihnen abhängige existenzquantifizierte Beziehungen aus.

tauschbarkeitsdiagramm[2]

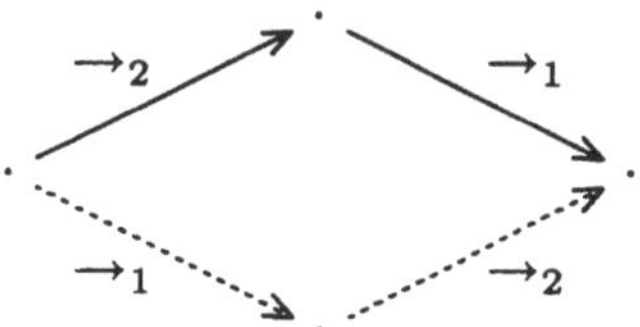

erfüllt ist. In diesem Fall nenne ich $\rightarrow_2$ *verschiebbar* über $\rightarrow_1$.

Leider haben die Reduktionsrelationen in Kapitel IV diese Eigenschaft nicht. Ich definiere deshalb den schwächeren Begriff 'pseudo-verschiebbar'. Der Satz II §6–8 formuliert aufbauend auf diesem Begriff hinreichende Bedingungen, unter denen sich gewisse Reduktionsfolgen umsortieren lassen.

Definition II §6–7 pseudo-verschiebbar

$\rightarrow_1$ heißt *pseudo-verschiebbar über* $\rightarrow_2$, wenn das $(\rightarrow_2, \rightarrow_1^{-1}, \rightarrow_2^*, \rightarrow_2^+ \cdot \rightarrow_1^*)$-Vertauschbarkeitsdiagramm

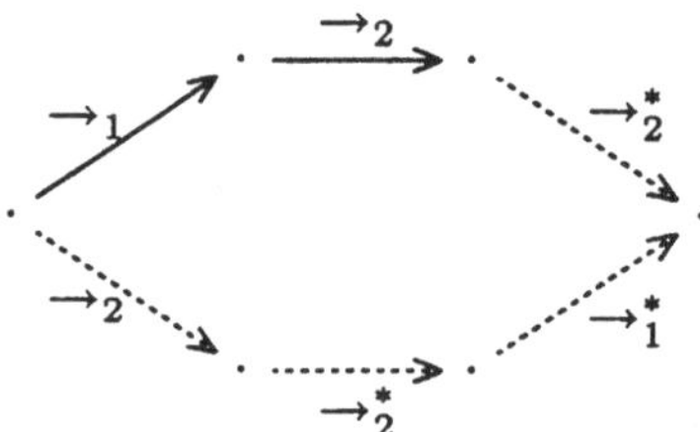

erfüllt ist.

Satz II §6–8

Wenn

- $\rightarrow_2$ pseudo-verschiebbar über $\rightarrow_1$ ist,
- $\rightarrow_1$ konfluent ist,
- die $\rightarrow_1$-Normalformen gegenüber $\rightarrow_2$ links abgeschlossen sind

und

- $(\rightarrow_1 \cup \rightarrow_2)$ beschränkt ist,

dann gilt:

$$\frac{\mathrm{NF}_{\rightarrow_1}(M') \ \wedge \ M\ (\rightarrow_1 \cup \rightarrow_2)^*\ M'}{M \rightarrow_1^* \cdot \rightarrow_2^* M'}$$

---

[2] In der Diagrammdarstellung habe ich der besseren Lesbarkeit halber $\overset{\rightarrow^{-1}}{\longrightarrow}$ durch $\overset{\rightarrow}{\longleftarrow}$ ersetzt. Ich werde auch im folgenden Vertauschbarkeitsdiagramme in einer möglichst übersichtlichen Form darstellen.

Beweis

Ich definiere auf den Reduktionsfolgen von M nach M'

$$\mathcal{F}\colon\ M = M_0 \rightarrow_{i_1} M_1 \rightarrow_{i_2} \cdots \rightarrow_{i_n} M_n = M' \quad (\forall j = 1 \ldots n\colon i_j \in \{1,2\})$$

eine Quasiordnung $\leq$, indem ich die $i_1, \ldots, i_n$ lexikographisch ordne. Ich behaupte nun, daß jede Reduktionsfolge $\mathcal{F}$ von M nach M' entweder die Form

$$\mathcal{F}\colon\ M \rightarrow_1^* \cdot \rightarrow_2^* M' \qquad (*)$$

hat oder es eine Reduktionsfolge $\mathcal{F}'$ von M nach M' mit $\mathcal{F}' < \mathcal{F}$ gibt.

Da die Länge der Reduktionsfolgen von M nach M' durch $\mathrm{Si}_{\rightarrow_1 \cup \rightarrow_2}(M)$ beschränkt ist, ist $\leq$ wohlfundiert und Induktion über $\leq$ beweist unsere Aussage.

Hat $\mathcal{F}$ nicht die Form $(*)$, dann gibt es $1 \leq s < r \leq n$ mit

$$i_s = 2 \ \wedge\ (\forall s < j \leq r\colon i_j = 1) \ \wedge\ (\forall r < j \leq n\colon i_j = 2).$$

Da $\rightarrow_2$ pseudo-verschiebbar über $\rightarrow_1$ ist, gibt es M'' mit

$$M_{s+1} \rightarrow_1^* M'' \ \wedge\ M_{s-1} \rightarrow_1^+ \cdot \rightarrow_2^* M''.$$

Da die $\rightarrow_1$-Normalformen gegenüber $\rightarrow_2$ links abgeschlossen sind, ist M_r eine $\rightarrow_1$-Normalform und damit eine $\rightarrow_1$-Normalform von M_{s+1}. Aus der Konfluenz von $\rightarrow_1$ folgt, daß es auch eine Normalform von M'' ist. Wir erhalten damit eine Reduktionsfolge

$$\mathcal{F}'\colon\ M = M_0 \rightarrow_{i_1} M_1 \cdots \rightarrow_{i_{s-1}} M_{s-1} \rightarrow_1 \cdot (\rightarrow_1 \cup \rightarrow_2)^* M'$$

mit $\mathcal{F}' < \mathcal{F}$.

Der Beweis ist im folgenden Diagramm zusammengefaßt.

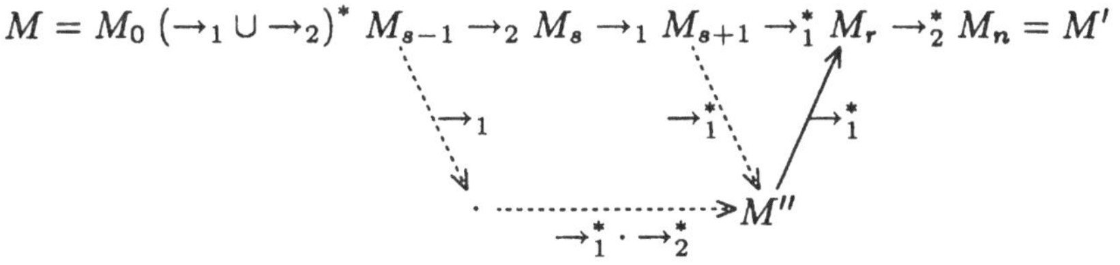

$$M = M_0 \ (\rightarrow_1 \cup \rightarrow_2)^* \ M_{s-1} \rightarrow_2 M_s \rightarrow_1 M_{s+1} \rightarrow_1^* M_r \rightarrow_2^* M_n = M'$$

$\rightarrow_1$ $\quad$ $\rightarrow_1^*$ $\quad$ $\rightarrow_1^*$

$$\cdot \cdots\cdots\cdots > M''$$

$\rightarrow_1^* \cdot \rightarrow_2^*$

■

Notation II §6–9

$\rightarrow_{/\equiv} \ :=\ \equiv \cdot \rightarrow \cdot \equiv.$

Lemma II §6–10
Folgende Aussagen sind äquivalent:

- $\rightarrow$ ist vertauschbar mit $\equiv$,
- $\equiv \cdot \rightarrow \;\subseteq\; \rightarrow \cdot \equiv$,
- $\rightarrow_{/\equiv} \;=\; \rightarrow \cdot \equiv$.

Folgerung II §6–11
Ist $\rightarrow$ vertauschbar mit $\equiv$, dann gilt:

- $\rightarrow^*$ ist vertauschbar mit $\equiv$;
- $\mathrm{Si}_{\rightarrow} = \mathrm{Si}_{\rightarrow_{/\equiv}}$ und $\mathrm{SN}_{\rightarrow} = \mathrm{SN}_{\rightarrow_{/\equiv}}$;
- $\rightarrow$ ist noether'sch/beschränkt genau dann, wenn $\rightarrow_{/\equiv}$ noether'sch/ beschränkt ist.

Definition II §6–12 Konfluenz modulo $\equiv$ [Huet77, S. 802]
$\rightarrow$ heißt *konfluent modulo* $\equiv$, wenn das $(\rightarrow^*, \equiv \cdot \rightarrow^*, \rightarrow^*, \rightarrow^* \cdot \equiv)$-Vertauschbarkeitsdiagramm

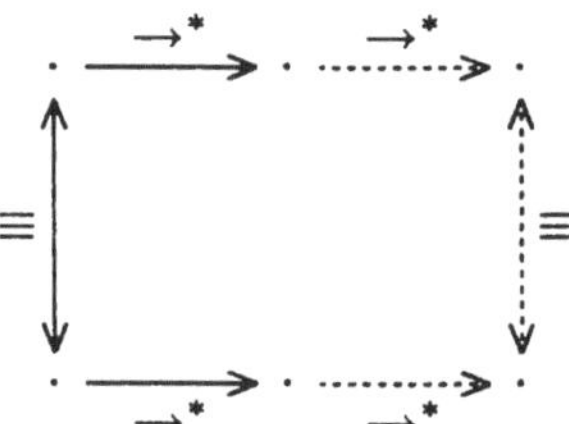

erfüllt ist.

Ich werde $\rightarrow$ *noether'sch modulo* $\equiv$ nennen, wenn $\rightarrow_{/\equiv}$ noether'sch ist, obwohl diese Defintion nicht ganz zu der vorangegangenen paßt.

Satz II §6–13 [Huet77, S. 802]
Eine normalisierende Relation ist genau dann konfluent modulo $\equiv$, wenn die Normalformen äquivalenter Elemente äquivalent sind.

Satz II §6–14 [Huet77, S. 805]
Ist $\rightarrow_{/\equiv}$ noether'sch und ist $\equiv$ der transitive Abschluß der symmetrischen Relation $\leftrightarrow$, dann ist $\rightarrow$ genau dann konfluent modulo $\equiv$, wenn das $(\rightarrow, \rightarrow, \rightarrow^*, \rightarrow^* \cdot \equiv)$- und das $(\rightarrow, \leftrightarrow, \rightarrow^*, \rightarrow^* \cdot \equiv)$-Vertauschbarkeitsdiagramm

erfüllt sind.

Definition II §6–15 Kompatibilität

→ heißt *schwach kompatibel* mit der partiellen Abbildung $f\colon \mathcal{M}^n \rightharpoonup \mathcal{M}$, wenn $(M_1, \ldots, M_n), (M'_1, \ldots, M'_n) \in \mathrm{Def}(f) \Longrightarrow$

$$\frac{M_{i_0} \to M'_{i_0} \ \wedge\ \forall i \neq i_0\colon M'_i = M_i}{f(M_1, \ldots, M_n) \to f(M'_1, \ldots, M'_n)}$$

→ heißt kompatibel mit f, wenn $(M_1, \ldots, M_n), (M'_1, \ldots, M'_n) \in \mathrm{Def}(f) \Longrightarrow$

$$\frac{\forall i = 1 \ldots n\colon M_i \to M'_i}{f(M_1, \ldots, M_n) \to f(M'_1, \ldots, M'_n)}$$

Bemerkung II §6–16

- Für reflexives → folgt aus der Kompatibilität die schwache Kompatibilität.
- Ist f total und → transitiv, dann folgt aus der schwachen Kompatibilität die Kompatibilität.

Definition II §6–17 Invarianz

$\to_1$ heißt *invariant* gegenüber $\to_2$, wenn das folgende Vertauschbarkeitsdiagramm erfüllt ist.

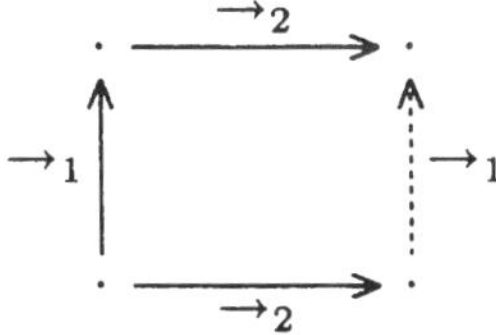

§7 Termersetzungssysteme

Termersetzungssysteme sind ein wesentliches Hilfsmittel, um spezielle binäre Relationen über freien Algebren kompakt zu spezifizieren. Die Definitionen und Ergebnisse in diesem Paragraphen verallgemeinern solche im zweiten Teil von [Huet77]. Sie werden in IV §3 benutzt, um die Eindeutigkeit von Normalformen nachzuweisen. Die Verallgemeinerung wurde notwendig, um den Substitutionsoperator des λ-Kalküls in diesem Rahmen behandeln zu können.

Ein Termersetzungssystem ist eine binäre Relation über parametrisierten Termen. Wir erhalten daraus eine binäre Relation über den Elementen der zugrundeliegenden Algebra, den sogenannten Grundtermen, indem wir die Parameter auf jede mögliche Art durch Grundterme ersetzen. Wir betrachten dann den schwach kompatiblen Abschluß dieser Relation bzgl. der Algebraoperationen und suchen nach hinreichenden Bedingungen für die Gültigkeit von Vertauschbarkeitsdiagrammen, die in IV §3 benutzt werden, um die Eindeutigkeit von Normalformen nachzuweisen.

Im folgenden sei $\Sigma = (F, n)$ eine (einsortige) Signatur und $\Sigma' = (F \dot\cup F', n')$ eine Erweiterung von Σ. Für eine abzählbar unendliche zu F und F' disjunkte Menge P von Parametern, definieren wir Erweiterungen $\Sigma_P = (F \dot\cup P, n_P)$ und $\Sigma'_P = (F \dot\cup P \dot\cup F', n'_P)$ von Σ bzw. Σ' durch $n_P(p) = n'_P(p) = 0\ \forall p \in P$.
$\mathcal{T}$, $\mathcal{T}_P$, $\mathcal{T}'_P$ und $\mathcal{T}'$ bezeichnen die freien Σ-, Σ_P-, Σ'_P- und Σ'-Algebren. O.E. nehmen wir $\mathcal{T} \subseteq \mathcal{T}_P, \mathcal{T}' \subseteq \mathcal{T}'_P$ an.
Wir wählen feste Interpretationen für $f' \in F'$ über $\mathcal{T}$ und machen $\mathcal{T}$ so zu einer Σ'-Algebra. I bezeichne den zugehörigen Σ'-Algebrahomomorphismus von $\mathcal{T}'$ nach $\mathcal{T}$.

In meiner Anwendung wird $\mathcal{T}$ eine Erweiterung der Sprache der λ-Ausdrücke sein, die Elemente von F' werden umkehrbar eindeutig den Substitutionsoperatoren entsprechen, und I wird sie als solche interpretieren.

Definition II §7–1

Die Elemente von $\mathcal{T}$ heißen *Grundterme* oder einfach *Terme*; ihre generische Bezeichnung ist T. Die Elemente von $\mathcal{T}_P$ bzw. $\mathcal{T}'_P$ heißen *Termschemata* bzw. *erweiterte Termschemata* und werden generisch mit TS bzw. eTS bezeichnet.

Mit $P(eTS)$ bezeichnen wir die Menge der in eTS vorkommenden Parameter.

(P, Σ', I) heißt eine *Termschemaerweiterung von* Σ.

Definition II §7–2 Parametersubstitution

Eine Parametersubstitution σ ist eine endliche Abbildung von P in $\mathcal{T}_P$. Für eine Parametersubstitution σ und eine Menge von Parametern $P' \subseteq P$ ist die Einschränkung von σ auf P', $\sigma_{|P'}$, in üblicher Weise definiert.

σ läßt sich in natürlicher Weise zu einem Σ'_P-Algebrahomomorphismus auf $\mathcal{T}'_P$ fortsetzen durch

$$\sigma(f) := f \qquad \text{für } f \in F \cup F' \cup (P - \mathrm{Def}(\sigma)).$$

Wir nennen jedes $\sigma(eTS)$ eine *Instanz von eTS*; die $\sigma(eTS) \in \mathcal{T}'$ heißen *Grundinstanzen von eTS*.

Wir definieren auf $\mathcal{T}_P$ eine Quasiordnung $\preceq$, 'unspezifizierter als', durch

$$TS_1 \preceq TS_2 \;:\Longleftrightarrow\; \exists \sigma\colon TS_2 = \sigma(TS_1).$$

In diesem Fall ist $\sigma_{|P(TS_1)}$ eindeutig bestimmt.
Wir bezeichnen die zugehörige Äquivalenzrelation mit $\equiv$.
$\preceq$ ist wohlfundiert und besitzt zu je zwei Termschemata eine größte untere Schranke, eindeutig modulo $\equiv$. Folglich gibt es für je zwei konsistente Termschemata eine kleinste obere Schranke, eindeutig modulo $\equiv$. Sie heißt *allgemeinster Unifikator* der beiden Termschemata.

Definition II §7–3 schwach kompatibel
Eine binäre Relation $\rightarrow$ auf $\mathcal{T}$ heißt *(schwach) kompatibel*, wenn sie (schwach) kompatibel mit jedem $f \in F$ ist.

Definition II §7–4 Termersetzungssystem, Reduktionskern, Reduktionsrelation
$\mathbf{T} \subseteq \mathcal{T}_P \times \mathcal{T}'_P$ heißt (Σ, P, Σ', I)-*Termersetzungssystem* oder kurz *Termersetzungssystem*, wenn

$$TS \;\mathbf{T}\; eTS \Longrightarrow P(eTS) \subseteq P(TS).$$

$\mathbf{T}$ heißt *rein*, wenn $\Sigma' = \Sigma$ (und damit $I = id_{\mathcal{T}}$). $\mathbf{T}$ heißt *linkslinear*, wenn für TS $\mathbf{T}$ eTS jeder Parameter in TS höchstens einmal vorkommt.

Jede binäre Relation auf $\mathcal{T}$ heißt ein *Reduktionskern*, eine schwach kompatible Relation auf $\mathcal{T}$ heißt eine *Reduktionsrelation*.

Der vom Termersetzungssystem $\mathbf{T}$ *erzeugte Reduktionskern*, $\mathbf{R_T}$, ist definiert durch

$$T_1 \,\mathbf{R_T}\, T_2 \;:\Longleftrightarrow\; \exists \sigma, TS \;\mathbf{T}\; eTS\colon T_1 = \sigma(TS) \;\wedge\; T_2 = I(\sigma(eTS));$$

die vom Reduktionskern $\mathbf{R}$ *erzeugte Reduktionsrelation*, $\rightarrow_{\mathbf{R}}$, ist der schwach kompatible Abschluß von $\mathbf{R}$, d.h. die kleinste schwach kompatible Relation, die $\mathbf{R}$ umfaßt.
Für $\rightarrow_{\mathbf{R_T}}$ schreiben wir auch $\rightarrow_{\mathbf{T}}$.

Wir setzen eine binäre Relation $\rightarrow$ auf $\mathcal{T}$ fort zu einer Relation $\uparrow\!\!\rightarrow$ auf $\mathcal{T}_P'$ durch:

$$eTS_1 \uparrow\!\!\rightarrow eTS_2 \;:\Longleftrightarrow\; \frac{\sigma(eTS_1), \sigma(eTS_2) \in \mathcal{T}'}{I(\sigma(eTS_1)) \rightarrow I(\sigma(eTS_2))}$$

Lemma II §7–5

- $\uparrow\!\!\rightarrow_1 \cdot \uparrow\!\!\rightarrow_2 \subseteq \uparrow(\rightarrow_1 \cdot \rightarrow_2)$;
- $(\uparrow\!\!\rightarrow)^* \subseteq \uparrow\!\!\rightarrow^*$.

Definition II §7–6 parallele Reduktion

Sei $\mathbf{R}$ ein Reduktionskern.

- Wir definieren für paarweise disjunkte Vorkommen $u_1, \ldots, u_n$ $\overset{\{u_1,\ldots,u_n\}}{\longrightarrow}_{\mathbf{R}}$ durch

$$\frac{\forall i{=}1\ldots n\colon\; u_i \in \mathcal{O}(T) \;\wedge\; T_{/u_i}\;\mathbf{R}\;T_i'}{T \overset{\{u_1,\ldots,u_n\}}{\longrightarrow}_{\mathbf{R}} T[u_i{\mapsto}T_i']_{i=1}^{n}}$$

  Für $\overset{\{u\}}{\longrightarrow}_{\mathbf{R}}$ schreiben wir auch kurz $\overset{u}{\longrightarrow}_{\mathbf{R}}$.

- Wir definieren die *parallele Reduktion bzgl.* $\mathbf{R}$, $\twoheadrightarrow_{\mathbf{R}}$, durch

$$T \twoheadrightarrow_{\mathbf{R}} T' \;:\Longleftrightarrow\; \exists u_1, \ldots, u_n \text{ disjunkt: } T \overset{\{u_1,\ldots,u_n\}}{\longrightarrow}_{\mathbf{R}} T'$$

Bemerkung II §7–7

Offensichtlich gilt

$$T \rightarrow_{\mathbf{R}} T' \iff \exists u \in \mathcal{O}(T)\colon\; T \overset{u}{\longrightarrow}_{\mathbf{R}} T'.$$

Lemma II §7–8

Für Reduktionskerne $\mathbf{R}_1$ und $\mathbf{R}_2$ und disjunkte Vorkommen u_1, u_2 ist das $(\overset{u_1}{\longrightarrow}_{\mathbf{R}_1}, \overset{u_2}{\longrightarrow}_{\mathbf{R}_2}, \overset{u_2}{\longrightarrow}_{\mathbf{R}_2}, \overset{u_1}{\longrightarrow}_{\mathbf{R}_1})$-Vertauschbarkeitsdiagramm erfüllt.

Folgerung II §7–9

Sind $\mathbf{R}_1$ und $\mathbf{R}_2$ Reduktionskerne, $\rightarrow_3$ und $\rightarrow_4$ schwach kompatible Relationen, die $\rightarrow_{\mathbf{R}_2}$ bzw. $\rightarrow_{\mathbf{R}_1}$ umfassen, dann ist das $(\rightarrow_{\mathbf{R}_1}, \rightarrow_{\mathbf{R}_2}, \rightarrow_3, \rightarrow_4)$-Vertauschbarkeitsdiagramm genau dann erfüllt, wenn die Vertauschbarkeitsdiagramme

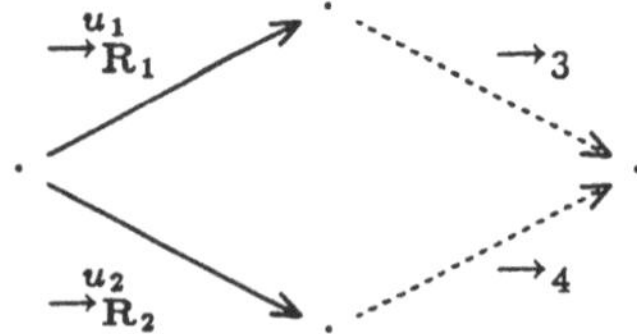

mit $u_1 = \Lambda$ oder $u_2 = \Lambda$ in allen T mit $u_1, u_2 \in \mathcal{O}(T)$ erfüllt sind.

Definition II §7–10 überlappen, kritische Paare
Seien $\bar{\mathbf{T}}$ und $\tilde{\mathbf{T}}$ Termersetzungssysteme.
Sei $TS_1 \;\bar{\mathbf{T}}\; eTS_1$ und $TS_2 \;\tilde{\mathbf{T}}\; eTS_2$ oder $TS_1 \;\tilde{\mathbf{T}}\; eTS_1$ und $TS_2 \;\bar{\mathbf{T}}\; eTS_2$.
Sei u ein Vorkommen von TS_1, so daß $TS_{1/u}$ kein Parameter aber konsistent mit TS_2 ist.

Wir sagen dann, daß TS_2 mit TS_1 *an u nichttrivial überlappt*, oder weniger genau, daß TS_1 und TS_2 *überlappen*.

Sei TS eine kleinste obere Schranke von $TS_{1/u}$ und TS_2, so daß $P(TS)$ disjunkt zu $P(TS_1)$ und $P(TS_2)$ ist.
Sei σ_1 die Parametersubstitution mit $\mathrm{Def}(\sigma_1) = P(TS_{1/u})$ und $TS = \sigma_1(TS_{1/u})$, σ_2 die mit $\mathrm{Def}(\sigma_2) = P(TS_2)$ und $TS = \sigma_2(TS_2)$. Wir definieren

$$eTS_1' \equiv \sigma_1(eTS_1) \text{ und } eTS_2' \equiv \sigma_1(TS_1)[u \rightarrow \sigma_2(eTS_2)].$$

Die Definitionen sind in dem folgenden Diagramm veranschaulicht.

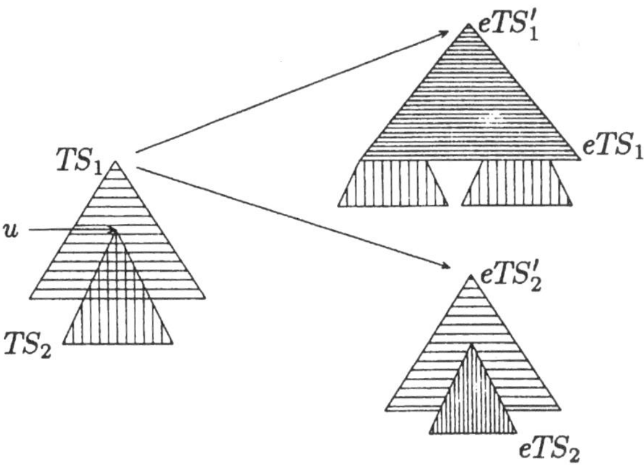

Gilt $TS_1 \;\bar{\mathbf{T}}\; eTS_1$, dann heißt (eTS_1', eTS_2'), ansonsten heißt (eTS_2', eTS_1') ein $(\bar{\mathbf{T}}, \tilde{\mathbf{T}})$-*kritisches Paar*.

Satz II §7–11
Seien $\mathbf{T}_1$, $\mathbf{T}_2$ linkslineare Termersetzungssysteme und $\rightarrow_3$, $\rightarrow_4$ schwach kompatible Relationen mit den folgenden Eigenschaften:

- $\rightarrow_3$ und $\rightarrow_4$ haben die folgenden Vertauschbarkeitseigenschaften mit I:

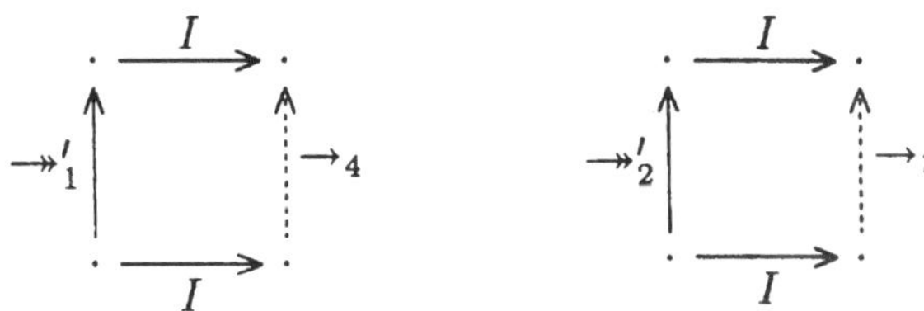

Hierbei bezeichnen $\twoheadrightarrow'_1$ und $\twoheadrightarrow'_2$ die von $\mathbf{R}_{\mathbf{T}_1}$ und $\mathbf{R}_{\mathbf{T}_2}$ auf $\mathcal{T}'$ erzeugten parallelen Reduktionsrelationen.

- für alle $(\mathbf{T}_1, \mathbf{T}_2)$-kritischen Paare (eTS'_1, eTS'_2) gilt

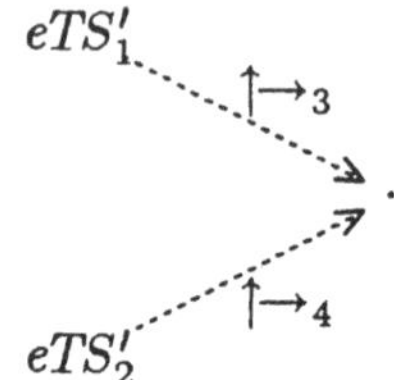

d.h. es gibt eTS' mit $eTS'_1 \upharpoonleft\!\rightarrow_3 eTS'$ und $eTS'_2 \upharpoonleft\!\rightarrow_4 eTS'$.

dann ist das $(\rightarrow_{\mathbf{T}_1}, \rightarrow_{\mathbf{T}_2}, \rightarrow_3, \rightarrow_4)$-Vertauschbarkeitsdiagramm erfüllt.

Beweis

Der Satz ist eine Verallgemeinerung von [Huet77, S. 810-811]. Sein Beweis läßt sich problemlos übertragen. ∎

Der Satz ist ein wichtiges Hilfsmittel zum Nachweis von Vertauschbarkeitseigenschaften, da er ihre Überprüfung auf eine lokale Betrachtung kritischer Paare zurückführt. Kritische Paare sind oft leicht zu berechnen und die von dem Satz geforderten Bedingungen können oft leicht nachgewiesen werden.

In IV §3–11 benötigen wir einen ähnlichen Satz für die pseudo-Verschiebbarkeit.

Satz II §7–12

Seien $\mathbf{T}_1$ und $\mathbf{T}_2$ Termersetzungssysteme mit linkslinearem $\mathbf{T}_2$ und $\rightarrow_3$ eine schwach kompatible Relation. $\rightarrow_1$ und $\rightarrow_2$ bezeichnen die erzeugten Reduktionsrelationen.

Dann gilt das Vertauschbarkeitsdiagramm

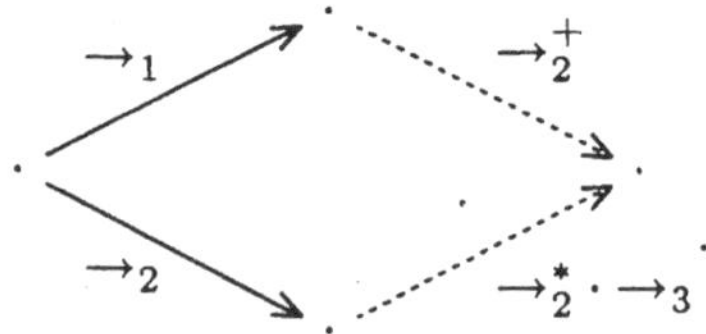

wenn die folgenden Bedingungen erfüllt sind:

- $TS_1\ \mathbf{T}_1\ eTS_1 \Longrightarrow eTS_1 \in \mathcal{T}_P\ \wedge\ P(TS_1) = P(eTS_1)$;
- das Vertauschbarkeitsdiagramm

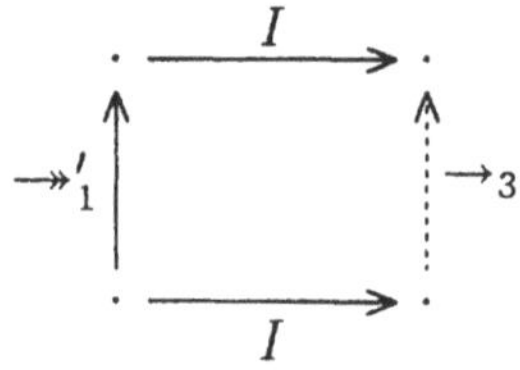

ist erfüllt, wobei $\twoheadrightarrow'_1$ die von $\mathbf{R}_{\mathbf{T}_1}$ auf $\mathcal{T}'$ erzeugte parallele Reduktion bezeichnet.

- für alle $(\mathbf{T}_1, \mathbf{T}_2)$-kritischen Paare (eTS_1, eTS_2) gilt:

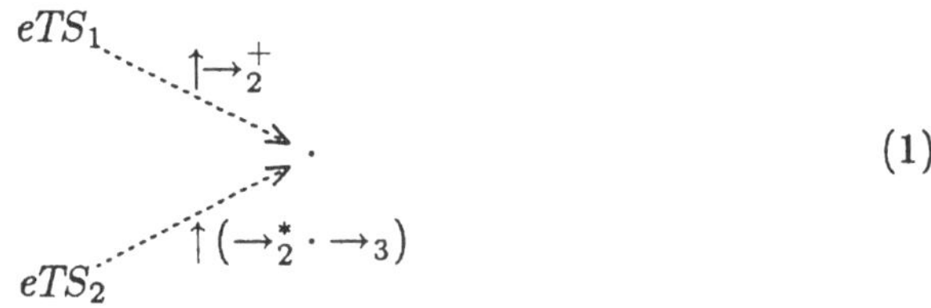

(1)

Beweis

Wir müssen zeigen

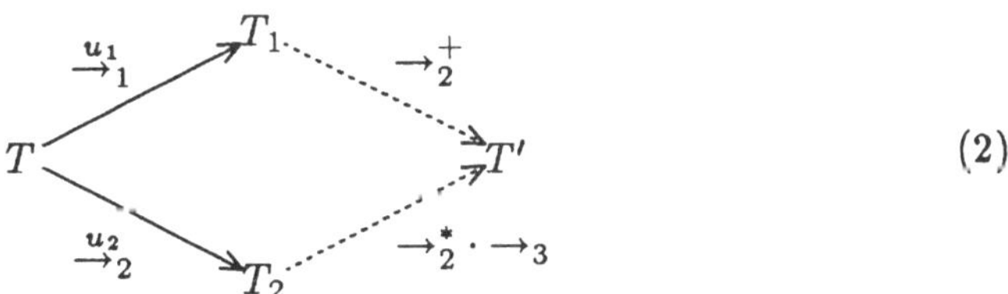

(2)

Nach II §7–9 genügt es, dies jeweils für $u_1 = \Lambda$ und für $u_2 = \Lambda$ zu zeigen. In beiden Fällen gibt es TS_1 $\mathbf{T}_1$ TS'_1, TS_2 $\mathbf{T}_2$ eTS_2 und Parametersubstitutionen σ_1 und σ_2 mit

$$\begin{aligned} T_{/u_1} &= \sigma_1(TS_1) \\ T_1 &= T[u_1 \to \sigma_1(TS'_1)] \end{aligned} \quad \text{und} \quad \begin{aligned} T_{/u_2} &= \sigma_2(TS_2) \\ T_2 &= T[u_2 \to I(\sigma_2(eTS_2))] \end{aligned}$$

Falls die Instantiierungen von TS_1 und TS_2 in T überlappen, gibt es nach dem folgenden Diagramm ein kritisches Paar (eTS'_1, eTS'_2) und eine Substitution σ mit

$$T_1 = I(\sigma(eTS'_1)) \text{ und } T_2 = I(\sigma(eTS'_2)).$$

Die Gültigkeit von (2) folgt dann unmittelbar aus (1).

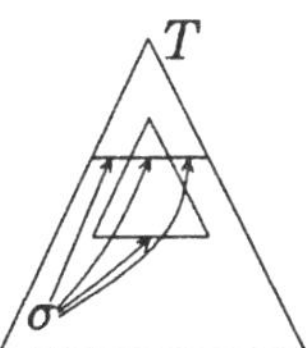

Ich setze jetzt voraus, daß TS_1 und TS_2 nicht überlappen und betrachte die Fälle $u_1 = \Lambda$ und $u_2 = \Lambda$.

$u_1 = \Lambda$

Sei u' das maximale Vorkommen in TS_1 mit $u' \preceq u_2$. Da TS_1 und TS_2 nicht überlappen, gilt

$$p := TS_{1/u'} \in P(TS_1) = P(TS'_1).$$

Es gilt

$$\sigma_1(p)_{/u_2-u'} = \sigma_2(TS_2)$$

und daher

$$\begin{aligned} T_1 &= \sigma_1(TS_1') \\ &\rightarrow_2^+ \left(\sigma_1 \cdot \left[p \mapsto \sigma_1(p)[u_2-u' \rightarrow I(\sigma_2(eTS_2))]\right]\right)(TS_1') \\ &=: T' \end{aligned}$$

Sei

$$\begin{aligned} \{u_1', \ldots, u_n'\} &:= \{u \in \mathcal{O}(TS_1) \mid TS_{1/u} = p\} \\ T'' &:= T[u_i' \mapsto \sigma_1(p)[u_2-u' \rightarrow I(\sigma_2(eTS_2))]]_{i=1}^n \end{aligned}$$

Es folgt wegen $\sigma_1(p) = \mathcal{O}TSu'$ und $u' \in \{u_1', \ldots, u_n'\}$

$$T_2 = T[u' \rightarrow \sigma_1(p)[u_2-u' \rightarrow I(\sigma_2(eTS_2))]] \rightarrow_2^* T'' \rightarrow_1 T'.$$

Aus der zweiten Bedingung folgt, daß $\rightarrow_1$ in $\rightarrow_3$ enthalten ist, womit unsere Aussage in diesem Fall bewiesen ist.

Der Beweis ist in folgendem Diagramm schematisch dargestellt.

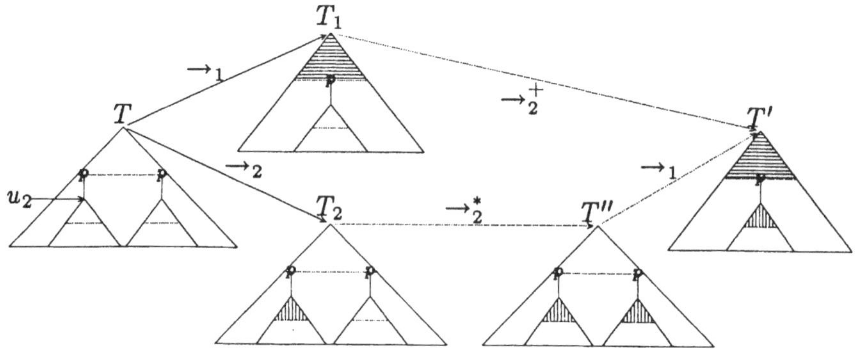

$u_2 = \Lambda$

Sei u' ein maximales Vorkommen von TS_2 mit $u' \preceq u_1$. Da TS_1 und TS_2 nicht überlappen gilt: $p := TS_{2/u'} \in P$. Daher gilt:

$$T_2 \rightarrow_3 T' := I\left(\left(\sigma_2 \cdot \left[p \mapsto \sigma_2(p)[u_1-u' \rightarrow \sigma_1(TS_1')]\right]\right)(eTS_2)\right)$$

Da p genau einmal in TS_2 vorkommt, gilt $T_1 \rightarrow_2 T'$.

Der Beweis ist im folgenden Diagramm veranschaulicht.

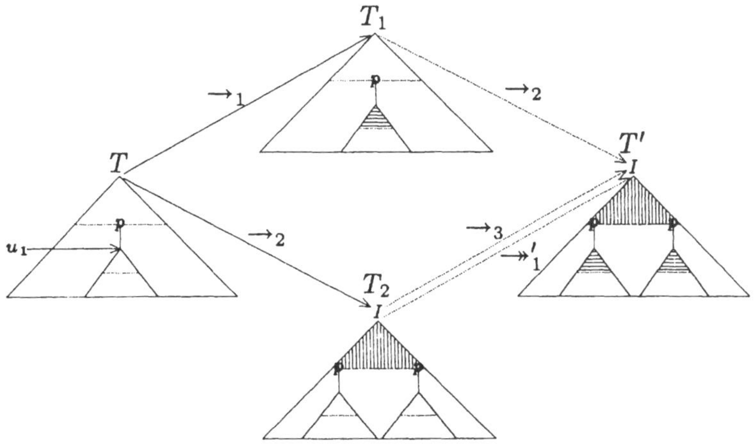

∎

§8 Erweiterter λ-Kalkül

Ich entwickle in dieser Arbeit einen Relevanzanalysealgorithmus für eine Sprache $\Lambda(\mathcal{K})$, die sich aus der Sprache der λ-Ausdrücke durch Einführung einer Menge $\mathcal{K}$ von Konstanten und Erweiterung um ein Konstrukt für rekursive Definitionen ergibt. Der Einfachheit halber nenne ich die Elemente von $\Lambda(\mathcal{K})$ wiederum λ-Ausdrücke.

Da Relevanzanalyse teuer sein kann, ist es wichtig, Analyseergebnisse für ein Programm (= λ-Ausdruck) nach Möglichkeit teilweise in anderen Programmen wieder zu verwenden. Meistens bestehen Programme aus einer Folge von Definitionen und einem auszuwertenden Ausdruck, wobei die gleiche Folge der Definitionen, evtl. leicht abgeändert, meist in vielen Programmen Verwendung findet. Analyseergebnisse für solche Definitionenfolgen, ich nenne sie *Skripte*, sind deshalb besonders für die Wiederverwendung geeignet. Es ist daher sinnvoll, sie auch unabhängig von λ-Ausdrücken behandeln zu können.

In diesem Paragraphen definiere ich $\Lambda(\mathcal{K})$ und übertrage die Begriffe 'freie' und 'gebundene Variable', 'α-Konversion' und 'β-Reduktion' sowie ein Schema zur Definition einer denotationellen Semantik vom λ-Kalkül [Bare81] auf $\Lambda(\mathcal{K})$. Darüberhinaus werden hinreichende Bedingungen für die Vertauschbarkeit einer binären Relation mit der α-Konversion entwickelt. Diese Ergebnisse werden in IV §3 verwendet.

1 Syntax

Definition II §8.1–1 $\Lambda(\mathcal{K})$
$\Lambda = \Lambda(\mathcal{K})$ ist die in der folgenden Tafel definierte freie Algebra. Die zugehörige Signatur bezeichne ich mit Σ_Λ.

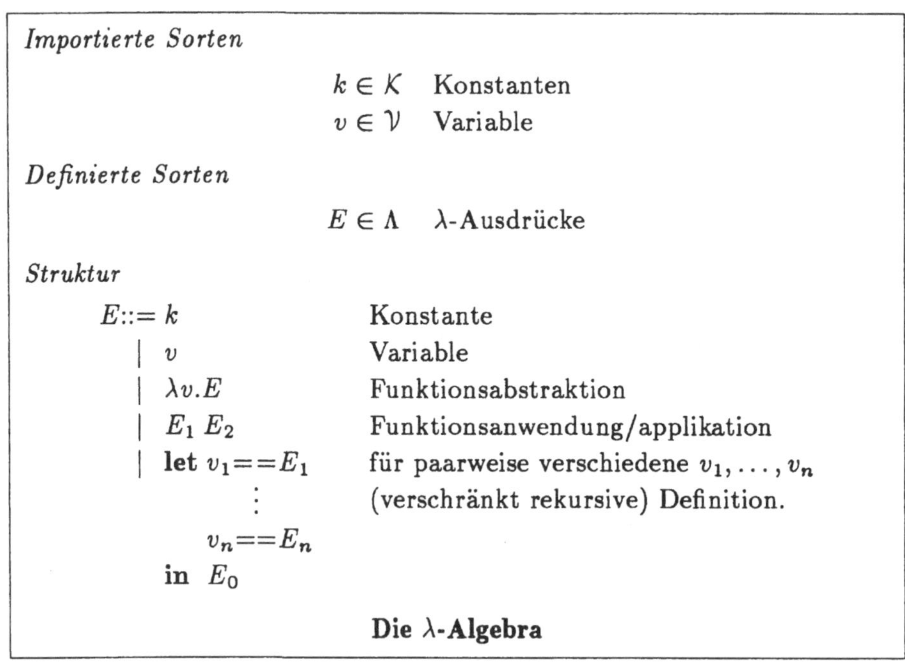

Importierte Sorten

	$k \in \mathcal{K}$	Konstanten
	$v \in \mathcal{V}$	Variable

Definierte Sorten

	$E \in \Lambda$	λ-Ausdrücke

Struktur

$E ::= k$	Konstante
$\mid v$	Variable
$\mid \lambda v.E$	Funktionsabstraktion
$\mid E_1\ E_2$	Funktionsanwendung/applikation
$\mid$ **let** $v_1 == E_1$	für paarweise verschiedene $v_1, \ldots, v_n$
$\vdots$	(verschränkt rekursive) Definition.
$v_n == E_n$	
in E_0	

Die λ-Algebra

Zur Einführung von Skripten gehe ich zu einer zweisortigen Darstellung von $\Lambda(\mathcal{K})$ über. Was λ-Ausdrücke selbst angeht, sind beide Darstellungen äquivalent, und ich werde die jeweils günstigere benutzen.

Definition II §8.1–2 Zweisortige Darstellung von $\Lambda(\mathcal{K})$
Die zweisortige Darstellung von $\Lambda(\mathcal{K})$ mit den beiden Sorten Λ und *SKR* ist die in der folgenden Tafel definierte freie Algebra. Ihre Signatur wird mit $\tilde{\Sigma}_\Lambda$ bezeichnet. Es gibt einen offensichtlichen Σ_Λ-Algebraisomorphismus von $\Lambda(\mathcal{K})$ in den Λ-Träger der freien $\tilde{\Sigma}_\Lambda$-Algebra.

Definition II §8.1–3 freie/gebundene Variable
Die Menge der *freien/gebundenen Variablen* eines λ-Ausdrucks/Skriptes,

Importierte Sorten

$k \in \mathcal{K}$	Konstanten
$v \in \mathcal{V}$	Variable

Definierte Sorten

$E \in \Lambda$	λ-Ausdrücke
$SK \in SKR$	Skripte

Struktur

$E ::= k$	Konstante
$\mid v$	Variable
$\mid \lambda v.E$	Funktionsabstraktion
$\mid E_1\ E_2$	Funktionsanwendung/applikation
$\mid$ **let** SK **in** E	

$SK ::= (v_1{==}E_1; \ldots ; v_n{==}E_n)$
für paarweise verschiedene $v_1, \ldots, v_n$
(verschränkt rekursive) Definition.

Die (zweisortige) λ-Algebra

$FV(\cdot)$ bzw. $BV(\cdot)$, ist induktiv definiert durch:

$$\begin{aligned}
FV(k) &= \emptyset \\
FV(v) &= \{v\} \\
FV(\lambda v.E) &= FV(E) - \{v\} \\
FV(E_1\ E_2) &= FV(E_1) \cup FV(E_2) \\
FV(\textbf{let } SK \textbf{ in } E_0) &= FV(SK) \cup FV(E_0) - Dv(SK) \\
FV(v_1{==}E_1; \ldots ; v_n{==}E_n)& \\
&= \bigcup_{i=1}^{n} FV(E_i) - \{v_1, \ldots, v_n\}
\end{aligned}$$

Dabei ist $Dv(v_1{==}E_1; \ldots ; v_n{==}E_n)$ definiert als $\{v_1, \ldots, v_n\}$.

$$\begin{aligned}
BV(k) &= \emptyset \\
BV(v) &= \emptyset \\
BV(\lambda v.E) &= BV(E) \cup \{v\} \\
BV(E_1\ E_2) &= BV(E_1) \cup BV(E_2) \\
BV(\textbf{let } SK \textbf{ in } E_0) &= BV(SK) \cup BV(E_0) \\
BV(v_1{==}E_1; \ldots ; v_n{==}E_n)&
\end{aligned}$$

$$= \bigcup_{i=1}^{n} BV(E_i) \cup \{v_1, \ldots, v_n\}$$

Ein λ-Ausdruck bzw. Skript heißt *geschlossen*, wenn die Menge seiner freien Variablen leer ist.

2 Substitution

Wir können ohne wesentliche Einschränkung die Existenz einer berechenbaren Funktion τ_1 mit zwei Parametern, einer natürlichen Zahl n und einer endlichen Menge V von Variablen, annehmen, die als Ergebnis eine Folge von n paarweise verschiedenen nicht in V vorkommenden Variablen liefert. Dann ist τ, definiert durch

$$\tau(n, \{E_1, \ldots, E_n\}) := \tau_1(n, \bigcup_{i=1}^{n} FV(E_i))$$

berechenbar.

τ wird zur Definition einer Familie von Substitutionsoperatoren, indiziert mit paarweise verschiedenen Variablen $v_1, \ldots, v_n$, durch strukturelle Induktion benutzt:

Definition II §8.2–1 Substitutionsoperatoren

$$[\cdot/v_i]_{i=1}^{n} \cdot : \qquad \Lambda^n \times \Lambda \longrightarrow \Lambda$$

$$[E_i/v_i]_{i=1}^{n}\, k \qquad = k$$

$$[E_i/v_i]_{i=1}^{n}\, v \qquad = \begin{cases} E_i, & \text{falls } v = v_i; \\ v, & \text{sonst.} \end{cases}$$

$$[E_i/v_i]_{i=1}^{n}(\lambda v.E) \quad = \begin{cases} \lambda v'.[E_i/v_i, v'/v]_{\substack{i=1\ldots n\\ i\neq i_0}} E, & \text{falls } v = v_{i_0}; \\ \lambda v'.[E_i/v_i, v'/v]_{i=1\ldots n} E, & \text{sonst;} \\ \quad \text{mit } v' = \tau(1, \{E_1, \ldots, E_n, v_1, \ldots, v_n, E\}). \end{cases}$$

$$[E_i/v_i]_{i=1}^{n}(E_1\ E_2) = ([E_i/v_i]_{i=1}^{n}\, E_1)\ ([E_i/v_i]_{i=1}^{n}\, E_2)$$

$$[E_i/v_i]_{i=1}^{n}(\textbf{let } v_1' {=}{=} E_1', \ldots, v_m' {=}{=} E_m' \textbf{ in } E_0')$$

$$= \textbf{let } v_1'' {=}{=} E_1'', \ldots, v_m'' {=}{=} E_m'' \textbf{ in } E_0''$$

$$\text{mit } \begin{cases} (v_1'', \ldots, v_m'') = \tau(m, \{E_0, E_1, \ldots, E_n, v_1, \ldots, v_n, E_0', E_1', \ldots, E_m'\}) \\ E_j'' = [E_{i_1}/v_{i_1}, \ldots, E_{i_r}/v_{i_r}, v_1''/v_1', \ldots v_m''/v_m']E_j' \qquad (j = 0 \ldots m) \\ \{v_{i_1}, \ldots, v_{i_r}\} = \{v_1, \ldots, v_n\} - \{v_1', \ldots, v_n'\} \qquad (i_k < i_l \text{ für } k < l) \end{cases}$$

Der Operator $[E_i/v_i]_{i=1}^n$ ist offensichtlich unabhängig von der Reihenfolge der $[E_i/v_i]$-Paare. Dies gestattet es, Abbildungen ρ von einer endlichen Menge von Variablen in Λ, sogenannte (endliche) *Umgebungen*, generische Bezeichnung ρ, auf Λ fortzusetzen durch

$$\rho E := [E_i/v_i]_{i=1}^n E$$
$$\text{mit } \mathrm{Def}(\rho) = \{v_1, \ldots, v_n\} \text{ und } \rho(v_i) = E_i.$$

Für zwei Umgebungen ρ_1 und ρ_2 definiere ich $\rho_1 \cdot \rho_2$ durch

$$\mathrm{Def}(\rho_1 \cdot \rho_2) := \mathrm{Def}(\rho_1) \cup \mathrm{Def}(\rho_2)$$
$$(\rho_1 \cdot \rho_2)(v) := \begin{cases} \rho_1(v), & \text{für } v \in \mathrm{Def}(\rho_1) - \mathrm{Def}(\rho_2); \\ \rho_1(\rho_2(v)), & \text{für } v \in \mathrm{Def}(\rho_2). \end{cases}$$

Diese Notationen gestatten eine knappere und leichter handhabbare Definition der Substitutionsoperatoren: Für eine Umgebung ρ gilt

$$\rho k = k$$

$$\rho v = \begin{cases} \rho(v), & \text{falls } v \in \mathrm{Def}(\rho); \\ v, & \text{sonst.} \end{cases}$$

$$\rho(\lambda v.E) = \lambda v'.(\rho \cdot [v \mapsto v'])E$$
$$\text{mit } v' = \tau(1, \mathrm{Def}(\rho) \cup \mathrm{Bild}(\rho) \cup \{E\})$$

$$\rho(E_1\, E_2) = (\rho E_1)\,(\rho E_2)$$

$$\rho(\mathbf{let}\ v_1{=}{=}E_1, \ldots, v_m{=}{=}E_m\ \mathbf{in}\ E_0)$$
$$= \mathbf{let}\ v_1'{=}{=}E_1', \ldots, v_m'{=}{=}E_m'\ \mathbf{in}\ E_0'$$
$$\text{mit } \begin{cases} (v_1', \ldots, v_m') = \tau(m, \mathrm{Def}(\rho) \cup \mathrm{Bild}(\rho) \cup \{E_0, E_1, \ldots, E_m\}) \\ E_j' = (\rho \cdot \rho')E_j \\ \rho' = [v_i \mapsto v_i']_{i=1}^n \end{cases}$$

3 α-Konversion und β-Reduktion

Definition II §8.3–1

$\mathbf{R}_\alpha$ und $\mathbf{R}_\beta$ sind die kleinsten Reduktionskerne auf Λ mit den Eigenschaften:

α-Konversion

$$\lambda v.S \ \mathbf{R}_\alpha \ \lambda v'.[v \mapsto v']S$$

falls v' nicht frei in S vorkommt;

$$\begin{array}{c}\textbf{let } v_1{=}{=}S_1, \ldots, v_n{=}{=}S_n \textbf{ in } S_0 \\ \mathbf{R}_\alpha \\ \textbf{let } v_1'{=}{=}S_1', \ldots, v_n'{=}{=}S_n' \textbf{ in } S_0'\end{array} \qquad (\mathbf{R}_\alpha)$$

falls die v_i' nicht frei in den S_j vorkommen und

$$S_j' = [v_i \mapsto v_i']_{i=1}^n S_j.$$

β-Reduktion

$$(\lambda v.S_1)\, S_2 \ \mathbf{R}_\beta \ [v \mapsto S_2]S_1 \qquad (\mathbf{R}_\beta)$$

$\rightarrow_\alpha$ und $\rightarrow_\beta$ sind die von $\mathbf{R}_\alpha$ und $\mathbf{R}_\beta$ erzeugten Reduktionsrelationen. $\equiv_\alpha$, $\equiv_\beta$ und $\equiv_{\alpha\beta}$ bezeichnen die kleinsten Äquivalenzrelationen auf Λ, die $\rightarrow_\alpha$, $\rightarrow_\beta$ bzw. $\equiv_\beta$ und $\equiv_\alpha$ umfassen.

E heißt *α-konvertierbar* zu E', wenn $E \equiv_\alpha E'$ gilt; E heißt *β-konvertierbar* zu E', wenn $E \equiv_{\alpha\beta} E'$ erfüllt ist.

4 (Denotationelle) Semantik

Die Ergebnisse sind im wesentlichen [Bare81] entnommen.

Definition II §8.4–1

Ein *sematischer Rahmen* für $\Lambda(\mathcal{K})$ ist gegeben durch eine CPO $\mathcal{D}$, stetige Abbildungen $\uparrow: \mathcal{D} \to [\mathcal{D} \to \mathcal{D}]$ und $\downarrow: [\mathcal{D} \to \mathcal{D}] \to \mathcal{D}$ mit $\uparrow \circ \downarrow = id_{[\mathcal{D} \to \mathcal{D}]}$ sowie Interpretationen $[\![k]\!]^{\mathcal{D}} \in \mathcal{D}$ für die Konstanten $k \in \mathcal{K}$.

$\downarrow$ kodiert stetige Funktionen über $\mathcal{D}$ als Elemente von $\mathcal{D}$, $\uparrow$ ist die entsprechende Dekodierung.

Mit $\uparrow$ kann eine stetige zweistellige Applikation auf $\mathcal{D}$ definiert werden durch

$$\cdot: \mathcal{D} \times \mathcal{D} \to \mathcal{D}; \quad d_1 \cdot d_2 = (\uparrow d_1)(d_2).$$

Im folgenden bezeichne $(\mathcal{D}, \uparrow, \downarrow, ([\![k]\!]^{\mathcal{D}})_{k \in \mathcal{K}})$ einen festen semantischen Rahmen. ${}^{\mathcal{D}}\mathcal{E}nv$ bezeichne die CPO der $\mathcal{D}$-Umgebungen: $\mathcal{V} \to \mathcal{D}$; ${}^{\mathcal{D}}\mathcal{E}nv_p$ die Menge der partiellen $\mathcal{D}$-Umgebungen: $\mathcal{V} \rightharpoonup \mathcal{D}$, geordnet durch

$${}^{\mathcal{D}}\rho_p \leq {}^{\mathcal{D}}\rho_p' \ :\Longleftrightarrow\ \mathrm{Def}({}^{\mathcal{D}}\rho_p) = \mathrm{Def}({}^{\mathcal{D}}\rho_p') \ \wedge\ \forall v \in \mathrm{Def}({}^{\mathcal{D}}\rho_p): {}^{\mathcal{D}}\rho_p(v) \leq {}^{\mathcal{D}}\rho_p'(v).$$

Als generische Bezeichnung für Elemente von ${}^{\mathcal{D}}\mathcal{E}nv$ und ${}^{\mathcal{D}}\mathcal{E}nv_p$ benutze ich ${}^{\mathcal{D}}\rho$ bzw. ${}^{\mathcal{D}}\rho_p$.

Die Interpretation $[\![k]\!]^{\mathcal{D}}$ induziert auf $([{}^{\mathcal{D}}\mathcal{E}nv \to \mathcal{D}], [{}^{\mathcal{D}}\mathcal{E}nv \to {}^{\mathcal{D}}\mathcal{E}nv_p])$ die Struktur einer stetigen $\tilde{\Sigma}_\Lambda$-Algebra. Sind ${}^{\mathcal{D}}W$ bzw. ${}^{\mathcal{D}}\mathcal{E}$ die generischen Bezeichnungen für Elemente von $[{}^{\mathcal{D}}\mathcal{E}nv \to \mathcal{D}]$ bzw. $[{}^{\mathcal{D}}\mathcal{E}nv \to {}^{\mathcal{D}}\mathcal{E}nv_p]$, dann sind ihre Algebraoperationen gegeben durch:

$$
\begin{aligned}
&k({}^{\mathcal{D}}\rho) && = [\![k]\!]^{\mathcal{D}} \\
&v({}^{\mathcal{D}}\rho) && = {}^{\mathcal{D}}\rho(v) \\
&(\lambda v.{}^{\mathcal{D}}W)({}^{\mathcal{D}}\rho) && = \downarrow \lambda d.{}^{\mathcal{D}}W({}^{\mathcal{D}}\rho[v \mapsto d]) \\
&({}^{\mathcal{D}}W_1\, {}^{\mathcal{D}}W_2)({}^{\mathcal{D}}\rho) && = ({}^{\mathcal{D}}W_1({}^{\mathcal{D}}\rho)) \cdot ({}^{\mathcal{D}}W_2({}^{\mathcal{D}}\rho)) \\
&(\mathbf{let}\ {}^{\mathcal{D}}\mathcal{E}\ \mathbf{in}\ {}^{\mathcal{D}}W)({}^{\mathcal{D}}\rho) = {}^{\mathcal{D}}W({}^{\mathcal{D}}\rho\, {}^{\mathcal{D}}\mathcal{E}({}^{\mathcal{D}}\rho)) \\
&(v_1 {=}{=} {}^{\mathcal{D}}W_1; \ldots; v_n {=}{=} {}^{\mathcal{D}}W_n)({}^{\mathcal{D}}\rho) \\
&\qquad = \text{fix}\ \lambda {}^{\mathcal{D}}\rho_p \in (\{v_1, \ldots, v_n\} \to \mathcal{D}).\, [v_i \mapsto {}^{\mathcal{D}}W_i({}^{\mathcal{D}}\rho\, {}^{\mathcal{D}}\rho_p)]_{i=1}^{n}
\end{aligned}
$$

Der zugehörige $\tilde{\Sigma}_\Lambda$-Algebrahomomorphismus $[\![\cdot]\!]^{\mathcal{D}}$ von der freien $\tilde{\Sigma}_\Lambda$-Algebra in diese Algebra ist gegeben durch

$$
\begin{aligned}
&[\![k]\!]^{\mathcal{D}}_{{}^{\mathcal{D}}\rho} && = [\![k]\!]^{\mathcal{D}} \\
&[\![v]\!]^{\mathcal{D}}_{{}^{\mathcal{D}}\rho} && = {}^{\mathcal{D}}\rho(v) \\
&[\![\lambda v.E]\!]^{\mathcal{D}}_{{}^{\mathcal{D}}\rho} && = \downarrow(\lambda d \in \mathcal{D}.[\![E]\!]^{\mathcal{D}}_{{}^{\mathcal{D}}\rho[v \mapsto d]}) \\
&[\![E_1\ E_2]\!]^{\mathcal{D}}_{{}^{\mathcal{D}}\rho} && = [\![E_1]\!]^{\mathcal{D}}_{{}^{\mathcal{D}}\rho} \cdot [\![E_2]\!]^{\mathcal{D}}_{{}^{\mathcal{D}}\rho} \\
&[\![\mathbf{let}\ SK\ \mathbf{in}\ E]\!]^{\mathcal{D}}_{{}^{\mathcal{D}}\rho} = [\![E]\!]^{\mathcal{D}}_{{}^{\mathcal{D}}\rho [\![SK]\!]^{\mathcal{D}}_{{}^{\mathcal{D}}\rho}} \\
&[\![v_1 {=}{=} E_1; \ldots; v_n {=}{=} E_n]\!]^{\mathcal{D}}_{{}^{\mathcal{D}}\rho} \\
&\qquad = \text{fix}\ \lambda {}^{\mathcal{D}}\rho_p \in (\{v_1, \ldots, v_n\} \to \mathcal{D}).\, [v_i \mapsto [\![E_i]\!]^{\mathcal{D}}_{{}^{\mathcal{D}}\rho\, {}^{\mathcal{D}}\rho_p}]_{i=1}^{n}
\end{aligned}
$$

Er hat die Eigenschaft, daß $[\![E]\!]^{\mathcal{D}} = [\![E']\!]^{\mathcal{D}}$ erfüllt ist, wenn E zu E' β-konvertierbar ist. Definieren wir für $\rho = [v_i \mapsto E_i]_{i=1}^{n}$ $[\![\rho]\!]^{\mathcal{D}} \in [{}^{\mathcal{D}}\mathcal{E}nv \to {}^{\mathcal{D}}\mathcal{E}nv_p]$ durch

$$[\![\rho]\!]^{\mathcal{D}}({}^{\mathcal{D}}\rho) = [v_i \mapsto [\![E_i]\!]^{\mathcal{D}}({}^{\mathcal{D}}\rho)]_{i=1}^{n},$$

dann gilt ferner $[\![\rho E]\!]^{\mathcal{D}}\, {}^{\mathcal{D}}\rho = [\![E]\!]^{\mathcal{D}}({}^{\mathcal{D}}\rho([\![\rho]\!]^{\mathcal{D}}({}^{\mathcal{D}}\rho)))$.

$[\![\cdot]\!]^{\mathcal{D}}$ kann von ${}^{\mathcal{D}}\mathcal{E}nv$ auf ${}^{\mathcal{D}}\mathcal{E}nv_p$ durch

$$[\![\cdot]\!]^{\mathcal{D}}({}^{\mathcal{D}}\rho_p) := [\![\cdot]\!]^{\mathcal{D}}(\perp_{{}^{\mathcal{D}}\mathcal{E}nv}\, {}^{\mathcal{D}}\rho_p)$$

fortgesetzt werden.

5 Vertauschbarkeit mit $\equiv_\alpha$

In Kapitel IV werden Vertauschbarkeitseigenschaften für Reduktionsrelationen benötigt, die die α-Konversion enthalten. Die Techniken aus II §7 sind nicht direkt anwendbar, um Vertauschbarkeit mit $\equiv_\alpha$ nachzuweisen, da sich $\mathbf{R}_\alpha$ zwar einfach durch ein bedingtes, nicht jedoch durch ein unbedingtes Termersetzungssystem beschreiben läßt, was Voraussetzung für die Verwendung von II §7 ist. In diesem Abschnitt entwickele ich deshalb hinreichende Bedingungen für die Vertauschbarkeit mit $\equiv_\alpha$. Sie ergänzen die Ergebnisse aus II §7.

Ich zeige zunächst die Vertauschbarkeit von $\equiv_\alpha$ mit der Substitution.

Im folgenden ist ρ die generische Bezeichnung für endliche Abbildungen von $\mathcal{V}$ in Λ, sogenannte *Umgebungen*.

Ich definiere für eine Umgebung ρ ihre *Höhe*, $H(\rho)$, und die Mengen ihrer *freien* bzw. *gebundenen Variablen*, $FV(\rho)$ bzw. $BV(\rho)$, als das Maximum der Höhen bzw. als die Vereinigung der freien/gebundenen Variablen ihrer Bilder, d.h. durch

$$\begin{aligned} H(\rho) &:= \max\{H(E) \mid E \in \mathrm{Bild}(\rho)\} \\ FV(\rho) &:= \bigcup\{FV(E) \mid E \in \mathrm{Bild}(\rho)\} \\ BV(\rho) &:= \bigcup\{BV(E) \mid E \in \mathrm{Bild}(\rho)\}. \end{aligned}$$

Die Menge ihrer *Ein-Ausgabevariablen*, $EAV(\rho)$, ist definiert als die Vereinigung von $\mathrm{Def}(\rho)$ und $FV(\rho)$.

Mit Hilfe struktureller Induktion beweist man folgende Aussagen.

$$\begin{gathered} H(E) \leq H(\rho E) \leq H(\rho) + H(E) \\ H(\rho_1 \cdot \rho_2) \leq H(\rho_1) + H(\rho_2) \\ FV(\rho E) = \big(FV(E) - \mathrm{Def}(\rho)\big) \cup \bigcup\{FV(\rho(v)) \mid v \in FV(E) \cap \mathrm{Def}(\rho)\} \\ FV(E) - \mathrm{Def}(\rho) \subseteq FV(\rho E) \subseteq FV(\rho) \cup FV(E) \\ E_1 \equiv_\alpha E_2 \Longrightarrow H(E_1) = H(E_2) \ \wedge\ FV(E_1) = FV(E_2) \end{gathered}$$

Zwei Umgebungen ρ_1 und ρ_2 heißen *disjunkt*, wenn $EAV(\rho_1)$ und $EAV(\rho_2)$ disjunkt sind. Sie heißen *äquivalent modulo* $\equiv_\alpha$, $\rho_1 \equiv_\alpha \rho_2$, wenn $\mathrm{Def}(\rho_1) = \mathrm{Def}(\rho_2)$ und für $v \in \mathrm{Def}(\rho_1)$ gilt: $\rho_1(v) \equiv_\alpha \rho_2(v)$.

Der folgende Satz stellt die wichtigsten Eigenschaften der Substitution modulo $\equiv_\alpha$ zusammen.

Satz II §8.5–1

Für jede natürliche Zahl n gilt:

1) $H(E) \leq n \Longrightarrow$

$$\frac{V \subset \mathcal{V} \text{ endlich}}{\exists E' \colon E' \equiv_\alpha E \ \wedge\ BV(E') \cap V = \emptyset}$$

2) $H(E) \leq n \Longrightarrow \quad E \equiv_\alpha E' \Longrightarrow E \to_\alpha^* E'$

3) $H(\rho) + H(E) \leq n \Longrightarrow$

$$\frac{E = \lambda v.E' \ \wedge \ v' \notin EAV(\rho) \cup (FV(E') - \{v\})}{\rho E \equiv_\alpha \lambda v'.(\rho \cdot [v \mapsto v'])E'}$$

$$\frac{\begin{array}{c} E = \textbf{let } v_1 {==} E_1; \ldots; v_m {==} E_m \textbf{ in } E_0 \\ \bigwedge \quad v'_1, \ldots, v'_m \text{ paarweise verschieden} \\ v'_1, \ldots, v'_m \notin EAV(\rho) \cup (\bigcup_{i=0}^m FV(E_i) - \{v_1, \ldots, v_n\}) \end{array}}{\begin{array}{c} \rho E \equiv_\alpha \textbf{let } v'_1 {==} \rho' E_1; \ldots; v'_n {==} \rho' E_n \textbf{ in } \rho' E_0 \\ \text{mit } \rho' = \rho \cdot [v_j \mapsto v'_j]_{j=1}^n \end{array}}$$

4) $H(\rho) + H(E) \leq n \Longrightarrow \quad E \equiv_\alpha E' \Longrightarrow \rho E \equiv_\alpha \rho E'$

5) $H(\rho) + H(E) \leq n \Longrightarrow$

$$\frac{BV(E) \cap EAV(\rho) = \emptyset; \quad f \in \Sigma_\Lambda - \mathcal{V}\colon E = f(E_1, \ldots, E_m)}{\rho E \equiv_\alpha f(\rho E_1, \ldots, \rho E_m)}$$

6) $H(\rho) + H(E) \leq n \Longrightarrow \quad \rho E \equiv_\alpha \rho_{|FV(E)} E$

7) $H(\rho_1) + H(E) \leq n \Longrightarrow$

$$\rho_1 \equiv_\alpha \rho_2 \Longrightarrow \rho_1 E \equiv_\alpha \rho_2 E$$

8) $H(\rho_1) + H(\rho_2) + H(E) \leq n \Longrightarrow \quad (\rho_1 \cdot \rho_2)E \equiv_\alpha (\rho_1 \circ \rho_2)E$

Folgerung:
$H(\rho_1) + H(\rho_2) + H(\rho_3) + H(E) \leq n \Longrightarrow$

$$((\rho_1 \cdot \rho_2) \cdot \rho_3)E \equiv_\alpha (\rho_1 \cdot (\rho_2 \cdot \rho_3))E$$

9) $H(\rho_1) + H(\rho_2) + H(E) \leq n \Longrightarrow$

$$\frac{\rho_1, \rho_2 \text{ disjunkt}}{(\rho_1 \cdot \rho_2)E \equiv_\alpha (\rho_2 \cdot \rho_1)E}$$

10) $H(E) \leq n \Longrightarrow \quad Id_V E \equiv_\alpha E$

Beweis vollständige Induktion über n. ■

4 und 7 beinhalten die Vertauschbarkeit von $\equiv_\alpha$ mit der Substitution: $\rho_1 \equiv_\alpha \rho_2 \ \wedge \ E_1 \equiv_\alpha E_2 \Longrightarrow \rho_1 E_1 \equiv_\alpha \rho_2 E_2$; 1 entspricht zusammen mit 5 in etwa der Variablenkonvention in [Bare81]; 2 besagt, daß $\rightarrow_\alpha^*$ symmetrisch ist; 6 und 8-10 zeigen, daß modulo $\equiv_\alpha$ eine Substitution durch ihre Operation auf den freien Variablen ihres Argumentes bestimmt wird, die Operation $\cdot$ auf Umgebungen identisch zur Hintereinanderausführung der entsprechenden Operatoren auf Λ ist und damit insbesondere assoziativ ist, daß $\cdot$ für disjunkte Umgebungen kommutativ ist und daß die Substitution Id_V die identische Abbildung auf Λ ist.

Die Ergebnisse des vorangegangenen Paragraphen sollen in IV §3 benutzt werden, um Vertauschbarkeitseigenschaften u.a. für die β-Reduktion zu zeigen. Hierzu werden Termersetzungssysteme benutzt, deren rechte Seiten Substitutionsoperatoren enthalten können. Das nächste Ziel ist die Entwicklung hinreichender Bedingungen für die Vertauschbarkeit von $\equiv_\alpha$ mit von solchen Termersetzungssystemen erzeugten Reduktionsrelationen.

Definition II §8.5–2 S-Termschemaerweiterung, S-Termersetzungssystem

Eine Termschemaerweiterung (P, Σ', I_S) von Σ_Λ heißt eine *S-Termschemaerweiterung*, wenn die in Σ' neu hinzugekommenen Operationen F' eineindeutig den Substitutionsoperatoren entsprechen und sie von I_S entsprechend interpretiert werden. Genauer entspricht jedem $f' \in F'$ mit $n'(f') = n+1$ umkehrbar eindeutig eine Folge paarweise verschiedener Variabler $v_1, \ldots, v_n$ mit

$$I_S(f') = \lambda E_1 \ldots E_n\, E.[v_i \mapsto E_i]_{i=1}^n E.$$

Alle S-Termschemaerweiterungen sind äquivalent. Wir wählen für das Folgende ein festes (P, Σ', I_S).

Ein $(\Sigma_\Lambda, P, \Sigma', I_S)$-Termersetzungssystem heißt ein S-*Termersetzungssystem*.

Ich benötige noch zwei Lemmata und zwei Definitionen für den wesentlichen Satz dieses Abschnitts.

Lemma II §8.5–3

1) $\forall \rho \forall u_1, \ldots, u_n \in \mathcal{O}(E)$ disjunkt: $\exists \tilde{E}, \rho_1, \ldots, \rho_n$:

$$\bigwedge \begin{array}{l} \forall i = 1 \ldots n\colon\ u_i \in \mathcal{O}(\tilde{E}) \ \wedge\ \mathrm{Bild}(\rho_i) \subset \mathcal{V} \\ \rho E = \tilde{E}[u_i \mapsto (\rho \cdot \rho_i) E_{/u_i}]_{i=1}^n \end{array}$$

2) $u_1, \ldots, u_n \in \mathcal{O}(E) \cap \mathcal{O}(\tilde{E})$ disjunkt $\Longrightarrow$

$$\frac{\bigwedge \begin{array}{l} \forall i = 1 \ldots n\colon\ FV(E_i'') \subseteq FV(E_i') \\ \rho E[u_i \mapsto E_i']_{i=1}^n = \tilde{E}[u_i \mapsto \tilde{\rho}_i E_i']_{i=1}^n \end{array}}{\rho E[u_i \mapsto E_i'']_{i=1}^n \equiv_\alpha \tilde{E}[u_i \mapsto \tilde{\rho}_i E_i'']_{i=1}^n}$$

Beweis Induktion über die Höhe von E. ∎

Lemma II §8.5–4

Für Parametersubstitutionen σ_1 und σ_2 mit gleichem Definitionsbereich und Bildern in Λ und ein erweitertes S-Termschema *eTS* gilt

$$\forall p \in \mathrm{Def}(\sigma_1)\colon\ \sigma_1(p) \equiv_\alpha \sigma_2(p) \Longrightarrow I_S(\sigma_1(eTS)) \equiv_\alpha I_S(\sigma_2(eTS))$$

Beweis II §8.5–1 und Kompatibilität von $\equiv_\alpha$. ∎

Definition II §8.5–5 *FV*-reduzierend.

Eine binäre Relation $\rightarrow$ auf Λ heißt *FV-reduzierend*, wenn gilt:

$$E_1 \rightarrow E_2 \Longrightarrow FV(E_2) \subseteq FV(E_1).$$

Definition II §8.5–6 überlappt.

Ein Termschema *TS* *überlappt nichttrivial mit* $\mathbf{R}_\alpha$ *an* $u \in \mathcal{O}(TS)$ wenn das Operationssymbol in *TS* an der Stelle u ein λv oder ein **let**... ist.

Satz II §8.5–7

Sei $\mathbf{T}$ ein S-Termersetzungssystem, $\mathbf{R}$ der von $\mathbf{T}$ erzeugte Reduktionskern. Wir können $\mathbf{R}$ auch als Reduktionskern über der freien Σ'-Algebra $\Lambda' \supset \Lambda$ betrachten. $\twoheadrightarrow_{\mathbf{R}}$ und $\twoheadrightarrow'_{\mathbf{R}}$ bezeichnen die von $\mathbf{R}$ erzeugten parallelen Reduktionsrelationen auf Λ bzw. Λ'.

Unter den folgenden Bedingungen

1) $\mathbf{T}$ ist *linkslinear*;
2) $\mathbf{R}$ ist *FV*-reduzierend;
3) für jeden Substitutionsoperator ρ ist das folgende Vertauschbarkeitsdiagramm erfüllt:

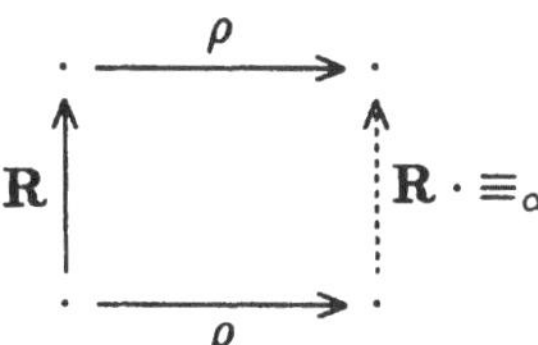

4) falls für *TS* $\mathbf{T}$ *eTS* *TS* mit $\mathbf{R}_\alpha$ nichttrivial in u überlappt, dann gilt für jede Grundinstanz E_1 von *TS* das folgende Vertauschbarkeitsdiagramm

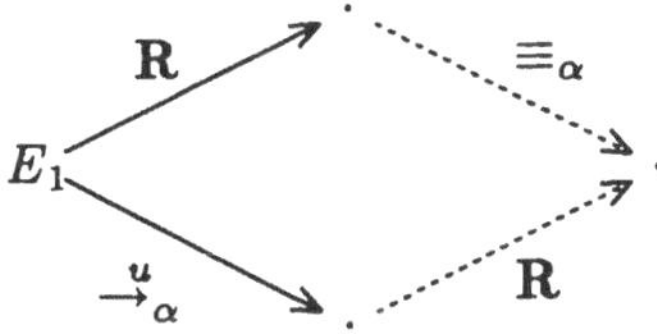

sind $\xrightarrow{u}_{\mathbf{R}}$ für alle Vorkommen u und damit auch $\rightarrow_{\mathbf{R}}$, $\twoheadrightarrow_{\mathbf{R}}$ und $\rightarrow^*_{\mathbf{R}}$ vertauschbar mit $\equiv_\alpha$ und das folgende Diagramm ist für $(\rightarrow', \rightarrow) = (\twoheadrightarrow'_{\mathbf{R}}, \twoheadrightarrow_{\mathbf{R}})$ und infolgedessen für $(\rightarrow', \rightarrow) = (\rightarrow^{*\prime}_{\mathbf{R}}, \rightarrow^*_{\mathbf{R}})$ erfüllt.

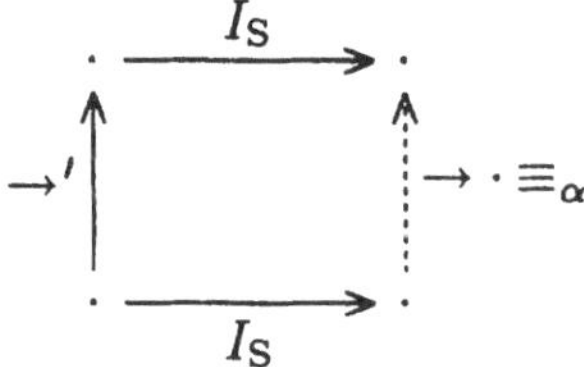

Beweis

1) Wir müssen die Gültigkeit des folgenden Diagramms zeigen:

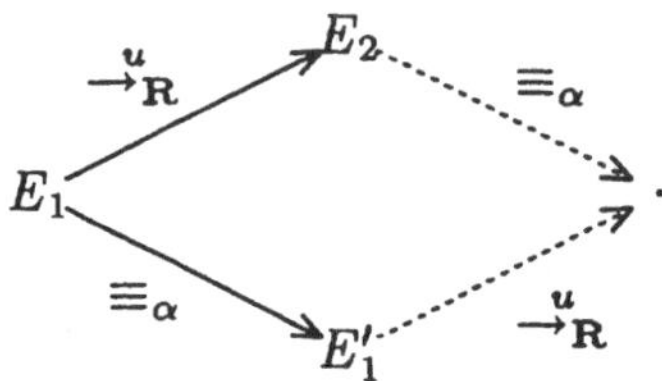

Es genügt den Spezialfall $E_1 \rightarrow_\alpha E'_1$ zu betrachten. Die Verallgemeinerung auf $\rightarrow^n_\alpha$ kann daraus durch Induktion über n bewiesen werden. Der allgemeine Fall ergibt sich aus der Symmetrie von $\rightarrow^*_\alpha$.

Wegen II §7–8, der Kompatibilität von $\equiv_\alpha$ und

$$u \in \mathcal{O}(E) \Longrightarrow \frac{E \overset{u;u'}{\rightarrow}_{\mathbf{R}} E'}{E' = E[u \rightarrow E'_{/u}] \ \wedge \ E_{/u} \overset{u'}{\rightarrow}_{\mathbf{R}} E'_{/u}}$$

genügt es, die folgenden Spezialfälle zu betrachten:

(i) $E_1 \,\mathbf{R}\, E_2 \ \wedge \ E_1 \overset{u_\alpha}{\rightarrow}_\alpha E'_1$.

Wenn eine Überlappung vorliegt, gilt die Aussage wegen Bedingung 4. Andernfalls gibt es TS $\mathbf{T}$ eTS, $u' \prec u_\alpha$, σ mit

$$E_1 = \sigma(TS) \ \wedge \ E_2 = I_S(\sigma(eTS)) \ \wedge \ TS_{/u'} =: p \in P.$$

Da $\mathbf{T}$ linkslinear ist, kommt p genau einmal in TS vor. Daher

$$E'_1 = (\sigma \cdot [p \mapsto E'_{1/u'}])(TS) \ \mathbf{R} \ I_S\big((\sigma \cdot [p \mapsto E'_{1/u'}])(eTS)\big).$$

Aus dem vorigen Lemma folgt $E_2 \equiv_\alpha I_S\big((\sigma \cdot [p \mapsto E'_{1/u'}])(eTS)\big)$.

(ii) $E_1 \overset{u}{\rightarrow}_{\mathbf{R}} E_2 \ \wedge \ E_1 \,\mathbf{R}_\alpha\, E'_1$.

Der Fall $u = \Lambda$ wurde bereits in (i) behandelt. Ich setze daher jetzt $u = k.u'$ voraus.

Ich betrachte nur $E_1 = \lambda v.\bar{E}_1$; ist E_1 ein **let**-Ausdruck, dann können wir analog vorgehen.

In dem betrachteten Fall ist $E'_1 = \lambda v'.[v \mapsto v']\bar{E}_1$ mit $v' \notin FV(\bar{E}_1)$. Nach Lemma II §8.5–3 gibt es ρ und $\tilde{E}$, so daß

$$\mathrm{Bild}(\rho) \subset \mathcal{V} \ \wedge \ [v \mapsto v']\bar{E}_1 = \tilde{E}[u' \rightarrow \rho E_{1/u}].$$

Aus Bedingung 3 folgt die Existenz eines E' mit

$$\rho E_{1/u} \ \mathbf{R} \ E' \equiv_\alpha \rho E_{2/u}.$$

Zusammenfassend gilt:

$$\begin{aligned} E_1' &= \lambda v'.[v \mapsto v']\bar{E}_1 \\ &= \lambda v'.\tilde{E}[u' \to \rho E_{1/u}] \\ &\xrightarrow{u}_{\mathbf{R}} \lambda v'.\tilde{E}[u' \to E'] \\ &\equiv_\alpha \lambda v'.\tilde{E}[u' \to \rho E_{2/u}] \\ &\equiv_\alpha \lambda v'.[v \mapsto v']\bar{E}[u' \to E_{2/u}] \\ &\equiv_\alpha E_2 \end{aligned}$$

Für die letzten beiden Äquivalenzen wurde benutzt, daß **R** FV-reduzierend ist, um die Voraussetzungen für II §8.5–3 und II §8.5–1(4) zu überprüfen.

2) Die Vertauschbarkeit mit $\equiv_\alpha$ folgt sofort für $\to_{\mathbf{R}}$, für $\xrightarrow{\{u_1,\dots,u_n\}}_{\mathbf{R}}$ und für $\to^n_{\mathbf{R}}$ wird sie durch Induktion über n bewiesen, für $\twoheadrightarrow_{\mathbf{R}}$ und $\to^*_{\mathbf{R}}$ folgt sie dann sofort.

3) Durch Induktion über die Höhe von E beweist man die Gültigkeit des Diagramms

$$\begin{array}{ccc} \cdot & \xrightarrow{\rho} & \cdot \\ \twoheadrightarrow_{\mathbf{R}} \uparrow & & \vdots \uparrow \twoheadrightarrow_{\mathbf{R}} \cdot \equiv_\alpha \\ E & \xrightarrow[\rho]{} & \cdot \end{array}$$

Durch strukturelle Induktion über E zeigt man für paarweise verschiedene Variable $v_1, \dots, v_n$

$$\frac{\forall i{=}1\dots n\colon\ E_i \twoheadrightarrow_{\mathbf{R}} E_i'}{\exists E'\colon\ [v_i \mapsto E_i]_{i=1}^n E \twoheadrightarrow_{\mathbf{R}} E' \equiv_\alpha [v_i \mapsto E_i']_{i=1}^n E}$$

Aus der Vertauschbarkeit von $\twoheadrightarrow_{\mathbf{R}}$ mit $\equiv_\alpha$ folgt jetzt für paarweise verschiedene Variable $v_1, \dots, v_n$

$$\frac{\forall i{=}0\dots n\colon\ E_i \twoheadrightarrow_{\mathbf{R}} E_i'}{\exists E'\colon\ [v_i \mapsto E_i]_{i=1}^n E_0 \twoheadrightarrow_{\mathbf{R}} E' \equiv_\alpha [v_i \mapsto E_i']_{i=1}^n E_0'}$$

Die Gültigkeit des zweiten Vertauschbarkeitsdiagramms in der Aussage 4 folgt nun mit II §8.5–1(4) und (7) durch strukturelle Induktion in Λ'. ∎

III Problemstellung

Wie in der Einleitung zum Ausdruck gebracht wurde, hat die vorliegende Arbeit die Entwicklung eines Verfahrens zum Ziel, mit dessen Hilfe den Stellen eines funktionalen Programms Information über "relevante Auswertungen" zugeordnet werden kann. Ich sehe dabei eine "Auswertung" für die Bestimmung des Programmergebnisses als relevant an, wenn sie in einer sequentiellen Call-by-Need Auswertung des Programms durchgeführt wird, d.h. in einer Auswertung, bei der Teilauswertungen erst dann gestartet werden, wenn ihr Wert für die Fortsetzung der Programmauswertung benötigt wird.

Ein typischer Call-by-Need Interpreter wertet bei der Auswertung eines Programms rekursiv Teilausdrücke des Programms aus und kombiniert ihre Werte zu Werten für Oberausdrücke, bis schließlich der Wert des Programms bestimmt ist. Zur Auswertung eines Ausdruckes benötigt der Interpreter Bindungen von Variablen (Namen) an Beschreibungen von Werten. Eine Menge von Bindungen wird üblicherweise als *Umgebung* bezeichnet. Der Interpreter wertet also eigentlich Paare (E, ρ) aus, sogenannte Abschlüsse, bestehend aus einem Teilausdrucksvorkommen und einer Umgebung. ρ enthält dabei eine Bindung für jede Variable, die in E "benutzt" wird, bevor sie "definiert" wird. Bei der Auswertung von (E, ρ) werden u.U. rekursiv direkte Teilausdrücke von E in Umgebungen ρ' ausgewertet. Die ρ' ergeben sich dabei durch "Erweiterung von ρ", d.h. durch Hinzufügen weiterer Bindungen (und dadurch evtl. auch Verdeckung alter Bindungen). Da der Interpreter 'verzögerte Auswertung' realisiert, werden nicht notwendig alle direkten Teilausdrücke von E ausgewertet, sondern nur solche, deren Wert für die Fortsetzung der Programmauswertung unbedingt benötigt werden. Sind die Werte für diese Teilausdrücke berechnet, werden sie miteinander kombiniert. Dabei gehen unter Umständen weitere Abschlüsse, bestehend aus direkten Teilausdrücken von E und Erweiterungen von ρ, mit ein. Eventuell wird die Auswertung mit dem so erhaltenen Ergebnis fortgesetzt.

Betrachten wir drei Beipiele:

1) Wenn der Interpreter eine Addition $E_1 + E_2$ in einer Umgebung ρ auswertet, wertet er rekursiv E_1 und E_2 in der Umgebung ρ aus, addiert die so erhaltenen Werte und terminiert.

2) Wenn er eine Funktionsanwendung der Form E_1 angewandt auf E_2 auswertet, wertet er E_1 in der Umgebung ρ aus. Ist das Ergebnis eine Funktion mit Parameter v und Rumpf E zusammen mit einer Umgebung ρ', dann konstruiert der Interpreter den Abschluß (E_2, ρ), erweitert ρ' um die Bindung von v an diesen Abschluß und wertet E in der Erweiterung aus.

(E_2, ρ) wird an dieser Stelle nicht ausgewertet, da der Wert u.U. für das Programmergebnis nicht gebraucht wird – etwa weil die Funktion konstant ist. Die Konstruktion des Abschlusses (E_2, ρ) gestattet, die Auswertung später durchzuführen, wenn der Wert sich als definitiv benötigt herausstellen sollte.

3) Wertet der Interpreter eine rekursive Definition **let** $v_1{==}E_1; \ldots; v_n{==}E_n$ **in** E_0 in einer Umgebung ρ aus, dann konstruiert er zunächst eine neue Umgebung ρ', indem er ρ um Bindungen von v_i an neue Abschlüsse (E_i, ρ') erweitert, und wertet anschließend E_0 in dieser Erweiterung aus.

Die einer Stelle E in einem Programm zugeordnete Information über "relevante Auswertungen" soll während der Programmauswertung leicht interpretierbar sein. In der vorliegenden Arbeit gehe ich davon aus, daß sie interpretiert wird, wenn *der Interpreter an der Stelle E "ankommt"*, d.h. wenn er gerade mit einer Auswertung von E in einer Umgebung ρ begonnen hat. Zu diesem Zeitpunkt sind die durch ρ an Variablen gebundenen Abschlüsse leicht "zugänglich". Das gleiche gilt für Abschlüsse, die bei der Auswertung von E für direkte Teilausdrücke konstruiert werden. Ist für diese Abschlüsse bekannt, daß ihr Wert für die Programmauswertung benötigt wird, kann ihre Auswertung parallel zur Auswertung von (E, ρ) durchgeführt werden. Ich definiere deshalb *Relevanz an der Stelle E* für Variablen v und für Teilausdrucksvorkommen E' von E. Ist E' kein direktes Teilausdrucksvorkommen, kann die Relevanzinformation zwar nicht unmittelbar zur "Laufzeit" interpretiert werden, aber sie gibt Hinweise auf mögliche Programmtransformationen, die eine Auswertung von E' oder Teilen davon parallel zur Auswertung von E erlauben.

Ich definiere (informal) eine Variable v als *relevant an der Stelle E*, wenn jedesmal dann, wenn der Interpreter mit einer Umgebung ρ an der Stelle E ankommt, $\rho(v)$ entweder schon ausgewertet wurde oder aber im weiteren Verlauf der Programmauswertung noch ausgewertet wird. v ist also relevant an der Stelle E, wenn beim Beginn der Auswertung von E in einer Umgebung ρ sicher ist, daß der Wert von $\rho(v)$ für die Programmauswertung benötigt wird.

Für Teilausdrucksvorkommen E' von E ist der Relevanzbegriff etwas schwerer zu beschreiben. Nehmen wir an, der Interpreter komme mit Umgebung ρ an E an. Wir haben gesehen, daß direkte Teilausdrücke $\tilde{E}$ von E in einer Erweiterung $\tilde{\rho}$ von ρ ausgewertet oder zusammen mit $\tilde{\rho}$ in einem Abschluß $(\tilde{E}, \tilde{\rho})$ verpackt werden können. In jedem dieser Fälle wollen wir $(\tilde{E}, \tilde{\rho})$ einen *direkten Nachfahren* von (E, ρ) nennen. Durch Bilden der reflexiven transitiven Hülle gewinnen wir den Begriff des *Nachfahren* von (E, ρ). Möglicherweise erreicht eine Erweiterung von ρ auch einmal E', d.h. es gibt einen Nachfahren (E', ρ') von (E, ρ), und möglicherweise wird ein derartiger Nachfahre auch ausgewertet. Wenn dies immer gilt, wenn der Interpreter an E ankommt, heißt E' relevant an der Stelle E. Zusammenhängend: E' heißt *relevant an der Stelle E*, wenn beim

Beginn der Auswertung von E in einer Umgebung ρ feststeht, daß mindestens ein Nachfahre (E', ρ') von (E, ρ) ausgewertet wird.

Schauen wir uns nun an, wie Relevanzinformation für eine effiziente Programmauswertung verwendet werden kann:

Nehmen wir an, an einer Stelle E stehe eine Funktionsanwendung von E_1 auf E_2 und wir wüßten, daß E_2 relevant an der Stelle E ist. Wenn der Interpreter dann mit einer Umgebung ρ an der Stelle E ankommt, ist sicher, daß der Abschluß (E_2, ρ) letztendlich ausgewertet wird, denn (E_2, ρ) ist der einzige Nachfahre von (E, ρ) mit E_2 als erster Komponente. Die Auswertung von (E_2, ρ) kann deshalb bereits an dieser Stelle gestartet werden. Eine parallele Implementierung kann beispielsweise von dieser Möglichkeit Gebrauch machen, um einen untätigen Prozessor zu beschäftigen. Wenn der Wert von (E_2, ρ) dann schließlich benötigt wird, ist seine Auswertung schon fortgeschritten, im günstigsten Fall schon abgeschlossen. Die Zeit, bis der Wert zur Verfügung steht, wird dadurch verkürzt. In einer sequentielle Implementierung kann man diese Information unter gewissen zusätzlichen Voraussetzungen dazu benutzen, den Funktionsparameter E_2 'by-Value' statt 'by-Need' zu übergeben. Viele Interpreter, speziell solche, die Bindungen so weit als möglich auf einem Keller halten, können 'Call-by-Value' Parameterübergabe wesentlich effizienter als 'Call-by-Need' Übergabe realisieren. Stuart Wray [Fair86] hat bei Funktionen, deren Argumente erstens 'by-Value' übergeben werden können und zweitens atomar sind, beim Übergang von 'by-Need' zu 'by-Value' Parameterübergabe eine Reduktion der Auswertungszeit *auf* 1/3 bis 1/5 feststellen können. Bei Programmen mit vielen höheren Funktionen oder zusammengesetzten Daten, wo ohnehin Abschlüsse konstruiert werden müssen, ergaben sich noch immer Zeitgewinne von etwa 10%. Selbst wenn der Übergang von 'Call-by-Need' zu 'Call-by-Value' Übergabe keine direkte Zeitersparnis bringt[1], kann sie u.U. beträchtliche Platzersparnisse bringen, wie in [Burt87] gezeigt wurde.

Relevanzinformation erlaubt Aussagen darüber, daß gewisse Abschlüsse für das Programmergebnis sicher benötigt werden. Solche Information kann dazu benutzt werden, die parallele Auswertung funktionaler Programme zu steuern. Beschränkt man sich darauf, nur "sicher benötigte" Abschlüsse parallel auszuwerten, kann man ein sehr einfaches Prozeß-Laufzeitsystem benutzen: es besteht weder die Notwendigkeit, Prozesse vorzeitig abzubrechen, noch sie zu priorisieren. Wenn hingegen zur Auswertung auch (u.U.) nicht benötigter Abschlüsse parallele Prozesse gestartet werden, benötigt man eine Art Prozeß-Garbage-Collection, um Prozesse und ggf. ihre Prozeßnachfahren abbrechen zu

[1] Dies ist beispielsweise bei reiner Graphreduktion der Fall.

können, sobald sich der von ihnen berechnete Wert als definitiv unnötig herausgestellt hat. Ansonsten besteht die Gefahr, daß wertvolle Prozessorresourcen verschwendet werden — schlimmer noch: auch in einem fehlerfreien (d.h. terminierenden) Programm ist es möglich, daß die Auswertung eines nicht benötigten Abschlusses *nicht* terminiert und beliebig viele Resourcen verbraucht. Dies kann die Durchführung notwendiger Auswertungen beeinträchtigen und schlimmstenfalls verhindern. Zuverlässige Relevanzinformation ist deshalb Voraussetzung für die Verwendung eines einfachen Laufzeitsystems.

Warren Burton [Burt84] hat gezeigt, daß eine Reihe wichtiger Algorithmen ein hohes Maß inhärenter Parallelität aufweisen, die jedoch nicht ausgenutzt wird, wenn man sich auf die parallele Auswertung sicher benötigter Abschlüsse beschränkt. Burton schlägt zur Lösung des Problems eine Klassifizierung in *benötigte* und *spekulative* Berechnungen vor. Die ersteren haben gegenüber den letzteren eine höhere Priorität. Dies stellt im Normalfall sicher, daß spekulative Berechnungen nur dann ausgeführt werden, wenn nicht genügend benötigte Berechnungen vorliegen, um das Prozessornetz auszulasten. Es ist offensichtlich, daß, abgesehen von Schedulingparadoxa, dieses Schema um so bessere Ergebnisse bringt, je "früher" für die Programmauswertung benötigte Berechnungen als solche erkannt werden können. Relevanzinformation ist hierfür ein wesentliches Hilfsmittel.

Im V §4 werde ich näher auf den Einsatz von Relevanzinformation zur effizienten Programmauswertung eingehen.

Bisher wurde für die obigen Anwendungen Striktheitsinformation benutzt. Die Verwendung von Relevanzinformation erlaubt aber, mehr Möglichkeiten paralleler Auswertungen zu erkennen. Striktheit ist – strenggenommen – eine rein lokale Eigenschaft, eine Eigenschaft eines Teilausdrucks ohne Berücksichtigung seines Kontextes. Demgegenüber geht in den Relevanzbegriff das gesamte Programm ein, sowohl der Teilausdruck wie sein Kontext. Während man allein aus Striktheitsinformation Aussagen der Form 'gewisse "an dieser Stelle ankommende" Abschlüsse werden bei der *Auswertung dieses Teilausdrucks* ausgewertet' ableiten kann, erlaubt Relevanzinformation Aussagen der Form 'gewisse "an dieser Stelle ankommende" Abschlüsse werden bei der *Programmauswertung* ausgewertet'. Eine Variable wird deshalb beispielsweise oft relevant an einer Stelle E sein, obwohl E nicht strikt in v ist. Ich werde auf die Beziehung zwischen Striktheit und Relevanz im dritten Paragraphen näher eingehen. An dieser Stelle beschränke ich mich auf die Bemerkung, daß es nützlich und in gewissem Sinn sogar notwendig ist, nicht nur einen Teilausdruck E sondern auch seinen Kontext zu betrachten, um in möglichst vielen Fällen die Anwendbarkeit der obigen Optimierungen erkennen zu können.

In dieser Arbeit verfolge ich die folgenden Ziele:

- den Relevanzbegriff für eine Klasse einfacher funktionaler Programmiersprachen relativ zu einer 'Call-by-Need'-Semantik formal zu definieren;
- einen Relevanzanalysealgorithmus für Programme und "geeignete Programmteile" zu entwickeln;
- seine Korrektheit zu beweisen.

Ich werde im ersten Paragraphen die Eingabesprache definieren, für deren Programme und Programmteile ich Relevanzinformation bestimmen möchte. Genauer handelt es sich dabei um eine Klasse funktionaler Sprachen, deren Syntax und Semantik weitgehend übereinstimmt. Sie unterscheiden sich lediglich in einer Menge von Konstanten, d.h. von Atomen und primitiven Funktionen, und deren Semantik. Im zweiten Paragraphen definiere ich den Relevanzbegriff und untersuche einige seiner Eigenschaften. Der dritte Paragraph setzt die Begriffe Striktheit und Relevanz zueinander in Beziehung und skizziert, in welcher Weise ich einen Algorithmus für die Striktheitsanalyse in einen Relevanzanalysealgorithmus einbinden werde.

§1 Die Eingabesprache

Meine Eingabesprache ist der untypisierte λ-Kalkül, parametrisiert mit einer Menge von Konstanten, und erweitert um ein explizites Konstrukt zur rekursiven Definition.

Als operationelle Semantik benutze ich einen 'Call-by-Need'-Interpreter, der mit Hilfe von Umgebungen β-Substitution simuliert.

Kern des in der Arbeit entwickelten Relevanzanalysealgorithmus ist ein Verfahren zur Striktheitsanalyse von untypisierten λ-Ausdrücken. Die Korrektheit dieses Verfahrens wird durch Angabe einer abstrakten Interpretation bezüglich einer denotationellen Semantik bewiesen. Ich verwende dazu eine für den λ-Kalkül übliche denotationelle Semantik.

Sowohl die operationelle, wie die denotationelle Semantik sind parametrisiert mit Angaben zur Definition der Semantik der Konstanten.

Ich erwarte, daß die meisten funktionalen Sprachen durch Wahl einer geeigneten Konstantenmenge zur Repräsentation der Basisobjekte und Basisfunktionen ziemlich direkt auf meine Eingabesprache abgebildet werden können. Diese Erwartung wird unterstützt durch ihre große Ähnlichkeit zu FLIC[2], der von Simon

[2] Functional Language Intermediate Code.

Peyton-Jones vorgeschlagenen Zwischensprache für die Implementierung funktionaler Sprachen [Peyt86].

Ich werde jetzt nacheinander die Syntax, die denotationelle Semantik und die operationelle Semantik angeben.

1 Syntax

Die freie Algebra $\Lambda = \Lambda(\mathcal{K})$ der parametrisierten erweiterten λ-Ausdrücke wurde in II §8.1–1 eingeführt. Ihre Definition wird im folgenden nochmal wiederholt.

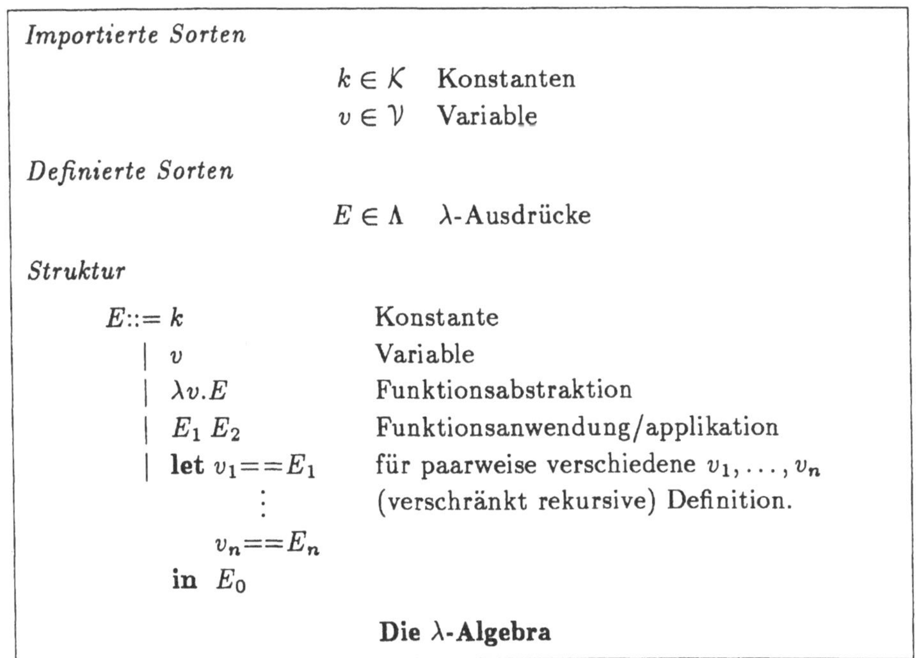

Importierte Sorten

$k \in \mathcal{K}$	Konstanten
$v \in \mathcal{V}$	Variable

Definierte Sorten

$E \in \Lambda$	λ-Ausdrücke

Struktur

$E ::= k$	Konstante
$\mid v$	Variable
$\mid \lambda v.E$	Funktionsabstraktion
$\mid E_1\ E_2$	Funktionsanwendung/applikation
$\mid$ **let** $v_1 {==} E_1$	für paarweise verschiedene $v_1, \ldots, v_n$
$\vdots$	(verschränkt rekursive) Definition.
$v_n {==} E_n$	
in E_0	

Die λ-Algebra

Unter einem Programm wird in dieser Arbeit ein geschlossener λ-Ausdruck verstanden (siehe II §8.1–1 für eine Definition des Begriffes 'geschlossen').

Nach dieser Definition ist zu erwarten, daß ein Programm nur ein einziges Mal ausgewertet wird. Eine Programmanalyse zur Optimierung der Auswertung kann sich daher nur bei dieser einzigen Auswertung amortisieren. Dies beschränkt den Umfang der Analyse stark. Es ist deshalb wünschenswert, einen Relevanzanalysealgorithmus nicht nur für vollständige Programme, sondern auch für "geeignete Programmteile" zu entwickeln. Die Analyseergebnisse sollen dabei für alle Programme gültig sein, die dieses Programmteil benutzen.

Als "geeignete Programmteile" verwende ich die von der Sprache MIRANDA bekannten Skripte[3]. Ein Skript ist eine Folge von Definitionen und bildet zusammen mit einem auszuwertenden Ausdruck ein Programm. Häufig wird dasselbe Skript für die Konstruktion vieler Programme verwendet. Der Aufwand für die Analyse des Skriptes kann sich dann über zahlreiche Auswertungen hinweg amortisieren. Von dem zu entwickelnden Algorithmus für die Relevanzanalyse von Programmskripten fordere ich, daß er Relevanzinformation zu Stellen im Skript berechnet, die für jedes das Skript benutzende (fehlerfreie) Programm korrekt ist; darüberhinaus soll er auch Information liefern, um rasch Relevanzinformation für den auszuwertenden Ausdruck berechnen zu können.

Zur Definition von Skripten gehe ich zu der in II §8.1–2 eingeführten zweisortigen Darstellung von Λ über. Sie benutzt neben der Sorte Λ der λ-Ausdrücke die Sorte *SKR* der Skripte. Skripte haben die Form $SK = (v_1{==}E_1; \ldots; v_n{==}E_n)$ und werden in **let**-Kontrukten der Form **let** *SK* **in** *E* benutzt.

In II §8.1–1 wurden die Begriffe *Menge der freien* und *gebundenen Variablen* für λ-Ausdrücke und Skripte definiert. Ferner wurden die Begriffe *geschlossener Ausdruck* und *geschlossenes Skript* eingeführt.

Definition III §1.1–1 Programm, Programmskript

Ein *Programm* ist ein geschlossener λ-Ausdruck, ein *Programmskript* ist ein geschlossenes Skript. Die generische Bezeichnung für Programme ist π, die für Programmskripte *PS*.

Beispiel III §1.1–2

Im Rest der Arbeit werde ich die folgende Konstantenmenge $\mathcal{K}_0$ stets als Beispiel benutzen. Sie besteht aus (Repräsentationen für)

- den natürlichen Zahlen,
- *true* und *false*

als Basisobjekten,

- $+$ und anderen "strikten" zweistelligen arithmetischen Operatoren,
- $=$, dem Gleichheitsprädikat auf Basisobjekten,
- **if** ... **then** ... **else** ..., dem Bedingungsoperator,
- *l_pair*, dem "nicht-strikten" Paarkonstruktor,
- *s_pair*, dem "strikten" Paarkonstruktor,
- *is_pair*, dem Paarprädikat,
- *first*, dem Selektor der ersten Komponente eines Paares,
- *second*, dem Selektor der zweiten Komponente eines Paares,
- *strict*, dem Striktoperator

als Basisfunktionen.

[3] Ein Skript ist in MIRANDA eine Übersetzungseinheit.

Zur Verbesserung der Lesbarkeit werde ich in den Beispielen die übliche Infix- und Distfix-Notation verwenden. Als Abkürzung für $\lambda v_1.\lambda v_2.\dots\lambda v_n.E$ werde ich meist $\lambda v_1 \dots v_n.E$ benutzen. Mehrdeutigkeiten in der Stringdarstellung werde ich durch Setzen von Klammern und die folgenden Vorrangregeln auflösen:

- Funktionsanwendungen haben die höchste Priorität und sind linksassoziativ;
- Funktionsabstraktionen und **let**-Definitionen haben die niedrigste Priorität;
- die übrigen Operationen haben die übliche Priorität und Assoziativität.

2 Denotationelle Semantik

Nach II §8.4 genügt für die Definition einer denotationellen Semantik für $\Lambda(\mathcal{K})$ die Angabe eines semantischen Rahmens, d.h. einer CPO $\mathcal{D}$, zweier stetiger Abbildungen $\uparrow: \mathcal{D} \to [\mathcal{D} \to \mathcal{D}]$ und $\downarrow: [\mathcal{D} \to \mathcal{D}] \to \mathcal{D}$ mit $\uparrow \circ \downarrow = id_{[\mathcal{D}\to\mathcal{D}]}$, sowie einer Interpretation $[\![k]\!]^{\mathcal{D}}$ als Element von $\mathcal{D}$ für jedes $k \in \mathcal{K}$. Die Festlegung des semantischen Rahmens definiert eine semantische Abbildung $[\![\cdot]\!]^{\mathcal{D}}$, die λ-Ausdrücke als Elemente von $[{}^{\mathcal{D}}\mathcal{E}nv \to \mathcal{D}]$ und Skripte als Elemente von $[{}^{\mathcal{D}}\mathcal{E}nv \to {}^{\mathcal{D}}\mathcal{E}nv_p]$ interpretiert. ${}^{\mathcal{D}}\mathcal{E}nv$ ist dabei der Bereich der $\mathcal{D}$-Umgebungen $\mathcal{V} \to \mathcal{D}$, generische Bezeichnung ${}^{\mathcal{D}}\rho$, ${}^{\mathcal{D}}\mathcal{E}nv_p$ der Bereich der partiellen $\mathcal{D}$-Umgebungen $\mathcal{V} \rightharpoonup \mathcal{D}$, generische Bezeichnung ${}^{\mathcal{B}}\rho_p$.

In dieser Arbeit benutze ich als semantischen Bereich $\mathcal{D}$ den initialen Fixpunkt des Funktors $F_{\mathcal{D}}$ in der Kategorie CPO^*. $F_{\mathcal{D}}$ ist wie folgt definiert:

$$F_{\mathcal{D}}\colon\ F_{\mathcal{D}}(D) := D_0 + (D \times D)_\perp + ([D \to D])_\perp$$

$$F_{\mathcal{D}}((\gamma,\alpha)\colon D \to D') = (\gamma_{\mathcal{D}},\alpha_{\mathcal{D}})\colon F_{\mathcal{D}}(D) \to F_{\mathcal{D}}(D')$$

$$\gamma_{\mathcal{D}}(d) = \begin{cases} d, & \text{falls } d \in D_0;\\ (\gamma(d_1),\gamma(d_2)), & \text{falls } d = (d_1,d_2) \in D \times D;\\ \gamma \circ d \circ \alpha, & \text{falls } d \in [D \to D]. \end{cases}$$

$$\alpha_{\mathcal{D}}(d) = \begin{cases} d, & \text{falls } d \in D_0;\\ (\alpha(d_1),\alpha(d_2)), & \text{falls } d = (d_1,d_2) \in D' \times D';\\ \alpha \circ d \circ \gamma, & \text{falls } d \in [D' \to D']. \end{cases}$$

Dabei ist D_0 eine flache CPO atomarer Objekte, $+$ bildet die verschmelzende Summe von CPO's, $(\cdot)_\perp$ adjungiert an eine Poset ein neues kleinstes Element, $\times$ bildet das Produkt von Posets und $[C_1 \to C_2]$ bezeichnet die CPO der stetigen Funktionen von der CPO C_1 in die CPO C_2, punktweise geordnet.

Aus den Ergebnissen von [Smyt82] folgt die Existenz des initialen Fixpunktes von $F_{\mathcal{D}}$. Ferner sichern diese Ergebnisse, daß er der direkte Grenzwert der Folge $(\mathcal{D}_n,(\gamma_n^{\mathcal{D}},\alpha_n^{\mathcal{D}}))$ mit

$$\mathcal{D}_n = F_{\mathcal{D}}^n(\{\perp\}) \qquad (\gamma_n^{\mathcal{D}},\alpha_n^{\mathcal{D}}) = F_{\mathcal{D}}^n(\perp_{\mathcal{D}_0\to\mathcal{D}_1},\perp_{\mathcal{D}_1\to\mathcal{D}_0})$$

in CPO* ist. Von dieser Eigenschaft werden wir später wesentlich Gebrauch machen.

Der initiale Fixpunkt von $F_{\mathcal{D}}$ ist eine CPO $\mathcal{D}$ zusammen mit einem (CPO-) Isomorphismus ψ von $\mathcal{D}$ auf $F_{\mathcal{D}}(\mathcal{D})$. Als generische Bezeichnung für Elemente aus $\mathcal{D}$ benutze ich d. $\uparrow$ und $\downarrow$ werden mithilfe von ψ definiert:

$$\uparrow : \mathcal{D} \to [\mathcal{D} \to \mathcal{D}] \qquad \uparrow(d) = \begin{cases} \psi(d), & \text{falls } \psi(d) \in [\mathcal{D} \to \mathcal{D}]; \\ \bot_{[\mathcal{D}\to\mathcal{D}]}, & \text{sonst.} \end{cases}$$

$$\downarrow : [\mathcal{D} \to \mathcal{D}] \to \mathcal{D} \qquad \downarrow(f) = \psi^{-1}(f)$$

Ich werde im folgenden f mit $\downarrow(f)$ identifizieren und definiere der Bequemlichkeit halber die binäre Operation 'Funktionsanwendung', $\cdot$, auf $\mathcal{D}$ durch $d_1 \cdot d_2 := \uparrow(d_1)(d_2)$.

Der in dieser Weise definierte semantische Bereich enthält die Elemente von D_0 als atomare Objekte, er erlaubt die nicht-strikte Konstruktion von Paaren und enthält Funktionen beliebiger Ordnung. Die Funktionsabstraktion ist dabei eine nicht-strikte Operation.

Bemerkung III §1.2–1
Der oben definierte semantische Bereich gestattet nur Paarbildung (und Funktionsabstraktion) zur Bildung nicht-atomarer Objekte. Die Möglichkeiten der Datenkonstruktion sind in den meisten Sprachen wesentlich größer. Die Ergebnisse der Arbeit können jedoch sehr leicht erweitert werden, um diese Situation zu handhaben. So hätte ich beispielsweise auch den FLIC zugrundeliegenden semantischen Bereich $\mathcal{D} \cong (T \times \mathcal{D}^*)_\bot + ([\mathcal{D} \to \mathcal{D}])_\bot$ verwenden können[4]. Der Grund liegt darin, daß diese Arbeit nur $\bot$ und Funktionen speziell behandelt. Alle anderen Elemente werden für die Analyse als äquivalent betrachtet. Ihre Struktur spielt daher keine Rolle. Wesentlich ist lediglich die Behandlung der Funktionen und die Möglichkeit, den semantischen Bereich als direkten Grenzwert von CPO's darzustellen, in denen die Funktionenräume endliche Ordnung haben, siehe IV §2–2.

Ich schließe diesen Abschnitt mit der Festlegung der Semantik für unsere Beispielkonstanten.

Beispiel III §1.2–2 Semantik für $\mathcal{K}_0$

- $\mathbf{N} \subset D_0$;
- *true*, *false* $\in D_0$;

---

[4] T ist dabei eine Menge von Tags.

- $[\![n]\!]^{\mathcal{D}} = n$ für $n \in \mathbf{N}$;
- $[\![true]\!]^{\mathcal{D}} = true$, $[\![false]\!]^{\mathcal{D}} = false$;
- $[\![+]\!]^{\mathcal{D}} = \lambda d_1\, d_2. \begin{cases} d_1 + d_2, & \text{falls } d_1, d_2 \in \mathbf{N}; \\ \perp, & \text{sonst.} \end{cases};$
- $[\![=]\!]^{\mathcal{D}} = \lambda d_1\, d_2. \begin{cases} d_1 = d_2, & \text{falls } d_1, d_2 \in D_0 - \{\perp\}; \\ \perp, & \text{sonst.} \end{cases}$
- $[\![if]\!]^{\mathcal{D}} = \lambda d_1\, d_2\, d_3. \begin{cases} d_2, & \text{falls } d_1 = true; \\ d_3, & \text{falls } d_1 = false; \\ \perp, & \text{sonst.} \end{cases}$
- $[\![l\_pair]\!]^{\mathcal{D}} = \lambda d_1\, d_2.(d_1, d_2)$
- $[\![s\_pair]\!]^{\mathcal{D}} = \lambda d_1\, d_2. \begin{cases} (d_1, d_2), & \text{falls } d_1, d_2 \neq \perp; \\ \perp, & \text{sonst.} \end{cases}$
- $[\![is\_pair]\!]^{\mathcal{D}} = \lambda d. \begin{cases} true, & \text{falls } d \in \mathcal{D} \times \mathcal{D}; \\ \perp, & \text{falls } d = \perp; \\ false, & \text{sonst.} \end{cases}$
- $[\![first]\!]^{\mathcal{D}} = \lambda d. \begin{cases} d_1, & \text{falls } d = (d_1, d_2); \\ \perp, & \text{sonst.} \end{cases}$
- $[\![second]\!]^{\mathcal{D}} = \lambda d. \begin{cases} d_2, & \text{falls } d = (d_1, d_2); \\ \perp, & \text{sonst.} \end{cases}$
- $[\![strict]\!]^{\mathcal{D}} = \lambda d_1\, d_2. \begin{cases} d_2, & \text{falls } d_1 \neq \perp; \\ \perp, & \text{sonst.} \end{cases}$

3 Operationelle Semantik

Die operationelle Semantik wird durch einen 'Call-by-Need'-Interpreter gegeben.

Ein solcher Interpreter verzögert die Auswertung von Funktionsargumenten so lange, bis ihr Wert unbedingt erforderlich ist, um die Auswertung des Programms fortsetzen zu können. Der Interpreter muß sicherstellen, daß das Argument zu diesem Zeitpunkt in der korrekten Umgebung ausgewertet werden kann. Er tut dies, indem er einen sogenannten Abschluß konstruiert, der aus dem Argument und der entsprechenden Bindungsumgebung besteht. Wird der Wert des Funktionsargumentes zu einem späteren Zeitpunkt benötigt, kann er durch Auswertung des Abschlusses ermittelt werden. Ein 'Call-by-Need'-Interpreter sichert, daß ein Abschluß höchstens einmal ausgewertet wird, selbst wenn sein Wert mehrfach benötigt wird. Er verfügt hierfür über einen adressierbaren Speicher[5]. Abschlüsse werden in Speicherzellen abgelegt und der Zugriff dar-

[5] Häufig wird er als Graph dargestellt.

auf erfolgt über Adressen. Nach Auswertung eines Abschlusses wird er in der Speicherzelle durch seinen Wert ersetzt. Spätere Zugriffe finden damit bereits den Wert anstelle des noch unausgewerteten Abschlusses vor.

Fast alle Interpreter für funktionale Programmiersprachen mit verzögerter Auswertung benutzen die eine oder andere Version dieses Verfahrens[6].

Ich modelliere den potentiell unendlichen Speicher des 'Call-by-Need'-Interpreters als sog. *Speicherzustand*, eine partielle Abbildung von einer Adreßmenge in eine Menge von Inhalten. Der Inhalt einer Adresse ist entweder ein spezielles Element *undef*, eine Konstante k, ein Abschluß oder ein Paar von Adressen zur Darstellung einer Funktionsanwendung, repräsentiert durch $adr_1 \cdot adr_2$. Programmstellen und Speicherzustände sind auf den beiden folgenden Tafeln definiert.

Importierte Sorten

π	Programme
$u \in \mathcal{O}$	Vorkommen

Definierte Sorten

$ps \in Ps$	Programmstellen

Struktur

$$ps ::= (\pi, u)$$

Programmstellen

Programmstellen sind definiert als Paare $ps = (\pi, u)$. Ich kann einige Teile der Arbeit – z.B. den Interpreter – jedoch einfacher und intuitiver beschreiben, wenn ich $ps = (\pi, u)$ durch den Teilausdruck an der entsprechenden Stelle, $E(ps) = \pi_{/u}$, repräsentiere. Diese Darstellung ist nicht eindeutig, da derselbe Teilausdruck mehrfach in π vorkommen kann. Dennoch werde ich frei von ihr Gebrauch machen und nur wenn unbedingt nötig zu der eindeutigen Darstellung (π, u) übergehen.

Ich beschreibe den Interpreter als eine partielle Funktion *eval*, die zu einer Adresse *adr* und einem Speicherzustand s einen Speicherzustand s' als Ergebnis liefert. Intuitiv ist s' der Speicherzustand, der sich durch "Auswertung von *adr* im Speicherzustand s" ergibt. Entsprechend sollte *adr* in s' "ausgewertet sein".

[6] z.B. [Wise82,Ober88](Implementierung mit Umgebungen), [Turn79,Hugh82](Graphreduktion), [John84,Rabe87,Loog87](programmierte Graphreduktion)

Importierte Sorten

$v \in \mathcal{V}$	Variablen
$ps \in Ps$	Programmstellen

Definierte Sorten

$adr \in ADR = \mathbf{N}$	Adressen
$\rho \in \mathcal{E}nv = \mathcal{V} \rightharpoonup_{fin} ADR$	Umgebungen
$c \in C = \{undef\} \cup K \cup Ps \times \mathcal{E}nv \cup ADR \cdot ADR$	Speicherinhalte
$s \in SP \subset ADR \rightharpoonup_{fin} C$	Speicherzustände

Einschränkungen

$$\mathrm{Def}(s) = [0 \dots top(s)], \quad top(s) \in \mathbf{N} \cup \{-1\}$$

Für $adr \in \mathrm{Def}(s)$ gilt eine der folgenden Bedingungen

1. $s(adr) = undef$;
2. $s(adr) = k$;
3. $s(adr) = (ps, \rho)$ mit $FV(E(ps)) \subseteq \mathrm{Def}(\rho)$, $\mathrm{Bild}(\rho) \subseteq \mathrm{Def}(s)$;
4. $s(adr) = adr_1 \cdot adr_2$ mit $adr_1, adr_2 \in \mathrm{Def}(s)$.

Adressen, Umgebungen und Speicherzustände

Definition III §1.3–1 ausgewertet, Auswertungsfunktion

Sei ev eine partielle Abbildung von $ADR \times SP$ in SP.

adr heißt *bzgl. ev ausgewertet in s*, wenn $ev(adr, s) = s$ gilt. Die Menge der bzgl. ev in s ausgewerteten Adressen wird mit $\mathcal{A}_{ev}(s)$ bezeichnet.

Wenn sich ev aus dem Kontext ergibt, lasse ich im folgenden den expliziten Bezug auf ev weg.

ev heißt eine *Auswertungsfunktion*, wenn aus $s' = ev(adr, s)$ folgt, daß adr in s' ausgewertet ist.

Ich führe den Interpreter zunächst informal als eine rekursive durch Fallunterscheidung über den Inhalt der Adresse adr in s definierte Funktion ein. Formal definiere ich ihn und seine Hilfsfunktionen später als kleinste Relationen, die gewisse Abschlußeigenschaften erfüllen. Dies ist sehr ähnlich zur Methode der strukturierten operationellen Semantik von Plotkin [Plot81] und kann durch eine weitere Formalisierung der Abschlußeigenschaften als Beweissystem leicht darauf abgebildet werden. Gegenüber der Festlegung der operationellen Semantik durch Definition einer abstrakten mathematischen Maschine hat diese

Methode einige Vorteile: sie beschreibt eine Auswertung nicht als eine Folge primitiver Einzelschritte, sondern indem sie angibt, welche Teilauswertungen erforderlich sind und wie deren Ergebnisse zum Ergebnis der Auswertung zusammenzusetzen sind. Die Beschreibung ist damit hierarchisch und macht Induktion über die (rekursive) Definition des Interpreters als wichtiges Beweishilfsmittel verfügbar. Desweiteren benutzt sie eine höhere Abstraktionsstufe und ist zudem leicht erweiterbar – etwa um einen Trace, der es erlaubt, eine Auswertung auch als Folge von Einzelschritten darzustellen. Ich werde später von diesen Möglichkeiten Gebrauch machen.

Ich beginne mit der informalen Beschreibung: Der Interpreter, aufgerufen mit einer Adresse adr und einem Speicherzustand s, macht eine Fallunterscheidung gemäß dem Inhalt von $s(adr)$. Entsprechend terminiert der Aufruf entweder sofort, oder der Interpreter ruft sich u.U. mehrfach rekursiv mit lokal modifiziertem Speicherzustand und/oder geänderter Adresse wieder auf und kombiniert schließlich die Ergebnisse. Im Einzelnen:

- $s(adr) = k \mid (k, \rho)$: Der Interpreter ruft (tail rekursiv) einen Teilinterpreter $eval_K$ für die Behandlung von Konstanten auf.
- $s(adr) = (v, \rho)$: Der Interpreter wertet rekursiv $\rho(v)$ in s aus. Nach der Auswertung kopiert er den Inhalt von $\rho(v)$ an die Stelle adr und der Aufruf terminiert.
- $s(adr) = (\lambda v.E, \rho)$: Der Aufruf terminiert sofort.
- $s(adr) = (E_1\ E_2, \rho)$: Der Interpreter erweitert s um zwei Adressen adr_1 und adr_2 mit Inhalt (E_1, ρ) bzw. (E_2, ρ) und ändert den Wert von adr zu $adr_1 \cdot adr_2$. Anschließend wertet er (tail rekursiv) adr in dem modifizierten Speicherzustand aus.
- $s(adr) = (\mathbf{let}\ v_1{=}{=}E_1; \ldots; v_n{=}{=}E_n\ \mathbf{in}\ E_0, \rho)$: Der Interpreter erweitert s um n Adressen $adr_1, \ldots, adr_n$, konstruiert die Umgebung $\rho' = \rho[v_i {\mapsto} adr_i]_{i=1}^{n}$, definiert den Wert von adr_i als (E_i, ρ'), ändert den Wert von adr zu (E_0, ρ') und wertet adr (tail rekursiv) im neuen Speicherzustand aus.
- $s(adr) = adr_1 \cdot adr_2$: Der Interpreter wertet adr_1 rekursiv im Speicherzustand s aus. Hat adr_1 im Ergebnis s' einen Inhalt $(\lambda v.E, \rho)$, dann ändert der Interpreter in s' den Inhalt von adr zu $(E, \rho[v {\mapsto} adr_2])$ und wertet adr (tail rekursiv) im so modifizierten Speicherzustand aus. Ansonsten testet er, ob der Inhalt von adr im Speicherzustand s' der Funktionsanwendung einer Konstanten auf eine Reihe von Argumenten entspricht und ruft gegebenenfalls den Teilinterpreter $eval_K$ (tail rekursiv) auf.

Damit ist der Interpreter bis auf den Teilinterpreter $eval_K$ zur Behandlung der Semantik von Konstanten festgelegt. Diese kann verhältnismäßig komplex sein, da zur Behandlung einer Konstanten häufig mehrere Teilauswertungen gestartet werden müssen (etwa für '+'), die zudem von der Ergebnissen vorangegangener Teilauswertungen abhängen können (etwa bei der Auswertung des Bedingungsoperators *if*). Zweckmäßigerweise benutzt man dazu einen Keller, auf dem die Ergebnisse bereits durchgeführter Teilauswertungen festgehalten werden. In Abhängigkeit vom Inhalt des Kellers bestimmt $eval_{\mathcal{K}}$ seine nächste Aktion: ob eine weitere Teilauswertung gestartet werden soll (*eval*), ob eine neue Speicherstelle beschrieben soll (*new*) oder ob die Behandlung der Konstanten abgeschlossen ist und das Ergebnis die auszuwertende Adresse überschreiben soll (*return*). Ich modelliere den Keller als eine Folge sogenannter *Frames*. Ein Frame enthält normalerweise das Ergebnis einer Teilauswertung in der Form (adr, fc), wobei fc typischerweise die Form $(k, adr_1, \ldots, adr_n)$ hat. Ein solches Frame besagt, daß der Inhalt von adr einer Anwendung der Konstanten k auf n Argumente mit Adressen $adr_1, \ldots, adr_n$ entspricht. Die Auswahl der nächsten Aktion hängt vom aktuellen Inhalt des Framestacks ab; sie soll jedoch nicht von den konkreten Werten der Adressen abhängen. Ich modelliere sie daher als eine partielle Abbildung, die auf der Basis einer reduzierten Form des Framestacks die nächste Aktion bestimmt. Die reduzierte Form entsteht, indem von konkreten Adresswerten abstrahiert wird. Das Frame $(adr, (k, adr_1, \ldots, adr_n))$ wird beispielsweise reduziert als (k, n) dargestellt.

$eval_{\mathcal{K}}$ ist wie *eval* eine partielle Funktion von $ADR \times SP$ nach SP. Wie wir gesehen haben, wird $eval_{\mathcal{K}}$ von *eval* aufgerufen. Andererseits ruft $eval_{\mathcal{K}}$ auch *eval* auf, um notwendige Teilauswertungen durchführen zu lassen. Beide Funktionen hängen also verschränkt rekursiv voneinander ab. Wenn $eval_{\mathcal{K}}$ mit Argumenten adr und s aufgerufen wird, dann entspricht dem Inhalt von adr in s eine Funktionsanwendung einer Konstanten k auf n Argumentadressen. k wird zusammen mit den Argumentadressen auf dem Framestack abgelegt. Die erste Aktion wird aufgrund der reduzierten Form des Framestacks ausgewählt, d.h. aufgrund von $[(k, n)]$. Ich erläutere die weitere Arbeitsweise von $eval_{\mathcal{K}}$ jetzt anhand einiger Beispiele[7].

Ist $k = +$ und $n \leq 1$, dann terminiert $eval_{\mathcal{K}}$ sofort: die Argumente unterversorgter primitiver Funktionen werden nicht ausgewertet. Im Fall $n = 2$ ist die erste ausgewählte Aktion ein $eval\,(0, 1)$. Dies bedeutet, daß das erste Argument des 0-ten Frames durch einen rekursiven Aufruf von *eval* auszuwerten ist. Das Ergebnis der Auswertung wird wiederum auf dem Framestack festgehalten. Seine reduzierte Form könnte anschließend etwa die Form $[(+, 2), (5, 0)]$ haben. Die nächste aufgrund dieser Information ausgewählte Aktion ist $eval\,(0, 2)$, d.h. das zweite Argument wird ausgewertet. Das Ergebnis wird wieder auf dem Framestack festgehalten. Aufgrund seiner reduzierten

[7] Die Beispiele hängen von einer bestimmten "Aktionsauswahlfunktion" ab, nämlich der, die in III §1.3–6 definiert werden wird. Durch Wahl einer anderen Aktionsauswahlfunktion könnte man eine andere Arbeitsweise erhalten.

Form, etwa $[(+,2),\ (5,0),\ (1,0)]$, wird als nächste Aktion *return* 6 ausgewählt: Die Behandlung der Addition ist damit abgeschlossen, *adr* wird mit der Konstanten 6 überschrieben und *eval* wird (tail rekursiv) zur Fortsetzung der Auswertung von *adr* aufgerufen. Im vorliegenden Fall wäre dieser Aufruf unnötig, da die Konstante 6 ausgewertet ist. Er ist jedoch im allgemeinen Fall notwendig, da *eval* eine Auswertungsfunktion sein soll und deshalb sichergestellt sein muß, daß *adr* im Ergebnis von $eval(adr, s)$ ausgewertet ist.

Als zweites Beispiel betrachten wir $k = if$ und $n = 3$. Die erste Aktion wird das erste Argument von *if* auswerten. Je nachdem, ob es sich zu *true* oder *false* auswertet, ist die nächste Aktion ein *return* $(0,2)$ bzw. ein *return* $(0,3)$, d.h. das zweite oder dritte Argument wird als Ergebnis zurückgegeben. Um sicherzustellen, daß ein Abschluß höchstens einmal ausgewertet wird, dürfen unausgewertete Abschlüsse nicht kopiert werden. Deshalb wird das ausgewählte Argument zunächst durch einen rekursiven Aufruf von *eval* ausgewertet. Erst danach wird *adr* mit dem Ergebnis dieser Auswertung überschrieben[8] und die Behandlung des *if* abgeschlossen.

Ich komme jetzt zur formalen Definition von *eval* und seiner Hilfsfunktionen. Die notwendigen Datenstrukturen sind in der folgenden Tabelle definiert.

Definition III §1.3–2

Eine partielle Abbildung *AWF* von *rFS* in *Ac* heißt eine *Aktionsauswahlfunktion.*

$eval_K$ benutzt eine Aktionsauswahlfunktion, um in Abhängigkeit von einer reduzierten Darstellung des aktuellen Framestacks die nächste Aktion auszuwählen. Die Aktionsauswahlfunktion ist damit der Parameter in der Semantikbeschreibung, durch dessen Wahl die operationelle Semantik der Konstanten festgelegt wird.

Definition III §1.3–3 $eval_{AWF}$

Sei *AWF* eine Aktionsauswahlfunktion.

Die (von *AWF* abhängignen) Relationen *eval*, *apply*, $eval_K$ ... sind definiert als die kleinsten Relationen mit den folgenden Abschlußeigenschaften.

In der Definition der Abschlußeigenschaften wird sowohl $\mathbf{R}(a) = b$ als auch $b = \mathbf{R}(a)$ als Repräsentation für $(a, b) \in \mathbf{R}$ benutzt.

(*eval*)

$$s(adr) = k \mid (k, \rho): \qquad \frac{s' = eval_K(adr, s)}{eval(adr, s) = s'}$$

[8] Alternativ hierzu könnte man auch Indirektionsknoten einführen.

Definierte Sorten

fc	Frameinhalt
f	Frame
fs	Framestack
rf	reduziertes Frame
$rfs \in rFS$	reduzierter Framestack
fp	Position auf dem Framestack
$ac \in Ac$	Aktion
p	Phase

Struktur

$$\begin{array}{lcl} fc & ::= & ? \mid \lambda \mid (k, adr_1, \ldots, adr_n) \\ f & ::= & (adr, fc) \\ fs & ::= & [f_0, \ldots, f_n] \\ rf & ::= & ? \mid \lambda \mid (k, n) \\ rfs & ::= & [rf_0, \ldots, rf_n] \\ fp & ::= & (n, i) \\ ac & ::= & eval\ fp \\ & & \mid\ new\ k \mid new\ fp \cdot fp' \\ & & \mid\ return \mid return\ fp \\ & & \mid\ return\ k \mid return\ fp \cdot fp' \\ p & ::= & \mathrm{I} \mid \mathrm{II} \end{array}$$

Framestacks und Aktionen

$s(adr) = (v, \rho)$:

$$\frac{s' = eval(\rho(v), s)}{eval(adr, s) = s'[adr \mapsto s'(\rho(v))]}$$

$s(adr) = (\lambda v.E, \rho)$:

$$eval(adr, s) = s$$

$s(adr) = (E_1\ E_2, \rho)$:

$$\frac{s' = eval(adr, s[adr_1 \mapsto (E_1, \rho); adr_2 \mapsto (E_2, \rho); adr \mapsto adr_1 \cdot adr_2])}{eval(adr, s) = s'}$$

$$\text{mit } adr_1 = t+1;\ adr_2 = t+2;\ t = top(s)$$

$s(adr) = (\textbf{let } v_1 == E_1; \ldots; v_n == E_n \textbf{ in } E_0, \rho)$:

$$\frac{s' = eval(adr, s[adr_i \mapsto (E_i, \rho')]_{i=1}^{n}[adr \mapsto (E_0, \rho')])}{eval(adr, s) = s'}$$

$$\text{mit } \rho' = \rho[v_i \mapsto adr_i]_{i=1}^{n};\ (i=1\ldots n)\text{: } adr_i = t+i;\ t = top(s)$$

$$s(adr) = adr_1 \cdot adr_2 : \qquad \frac{s' = eval(adr_1, s);\ s'' = apply(adr, s')}{eval(adr, s) = s''}$$

(*apply*)

$$s(adr) = adr_1 \cdot adr_2 \ \wedge\ s(adr_1) = (\lambda v.E, \rho) :$$

$$\frac{s' = eval(adr, s[adr \mapsto (E, \rho[v \mapsto adr_2])])}{apply(adr, s) = s'}$$

$$konst(adr, s) : \qquad \frac{s' = eval_K(adr, s)}{apply(adr, s) = s'}$$

($eval_K$)

$$\frac{f = expand(adr, s);\ (s, \mathrm{I}, [f]) \rightarrow_K^* s'}{eval_K(adr, s) = s'}$$

($\rightarrow_K$)

$$\frac{rfs = red(fs);\ ac = AWF(rfs);\ (ac, s, p, fs) \rightarrow x}{(s, p, fs) \rightarrow_K x}$$

($\rightarrow$)

$$\frac{s' = eval(adr, s);\ f = expand(adr, s')}{(eval(n, i), s, p, fs) \rightarrow (s', p, fs : f)}$$

$$\text{mit } adr = \mathrm{arg}_i(fs_n)$$

$$(new\, k, s, p, fs) \rightarrow (s[adr \mapsto k], \mathrm{II}, fs : (adr, ?))$$

$$\text{mit } adr = top(s)+1$$

$$(new\, (n, i) \cdot (n', i'), s, p, fs) \rightarrow$$

$$(s[adr \mapsto adr_1 \cdot adr_2], \mathrm{II}, fs : (adr, ?))$$

$$\text{mit } \begin{cases} adr = top(s)+1 \\ adr_1 = \mathrm{arg}_i(fs_n) \\ adr_2 = \mathrm{arg}_{i'}(fs_{n'}) \end{cases}$$

$$(return, s, \mathrm{I}, fs) \rightarrow s$$

$$\frac{s' = eval(adr', s)}{(return\, (n, i), s, p, fs) \rightarrow s'[adr \mapsto s'(adr')]}$$

$$\text{mit } \begin{cases} adr = \mathrm{adr}(fs_0) \\ adr' = \mathrm{arg}_i(fs_n) \end{cases}$$

$$\frac{s' = eval(adr, s[adr \mapsto k])}{(return\, k, s, p, fs) \rightarrow s'}$$

$$\text{mit } adr = \mathrm{adr}(fs_0)$$

$$\frac{s' = eval(adr, s[adr \mapsto adr_1 \cdot adr_2])}{(return\,(n,i) \cdot (n',i'), s, p, fs) \to s'}$$

$$\text{mit} \begin{cases} adr &= \mathrm{adr}(fs_0) \\ adr_1 &= \mathrm{arg}_i(fs_n) \\ adr_2 &= \mathrm{arg}_{i'}(fs_{n'}) \end{cases}$$

(*konst*)

$s(adr) = k \mid (k, \rho)$: $\qquad konst(adr, s) = true$

$s(adr) = adr_1 \cdot adr_2$: $\qquad konst(adr, s) = konst(adr_1, s)$

(*expand*)

$\exists n, adr_0, \ldots, adr_n, adr'_1, \ldots, adr'_n$: $adr_n = adr \wedge$
$\forall i{=}1 \ldots n$: $s(adr_i) = adr_{i-1} \cdot adr'_i \wedge$
$adr_0 \neq undef \;\wedge\; (\forall adr_{-1}, adr'_0$: $s(adr_0) \neq adr_{-1} \cdot adr'_0)$:

$$expand(adr, s) = \begin{cases} (adr, \lambda), & \text{falls } n = 0 \;\wedge\; s(adr_0) = (\lambda v.E, \rho); \\ (adr, (k, adr'_1, \ldots, adr'_n)), & \\ & \text{falls } s(adr_0) = k \mid (k, \rho). \end{cases}$$

(*red*)

$$red([f_i]_{i=1}^n) = [fred(f_i)]_{i=1}^n$$

$$fred((adr, ?)) = ?;\; fred((adr, \lambda)) = \lambda;$$
$$fred((adr, (k, adr_1, \ldots, adr_n))) = (k, n)$$

(Hilfsfunktionen)

$\mathrm{adr}((adr, fc)) = adr$
$\mathrm{arg}_0 = \mathrm{adr}$
$\mathrm{arg}_i((adr, (k, adr_1, \ldots, adr_n))) = adr_i$ falls $1 \leq i \leq n$
$[f_0, \ldots, f_n]_i = f_i$ falls $0 \leq i \leq n$

Bemerkung III §1.3–4

Induktion über die Definition in III §1.3–3 zeigt, daß alle dort definierten Relationen partielle Funktionen sind. Zum Beweis der Determiniertheit von $eval_K$ wird dabei unter anderem benutzt, daß x noch nicht die Form s' hat, wenn $(s, fs) \to_K^* x \to_K x'$ für ein x' erfüllt ist.
Die Determiniertheit der Relationen $\mathbf{R}$ in III §1.3–3 rechtfertigt die Darstellung von $(a, b) \in \mathbf{R}$ durch $b = \mathbf{R}(a)$ und $\mathbf{R}(a) = b$.

Festlegung III §1.3–5

Ich fixiere für den Rest der Arbeit eine (beliebige) Aktionsauswahlfunktion *AWF* und benutze die damit nach III §1.3–3 definierte Funktion *eval* als 'Call-by-Need'-Interpreter zur Festlegung der operationellen Semantik der Eingabesprache.

Für unsere Beispielkonstanten könnten wir etwa folgende Aktionsauswahlfunktion benutzen.

Beispiel III §1.3–6 Operationelle Semantik für die Bespielkonstanten
Zur Erhöhung der Übersichtlichkeit gestatte ich mir einige notationelle Freiheiten bei der Beschreibung der Aktionsauswahlfunktion:

- die Benennung von Positionen auf dem Framestack statt der Benutzung von Paaren natürlicher Zahlen zur Selektion von Elementen,
- die Darstellung der Aktionen als Prozeduraufrufe mit Ergebnisrückgabe
- und die Antizipierung dieser Ergebnisse in einer zusammenhängenden Beschreibung für die einzelnen Konstanten.

Die Semantikbeschreibung für eine Konstante k nimmt damit in etwa die Form einer Funktionsdefinition in einer imperativen Sprache an. Die Konfiguration $\Big(s, [(adr, (k, adr_1, \ldots, adr_n))]\Big)$, in der die erste Aktion ausgewählt wird, stelle ich durch $k(fp, fp_1, \ldots, fp_n)$ dar. Hierbei, wie im folgenden, sind die fp Bezeichnungen für Framepositionen. Auf sie kann nur über die speziellen Aktionen *eval*, *new* und *return* zugegriffen werden. Eventuelle Ergebnisse dieser Aktionen antizipiere ich durch strukturierte Zuweisungen der Form $(fp_0, (k, fp_1, \ldots, fp_n)) := aktion(fp)$. Hierdurch werden neue Namen n, k, und $fp_0, \ldots, fp_n$ eingeführt, über die auf das Ergebnis der Aktion zugegriffen werden kann. Ist ein Teil des Ergebnisses irrelevant, ersetze ich diesen Teil durch '–'.

- für atomares k, d.h. $k \in \mathbf{N}$, $k = true$, $k = false, \ldots$
  $k(fp)$: *return*
- $+(fp, fp_1, \ldots, fp_n)$:
  begin
  if $n < 2$ **then** *return* **fi**;
  if $n = 2$ **then**
  $(-, (k_1, -)) :=$ *eval*(fp_1);
  $(-, (k_2, -)) :=$ *eval*(fp_2);
  if $k_1 \in \mathbf{N} \;\wedge\; k_2 \in \mathbf{N}$
  then *return* $k_1 + k_2$;
  fi;
  fi;
  end.
- $=(fp, fp_1, \ldots, fp_n)$:
  begin
  if $n < 2$ **then** *return* **fi**;
  if $n = 2$ **then**
  $(-, (k_1, -)) :=$ *eval*(fp_1);

```
    (-, (k2, -)) := eval(fp2);
    if atomar(k1) ∧ atomar(k2)
      then return k1=k2;
    fi;
  fi;
  end.
```

- $if(fp, fp_1, \ldots, fp_n)$:

```
  begin
  if n < 3 then return fi;
  if n = 3 then
    (-, (k, -)) := eval(fp1);
    if k = true
      then return fp2;
    fi
    if k = false
      then return fp3;
    fi;
  fi;
  end.
```

- $l\_pair(fp, fp_1, \ldots, fp_n)$:

```
  begin
  if n ≤ 2 then return fi;
  end.
```

- $s\_pair(fp, fp_1, \ldots, fp_n)$:

```
  begin
  if n < 2 then return fi;
  if n = 2 then
    eval(fp1);
    eval(fp2);
    return;
  fi;
  end.
```

- $is\_pair(fp, fp_1, \ldots, fp_n)$:

```
  begin
  if n < 1 then return fi;
  if n = 1 then
    (-, (k, fp'1, ..., fp'n')) := eval(fp1);
    if k ∈ {l_pair, s_pair} ∧ n' = 2
      then return true;
      else return false;
```

```
      fi;
    fi;
    end.
```

- $first(fp, fp_1, \ldots, fp_n)$:

```
    begin
    if n < 1 then return fi;
    if n = 1 then
      (-, (k, fp'_1, ..., fp'_n')) := eval(fp_1);
      if k ∈ {l_pair, s_pair} ∧ n' = 2
        then return fp'_1;
      fi
    fi;
    end.
```

- $second(fp, fp_1, \ldots, fp_n)$:

```
    begin
    if n < 1 then return fi;
    if n = 1 then
      (-, (k, fp'_1, ..., fp'_n')) := eval(fp_1);
      if k ∈ {l_pair, s_pair} ∧ n' = 2
        then return fp'_2;
      fi
    fi;
    end.
```

- $strict(fp, fp_1, \ldots, fp_n)$:

```
    begin
    if n < 2 then return fi;
    if n = 2 then
      eval(fp_1);
      return fp_2;
    fi;
    end.
```

eval ist ein gutes Modell für einen 'Call-by-Need' Interpreter. Wir können beispielsweise den 'Wert' eines Programms π bestimmen, indem wir $eval(0, [0 \mapsto (\pi, [])])$ berechnen und den Inhalt von Adresse 0 im Ergebnis auslesen. Bei der Auswertung wird nur der Inhalt "ausgewerteter" Adressen kopiert und so sichergestellt, daß ein Abschluß höchstens einmal ausgewertet wird. Funktionsargumente werden nicht immer ausgewertet, sondern nur, wenn "ihr Wert benötigt" wird.

Zur Benutzung von *eval* für die Relevanzdefinition und für einige Beweise benötige ich aber auch Information über die 'Schritte', die bei einer solchen 'Auswertung' gemacht werden: z.B. für welche Adreß/Speicherzustandspaare *eval* rekursiv aufgerufen wurde. Diese Information steckt implizit in der Definition von *eval*. Ich möchte sie jedoch explizit machen und erweitere dazu das Ergebnis der 'Auswertung' um einen 'Auswertungstrace'. Der Auswertungstrace ist die "Folge der Schritte" des Interpreters während der Auswertung. Ein Schritt wird als Tupel dargestellt, bestehend aus dem Schrittyp, der aktuellen Adresse und dem aktuellen Speicherzustand. Der Schrittyp kennzeichnet Eintritte, $\downarrow$, und Austritte, $\uparrow$, aus Auswertungen, tail rekursive Aufrufe $\nearrow$, Überschreibeaktionen und Aktionen bei der Auswertung von Konstanten. Die Datenstruktur ist in der folgenden Tafel definiert.

Importierte Sorten

$s \in SP$	Speicherzustände
$adr \in ADR$	Adressen
$ac \in Ac$	Aktionen

Definierte Sorten

st	Schrittyp
sc	Schritt
$T \in \mathbf{T}$	Trace

Struktur

$$st ::= \downarrow \mid \uparrow \mid \nearrow \mid rewrite \mid ac$$
$$\mid \; result\, adr$$
$$sc ::= (st, adr, s)$$
$$T ::= [sc_1, \ldots, sc_n]$$

Programmschritte und Traces

Definition III §1.3–7 $eval^{\mathbf{T}}$

$eval^{\mathbf{T}}$ ist in völliger Analogie zu $eval^{\mathbf{T}}$ (III §1.3–3) definiert: zusammen mit seinen Hilfsfunktionen als kleinste Relation mit folgenden Abschlußeigenschaften:

($eval^{\mathbf{T}}$)

$$s(adr) = k \mid (k, \rho): \quad \frac{(s', T) = eval^{\mathbf{T}}_{K}(adr, s)}{eval^{\mathbf{T}}(adr, s) = (s', (\downarrow, adr, s) : T : (\uparrow, adr, s'))}$$

$s(adr) = (v, \rho)$:

$$\frac{(s', T) = eval^{\mathbf{T}}(\rho(v), s); \;\; s'' = s'[adr \mapsto s'(\rho(v))]}{eval^{\mathbf{T}}(adr, s) = (s'', (\downarrow, adr, s) : T : (result\, \rho(v), adr, s') : (\uparrow, adr, s''))}$$

$s(adr) = (\lambda v.E, \rho):$ $\qquad eval^{\mathbf{T}}(adr, s) = \big(s, [(\downarrow, adr, s), (\uparrow, adr, s)]\big)$

$s(adr) = (E_1\ E_2, \rho):$

$$\frac{(s', T) = eval^{\mathbf{T}}(adr, s[adr_1 \mapsto (E_1, \rho); adr_2 \mapsto (E_2, \rho); adr \mapsto adr_1 \cdot adr_2])}{eval^{\mathbf{T}}(adr, s) = \big(s', (\downarrow, adr, s) : (\nearrow, adr, s) : T : (\uparrow, adr, s')\big)}$$
mit $adr_1 = t{+}1;\ adr_2 = t{+}2;\ t = top(s)$

$s(adr) = (\mathbf{let}\ v_1{=}{=}E_1; \ldots; v_n{=}{=}E_n\ \mathbf{in}\ E_0, \rho):$

$$\frac{(s', T) = eval^{\mathbf{T}}(adr, s[adr_i \mapsto (E_i, \rho')]_{i=1}^{n}[adr \mapsto (E_0, \rho')])}{eval^{\mathbf{T}}(adr, s) = \big(s', (\downarrow, adr, s) : (\nearrow, adr, s) : T : (\uparrow, adr, s')\big)}$$
mit $\rho' = \rho[v_i \mapsto adr_i]_{i=1}^{n};\ (i{=}1 \ldots n)\text{: } adr_i = t{+}i;\ t = top(s)$

$s(adr) = adr_1 \cdot adr_2:$

$$\frac{(s', T') = eval^{\mathbf{T}}(adr_1, s);\ (s'', T'') = apply(adr, s')}{eval^{\mathbf{T}}(adr, s) = \big(s'', (\downarrow, adr, s) : T' <> T'' : (\uparrow, adr, s'')\big)}$$

($apply^T$)

$s(adr) = adr_1 \cdot adr_2\ \wedge\ s(adr_1) = (\lambda v.E, \rho):$

$$\frac{(s'', T) = eval^{\mathbf{T}}(adr, s')}{apply^{T}(adr, s) = \big(s'', (rewrite, adr, s) : (\nearrow, adr, s') : T\big)}$$
mit $s' = s[adr \mapsto (E, \rho[v \mapsto adr_2])]$

$konst(adr, s):$ $$\frac{(s', T) = eval_K^{\mathbf{T}}(adr, s)}{apply^{T}(adr, s) = (s', T)}$$

($eval_K^{\mathbf{T}}$) $$\frac{f = expand(adr, s);\ ((s, \mathrm{I}, [f]), []) \xrightarrow{\mathbf{T}}{}^{*}_{K} (s', T)}{eval_K^{\mathbf{T}}(adr, s) = (s', T)}$$

($\xrightarrow{\mathbf{T}}_K$) $$\frac{rfs = red(fs);\ ac = AWF(rfs);\ (ac, s, p, fs) \xrightarrow{\mathbf{T}} (x, T')}{((s, p, fs), T) \xrightarrow{\mathbf{T}}_K (x, T <> T')}$$

($\xrightarrow{\mathbf{T}}$)

$$\frac{(s', T) = eval^{\mathbf{T}}(adr, s);\ f = expand(adr, s')}{(eval\,(n, i), s, p, fs) \xrightarrow{\mathbf{T}} \big((s', p, fs : f), (eval(n, i), adr, s) : T\big)}$$
mit $adr = \arg_i(fs_n)$

$$(new\,k, s, p, fs) \xrightarrow{\mathbf{T}} ((s[adr \mapsto k], \mathrm{II}, fs : (adr, ?)), [(new\,k, adr, s)])$$
$$\text{mit } adr = top(s)+1$$

$$(new\,(n,i)\cdot(n',i'), s, p, fs) \xrightarrow{\mathbf{T}}$$
$$((s[adr \mapsto adr_1 \cdot adr_2], \mathrm{II}, fs : (adr, ?)), T')$$
$$\text{mit } \begin{cases} adr &= top(s)+1 \\ adr_1 &= \arg_i(fs_n) \\ adr_2 &= \arg_{i'}(fs_{n'}) \\ T' &= [(new\,(n,i)\cdot(n',i'), adr, s)] \end{cases}$$

$$(return, s, \mathrm{I}, fs) \xrightarrow{\mathbf{T}} (s, [(return, adr, s)])$$
$$\text{mit } adr = \mathrm{adr}(fs_0)$$

$$\frac{(s', T) = eval^{\mathbf{T}}(adr', s)}{(return\,(n,i), s, p, fs) \xrightarrow{\mathbf{T}} (s'[adr \mapsto s'(adr')], T')}$$
$$\text{mit } \begin{cases} adr &= \mathrm{adr}(fs_0) \\ adr' &= \arg_i(fs_n) \\ T' &= (ac, adr, s) : T : (result\,adr', adr, s) \\ ac &= return\,(n,i) \end{cases}$$

$$\frac{(s', T) = eval^{\mathbf{T}}(adr, s[adr \mapsto k])}{(return\,k, s, p, fs) \xrightarrow{\mathbf{T}} (s', (return\,k, adr, s) : (\nearrow, adr, s) : T)}$$
$$\text{mit } adr = \mathrm{adr}(fs_0)$$

$$\frac{(s', T) = eval^{\mathbf{T}}(adr, s[adr \mapsto adr_1 \cdot adr_2])}{(return\,(n,i)\cdot(n',i'), s, p, fs) \xrightarrow{\mathbf{T}} (s', (ac, adr, s) : (\nearrow, adr, s) : T)}$$
$$\text{mit } \begin{cases} adr &= \mathrm{adr}(fs_0) \\ adr_1 &= \arg_i(fs_n) \\ adr_2 &= \arg_{i'}(fs_{n'}) \\ ac &= return\,(n,i)\cdot(n',i') \end{cases}$$

Da $eval^{\mathbf{T}}$ sich von *eval* nur durch eine *zusätzlichen Ausgabekomponente* unterscheidet und die Operationen zu ihrer Berechnung immer definiert sind, sind die folgenden Aussagen offensichtlich erfüllt.

1) $eval^{\mathbf{T}}$ ist eine partielle Abbildung;

2) $eval(adr, s) = s' \iff \exists T\colon eval^{\mathbf{T}}(adr, s) = (s', T)$.

Definition III §1.3–8

Ein Trace T heißt eine *Auswertung*, generische Bezeichnung A, wenn es s, s' und adr gibt mit $eval^{\mathbf{T}}(adr, s) = (s', T)$. In diesem Fall heißt T die *Auswertung von adr in s.*

Für eine Auswertung $\mathrm{A} = [(st_i, adr_i, s_i)]_{i=1}^{n}$ definiere ich

- ihr *Ergebnis*, $s(\mathrm{A})$, als s_n;
- die Menge der durch sie ausgewerteten Adressen, $\mathcal{A}(\mathrm{A})$, als die Menge der adr_i mit $st_i = \downarrow$;

Bemerkung III §1.3–9

In einer Auswertung markieren $\downarrow$-Schritte jeweils den Eintritt in einen rekursiven oder tail rekursiven Aufruf des Interpreters, $\uparrow$-Schritte markieren die Austritte aus diesen Aufrufen. Folglich definieren die $\downarrow/\uparrow$-Schritte eine Klammerstruktur auf Auswertungen. Bilden $(\downarrow, adr_i, s_i)$ und $(\uparrow, adr_j, s_j)$ ein Klammerpaar, dann stimmen adr_i und adr_j überein.
Ich werde mich später gelegentlich auf diese Klammerstruktur beziehen.

Der folgende Satz sichert, daß *eval* eine Auswertungsfunktion in Sinne von III §1.3–1 ist, und macht einige technische Aussagen, die später benötigt werden.

Satz III §1.3–10

$eval/eval^{\mathbf{T}}$ haben die folgenden Eigenschaften:

1) $s_{|\mathcal{A}(s)} = s'_{|\mathcal{A}(s)} \Longrightarrow \mathcal{A}(s) \subseteq \mathcal{A}(s')$;
2) $adr \in \mathcal{A}(s), adr' \notin \mathcal{A}(s) \Longrightarrow adr' \in \mathcal{A}(s[adr' \mapsto s(adr)])$;
3) Ist $\mathrm{A} = [(st_i, adr_i, s_i)]_{i=1}^{n}$ die Auswertung von adr in s und hat für $i > 1$ der i-te Schritt in A die Form $(\downarrow, adr, -)$, dann hat der $i-1$-te Schritt die Form $(\nearrow, -, -)$;
4) $eval(adr, eval(adr, s)) = eval(adr, s)$
in dem Sinne, daß die linke Seite definiert ist, wenn dies für die rechte gilt, und in diesem Fall die beiden Werte übereinstimmen;
5) Ist $eval(adr, s) = s'$, dann gilt $\mathrm{Def}(s) \subseteq \mathrm{Def}(s')$ und
$$adr' \in \mathrm{Def}(s) \ \wedge \ s(adr') \neq s'(adr') \Longrightarrow adr' \in \mathcal{A}(s') - \mathcal{A}(s);$$
6) Ist $eval^{\mathbf{T}}(adr, s) = (s', T)$, $T = [(st, adr_i, s_i)]_{i=1}^{n}$ und $i_1 \leq i_2$, dann gilt $s_{i_1 | \mathcal{A}(s_{i_1})} = s_{i_2 | \mathcal{A}(s_{i_1})}$.
7) Ist $\mathrm{A} = [(st_i, adr_i, s_i)]_{i=1}^{n}$ die Auswertung von adr in s und wird $adr' \in \mathrm{Def}(s)$ in A nicht ausgewertet, dann ist $\mathrm{A}' := [(st_i, adr_i, s_i[adr' \mapsto undef])]_{i=1}^{n}$ die Auswertung von adr in $s[adr' \mapsto undef]$, d.h. die beiden Auswertungen stimmen bis auf den Inhalt von adr' überein.

Insbesondere ist adr in $s_n[adr' \mapsto undef]$ ausgewertet.

Beweis

1-6 werden durch gemeinsame Induktion über die Definition von $eval/eval^{\mathbf{T}}$ bewiesen. 7 ist erfüllt, weil der Interpreter Entscheidungen ausschließlich auf

Grund des Inhalts von Adressen macht, die entweder zuvor durch einen rekursiven Aufruf ausgewertet wurden oder die gerade ausgewertet werden, in jedem Fall also nur von Adressen, die in A ausgewertet werden. Daraus folgt, daß für A′ dieselben Entscheidungen getroffen werden und insbesondere *adr′* auch in A′ nicht ausgewertet wird. Da der Interpreter nur den Inhalt von Adressen ändert oder kopiert, die ausgewertet werden, folgt die Aussage. ∎

Ich fasse einige Ergebnisse des Satze informal zusammen

- *eval* ist eine Auswertungsfunktion (4); es folgt $\mathcal{A}(\mathrm{A}) \subseteq \mathcal{A}(s(\mathrm{A}))$ (6 und 1);
- wenn eine Adresse ihren Inhalt während einer Auswertung ändert, dann wurde sie ausgewertet (5); nachdem ihre erste Auswertung abgeschlossen ist, ändert sich ihr Wert nicht mehr (7) und sie bleibt ausgewertet (6);
- tail rekursive Aufrufe können als Fortsetzung einer Auswertung im Gegensatz zu einer erneuten Auswertung aufgefaßt werden; unter diesem Gesichtspunkt, macht (3) die Aussage, daß während der Auswertung einer Adresse keine erneute Auswertung der Adresse gestartet wird, er kommt also nicht zur Bildung von "Berechnungszyklen"[9].
- (7) ließe sich problemlos verallgemeinern zu:
  Ist $\mathrm{A} = [(st_i, adr_i, s_i)]_{i=1}^{n}$ die Auswertung von *adr* in *s*, $\mathrm{Def}(s') = \mathrm{Def}(s)$, $s_{|\mathcal{A}(\mathrm{A})} = s'_{|\mathcal{A}(\mathrm{A})}$ und $M := \mathrm{Def}(s) - \mathcal{A}(\mathrm{A})$, dann ist
  $$[(st_i, adr_i, s_i\, s'_{|M})]_{i=1}^{n}$$
  die Auswertung von *adr* in *s′*.
  Der Inhalt von Adressen, die in A nicht ausgewertet werden, ist damit für A irrelevant. Wird demgegenüber eine in A ausgewertete Adresse mit *undef* überschieben, ist die Auswertung nicht mehr definiert. Ich nenne deshalb die in A ausgewerteten Adressen auch *relevant für* A, die übrigen irrelevant.

Um Ergebnisse der auf einer abstrakten Interpretation relativ zur denotationellen Semantik beruhenden Striktheitsanalyse für Aussagen über das Verhalten des Interpreters heranziehen zu können, muß ich eine Beziehung zwischen der denotationellen und der operationellen Semantik voraussetzen. Zu ihrer Definition ordne ich einem Speicherzustand *s* eine denotationelle Bedeutung $[\![s]\!]^{\mathcal{D}} \in \mathrm{Def}(s) \to \mathcal{D}$ zu. Der Inhalt der Speicherzellen definiert ein Gleichungssystem, dessen kleinste Lösung die Semantik des Speicherzustandes ist.

Definition III §1.3–11 Semantik von Speicherzuständen
$$[\![\cdot]\!]^{\mathcal{D}}: SP \to (ADR \to_{fin} \mathcal{D})$$
$$[\![s]\!]^{\mathcal{D}} := \mathrm{fix}\, F_s$$

[9] Der Beweis zeigt, daß Berechnungszyklen notwendigerweise zu Nichtterminierung führen, womit die Auswertung von *adr* in *s* undefiniert wäre.

$$F_s\colon (\mathrm{Def}(s) \to \mathcal{D}) \to (\mathrm{Def}(s) \to \mathcal{D})$$

$$F_s({}^{\mathcal{D}}s) := \lambda adr. \begin{cases} \bot, & \text{falls } s(adr) = undef; \\ [\![k]\!]^{\mathcal{D}}, & \text{falls } s(adr) = k; \\ [\![E]\!]^{\mathcal{D}}({}^{\mathcal{D}}s \circ \rho), & \text{falls } s(adr) = (E, \rho); \\ {}^{\mathcal{D}}s(adr_1) \cdot {}^{\mathcal{D}}s(adr_2), & \text{falls } s(adr) = adr_1 \cdot adr_2. \end{cases}$$

Definition III §1.3–12

Eine Aktionsauswahlfunktion *AWF* heißt *kompatibel mit der denotationellen Semantik*, wenn für alle s und $adr \in \mathrm{Def}(s)$ gilt:

$$\left.\begin{array}{l} s(adr) = adr' \cdot adr'' \;\wedge\; adr' \in \mathcal{A}(s) \\ (adr, (k, adr_1, \ldots, adr_n)) = expand(adr, s) \end{array}\right\} \Longrightarrow$$

$$\frac{(s, [(adr, (k, adr_1, \ldots, adr_n))]) \to_K^* s'}{[\![k]\!]^{\mathcal{D}} \cdot [\![s]\!]^{\mathcal{D}}(adr_1) \cdot \cdots \cdot [\![s]\!]^{\mathcal{D}}(adr_n) = [\![s']\!]^{\mathcal{D}}(adr) \neq \bot}$$

wobei $\to_K^*$ und *eval* für *AWF* nach III §1.3–3 definiert sind und $\mathcal{A}$ sich auf *eval* bezieht.

Lemma III §1.3–13

Ist *AWF* kompatibel mit der denotationellen Semantik und *eval* die zugehörige Auswertungsfunktion nach III §1.3–3, dann gilt für alle $(adr, s) \in \mathrm{Def}(eval)$:

$$[\![eval(adr, s)]\!]^{\mathcal{D}}_{|\mathrm{Def}(s)} = [\![s]\!]^{\mathcal{D}} \;\wedge\; [\![s]\!]^{\mathcal{D}}(adr) \neq \bot.$$

Beweis

Induktion über die Definition von *eval*. ∎

Diese Aussage besagt, daß der denotationelle Wert (einer Adresse in einem Speicherzustand) definiert ist ($\neq \bot$), wenn der operationelle Wert definiert ist, und daß die beiden Werte in diesem Fall einander entsprechen.

§2 Der Relevanzbegriff

In diesem Paragraphen definiere ich den Relevanzbegriff und beweise einige seiner Eigenschaften.

Definition III §2–1 Stellen

Sei π ein Programm.

Die *Stellen in* π sind die Programmstellen der Form (π, u).

$ps = (\pi, u)$ liegt *unter* (*über*, *neben*) $ps' = (\pi, u')$, $ps \leq ps'$ ($ps \geq ps'$, $ps \mid ps'$), wenn $u \succeq u'$ ($u \preceq u'$, $u \mid u'$).

Wie früher stelle ich Programmstellen normalerweise durch den Teilausdruck an dieser Stelle dar und gehe nur bei Bedarf zu (π, u) zurück. Desweiteren werde ich '*Teilausdrucksvorkommen*' oft als Synonym für 'Stelle' benutzen.

Definition III §2–2

Ein Programm π heißt *fehlerfrei*, wenn es einen Speicherzustand s und eine Auswertung A mit $eval^{\mathbf{T}}(0, [0 \mapsto (\pi, [])]) = (s, \mathrm{A})$ gibt. In diesem Fall heißt A die *Auswertung von* π, A_π, s das *Ergebnis von* π, s_π. $\mathcal{A}_\pi$ bezeichnet die Menge der durch die Auswertung von π ausgewerteten Adressen, synomym: der für sie relevanten Adressen.

Definition III §2–3

Sei π ein fehlerfreies Programm mit Auswertung A_π; E eine Stelle in π.

Der Interpreter *kommt im i-ten Schritt an der Stelle E an*, $i\ at_\pi\ E$, wenn der i-te Schritt die Form $(\downarrow, adr, s)$ mit $s(adr) = (E, \rho)$ hat. In diesem Fall *kommt er mit der Umgebung* ρ *an*.

Intuitiv möchte ich eine Variable v relevant an der Stelle E nennen, wenn jedesmal dann, wenn der Interpreter an der Stelle E ankommt, der dann aktuelle Wert von v für die Berechnung des Programmergebnisses benötigt wird. Der aktuelle Wert von v kann nur mit Hilfe der Umgebung gefunden werden, die in dem entsprechenden Schritt an E ankommt. Der Definitionsbereich einer solchen Umgebung kann statisch vom Programm abgelesen werden, es ist die Menge der *an der Stelle E sichtbaren Variablen*. Ich benutze dabei den üblichen Sichtbarkeitsbegriff blockorientierter Sprachen. Ein Block in der Eingabesprache ist eine Stelle der Form $\lambda v.E$ bzw. **let** $v_1{=}{=}E_1; \ldots; v_n{=}{=}E_n$ **in** E_0. Sie definieren die Variablen v bzw. $v_1, \ldots, v_n$. Jede dieser Variablen ist im ganzen Block sichtbar mit Ausnahme echter Unterblöcke, in denen sie neu definiert wurde. Formal:

Definition III §2–4 Sichtbarkeit

Sei π ein Programm. Eine *Definition in* π ist eine Stelle E in π zusammen mit einer Variablen v, wobei E die Form $\lambda v.E_0$ oder **let** $v_1{=}{=}E_1; \ldots; v_n{=}{=}E_n$ **in** E_0 mit $v \in \{v_1, \ldots, v_n\}$ hat. Die Menge der Definitionen in π bezeichne ich mit D_π, die Teilmenge der Definitionen für v, $\{(E, v) \in D_\pi\}$, mit $D_{\pi,v}$. Die Menge der *an der Stelle E sichtbaren Definitionen* ist induktiv über $\geq$ definiert:

$E = \pi$: $\quad D_\pi(\pi) := \{\}$

$E = \lambda v.E'$: $\quad D_\pi(E') := D_\pi(E) - D_{\pi,v} \cup \{(E, v)\}$

$E = E_1\ E_2$:

$\quad i{=}1 \ldots 2$: $\quad D_\pi(E_i) := D_\pi(E)$

$E = \textbf{let}\ SK\ \textbf{in}\ E_0$ mit $SK = (v_1{=}{=}E_1; \ldots; v_n{=}{=}E_n)$:

$$i{=}0\ldots n: \quad D_\pi(E_i) := D_\pi(E) - \bigcup_{i=j}^{n} D_{\pi,v_j} \cup \{(E, v_j) \mid j{=}1\ldots n\}$$

Eine Variable v heißt an einer Stelle E *sichbar*, wenn eine (und damit genau eine) Definition für v an der Stelle E sichtbar ist.

Definition III §2–5 Relevanz einer Definition/Variablen

Sei π ein fehlerfreies Programm, E eine Stelle in π.

Eine an der Stelle E sichtbare Definition für v heißt *an der Stelle E relevant*, wenn für jede an E ankommende Umgebung ρ $\rho(v)$ in A_π ausgewertet wird. In diesem Fall heißt auch v *relevant an der Stelle E*.

Beispiel III §2–6

In diesem wie in späteren Beispielen unterscheide ich Stellen durch Vergabe eindeutiger Namen. Zur Definition der Namen verwende ich die Syntax '*name* : *Ausdrucksmuster*', wobei ein Ausdrucksmuster ein mit Namen parametrisierter λ-Ausdruck ist.

π: $\textbf{let}\ f{=}{=}\lambda v\, v'.E\ \textbf{in}\ f\,(1-1)\,(2+3)\ +\ f\,(1+1)\,(4+6)$

E: $\textbf{if}\ v = 0\ \textbf{then}\ E_1\ \textbf{else}\ E_2$

E_1: 0

E_2: v'/v

In diesem Beispiel ist v relevant an der Stelle E, denn der Interpreter kommt zweimal an der Stelle E an und in beiden Fällen wird der aktuelle Wert von v ausgewertet. v' ist hingegen an der Stelle E nicht relevant, denn von den beiden Malen, in denen der Interpreter an E ankommt, wird der aktuelle Wert von v' nur in einem Fall ausgewertet. v' ist jedoch an der Stelle E_2 relevant, denn der Interpreter kommt dort nur einmal an und der dann aktuelle Wert von v wird in der Tat ausgewertet.

Eigenschaft III §2–7

Seien $E' \leq E$ Stellen in einem fehlerfreien Programm. Eine Definition, die an der Stelle E relevant und an der Stelle E' sichtbar ist, ist auch an der Stelle E' relevant.

Beweis

Ist eine Definition für v sowohl an der Stelle E als auch an der Stelle E' sichtbar, dann zeigt Induktion über $\leq$, daß es zu jeder an E' ankommenden Umgebung ρ' eine an E ankommende Umgebung ρ mit $\rho'(v) = \rho(v)$ gibt. ∎

Ich komme nun zur Defintion relevanter Stellen (Teilausdrucksvorkommen). In der Einleitung zu diesem Kapitel habe ich hierzu informal den Begriff 'Nachfahre von (E, ρ)' eingeführt. Die dort angedeutete Definition ist jedoch unzureichend. Der Grund: der Interpreter kann mehrfach an einer Stelle E mit derselben Umgebung ρ ankommen, ohne daß er einen Bezug zwischen diesen beiden Besuchen herstellt. In diesem Fall würde er die Optimierungsinformation mehrfach berücksichtigen und beispielsweise bei jedem dieser Besuche einen Teilausdruck auf die Ebene von E hochheben und parallel zu E auswerten, obwohl sein Wert vielleicht nur ein einziges Mal gebraucht wird[10]. Um den Transport von ρ ausgehend von E zu darunterliegenden Stellen genauer verfolgen zu können, definiere ich das Konzept *Objekt*. Ein Objekt ist in erster Näherung der Inhalt einer Speicherstelle zwischen zwei Überschreibungen. Wird aber in einem Schritt eine Speicherzelle adr' mit dem Inhalt einer anderen, adr, überschrieben, dann befindet sich das Objekt, das zuvor in der Speicherstelle adr war, anschließend in beiden Speicherzellen. Wenn der Interpreter zu einem Zeitpunkt mit einer Umgebung ρ an einer Stelle E ankommt, dann korrespondiert dazu ein eindeutig bestimmtes Objekt mit Inhalt (E, ρ). Der Nachfahrenbegriff bezieht sich auf dieses Objekt. Formal:

Definition III §2–8 Objekte, Nachfahren

Sei π ein fehlerfreies Programm mit Auswertung $A_\pi = [(st_i, adr_i, s_i)]_{i=1}^n$, $\mathcal{M} = \{(adr, i) \mid i = 1 \ldots n, adr \in \mathrm{Def}(s_i)\}$. Ich definiere die binäre Relation $\gg_\pi$ auf $\mathcal{M}$ durch:

- $(adr, i) \gg_\pi (adr, i+1)$, wenn adr im i-ten Schritt nicht überschrieben wird;
- $(adr, i) \gg_\pi (adr', i+1)$, wenn adr' im i-ten Schritt mit dem Inhalt von adr überschrieben wird, d.h. wenn $adr' = adr_i$ und $st_i = result\, adr$ erfüllt ist.

$\sim_\pi$ bezeichne die von $\gg_\pi$ erzeugte Äquivalenzrelation. Die Menge der *π-Objekte*, generische Bezeichnung o, ist die Menge der $\sim_\pi$-Äquivalenzklassen. Ein Objekt o *referenziert eine Adresse adr*, wenn es i mit $(adr, i) \in o$ gibt.

Ich definiere die binäre Relation $\rightarrow_\pi$ auf $\mathcal{M}$ durch: $(adr, i) \rightarrow_\pi (adr', i+1)$ falls

[10] Ein Beispiel verwendet eine Konstante k, so daß $k(-, x, y)$ als Ergebnis $l\_pair \cdot (x \cdot y) \cdot (x \cdot y)$ liefert. Wählen wir nun

$$\pi\colon \left(\lambda v. \mathit{first}\, v\, 0 + \mathit{second}\, v\, 1\right) \left(k\, (\lambda v. E)\, 1\right)$$

$$E\colon \lambda v'. \,\mathbf{if}\ v' = 0\ \mathbf{then}\ E_1\ \mathbf{else}\ E_2$$

dann kommt der Interpreter zweimal an E mit jeweils derselben Umgebung ρ an. In einem der beiden Fälle wird nur der **then**-, im anderen nur der **else**-Teil ausgewertet. Weder E_1 noch E_2 sollten deshalb an der Stelle E relevant sein. Unsere informale Definition würde jedoch beide als relevant ausweisen.

- $st_i = \downarrow$, $adr = adr_i$, $s_i(adr_i)$ die Form $(E_1\ E_2, \rho)$ hat und adr' eine der in diesem Schritt neu angelegten Adressen ist, d.h. $adr' \in \{t{+}1, t{+}2\}$ mit $t = top(s_i)$;
- $st_i = \downarrow$, $adr = adr_i$, $s_i(adr_i)$ die Form $(\textbf{let } v_1{=}{=}E_1; \ldots; v_n{=}{=}E_n \textbf{ in } E_0, \rho)$ hat und adr' entweder adr oder eine der in diesem Schritt neu angelegten Adressen ist, d.h. $adr' \in \{adr\} \cup \{top(s_i){+}j \mid j{=}1 \ldots n\}$;

oder

- $st_i = rewrite$, $adr' = adr_i$ und $s_i(adr')$ die Form $adr \cdot adr''$ hat.

$\rightarrow_\pi$ ist im folgenden Diagramm veranschaulicht. Die Pfeile geben dabei die Relation $\rightarrow_\pi$ wider.

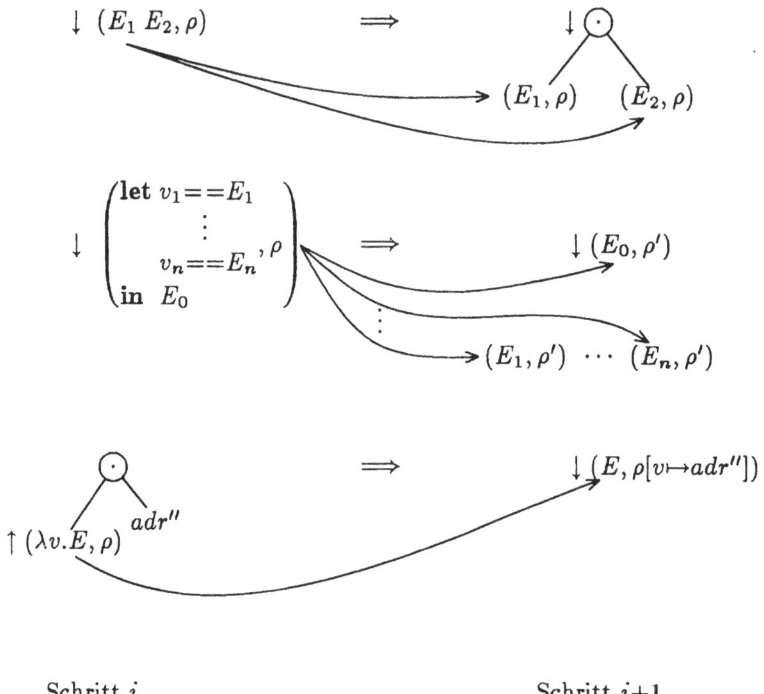

Schritt i Schritt $i{+}1$

$\rightarrow_\pi$ läßt sich auf Objekte fortsetzen:

$$o \rightarrow_\pi o' \;:\Longleftrightarrow\; \exists (adr, i) \in o, (adr', i') \in o' \colon\ (adr, i) \rightarrow_\pi (adr', i').$$

In diesem Fall heißt o' ein *direkter Nachfahre* von o. o' heißt ein *Nachfahre* von o, wenn $o \rightarrow_\pi^* o'$ erfüllt ist.

Lemma/Definition III §2–9

π sei ein fehlerfreies Programm mit Auswertung $A_\pi = [(st_i, adr_i, s_i)]_{i=1}^n$.

1) Aus $(adr, i) \sim_\pi (adr', i')$ folgt $s_i(adr) = s_{i'}(adr')$. Ich definiere den *Inhalt von o* daher als $s_i(adr)$ für ein (und damit für alle) $(adr, i) \in o$. Ist (E, ρ) der Inhalt von o, dann sage ich *o referenziere E und ρ*.

2) Wenn o eine Adresse referenziert, die in A_π ausgewertet wird, dann werden alle von o referenzierten Adressen ausgewertet. In diesem Fall sage ich, o werde in A_π *ausgewertet*, oder äquivalent: o sei für A_π *relevant*.

3) Wird o in A_π ausgewertet, dann gibt es $(adr, i) \in o$ mit $st_i = \downarrow$ und $adr_i = adr$. Das heißt intuitiv, daß die Auswertung mindestens einer Adresse von o begonnen wird, während sie zu o gehört.
Falls o desweiteren E referenziert, dann gibt es insbesondere $(adr_i, i) \in o$ mit $i\ at_\pi\ E$.

4) Ist o' ein direkter Nachfahre von o, dann referenziert o eine Stelle E, o' referenziert eine Stelle E' unmittelbar unterhalb von E und o wird in A_π ausgewertet. Insbesondere gilt: wird E von o referenziert, dann referenziert jeder Nachfahre o' von o eine Stelle E' unterhalb von E. Ist E'' eine Stelle zwischen E und E', dann gibt es ein Objekt o'' zwischen o und o': $o \rightarrow_\pi^* o'' \rightarrow_\pi^* o'$.

Beweis

1 und 2 folgen unmittelbar aus den entsprechenden Definitionen, wobei für 2 benutzt wird, daß "Quelle" und "Ziel" eines *result*-Schrittes in A_π ausgewertet werden.

Zum Beweis von 3 sei o ein in A_π ausgewertetes Objekt. Wir wählen i minimal mit der Eigenschaft $(adr, i) \in o$, d.h. wir betrachten den Zeitpunkt der Erzeugung von o. Entweder wurde adr im $i-1$-ten Schritt neu erzeugt, oder sie wurde in diesem Schritt überschrieben, wobei dies kein *result* Schritt war, da i sonst nicht minimal wäre. Im ersten Fall gehören alle (adr, j) mit $j_0 \geq j \geq i$ zu o. Entweder ist $j_0 = n$ – dann sind wir fertig, da adr nach 2 in A_π ausgewertet wird – oder adr wird im j_0-ten Schritt überschrieben. Dazu muß jedoch zuvor die Auswertung von adr gestartet werden. Im zweiten Fall zeigt ein Blick auf die Definition des Interpreters, daß jedesmal, wenn der Inhalt einer Adresse durch einen nicht-*result*-Schritt überschrieben wird, die Auswertung der Adresse unmittelbar durch einen tail rekursiven Aufruf des Interpreters fortgesetzt wird. ■

Definition III §2–10 relevante Teilausdrucksvorkommen

Seinen $E' \leq E$ Stellen in einem fehlerfreien Programm π. E' heißt *relevant an der Stelle E*, wenn jedes in A_π ausgewertete, E referenzierende Objekt mindestens einen in A_π ausgewerteten, E' referenzierenden Nachfahren besitzt.

Beispiel III §2–11

1) $$\pi\colon (\lambda f.f\,(\lambda x.x) + f\,(\lambda x.0))(\lambda v.v\,E)$$

In diesem Beispiel hat *das* π referenzierende Objekt zwei E referenzierende Nachfahren o_1 und o_2 mit einem Inhalt (E, ρ_1) und (E, ρ_2). Dabei ist v in ρ_1 "an $\lambda x.x$" und in ρ_2 "an $\lambda x.0$ gebunden". o_1 wird ausgewertet, während dies für o_2 nicht gilt. Da es damit jedoch mindestens einen E referenzierenden ausgewerteten Nachfahren des einzigen π referenzierenden Objektes gibt, ist E relevant an der Stelle π.

2) $$\pi\colon (\lambda f.f\,0 + f\,1)\,(\lambda v.E)$$
$$E\colon \textbf{if } v = 0 \textbf{ then } 0 \textbf{ else } E'$$

Zwei E referenzierende Objekte o_1 und o_2 werden während der Programmauswertung ausgewertet. In der Umgebung des ersten Objekts ist "v an 0", in der des zweiten "an 1 gebunden". In beiden Fällen gibt es jeweils einen E' referenzierenden Nachfahren von o_1 bzw. o_2. Aber nur im zweiten Fall wird der Nachfahre ausgewertet. E' ist deshalb nicht relevant an der Stelle E. Demgegenüber ist E' jedoch relevant an der Stelle $\lambda v.E$.

Ich beginne nun mit der Untersuchung des Relevanzbegriffes. Der nächste Satz liefert erste praktische Eigenschaften. Sein erster Teil besagt, daß sich 'globalere' Relevanzinformation aus 'lokaler' berechnen läßt. Der zweite Teil gibt für spezielle Fälle offensichtliche lokale Relevanzinformation und setzt Relevanzinformation für Teilausdrucksvorkommen zu solcher für Variablen in Beziehung.

Eigenschaft III §2–12

Sei π ein fehlerfreies Programm, E eine Stelle in π.

1) Für $E'' \leq E' \leq E$ gilt:

   i) E'' ist relevant an der Stelle E, wenn E'' an der Stelle E' und E' an der Stelle E relevant ist.

   ii) Ist E'' relevant an der Stelle E, dann ist E' relevant an der Stelle E.

   iii) In ii) gilt im allgemeinen nicht, daß E'' auch relevant an der Stelle E' ist.

   Analog ist eine an der Stelle E' relevante und an der Stelle E sichtbare Definition an der Stelle E relevant, wenn E' an der Stelle E relevant ist.

2)

   i) Hat E die Form $E_1\ E_2$, dann ist E_1 relevant an der Stelle E;

   ii) Hat E die Form **let** $v_1{=}{=}E_1; \ldots; v_n{=}{=}E_n$ **in** E_0, dann ist E_0 relevant an der Stelle E und für $1 \leq i \leq n$ ist E_i genau dann relevant an der Stelle E, wenn v_i an der Stelle E_0 relevant ist.

iii) Hat E die Form $(\lambda v_1 \ldots v_n.E_0)\ E_1 \cdots E_n$, dann ist E_0 relevant an der Stelle E. Sind darüberhinaus die v_i paarweise verschieden, dann ist E_i relevant an der Stelle E, wenn v_i an der Stelle E_0 relevant ist.

Beweis

1) i) folgt unmittelbar aus der Definition, ii) folgt aus III §2–9(4). Das zweite Beispiel in III §2–11 beweist iii). Zum Beweis des Zusatzes nehmen wir an, daß die erwähnte Definition v definiert. Wenn die Definition an den Stellen E und E' sichtbar ist und $o \rightarrow_{\pi}^{*} o'$ (E, ρ) bzw. (E', ρ') referenzieren, dann gilt $\rho(v) = \rho'(v)$ (Induktion über die Definition von $\rightarrow_{\pi}^{*}$). Der Rest folgt aus den Relevanzdefinitionen und III §2–9(3).

2)

i) offensichtlich.

ii) E_0 ist offensichtlich relevant an der Stelle E.

Sei o ein E referenzierendes während A_π ausgewertetes Objekt. Nach III §2–9(3) gibt es dann einen Schritt j, in dem der Interpreter an der Stelle E ankommt, und $(adr_j, j) \in o$ gilt. Im nächsten Schritt kommt er dann an der Stelle E_0 mit einer Umgebung ρ an, wobei $\rho(v_i)$ die im vorangegangenen Schritt erzeugt Adresse mit Inhalt (E_i, ρ) ist. Insbesondere ist $o_i := (\rho(v_i), j+1)_{\sim_\pi}$ ein E_i referenzierender Nachfahre von o. Wenn v_i relevant an der Stelle E_0 ist, gilt $\rho(v_i) \in \mathcal{A}_\pi$. Folglich wird o_i in A_π ausgewertet.

Sei nun umgekehrt E_i relevant an der Stelle E. Wenn der Interpreter in einem Schritt j an die Stelle E kommt, erzeugt er n neue Adressen adr'_k, so daß E_k von $(adr'_k, j+1)_{\sim_\pi}$ referenziert wird. Nach III §2–9(3) folgt aus der Relevanz von E_i, daß $adr'_i \in \mathcal{A}_\pi$ liegt. Nehmen wir nun an, daß für ein j und adr $s_j(adr) = (E_0, \rho)$ erfüllt ist. Induktion über j zeigt, daß $\rho(v_i)$ dann eine der obigen Adressen adr'_i ist und damit in $\mathcal{A}_\pi$ liegt.

iii) Analog zu ii).

■

Information über an einer Stelle E relevante Teilausdrucksvorkommen kann nur dann *unmittelbar* zur "Laufzeit" ausgenutzt werden, wenn sie direkte Teilausdrucksvorkommen von E sind, denn für tiefer geschachtelte Teilausdrucksvorkommen werden die zugehörigen Abschlüsse noch nicht konstruiert, wenn ein Interpreter an der Stelle E ankommt. Solche "nicht-lokale" Relevanzinformation wird deshalb im allgemeinen in eine Entscheidung einfließen, ob durch eine Programmtransformation das relevante Teilausdrucksvorkommen oder Teile davon "auf die Ebene von E hochgehoben" werden soll. In dieser Arbeit betrachte ich eine einfache Programmtransformation für diesen Zweck. Sie ist nur anwendbar, wenn das auf die Ebene von E hochzuhebende Teilausdrucksvorkommen E' dort vollständig ausgewertet werden kann, d.h. wenn die zur Auswertung von E' notwendigen Definitionen alle an der Stelle E sichtbar sind. Darüberhinaus wären auch Formen partieller Auswertung vorstellbar. Die Transformation ersetzt E durch $\widetilde{E} := (\lambda v.E[E' \rightarrow v])\, E'$, wobei v eine Variable ist, die in π nicht vorkommt. Sie ändert den (denotationell bestimmten) Wert des Programms nicht. Sie verändert hingegen die Auswertung u.U. beträchtlich. Ziel dieses Abschnittes ist es zu zeigen, daß Relevanzinformation für das Ausgangsprogramm so weit als möglich in das transformierte Programm übertragen werden kann. Genauer: Sind $\widetilde{E}_1' \leq \widetilde{E}_1$ Stellen im transformierten Programm, und E_1 und E_1' die "entsprechenden Stellen" im Ausgangsprogramm, dann folgt aus der Relevanz von E_1' an der Stelle E_1 die von $\widetilde{E}_1'$ an der Stelle $\widetilde{E}_1$. Die Transformation macht die Relevanzinformation also nicht ungültig und das transformierte Programm braucht nicht neu analysiert zu werden.

Ich beginne mit der Formalisierung des Ausdrucks "vollständig an der Stelle E auswertbar".

Definition III §2–13 abstrahierbar, Hochheben

Sei π ein Programm, E eine Stelle in π.

Eine an der Stelle E sichtbare Definition für v wird an dieser Stelle *benötigt*, wenn v eine freie Variable von E ist.

Eine Stelle $E' \leq E$ heißt *aus E abstrahierbar*, wenn jede an der Stelle E' benötigte Definition an der Stelle E sichtbar ist.
In diesem Fall gilt $[\![E]\!]^{\mathcal{D}} = [\![(\lambda v.E[E' \rightarrow v])E']\!]^{\mathcal{D}}$ für jede Variable $v \notin FV(E) \cup BV(E)$.

Sei π ein Programm, E eine Stelle in π und E' abstrahierbar aus E. Die Transformation, die π in $\widetilde{\pi} := \pi[E \rightarrow (\lambda v.E[E' \rightarrow v])\, E']$ transformiert, nenne ich *das Hochheben von E' auf die Ebene von E unter Benutzung von v*. Hierbei ist v eine Variable, die nicht in π vorkommt.

Die Transformation legt eine natürliche Abbildung φ von Stellen in $\widetilde{\pi}$ auf die Stellen in π nahe. φ ist schematisch im folgenden Diagramm dargestellt.

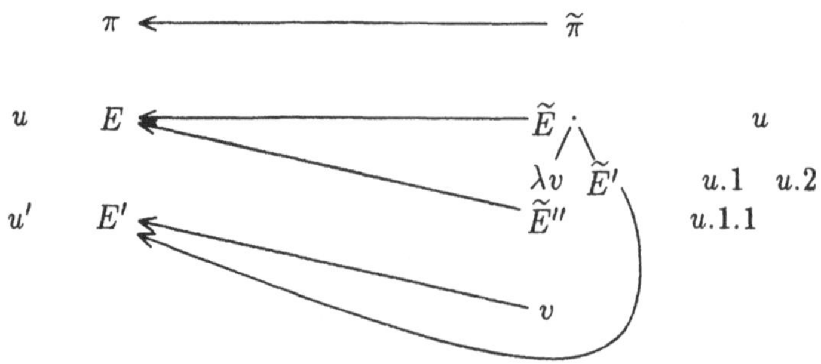

Formal kann sie folgendermaßen beschrieben werden:
Seien u und u' die Vorkommen zu E bzw. E'. Die Zuordnung φ bildet $(\tilde{\pi}, u.1.1.\tilde{u})$ auf $(\pi, u.\tilde{u})$ und $(\tilde{\pi}, u.2.\tilde{u})$ auf $(\pi, u'.\tilde{u})$ ab. $(\tilde{\pi}, u.1)$ hat keine Entsprechung, alle anderen Vorkommen $(\tilde{\pi}, \tilde{u})$ werden auf $(\pi, \tilde{u})$ abgebildet.

Satz III §2–14

Sei π ein fehlerfreies Programm, E_0 eine Stelle in π, E_0' abstrahierbar an der Stelle E. Sei $\tilde{\pi}$ das Programm, das sich aus π durch Hochheben von E_0' auf die Ebene von E unter Benutzung von v_0 ergibt, und φ die zugehörige Stellenabbildung. Dann gilt:

1) $\tilde{\pi}$ ist fehlerfrei.
2) Sind $\widetilde{E}' \leq \widetilde{E}$ Stellen in $\tilde{\pi}$, dann folgt aus der Relevanz von $\varphi(\widetilde{E}')$ an der Stelle $\varphi(\widetilde{E})$ die von $\widetilde{E}'$ an der Stelle $\widetilde{E}$.
3) Ist $\widetilde{E} \in \mathrm{Def}(\varphi)$ und $(\widetilde{E}', v')$ eine an der Stelle $\widetilde{E}$ sichtbare Definition mit $v' \neq v_0$, dann ist die Definition $(\varphi(\widetilde{E}'), v')$ sichtbar an der Stelle $\varphi(\widetilde{E})$. Ist sie dort relevant, dann ist auch $(\widetilde{E}', v')$ relevant an der Stelle $\widetilde{E}$.

Beweis

Der Beweis der Aussagen muß die Auswertungen für π und $\tilde{\pi}$ zueinander in Beziehung setzen. Dabei müssen zwei Hauptschwierigkeiten überwunden werden. Zum einen unterscheiden sich die beiden Programme in ihrer Struktur, zum anderen führen diese Unterschiede dazu, daß verschiedene Berechnungen in π einer einzigen Berechnung in $\tilde{\pi}$ entsprechen können.[11]

$$E_0\colon (\lambda v.v\ 1 + v\ 2)\ (\lambda v'.E_0')$$

ist hierfür ein Beispiel. Wenn ρ an E_0 ankommt, dann kommen an E_0' zwei Erweiterungen von ρ an, die "$\rho[v' \mapsto 1]$" bzw. "$\rho[v' \mapsto 2]$" entsprechen. E_0' wird in jeder dieser Umgebungen einmal ausgewertet. Im transformierten Programm

$$\widetilde{E}_0\colon \big(\lambda v_0.(\lambda v.v\ 1 + v\ 2)\ (\lambda v'.v_0)\big)\ E_0'$$

kommt an E_0' nur die Umgebung ρ an. Beim ersten Zugriff auf v_0 wird E_0' in dieser Umgebung ausgewertet, beim zweiten Zugriff steht der Wert bereits zur Verfügung. Eine erneute Auswertung entfällt.
Um den Beweis übersichtlich zu halten, möchte ich ihn in zwei Schritte aufteilen. Im ersten Schritt vergleiche ich die Auswertung von π durch $eval^{\mathbf{T}}$ mit der von $\tilde{\pi}$ durch einen leicht modifizierten Interpreter $eval^{\mathbf{T}}_{v_0}$. Die Modifikation verhindert das "Zusammenfassen" mehrere Berechnungen bei der Auswertung

[11] Unsere Transformation entspricht in diesen Fällen der Supercombinatortransformation von John Hughes [Hugh82].

von π zu einer einzigen bei der Auswertung von $\tilde{\pi}$. Die beiden Auswertungen werden einander dadurch sehr ähnlich. Im zweiten Schritt vergleiche ich dann die Auswertung von $\tilde{\pi}$ durch $eval^{\mathbf{T}}_{v_0}$ mit der durch $eval^{\mathbf{T}}$.
Der Beweis ist ziemlich technisch und ich begnüge mich mit einer Skizze.

Schritt 1: Im Gegensatz zu $eval^{\mathbf{T}}$ wertet $eval^{\mathbf{T}}_{v_0}$ beim Nachschlagen von v_0 in einer Umgebung ρ nicht $\rho(v_0)$ selbst aus, sondern kopiert stattdessen den Inhalt von $\rho(v_0)$ in eine neue Adresse und wertet diese Adresse aus. Damit führt jeder Zugriff auf v_0 zu einer erneuten Auswertung des Inhalts von $\rho(v_0)$. Formal ersetzen wir in der Definition von $eval^{\mathbf{T}}$ die Regel für das Nachschlagen von v_0 durch

$$s(adr) = (v_0, \rho):$$

$$\frac{s' = s[adr' \mapsto s(\rho(v_0))];\ (s'', T) = eval^{\mathbf{T}}(adr', s');\ s''' = s''[adr \mapsto s''(adr')]}{eval^{\mathbf{T}}(adr, s) = \left(s''', (\downarrow, adr, s) : T' : (\uparrow, adr, s''')\right)}$$
$$\text{mit } \begin{cases} adr' = top(s) + 1 \\ T' = (copy\ \rho(v), adr', s) : T : (result\ adr', adr, s'') \end{cases}$$

Für den modifizierten Interpreter $eval^{\mathbf{T}}_{v_0}$ kann man unter geeigneter Berücksichtigung der *copy*-Schritte (in $\gg_{v_0,\tilde{\pi}}$) die Begriffe 'Objekt', 'Nachfahre' und 'relevant' analog zu den entsprechenden Begriffen für $eval^{\mathbf{T}}$ definieren.

Ich werde jetzt skizzieren, wie die Aussagen des Satzes bewiesen werden können, wenn für π der zu $eval^{\mathbf{T}}$ und für $\tilde{\pi}$ der zu $eval^{\mathbf{T}}_{v_0}$ korrespondierende Relevanzbegriff zugrundegelegt wird.

Ein solcher Beweis muß die Auswertung von $\tilde{\pi}$ durch $eval^{\mathbf{T}}_{v_0}$, $\mathrm{A}_{v_0,\tilde{\pi}}$, zu A_π konstruieren (und damit beweisen, daß $\tilde{\pi}$ $eval^{\mathbf{T}}_{v_0}$-korrekt ist) und die Schritte, die Adressen und die Objekte in den beiden Berechnungen zueinander in Beziehung setzen. Zum Beweis der dritten Teilaussage benötigen wir etwa: 'wenn $eval^{\mathbf{T}}_{v_0}$ an der Stelle $\tilde{E}$ mit einer Umgebung $\tilde{\rho}$ ankommt, dann kommt $eval^{\mathbf{T}}$ an einer Stelle $\varphi(\tilde{E})$ mit einer Umgebung ρ an und aus der Relevanz von $\rho(v')$ für A_π folgt die von $\tilde{\rho}(v')$ für $\mathrm{A}_{v_0,\tilde{\pi}}$'. Für den Beweis der zweiten Teilaussage brauchen wir Aussagen der Form: 'wenn ein $\tilde{E}$ refernzierendes (v_0, π)-Objekt $\tilde{o}$ in $\mathrm{A}_{v_0,\tilde{\pi}}$ ausgewertet wird, dann wird ein "entsprechendes" π-Objekt o in A_π ausgewertet'. "Entsprechend" bedeutet dabei, daß aus der Auswertung eines $\varphi(\tilde{E}')$ referenzierenden Nachfahrens von o in A_π die Auswertung eines $\tilde{E}'$ referenzierenden Nachfahren von $\tilde{o}$ in $\mathrm{A}_{v_0,\tilde{\pi}}$ folgen muß.

Im vorliegenden Fall wird die Beziehung zwischen den Schritten und Adressen durch zwei Abbildungen ψ und Z gegeben. ψ bildet die Schritte in $\mathrm{A}_{v_0,\tilde{\pi}}$ surjektiv und die "zeitliche Reihenfolge" erhaltend auf die Schritte in A_π ab.

Z ist eine partielle Abbildung, die die "Adressen im $\tilde{\imath}$-ten Schritt von $A_{v_0,\tilde{\pi}}$" surjektiv auf die "Adressen im $\psi(\tilde{\imath})$-ten Schritt in A_π" abbildet. In zueinander korrespondierenden Schritten stehen die jeweiligen Speicherzustände in enger Beziehung zueinander. Um diese Beziehung auszudrücken, definiere ich für Speicherzustände s, $\tilde{s}$, eine partielle Abbildung Z von Adressen auf Adressen und eine Menge I von Adressen $\delta_0 = \delta_0(\tilde{s}, Z, s, I)$ und $\delta = \delta(\tilde{s}, Z, s, I)$ als die kleinsten binären Relationen auf ADR mit den folgenden Eigenschaften:

$\widetilde{adr}\ \delta\ adr$, falls

$\widetilde{adr} \in \mathrm{Def}(\tilde{s})\ \wedge\ adr \in \mathrm{Def}(s)\ \wedge\ adr = Z(\widetilde{adr})\ \wedge\ adr \in I$

oder $\widetilde{adr}\ \delta_0\ adr$;

$\widetilde{adr}\ \delta_0\ adr$, falls

$\widetilde{adr} \in \mathrm{Def}(\tilde{s})\ \wedge\ adr \in \mathrm{Def}(s)\ \wedge\ adr = Z(\widetilde{adr})$

und

$$\tilde{s}(\widetilde{adr}) = undef \quad \Longrightarrow s(adr) = undef$$

$$\tilde{s}(\widetilde{adr}) = k \quad \Longrightarrow s(adr) = k$$

$$\tilde{s}(\widetilde{adr}) = (\tilde{E}, \tilde{\rho})$$

$$\Longrightarrow s(adr) = (E, \rho)\ \wedge\ E = \varphi(\tilde{E})\ \wedge\ \forall v \in FV(E)\colon\ \tilde{\rho}(v)\ \delta\ \rho(v)$$

$$\wedge\ \tilde{E} \leq \tilde{E}_0'' \Rightarrow \tilde{\rho}(v_0) = (\tilde{E}_0', \tilde{\rho}')\ \wedge\ \forall v \in FV(E_0')\colon\ \tilde{\rho}'(v)\ \delta\ \rho(v)$$

$$\tilde{s}(\widetilde{adr}) = \widetilde{adr}_1 \cdot \widetilde{adr}_2$$

$$\Longrightarrow s(adr) = adr_1 \cdot adr_2\ \wedge\ \widetilde{adr}_i\ \delta\ adr_i\ (i = 1, 2)$$

Ist u das Vorkommen zu E_0, dann bezeichnen in der obigen Definition $\tilde{E}_0$, $\tilde{E}_0'$ und $\tilde{E}_0''$ die Stellen $(\tilde{\pi}, u)$, $(\tilde{\pi}, u.2)$ bzw. $(\tilde{\pi}, u.1.2)$.

Die Relation, die den Speicherzustand $\tilde{s}_{\tilde{\imath}}$ im $\tilde{\imath}$-ten Schritt von $A_{v_0,\tilde{\pi}}$ zum Speicherzustand s_i im korrespondierenden Schritt in A_π in Beziehung setzt, ist dann:

$$Z(\mathrm{Def}(\tilde{s}_{\tilde{\imath}})) = \mathrm{Def}(s_i)$$

$$\widetilde{adr} \in \mathrm{Def}(\tilde{s}_{\tilde{\imath}}) \Longrightarrow \widetilde{adr}\ \delta(\tilde{s}_{\tilde{\imath}}, Z, s_i, I_i)\ Z(\widetilde{adr})$$

Dabei ist I_i die Menge der zum Zeitpunkt i *aktiven Adressen*, d.h. der Adressen adr, für die i innerhalb einer $\downarrow adr / \uparrow adr$-Klammer liegt.

Man kann nun zeigen (formal durch Induktion über die Definition von $eval^{\mathbf{T}}$), daß $A_{v_0,\tilde{\pi}}$ tatsächlich existiert und daß jedem Schritt (st_i, adr_i, s_i) in A_π eine nichtleere Folge von Schritten T_i in $A_{v_0,\tilde{\pi}}$ entspricht (wodurch ψ bestimmt ist). Im allgemeinen besteht T_i aus genau einem Schritt. In diesem Fall stimmt sein Schrittyp (fast) mit st_i überein. Von dieser Regel wird nur in den folgenden

Fällen abgewichen:

$$\begin{array}{lccccc} A_\pi & \cdots & (\downarrow, adr, s) & \cdots\cdots & (\uparrow, adr, s') & \cdots \\ A_{v_0,\widetilde{\pi}} & \cdots & \widetilde{T} & \cdots\cdots & \widetilde{T}' & \cdots \end{array}$$

Für $s(adr) = (E_0, \rho)$ gilt $\widetilde{s}(\widetilde{adr}) = ((\lambda v_0.\widetilde{E}''_0)\ \widetilde{E}'_0, \widetilde{\rho})$ und

$$\begin{aligned} \widetilde{T} &= (\downarrow, \widetilde{adr}, \widetilde{s}) : (\downarrow, \widetilde{adr}_1, \widetilde{s}_1) : (\uparrow, \widetilde{adr}_1, \widetilde{s}_1) : (\mathit{rewrite}, \widetilde{adr}, \widetilde{s}_1) : (\nearrow, \widetilde{adr}, \widetilde{s}_2): \\ &\quad (\downarrow, \widetilde{adr}, \widetilde{s}_2) \\ \widetilde{T}' &= (\uparrow, \widetilde{adr}, \widetilde{s}') : (\uparrow, \widetilde{adr}, \widetilde{s}') \end{aligned}$$

$$\text{mit} \begin{cases} \widetilde{s}_1 = \widetilde{s}\,[\widetilde{adr}_1 \mapsto (\lambda v_0.\widetilde{E}''_0, \widetilde{\rho}), \widetilde{adr}_2 \mapsto (\widetilde{E}'_0, \widetilde{\rho}), \widetilde{adr} \mapsto \widetilde{adr}_1 \cdot \widetilde{adr}_2] \\ \widetilde{s}_2 = \widetilde{s}_1[\widetilde{adr} \mapsto (\widetilde{E}''_0, \widetilde{\rho}[v_0 \mapsto \widetilde{adr}_2])] \\ \widetilde{adr}_1, \widetilde{adr}_2 \notin \mathrm{Def}(Z) \end{cases}$$

Für $s(adr) = (E'_0, \rho)$ und $\widetilde{s}(\widetilde{adr}) = (v_0, \widetilde{\rho})$ gilt

$$\begin{aligned} \widetilde{T} &= (\downarrow, \widetilde{adr}, \widetilde{s}) : (\mathit{copy}\ \widetilde{\rho}(v_0), \widetilde{adr}', \widetilde{s}) : (\downarrow, \widetilde{adr}', \widetilde{s}_1) \\ \widetilde{T}' &= (\uparrow, \widetilde{adr}', \widetilde{s}'_1) : (\mathit{result}\ \widetilde{adr}', \widetilde{adr}, \widetilde{s}'_1) : (\uparrow, \widetilde{adr}, \widetilde{s}') \\ &\text{mit } Z(\widetilde{adr}') = adr \end{aligned}$$

Sei $A_\pi = [(st_i, adr_i, s_i)]_{i=1}^{n}$, $A_{v_0,\widetilde{\pi}} = [(\widetilde{st}_{\widetilde{i}}, \widetilde{adr}_{\widetilde{i}}, \widetilde{s}_{\widetilde{i}})]_{\widetilde{i}=1}^{\widetilde{n}}$.

Man kann zeigen, daß für den jeweils ersten und letzten Schritt $(\widetilde{st}_{\widetilde{i}}, \widetilde{adr}_{\widetilde{i}}, \widetilde{s}_{\widetilde{i}})$ in T_i die Bedingung $\widetilde{adr}_{\widetilde{i}}\ \delta_0(\widetilde{s}_{\widetilde{i}}, Z, s_i, I_i)\ adr_i$ und $st_i = \widetilde{st}_{\widetilde{i}}$ erfüllt ist.

Die dritte Teilaussage läßt sich jetzt verhältnismäßig einfach beweisen. Es geht ein, daß $Z^{-1}(adr) \subseteq \mathcal{A}_{v_0,\widetilde{\pi}}$ für $adr \in \mathcal{A}_\pi$ erfüllt ist.

Die zweite Teilaussage ist etwas schwieriger. Ich bemerke dazu, daß "zum Zeitpunkt seiner Entstehung" jedem π-Objekt o ein $(v_0, \widetilde{\pi})$-Objekt $\phi_e(o)$ zugeordnet werden kann. In den diesem Zeitpunkt entsprechenden Schritten in $A_{v_0,\widetilde{\pi}}$ werden nämlich im wesentlichen dieselben Operationen ausgeführt, insbesondere wird ein neues Objekt erzeugt, das o entspricht, $\phi_e(o)$. In den meisten anderen Fällen kann o darüberhinaus noch ein zweites $(v_0, \widetilde{\pi})$-Objekt, $\phi_a(o)$, zugeordnet werden, entweder zum Zeitpunkt seiner Entstehung oder später. Falls weder E_0 noch E'_0 von o referenziert werden, stimmen $\phi_e(o)$ und $\phi_a(o)$ überein. Falls o E'_0 referenziert, dann hat $\phi_e(o)$ einen Inhalt $(v_0, \widetilde{\rho})$ und $\phi_a(o)$ wird als $(\widetilde{\rho}(v_0), \widetilde{n})_{\sim_{v_0,\widetilde{\pi}}}$ definiert. Wenn o E_0 referenziert, dann referenziert $\phi_e(o)$ $(\lambda v_0.\widetilde{E}'')\ \widetilde{E}'$. Wird o (zum ersten Mal) im Schritt i ausgewertet, dann wird in einem korrespondierenden Schritt $\widetilde{i}$ in $A_{v_0,\widetilde{\pi}}$ $\phi_e(o)$ ausgewertet. $\phi_a(o)$ ist dann als das $\widetilde{E}''_0$ referenzierende Objekt definiert, das (etwa) drei

Schritte später erzeugt wird. In diesem Fall gilt $\phi_e(o) \rightarrow^*_{v_0,\widetilde{\pi}} \phi_a(o)$, ebenso wie im Fall, daß o weder E_0 noch E'_0 referenziert. Die Zuordnung für die Spezialfälle ist im folgenden Diagramm schematisch dargestellt:

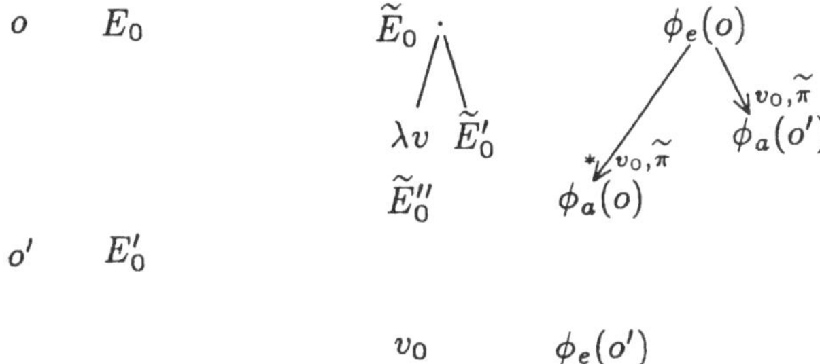

Die folgenden Aussagen können relativ leicht bewiesen werden:

1) wird o in A_π ausgewertet, dann werden $\phi_e(o)$ und $\phi_a(o)$ in $A_{v_0,\widetilde{\pi}}$ ausgewertet;
2) wird $\widetilde{E}$ von $\phi_e(o)$ oder $\phi_a(o)$ referenziert, dann wird $\varphi(\widetilde{E})$ von o referenziert;
3) gilt $o \rightarrow_\pi o'$, dann ist $\phi_a(o)$ definiert und $\phi_a(o) \rightarrow_{v_0,\widetilde{\pi}} \phi_e(o')$;
4) referenziert $\widetilde{o}$ $\widetilde{E} \in \mathrm{Def}(\varphi)$ und wird im $\widetilde{\imath}$-ten Schritt von $A_{v_0,\widetilde{\pi}}$ ausgewertet, dann wird im $\psi(\widetilde{\imath})$-ten Schritt von A_π ein Objekt o ausgewertet, so daß $\widetilde{o} = \phi_e(o)$ oder $\widetilde{o} = \phi_a(o)$. Ist $\widetilde{E} \neq v_0, \widetilde{E}_0$, dann ist $\widetilde{o} = \phi_a(o)$.

Aus diesen Aussagen folgt Teilaussage 2. Man muß zwei Fälle unterscheiden: zum einen $\widetilde{E}' \not\leq \widetilde{E}'_0$ oder $\widetilde{E} \not\geq \widetilde{E}_0$ und zum anderen $\widetilde{E}' \leq \widetilde{E}'_0 \leq \widetilde{E}_0 \leq \widetilde{E}$. Die Argumentationen sind für diese Fälle in den folgenden Diagrammen schematisch dargestellt.

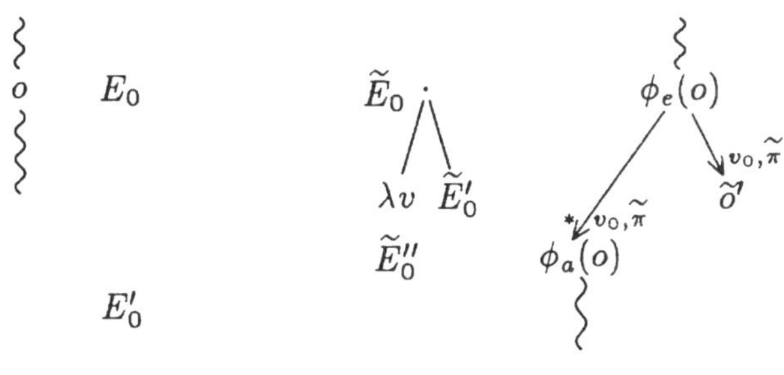

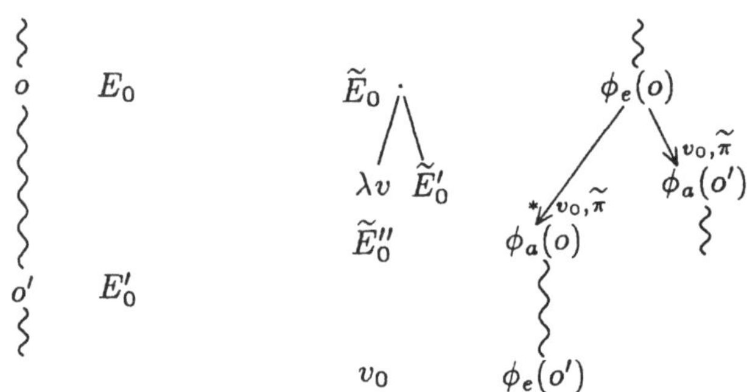

Schritt 2: Im zweiten Schritt vergleiche ich die Auswertung von $\widetilde{\pi}$ durch $eval^{\mathbf{T}}_{v_0}$ mit der durch $eval^{\mathbf{T}}$. In diesem Schritt müssen u.U. verschiedene "Berechnungen" der ersteren auf eine einzige "Berechnung" der zweiten abgebildet werden. Entsprechend müssen die bei den Berechnungen neu erzeugten Adressen einander zugeordnet werden. Diese Zuordnungen werden durch zwei Abbildungen beschrieben. Die partielle Abbildung ψ bildet Schritte in $A_{v_0,\widetilde{\pi}}$ auf Schritte in $A_{\widetilde{\pi}}$ ab; die totale Abbildung Z bildet "die Adressen von $A_{v_0,\widetilde{\pi}}$" surjektiv auf die von $A_{\widetilde{\pi}}$ ab. Z wird dabei im wesentlichen durch ψ bestimmt, und zwar im folgenden Sinn. Die in Schritt $\widetilde{\imath}$ und $\psi(\widetilde{\imath})$ durchgeführten Aktionen stimmen überein. Insbesondere entsprechen neu erzeugte Adressen einander jeweils. Die Abbildung Z hält diese Entsprechung fest. Es gibt eine Ausnahme:

$$\begin{array}{llccl} A_{v_0,\widetilde{\pi}} & \cdots & (copy\, adr', adr, s) & (\downarrow, adr, s') & \cdots \\ & & \searrow^{\psi} & {}^{\psi}\swarrow & \\ A_{\widetilde{\pi}} & \cdots & \multicolumn{2}{c}{(\downarrow, Z(adr'), \text{“}Z(s)\text{”})} & \cdots \\ & & \multicolumn{2}{c}{\text{mit } Z(adr) = Z(adr')} & \end{array}$$

Ich skizziere nun ψ. Wir gehen aus von $A_{v_0,\widetilde{\pi}}$ und konstruieren gemäß seiner $\downarrow adr/\uparrow adr$-Klammerstruktur $A_{\widetilde{\pi}}$, wobei gleichzeitig ψ bestimmt wird. Die Konstruktion hängt dabei wesentlich von dem bereits abgearbeiteten Anfangsstück von $A_{v_0,\widetilde{\pi}}$ und dem bereits konstruierten Anfangsstück von $A_{\widetilde{\pi}}$ ab. Das folgende Bild zeigt einen typischen Zwischenzustand während der Konstruktion.

$$\begin{array}{llcccl} A_{v_0,\widetilde{\pi}} & \cdots & (\downarrow, adr, s) & \cdot & (\uparrow, adr, s') & \cdots \\ A_{\widetilde{\pi}} & \cdots & (\downarrow, Z(adr), \text{“}Z(s)\text{”}) & \cdot & (\uparrow, Z(adr), \text{“}Z'(s')\text{”}) & \cdots \end{array}$$

Je nachdem ob in $A_{v_0,\widetilde{\pi}}$ dem $(\downarrow, adr, s)$ ein $(\uparrow, adr, -)$ und/oder in $A_{\widetilde{\pi}}$ dem $(\downarrow, Z(adr), \text{“}Z(adr)\text{”})$ ein $(\uparrow, Z(adr), -)$ vorausgeht, unterscheidet man vier Fälle:

1) weder in $A_{v_0,\widetilde{\pi}}$ noch in $A_{\widetilde{\pi}}$: Man kann zeigen, daß in diesem Fall die Aktionen, die $eval^{\mathbf{T}}$ bei der Auswertung von $Z(adr)$ ausführt, auf der obersten Ebene denen von $eval^{\mathbf{T}}_{v_0}$ bei der Auswertung von adr genau entspricht. $A_{\widetilde{\pi}}$ wird entsprechend fortgesetzt und der Konstruktionsprozeß geht mit geschachtelten $\downarrow/\uparrow$-Klammern weiter.

2) nicht in $A_{v_0,\tilde{\pi}}$ aber in $A_{\tilde{\pi}}$: $Z(adr)$ wurde in $A_{\tilde{\pi}}$ bereits ausgewertet. Die Konstruktion ordnet rekursiv die Schritte zwischen $(\downarrow, adr, s)$ und $(\uparrow, adr, s')$ der frühesten Auswertung von $Z(adr)$ zu, setzt $A_{\tilde{\pi}}$ durch die Schritte von $eval^{\mathbf{T}}(Z(adr), \text{“}Z(s)\text{”})$ fort und macht anschließend rechts von den dargestellten $\uparrow$-Schritten weiter.

3) in $A_{v_0,\tilde{\pi}}$ aber nicht in $A_{\tilde{\pi}}$: dieser Fall tritt nur auf, wenn eine “spätere” $A_{v_0,\tilde{\pi}}$-Berechnung einer “früheren” $A_{\tilde{\pi}}$-Berechnung zugeordnet wird. Der Abschnitt zwischen $(\downarrow, Z(adr), \text{“}Z(s)\text{”})$ und $(\uparrow, Z(adr), \text{“}Z'(s')\text{”})$ ist in diesem Fall schon vollständig bekannt. Die Konstruktion wird ohne Erweiterung von ψ rechts von den dargestellten $\uparrow$-Schritten fortgesetzt.

4) in $A_{v_0,\tilde{\pi}}$ und in $A_{\tilde{\pi}}$: wie Fall 1.

Die auf diese Weise konstruierte Auswertung $A_{\tilde{\pi}}$ ist tatsächlich die Auswertung von $\tilde{\pi}$ durch $eval^{\mathbf{T}}$. Insbesondere folgt, daß $\tilde{\pi}$ $eval^{\mathbf{T}}$-fehlerfrei ist, wenn es $eval^{\mathbf{T}}_{v_0}$-fehlerfrei ist.

Mittels ψ und Z können die $A_{v_0,\tilde{\pi}}$-Objekte surjektiv auf die $A_{\tilde{\pi}}$-Objekte abgebildet werden. Sei o ein $A_{v_0,\tilde{\pi}}$-Objekt, (adr, i) das Element in o mit minimalem i. Dann ist $i \in \mathrm{Def}(\psi)$ und wir definieren $\phi(o) := (Z(adr), \psi(i))_{\sim_{\tilde{\pi}}}$.

Sei $A_{v_0,\tilde{\pi}} = [(\widetilde{st_i}, \widetilde{adr_i}, \widetilde{s_i})]_{i=1}^{\tilde{n}}$, $A_{\tilde{\pi}} = [(st_i, adr_i, s_i)]_{i=1}^{n}$ und $\widetilde{E}$ eine Stelle in $\tilde{\pi}$. Dann gelten die folgenden Aussagen:

1) $i\ at_{\tilde{\pi}}\ \widetilde{E} \Longrightarrow \exists i' \in \mathrm{Bild}(\psi)\colon i'\ at_{\tilde{\pi}}\ \widetilde{E} \ \wedge\ (adr_{i'}, i') \sim_{\tilde{\pi}} (adr_i, i)$;

2) $adr \in \mathcal{A}_{\tilde{\pi}} \iff \exists \widetilde{adr} \in Z^{-1}(adr)\colon \widetilde{adr} \in \mathcal{A}_{v_0,\tilde{\pi}}$;

3) $s_i(adr_i) = (\widetilde{E}, \rho) \ \wedge\ \psi(\tilde{i}) = i \Longrightarrow \widetilde{s_i} = (\widetilde{E}, \tilde{\rho}) \ \wedge\ \rho = Z \circ \tilde{\rho}$;

4) Ist o' ein $eval^{\mathbf{T}}_{v_0}$-Nachfahre von o, dann ich $\phi(o')$ ein $eval^{\mathbf{T}}$-Nachfahre von $\phi(o)$.

5) Ist $i\ at_{\tilde{\pi}}\ \widetilde{E}$, $\tilde{i}$ minimal mit der Eigenschaft $\psi(\tilde{i}) = i$, dann gilt $(adr_i, i) \sim_{\tilde{\pi}} \phi(\widetilde{adr_i}, \tilde{i})$.

Aus 1-3 folgt, daß eine an der Stelle $\widetilde{E}$ $eval^{\mathbf{T}}_{v_0}$-relevante Definition dort auch $eval^{\mathbf{T}}$-relevant ist. Aus 1-5 folgt die entsprechende Aussage für Teilausdrucksvorkommen.

Durch Kombination der beiden obigen Schritte folgt der Satz. ∎

Satz III §2–15

Für die folgenden Transformationen gelten zu III §2–14 analoge Aussagen:

1) $\pi \longrightarrow \pi[E \to (\lambda v.E)\ v]$;

2) $\pi \longrightarrow \pi[(\lambda v.E) \to \lambda v'.[v \mapsto v']E]$,
falls v' nicht frei in E vorkommt;
$\pi \longrightarrow \pi[E \to E']$,

für E =**let** $v_1{=}{=}E_1;\ldots;v_n{=}{=}E_n$ **in** E_0, E' =**let** $v'_1{=}{=}E'_1;\ldots;v'_n{=}{=}E'_n$ **in** E'_0, wobei die v'_j paarweisen verschiedenen sind und in keinem der E_i frei vorkommen und die E'_i durch $E'_i = [v_j{\mapsto}v'_j]_{j=1}^n E_i$ gegeben werden.

Beweis Analog zu III §2–14 (wenn auch viel einfacher). ∎

Man kann die Übersetzung eines λ-Ausdruckes in SKI-Kombinatorcode [Turn79] oder Superkombinatorcode [Hugh82] auffassen als eine Folge von Transformationen nach III §2–15(1) für die SKI-Kombinatoren bzw. nach III §2–15(1) und III §2–14 für die zweite Übersetzung. Die beiden vorangegangenen Sätze besagen, daß Relevanzinformation für den λ-Ausdruck in Relevanzinformation für den Code übersetzt werden kann. Zwar könnte man prinzipiell Relevanzinformation direkt vom übersetzten Code ableiten, aber man braucht dafür mächtigere Algorithmen zur Relevanzanalyse. So sind vor dem Hochheben von E_0 auf die Ebene von E eine Reihe "der Argumente für E_0" sehr leicht zu erkennen. Die Transformation hebt E_0 aus diesem Kontext heraus an eine Stelle, an der "ihre Argumente" weniger offensichtlich sind. Um die verwischte Information wieder zurückzugewinnen, braucht man eine mächtigere Datenflußanalyse. Die von mir in dieser Arbeit benutzte einfache Datenflußanalyse ist dazu nicht in der Lage. Dieses Argument gilt nicht für die Transformation III §2–15(1) und damit nicht für die Übersetzung in SKI-Code. Allerdings wird das Programm durch die Übersetzung größer und die Analyse dadurch aufwendiger. Auch in diesem Fall halte ich die Analyse des Ausgangsprogramms für geeigneter.

Wir können das Hochheben eines Teilausdrucks verallgemeinern zum Zusammenfassen gleicher Teilausdrücke (Elimination gemeinsamer Teilausdrücke). III §2–14 läßt sich mitverallgemeinern.

Satz III §2–16

Seien für $i{=}1\ldots n$ mit $n \geq 1$ $ps_i = (\pi, u_i)$ und $ps = (\pi, u)$ Stellen in einem fehlerfreien Programm. Wir setzen voraus, daß die $ps_1,\ldots,ps_n$ disjunkt und an der Stelle ps abstrahierbar sind, und daß die Teilausdrücke an diesen Stellen übereinstimmen.

Unter diesen Voraussetzung ist die *Elimination der gemeinsamen Teilausdrücke $ps_1,\ldots,ps_n$ an der Stelle ps unter Benutzung von v* die Transformation

$$\pi \longrightarrow \tilde{\pi} := \pi[u \to (\lambda v.\pi_{/u}[u_i{-}u{\mapsto}v]_{i=1}^n)\ \pi_{/u_1}].$$

Hierbei ist v eine in π nicht benutzte Variable.

Die Transformation definiert wiederum eine natürliche Beziehung (eine Relation in diesem Fall) zwischen den Programmstellen in π und denen in $\tilde{\pi}$.

Seien $\tilde{ps}' \leq \tilde{ps}$ Stellen in $\tilde{\pi}$.

Gilt $\tilde{ps}' \not\leq (\tilde{\pi}, u.2)$, dann haben $\tilde{ps}'$ und $\tilde{ps}$ eindeutig zugeordnete Stellen $\hat{ps}'$

und $\widehat{ps}$ in π und aus der Relevanz von $\widehat{ps}'$ an der Stelle $\widehat{ps}$ folgt die Relevanz von $\widetilde{ps}'$ an der Stelle $\widetilde{ps}$.
Gilt $\widetilde{ps}' \leq (\widetilde{\pi}, u.2)$ aber $\widetilde{ps} \geq (\widetilde{\pi}, u)$, dann hat $\widetilde{ps}$ eine eindeutige Entsprechung $\widehat{ps}$ in π aber $\widetilde{ps}'$ hat eine Entsprechung $\widehat{ps}'_i$ unterhalb eines jeden ps_i. In diesem Fall folgt aus der Relevanz eines der $\widehat{ps}'_i$ an der Stelle $\widehat{ps}$ die Relevanz von $\widetilde{ps}'$ an der Stelle $\widetilde{ps}$.
Gilt $\widetilde{ps} \leq (\widetilde{\pi}, u.2)$, dann haben $\widetilde{ps}'$ und $\widetilde{ps}$ jeweils eine Entsprechung $\widehat{ps}'_i$ bzw. $\widehat{ps}_i$ unterhalb eines jeden ps_i. Ist jedes der $\widehat{ps}'_i$ relevant an der Stelle $\widehat{ps}_i$, dann ist $\widetilde{ps}'$ relevant an der Stelle $\widetilde{ps}$.

Die obige Transformation ist ein einfaches Beispiel für eine Faltung: die Ersetzung gleicher Teilausdrücke durch einen Namen. Man kann sich auch fragen, wie sich Relevanzinformation bei der Umkehrtransformation, der Ersetzung aller freien Vorkommen eines Namens durch einen Ausdruck, verändert. Ich sehe jedoch keine interessante Anwendung dafür und gehe nicht näher darauf ein.

Ich übertrage nun die Relevanzbegriffe auf Programmskripte.

Definition III §2–17

Sei *PS* ein Programmskript. Die Begriffe 'Stellen', 'Definition', 'sichtbar' werden sinngemäß übertragen. Sei E eine Stelle in *PS*. Eine Definition bzw. ein Teilausdrucksvorkommen in E heißt *relevant* an der Stelle E, wenn dies für jedes fehlerfreie Programm der Form **let** *PS* **in** E_0 gilt.

Alle bisher untersuchten Eigenschaften des Relevanzbegriffes für Programme lassen sich unmittelbar auf Programmskripte übertragen.

§3 Relevanzanalyse

Im vorigen Abschnitt wurde der Relevanzbegriff eingeführt und III §2–12(2) gab einige Fälle an, in denen Relevanzinformation lokal erkannt werden konnte. Es stellt sich die Frage, wie Relevanzinformation in anderen Fällen bestimmt werden kann.

Offensichtlich ist der Relevanzbegriff für (fehlerfreie) Programme entscheidbar. Ein Algorithmus könnte das Programm einfach mit $eval^{\mathbf{T}}$ auswerten und die Auswertung analysieren. Dieser Ansatz ist aber offensichtlich unbefriedigend. Aufgrund ihres Anwendungsbereiches kann man erwarten, daß eine Relevanzanalyse üblicherweise während einer Übersetzung des Programms als Vorbereitung für seine Auswertung durchgeführt wird. Offensichtlich ist es nicht zweckmäßig, ein Programm auszuwerten, um Information für eine effizientere

Auswertung des Programms zu erhalten. Aus dem erwarteten Einsatz eines Relevanzanalysemoduls innerhalb eines Übersetzers folgt noch eine andere Anforderung. Von einem Übersetzer wird üblicherweise verlangt, daß er für beliebige Programme terminiert; dies muß damit insbesondere für einen Relevanzanalysemodul innerhalb des Übersetzers gelten (syntaktische Korrektheit der Programme vorausgesetzt). Ziel muß es daher sein, einen Algorithmus zu entwickeln, der zu einem beliebigen gegebenen Programm Information berechnet, die für ein fehlerfreies Programm korrekte Relevanzinformation darstellt. Ein solcher Algorithmus kann unmöglich vollständige (und korrekte) Information liefern. Es wird notwendigerweise Fälle geben, in denen z.B. eine Variable an einer Stelle relevant ist, ohne daß dies aus der von dem Algorithmus ermittelten Information ableitbar ist[12]. Ich verlange jedoch, daß die Information korrekt ist, d.h. wenn die berechnete Information unter der Voraussetzung eines fehlerfreien Programms eine Relevanzaussage impliziert, dann muß die Aussage tatsächlich erfüllt sein.

In diesem Paragraphen werde ich erste Schritte in Richtung auf die Entwicklung eines Relevanzanalysealgorithmus tun. Ich werde dabei nur die Relevanzanalyse für Programme explizit erwähnen. Alle Aussagen gelten jedoch jeweils entsprechend auch für Programmskripte.

Zunächst möchte ich eine wichtige Einschränkung machen. Es ist verhältnismäßig schwierig, die Korrektheit eines Algorithmus zu beweisen, der Relevanzinformation für beliebige Teilausdrucksvorkommen bestimmt. Grund hierfür ist die komplexe Definition des Objekt- und Nachfahrenbegriffes. Ich werde in einem späteren Kapitel (V §3.1) einen solchen Algorithmus skizzieren, beschränke mich – was die Relevanz von Teilausdrucksvorkommen angeht – im Hauptteil jedoch auf den einfachen Fall, daß E eine Funktionsanwendung $E_1\, E_2$ ist und ich feststellen möchte, ob E_2 relevant an der Stelle E ist. Zur Vereinfachung der Sprechweise werde daher ein Funktionsargument relevant nennen, wenn es relevant an seiner Anwendungsstelle ist.

Definition III §3–1

Sei π ein Programm, $E = E_1\, E_2$ eine Stelle in π. E_2 heißt *relevant*, wenn E_2 relevant an der Stelle E ist.

---

[12] Im Programm π: $(\lambda v.E)\,1$ mit E: **if** E' **then** v **else** 0 ist v an der Stelle E relevant, wenn E' sich zu *true* auswertet, v ist irrelevant an der Stelle E, wenn E' sich zu *false* auswertet, ansonsten ist das Programm fehlerhaft. Es gibt jedoch keinen Algorithmus, der als Eingabe einen beliebigen geschlossenen λ-Ausdruck E nimmt und als Ergebnis *true* liefert, wenn E sich zu *true* auswertet, *false* liefert, wenn E sich zu *false* auswertet, und ansonsten entweder *true* oder *false* liefert.

Die Beschränkung auf die Relevanzanalyse für Variablen und Funktionsargumente wirkt sich nicht nachteilig auf die Optimierungsmöglichkeiten bei sequentieller Auswertung funktionaler Programme aus. Zwar kann die in III §2–13 definierte Transformation aus anderen Gründen wichtig und interessant sein[13]; dies ist dann jedoch unabhängig von Relevanzinformation. Betrachten wir parallele Auswertung, dann werden die Optimierungsmöglichkeiten durch die Beschränkung verringert. Trotzdem ist die Information noch immer ausreichend, um interessante Optimierungen durchzuführen. Paul Hudak und Benjamin Goldberg [Gold85,Huda86] haben beispielsweise allein auf Striktheitsinformation basierende Programmtransformationen zur Verbesserung der parallelen Programmauswertung angegeben. Wie im folgenden gezeigt, läßt sich ihr Algorithmus so modifizieren, daß er Relevanzinformation für Funktionsargumente statt Striktheitsinformation benutzt. Die Ergebnisse werden dadurch besser, wie wir später sehen werden.

Der modifizierte Algorithmus nimmt als Eingabe eine Stelle E (und Relevanzinformation für Funktionsargumente) und produziert als Ausgabe einen transformierten Ausdruck $\widetilde{E}$ und eine Umgebung $\rho \in (\mathcal{V} \rightarrow_{fin} \Lambda)$. Ist $\rho(v) = E'$, dann entspricht E' einem an der Stelle E relevanten Teilausdrucksvorkommen und v wurde benutzt, um dieses Vorkommen in $\widetilde{E}$ zu repräsentieren. Der Algorithmus ist induktiv über die Struktur von E definiert. Der interessante Fall liegt vor, wenn E eine Funktionsanwendung $E_1\ E_2$ ist. In diesem Fall wird der Algorithmus zunächst rekursiv auf E_1 und E_2 angewendet und liefert Ergebnisse $(\widetilde{E}_1, \rho_1)$ und $(\widetilde{E}_2, \rho_2)$, wobei die Definitionsbereiche von ρ_1 und ρ_2 disjunkt sind. Wenn bekannt ist, daß E_2 relevant ist, wird als Ergebnis $(\widetilde{E}_1\ v, \rho_1\rho_2[v \mapsto \widetilde{E}_2])$ zurückgegeben[14], wobei v eine neue global eindeutige Variable ist. Wenn dies nicht der Fall ist, wird $(\widetilde{E}_1\ (\mathbf{spawn}\ \rho_2\ \mathbf{in}\ \widetilde{E}_2), \rho_1)$ zurückgegeben. Hierbei ist das **spawn**-Konstrukt in Syntax und Semantik vergleichbar mit unserem **let**-Konstrukt, wobei bei seiner Auswertung jedoch für jede Definition ein paralleler Prozeß zu ihrer Auswertung gestartet wird. Diese Transformation von E_2 ist äquivalent zu einer Folge von Transformationen nach III §2–13.
Die beiden Fälle sind im folgenden Diagramm schematisch dargestellt.

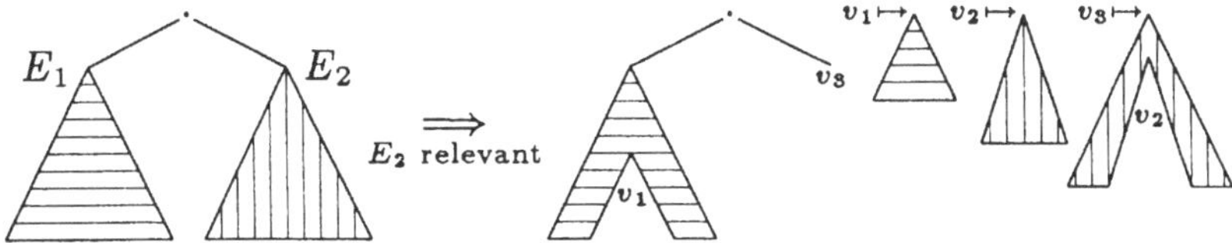

[13] Es handelt sich um die bekannte Supercombinatortransformation [Hugh82], die es gestattet ein Programm "fully lazy" zu machen.

[14] Hudak und Goldberg benutzen zusätzliche Abschätzungen für die Zeit, die für die Auswertung von $\widetilde{E}_1$ und $\widetilde{E}_2$ benötigt wird. Aufgrund dieser Information entscheiden sie, ob $\widetilde{E}_2$ – wie oben gezeigt – hochgehoben wird, oder aber $\widetilde{E}_1$ oder auch keiner der beiden Ausdrücke. Diese Einzelheiten sind für die obige Darstellung jedoch unwichtig.

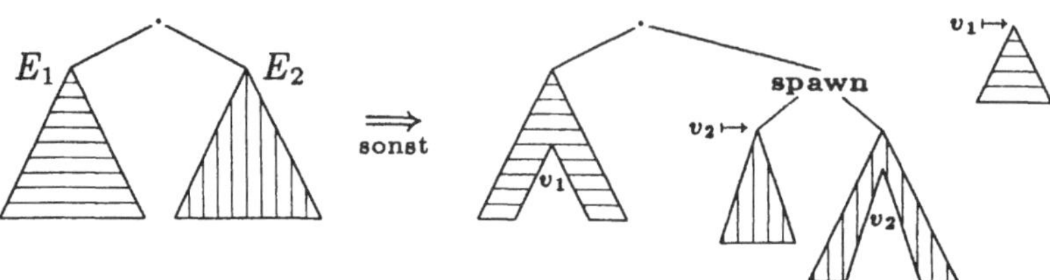

Falls also E_2 als relevant bekannt ist, werden seine relevanten Teilausdruckvorkommen, ebenso wie sein "Rest" in Richtung auf die Wurzel weitergereicht, so daß ihre Auswertung möglichst früh gestartet werden kann. Ansonsten werden sie nur bis zur Ebene E_2 hochgehoben. Wenn der Interpreter an E_2 ankommt, wird ihre Auswertung parallel zu der von E_2 gestartet.
Aus III §2–12 und III §2–14 folgt, daß der Algorithmus Teilausdrucksvorkommen nur dann bis auf die Ebene von E hochhebt, wenn sie an der Stelle E relevant sind.

Mein Ansatz zur Relevanzanalyse basiert wesentlich auf einer Striktheitsanalyse. Im folgenden werde ich Striktheit und Relevanz einander gegenüberstellen; ich werde argumentieren, warum man in dem durch die Festlegung der Eingabesprache gesteckten Rahmen von einer Striktheits- zu einer Relevanzanalyse übergehen muß, und andeuten, wie Algorithmen zur Striktheitsanalyse als Teil eines Relevanzanalysealgorithmus benutzt werden können. Um Striktheit mit Relevanz vergleichen zu können, muß ich eine zur operationellen Semantik kompatible denotationelle Semantik voraussetzen.

Festlegung III §3–2

Für den Rest der Arbeit setze ich voraus, daß *eval* mit der denotationellen Semantik verträglich ist, d.h.

$$\frac{eval(adr, s) = s'}{[\![s]\!]^{\mathcal{D}} = [\![s']\!]^{\mathcal{D}}_{|\mathrm{Def}(s)} \wedge [\![s]\!]^{\mathcal{D}}(adr) \neq \bot}$$

Lemma III §3–3

$$\frac{eval^{\mathbf{T}}(adr, s) = (s', [(-,-,s_i)]_{i=1}^{n})}{\forall 1 \leq i \leq j \leq n\colon [\![s_i]\!]^{\mathcal{D}} = [\![s_j]\!]^{\mathcal{D}}_{|\mathrm{Def}(s_i)}}$$

Beweis

Induktion über die Definition von $eval^{\mathbf{T}}$ unter Ausnutzung der Kompatibilität von *eval* mit der denotationellen Semantik. ∎

Definition III §3–4 strikt

$d \in \mathcal{D}$ heißt *strikt* im i-ten Argument, wenn $d{\cdot}d_1{\cdot}\cdots{\cdot}d_{i-1}{\cdot}\bot = \bot$ für alle $d_j \in \mathcal{D}$ $(j{=}1 \ldots i-1)$ erfüllt ist; d heißt strikt, wenn es strikt im ersten Argument ist. $E \in \Lambda$ heißt *strikt* (im i-ten Argument), wenn $[\![E]\!]^{\mathcal{D}}({}^{\mathcal{D}}\rho)$ für alle ${}^{\mathcal{D}}\rho \in {}^{\mathcal{D}}\mathcal{E}nv$ strikt (im i-ten Argument) ist; E heißt *strikt in* v, wenn $[\![E]\!]^{\mathcal{D}}({}^{\mathcal{D}}\rho[v \mapsto \perp]) = \perp$ für alle ${}^{\mathcal{D}}\rho \in {}^{\mathcal{D}}\mathcal{E}nv$ gilt.

Sind E bzw. $E_1\,E_2$ Stellen in einem fehlerfreien Programm, dann sichert III §3–8 am Ende dieses Abschnittes, daß v relevant an der Stelle E ist, wenn E strikt in v ist, und daß E_2 relevant ist, wenn E_1 strikt ist. Während Striktheit "an einer Stelle (π, u)" aber nur von $E = \pi_{/u}$ abhängt, nimmt der Relevanzbegriff auf das gesamte Programm Bezug. Dies führt dazu, daß das Argument in $E_1\,E_2$ relevant sein kann, obwohl E_1 nicht strikt ist. Betrachten wir folgendes Beispiel:

$$\begin{aligned} \pi&:\ (\lambda v.E)(\lambda v'.v' + 1) \\ E&:\ E_1\,E_2 \\ E_1&:\ v \end{aligned}$$

E_1 ist nicht strikt, dennoch ist E_2 relevant. Die Diskrepanz erklärt sich daraus, daß in der Definition von Striktheit über alle Umgebungen quantifiziert wurde. Bei der Auswertung von π wird E_1 aber nur in einer einzigen "dieser Umgebungen ausgewertet" und sein Wert hierbei ist strikt. Diese Beobachtung legt folgendes Vorgehen nahe: versuche Information darüber zu erhalten, welche Umgebungen bei der Programmauswertung an E_1 ankommen; wenn gezeigt werden kann, daß E_1 in jeder dieser Umgebungen einen strikten Wert besitzt, dann ist E_2 relevant. Eine sichere Approximation an die Menge der an E_1 ankommenden Umgebungen kann durch Techniken der Datenflußanalyse [Hech77,Cous81,Jone81,Jone87] gefunden werden.

Dieser Ansatz liefert jedoch noch immer unbefriedigende Ergebnisse. Der Grund hierfür ist, daß es nur sehr wenig "strikte Stellen" in einem Programm gibt. So ist beispielsweise die Addition *nicht* strikt (in ihrem ersten Argument), denn $[\![+]\!]^{\mathcal{D}} \cdot \perp = \lambda d_2.\perp \neq \perp$. Dasselbe gilt für alle anderen binären arithmetischen Operatoren und für den Bedingungsoperator **if**, ebenso für jeden Ausdruck der Form $\lambda v_1\,v_2.E$. Dies steht in Gegensatz zu vielen anderen Arbeiten über Striktheitsanalyse, insbesondere einer meiner eigenen [Maur85], in denen beispielsweise die binären arithmetischen Operatoren selbstverständlich als strikt in beiden Argumenten betrachtet werden. Die jetzt vorgenommene Abweichung ergibt sich aus dem Wunsch, das Verhalten der meisten Interpreter für funktionale Programmiersprachen korrekt zu modellieren. In meiner oben zitierten Arbeit habe ich als semantischen Bereich $\mathcal{D} \cong D_0 + (\mathcal{D} \times \mathcal{D})_\perp + [\mathcal{D} \to \mathcal{D}]$ verwendet. Dies führt dazu, daß $\perp$ und $\lambda d.\perp$ miteinander identifiziert werden, und damit die Funktionsabstraktion eine strikte Operation wird. Die meisten Interpreter terminieren aber bei der Auswertung von $(\lambda v.E, \rho)$ sofort, unabhängig von E. Für sie ist die Funktionsabstraktion nicht strikt. In ähnlicher Weise terminieren viele Interpreter bei der Auswertung von $(+ E, \rho)$ ohne (E, ρ) auszuwerten. Für diese Interpreter ist die Addition definitiv nicht strikt in ihrem ersten Argument. Sie für Zwecke einer Programmanalyse als strikt aufzufassen, würde die Korrektheit der Analyse zerstören und "Optimierung" aufgrund unter diesen Voraussetzungen gewonnener Information könnte ein fehlerfreies Programm in ein nichtterminierendes transformieren. Diese Überlegung hat mich dazu veranlaßt, den Term $[\mathcal{D} \to \mathcal{D}]$ in der Definition des semantischen Bereiches durch $([\mathcal{D} \to \mathcal{D}])_{\perp}$ zu ersetzen. Dadurch sind $\perp$ und $\lambda d.\perp$ voneinander verschieden, die Funktionsabstraktion ist nicht mehr strikt und die binären arithmetischen Operationen verlieren ihre Striktheit im ersten Argument. Wie gesagt, reflektiert dies das Verhalten der meisten Interpreter für funktionale Programmiersprachen, aber es mindert den Wert von Striktheitsinformation beträchtlich.

Obwohl $+$ in $+E_1 E_2$ nicht strikt ist, ist E_1 offensichtlich relevant, denn die Addition "ist strikt im ersten Argument *unter der Voraussetzung, daß sie auf mindestens zwei Argumente angewandt wird*". Um Eigenschaften dieser Art für die Relevanzanalyse ausnutzen zu können, benötige ich an jeder Programmstelle zumindest Information über die Mindestanzahl von "Argumenten für diese Stelle". Die ableitbare Relevanzinformation kann besser werden, wenn darüberhinaus noch Information über die möglichen Werte der Argumente vorliegen.

In der vorliegenden Arbeit benutze ich eine Striktheitsabstraktion, um Werte approximativ zu beschreiben. Diese Abstraktion identifiziert alle von $\perp$ verschiedenen nichtfunktionalen Werte miteinander. Die Identifikation kann auf den Funktionenraum "hochgehoben" werden. Genauer erhalten wir eine stetige mit $\uparrow$ und $\downarrow$ in gewisser Weise verträgliche Abbildung τ vom semantischen Bereich $(\mathcal{D}, \uparrow, \downarrow)$ in einen semantischen Bereich $(\mathcal{B}, \uparrow, \downarrow)$. Ich nenne $\tau(d)$ die Striktheitseigenschaften von d. Allgemein gilt, daß $d_0 \cdot \dots \cdot d_n = \perp$ erfüllt ist, wenn $\tau(d_0) \cdot \dots \cdot \tau(d_n) = \perp$ erfüllt ist. Obwohl $\mathcal{B}$ im Vergleich zu $\mathcal{D}$ schon wesentlich einfacher ist, ist es noch immer unmöglich "in $\mathcal{B}$ zu rechnen", u.a. weil $\mathcal{B}$ überabzählbar viele Elemente enthält. Ich repräsentiere deshalb einige der Elemente von $\mathcal{B}$ durch spezielle λ-Ausdrücke, sogenannte Striktheitsausdrücke. $\perp$ wird dabei durch den Striktheitsausdruck $\diamond$ dargestellt. Die Beziehung zwischen den Striktheitsausdrücken und $\mathcal{B}$ wird durch eine semantische Abbildung $[\![\cdot]\!]^{\mathcal{B}}$ hergestellt. Diese Semantik induziert eine Äquivalenzrelation $\equiv$ auf den Striktheitsausdrücken, bezüglich der eine Reihe von Rechenregeln erfüllt sind. Man kann mit durch Striktheitsheitsausdrücken repräsentierten Elementen von $\mathcal{B}$ rechnen, indem die Repräsentationen mittels der Rechenregeln vereinfacht werden. Letztendlich repräsentiere ich Werte approximativ also durch (geschlossene) Striktheitsausdrücke. Ich nenne einen geschlossenen Striktheitsausdruck S eine korrekte Beschreibung der Striktheitseigenschaften von d, wenn $[\![S]\!]^{\mathcal{B}} \geq \tau(d)$ erfüllt ist. Ähnlich nenne ich einen Striktheitsausdruck S eine korrekte Beschreibung der Striktheitseigenschaften des λ-Ausdrucks E, wenn $[\![S]\!]^{\mathcal{B}}(\tau \circ {}^{\mathcal{D}}\rho) \geq \tau([\![E]\!]^{\mathcal{D}}({}^{\mathcal{D}}\rho))$ für alle ${}^{\mathcal{D}}\rho \in {}^{\mathcal{D}}\mathcal{E}nv$ erfüllt ist.

Ich kann jetzt meinen Ansatz für die Relevanzanalyse grob skizzieren. Ich berechne zu jeder Stelle E eines Programms π eine geschlossene *Striktheitsumgebung*, das ist eine endliche Abbildung von Variablen auf geschlossene Striktheitsausdrücke, und einen geschlossenen *Striktheitsargumentkeller*, das ist eine Folge geschlossener Striktheitsausdrücke. Dabei erfüllen die zu E berechnete Striktheitsumgebung ${}^{s}\rho$ und der zu E berechnete Striktheitsargumentkeller $[S_i]_{i=1}^{n}$ die folgende Bedingung:
Ist $(\downarrow, adr, s)$ der i-te Schritt in $A_\pi = [(st_i, adr_i, s_i)]_{i=1}^{m}$ und gilt $s(adr) = (E, \rho)$, dann gibt es Adressen $adr'_0, \ldots, adr'_n$ und $adr''_1, \ldots, adr''_n$, so daß folgende Voraussetzungen erfüllt sind:

- $adr'_0 = adr$;
- $adr'_n \in \mathcal{A}_\pi$;
- für $j = 1 \ldots n$ gilt: $s_i(adr'_j) = adr'_{j-1} \cdot adr''_j$ und die Striktheitseigenschaften von $[\![s_i]\!]^{\mathcal{D}}(adr''_j)$ werden durch S_j korrekt beschrieben;
- Für alle $v \in \mathrm{Def}(\rho)$ werden die Striktheitseigenschaften von $[\![s]\!]^{\mathcal{D}}(\rho(v))$ durch ${}^{s}\rho(v)$ korrekt beschrieben.

Informal besagt diese Bedingung, daß ${}^{s}\rho$ die Striktheitseigenschaften jeder an E ankommenden Umgebung korrekt beschreibt und daß das Ergebnis einer Auswertung von E auf mindestens n Argumente angewendet wird, deren Striktheitseigenschaften durch die S_i korrekt beschrieben werden.

Um Information darüber zu erhalten, ob v relevant an der Stelle E ist, bestimme ich einen Striktheitsausdruck S, der die Striktheitseigenschaften von E korrekt beschreibt. Wenn es gelingt, durch Anwendung der oben erwähnten Rechenregeln $({}^{s}\rho[v \mapsto \diamond]S)S_1 \cdots S_n \equiv \diamond$ nachzuweisen, ist v relevant an der Stelle E.
Um festzustellen, ob E'' an der Stelle $E = E'\ E''$ relevant ist, bestimme ich einen Striktheitsausdruck S', der die Striktheitseigenschaften von E' korrekt beschreibt. Wenn $({}^{s}\rho S') \diamond S_1 \cdots S_n \equiv \diamond$ nachgewiesen werden kann, ist E'' relevant.

Hinter diesem Vorgehen steckt folgende Grundidee: um beispielsweise die Relevanz der Variablen v an der Stelle E nachzuweisen, müssen wir zeigen, daß $\rho(v)$ in A_π ausgewertet wird, wenn E in der Umgebung ρ ausgewertet wird. Wir fixieren eine solche Umgebung ρ. Der Interpreter wird das Ergebnis der Auswertung von (E, ρ) u.U. auf einige, etwa l, Argumente anwenden. Wenn $\rho(v)$

schon "während dieser Funktionsanwendung" ausgewertet wird, wird es erst recht in A_π ausgewertet. Wegen der Kompatibilität zwischen der denotationellen und der operationellen Semantik, können wir die (denotationellen) Werte heranziehen, um dies nachzuweisen. Sind $d_1, \ldots, d_l$ die Werte der l Argumente und gilt

$$[\![E]\!]^{\mathcal{D}}(([\![s]\!]^{\mathcal{D}} \circ \rho)[v \mapsto \bot]) \cdot d_1 \cdots d_l = \bot,$$

dann wird $\rho(v)$ während der Funktionsanwendung ausgewertet[15]. Ist nun $n \leq l$ und werden die Striktheitseigenschaften von ρ durch ${}^s\rho$, für $i{=}j \ldots n$ die von d_j durch S_j und die von E durch S korrekt beschrieben, dann folgt die obige Gleichheit aus

$$({}^s\rho[v \mapsto \diamond]S)\; S_1 \;\cdots\; S_n \equiv \diamond.$$

Formal gesehen beruht die Korrektheit des Vorgehens im wesentlichen auf Satz III §3–7. Um ihn formulieren zu können, benötige ich einen leicht modifizierten Interpreter, $eval^{\mathbf{T}}_{adr}$. Man kann sich $eval^{\mathbf{T}}_{adr}$ vorstellen als $eval^{\mathbf{T}}$ mit einem Speicherfehler auf Adresse *adr*.

Definition III §3–5 $eval^{\mathbf{T}}_{adr}$, $s_{adr,\pi}$, s_{adr}

$eval^{\mathbf{T}}_{adr}$ ist identisch zu $eval^{\mathbf{T}}$ mit folgenden Ausnahmen:

- Wenn $eval^{\mathbf{T}}_{adr}$ mit (adr_0, s_0) gestartet wird und $adr \in \mathrm{Def}(s_0)$ gilt, dann wird *adr* in s_0 mit *undef* überschrieben.
- Wenn $eval^{\mathbf{T}}_{adr}$ die Adresse *adr* neu anlegt, erhält sie den Inhalt *undef*.

$s_{adr,\pi}$ ist hinsichtlich $eval^{\mathbf{T}}_{adr}$ analog definiert wie s_π hinsichtlich $eval^{\mathbf{T}}$.

Für einen Speicherinhalt s und eine Adresse *adr* ist der Speicherinhalt s_{adr} definiert durch

$$s_{adr} = \begin{cases} s, & \text{falls } adr \notin \mathrm{Def}(s); \\ s[adr \mapsto undef], & \text{sonst.} \end{cases}$$

Lemma III §3–6

Ist $eval^{\mathbf{T}}(adr_1, s_1) = (s', \mathrm{A})$, $\mathrm{A} = [(st_i, adr_i, s_i)]_{i=1}^{n}$ und *adr* nicht relevant für A (d.h. $adr \notin \mathcal{A}(\mathrm{A})$), dann gilt:

1) $eval^{\mathbf{T}}_{adr}(adr_1, (s_1)_{adr}) = \left(s'_{adr}, [(st_i, adr_i, (s_i)_{adr})]_{i=1}^{n}\right)$;

2) für $i \leq j$ gilt: $[\![(s_i)_{adr}]\!]^{\mathcal{D}} \geq [\![(s_j)_{adr}]\!]^{\mathcal{D}}_{|\mathrm{Def}((s_i)_{adr})}$;

3) jede für A relevante Adresse adr' ist ausgewertet in s'_{adr}, insbesondere ist damit $[\![s'_{adr}]\!]^{\mathcal{D}}(adr') \neq \bot$.

---

[15] Ich setze hier die Fehlerfreiheit von π voraus. Aus ihr folgt $[\![E]\!]^{\mathcal{D}}([\![s]\!]^{\mathcal{D}} \circ \rho) \cdot d_1 \cdots d_l \neq \bot$.

Beweis

Die erste Aussage folgt unmittelbar durch Induktion über die Definition von $eval^{\mathbf{T}}_{adr}$. Zugrunde liegt dabei, daß die Auswahl des nächsten Schritts nur vom Inhalt relevanter Adressen abhängt und auch nur der Inhalt solcher kopiert oder verändert wird.

Zum Beweis der zweiten Aussage bemerken wir, daß aus

$$[\![(s_i)_{adr}]\!]^{\mathcal{D}} \neq [\![(s_{i+1})_{adr}]\!]^{\mathcal{D}}_{|\mathrm{Def}((s_i)_{adr})},$$

folgt, daß entweder adr im Schritt i eingeführt wurde oder der i-te Schritt das Ergebnis einer Konstantenbehandlung zurückschreibt. Im ersten Fall ist die Behauptung offensichtlich erfüllt. Im zweiten Fall werten wir adr_i in s_i mit *eval* aus. Der Aufruf von *eval* wird exakt dieselben Aktionen ausführen wie derjenige, der im i-ten Schritt sein Ergebnis zurückschreibt. Insbesondere entsprechen zum Zeitpunkt, in dem die neue Auswertung ihr Ergebnis zurückschreiben möchte, alle Framepositionen eineindeutig den Framepositionen der alten Auswertung. Vergleicht man die denotationellen Werte einander entsprechender Framepositionen, so muß der alte Wert kleiner oder gleich dem neuen sein. Das gilt insbesondere für die Framepositionen, die festlegen mit welchem Wert adr_i im i-ten Schritt überschreiben wird. Da *eval* kompatibel mit der denotationellen Semantik ist, ist der Wert in der neuen Berechnung gleich dem in adr_i. Damit ist die Aussage bewiesen.

Zum Beweis der dritten Aussage sei $adr' \in \mathcal{A}(\mathrm{A})$. Dann folgt $adr' \in \mathcal{A}(s')$ und er gibt A' mit $eval^{\mathbf{T}}(adr', s') = (s', \mathrm{A}')$. Eine Anwendung von III §1.3–10(7) auf A', adr', s' und adr zeigt nun, daß adr' in s'_{adr} ausgewertet ist. ■

Satz III §3–7

Sei π ein fehlerfreies Programm, E eine Stelle in π und $\mathrm{A}_\pi = [(st_i, adr_i, s_i)]_{i=1}^{m}$. Hat der i_0-te Schritt die Form $(\downarrow, adr, s)$ mit $s(adr) = (E, \rho)$ und gibt es Schritte $i_0 \leq i_1 \leq \cdots \leq i_n$, und Adressen $adr'_0, \ldots, adr'_n$, $adr''_1, \ldots, adr''_n$ mit $adr'_0 = adr$, $s_j(adr'_j) = adr'_{j-1} \cdot adr''_j$ und $adr'_n \in \mathcal{A}_\pi$, dann gilt

1) Ist $\rho(v) \notin \mathcal{A}_\pi$, dann gilt mit $adr' := \rho(v)$

$$\begin{aligned}
\perp \neq\ & [\![s_{adr',\pi}]\!]^{\mathcal{D}}(adr'_n) \\
\leq\ & [\![(s_{i_0})_{adr'}]\!]^{\mathcal{D}}(adr) \cdot [\![(s_{i_1})_{adr'}]\!]^{\mathcal{D}}(adr''_1) \cdot \cdots \cdot [\![(s_{i_n})_{adr'}]\!]^{\mathcal{D}}(adr''_n) \\
=\ & [\![E]\!]^{\mathcal{D}}([\![(s_{i_0})_{adr'}]\!]^{\mathcal{D}} \circ \rho) \cdot [\![(s_{i_1})_{adr'}]\!]^{\mathcal{D}}(adr''_1) \cdot \cdots \cdot [\![(s_{i_n})_{adr'}]\!]^{\mathcal{D}}(adr''_n) \\
\leq\ & [\![E]\!]^{\mathcal{D}}(([\![s_{i_0}]\!]^{\mathcal{D}} \circ \rho)[v \mapsto \perp]) \cdot [\![(s_{i_1})_{adr'}]\!]^{\mathcal{D}}(adr''_1) \cdot \cdots \cdot [\![(s_{i_n})_{adr'}]\!]^{\mathcal{D}}(adr''_n) \\
\leq\ & [\![E]\!]^{\mathcal{D}}(([\![s_{i_0}]\!]^{\mathcal{D}} \circ \rho)[v \mapsto \perp]) \cdot [\![s_{i_1}]\!]^{\mathcal{D}}(adr''_1) \cdot \cdots \cdot [\![s_{i_n}]\!]^{\mathcal{D}}(adr''_n)
\end{aligned}$$

2) Ist $E = E_1\, E_2$ und $adr' := top(s){+}2 \notin \mathcal{A}_\pi$, dann gilt

$$\begin{aligned}
\bot \neq\ & [\![s_{adr',\pi}]\!]^{\mathcal{D}}(adr'_n) \\
\leq\ & [\![(s_{i'_0})_{adr'}]\!]^{\mathcal{D}}(adr) \cdot [\![(s_{i'_1})_{adr'}]\!]^{\mathcal{D}}(adr''_1) \cdot \dots \cdot [\![(s_{i'_n})_{adr'}]\!]^{\mathcal{D}}(adr''_n) \\
=\ & [\![E_1]\!]^{\mathcal{D}}([\![(s_{i'_0})_{adr'}]\!]^{\mathcal{D}} \circ \rho) \cdot \bot \cdot [\![(s_{i'_1})_{adr'}]\!]^{\mathcal{D}}(adr''_1) \cdot \dots \cdot [\![(s_{i'_n})_{adr'}]\!]^{\mathcal{D}}(adr''_n) \\
\leq\ & [\![E_1]\!]^{\mathcal{D}}([\![s_{i_0}]\!]^{\mathcal{D}} \circ \rho) \cdot \bot \cdot [\![(s_{i'_1})_{adr'}]\!]^{\mathcal{D}}(adr''_1) \cdot \dots \cdot [\![(s_{i'_n})_{adr'}]\!]^{\mathcal{D}}(adr''_n) \\
\leq\ & [\![E_1]\!]^{\mathcal{D}}([\![s_{i'_0}]\!]^{\mathcal{D}} \circ \rho) \cdot \bot \cdot [\![s_{i'_1}]\!]^{\mathcal{D}}(adr''_1) \cdot \dots \cdot [\![s_{i'_n}]\!]^{\mathcal{D}}(adr''_n) \\
\leq\ & [\![E_1]\!]^{\mathcal{D}}([\![s_{i_0}]\!]^{\mathcal{D}} \circ \rho) \cdot \bot \cdot [\![s_{i_1}]\!]^{\mathcal{D}}(adr''_1) \cdot \dots \cdot [\![s_{i_n}]\!]^{\mathcal{D}}(adr''_n)
\end{aligned}$$

mit $i'_j := \max\{i_0 + 1, i_j\}$ für $j{=}0\dots n$.

Beweis

In beiden Fällen gilt $adr' \notin \mathcal{A}_\pi$. Die erste Ungleichung folgt damit aus III §3–6(3). Ferner folgt aus $(s_i)_{adr'}(adr'') = adr'_1 \cdot adr'_2$ für $j \leq i$ mit $adr'_1 \in \mathrm{Def}((s_j)_{adr'})$

$$\begin{aligned}
[\![(s_i)_{adr'}]\!]^{\mathcal{D}}(adr') &= [\![(s_i)_{adr'}]\!]^{\mathcal{D}}(adr'_1) \cdot [\![(s_i)_{adr'}]\!]^{\mathcal{D}}(adr'_2) \\
&\leq [\![(s_j)_{adr'}]\!]^{\mathcal{D}}(adr'_1) \cdot [\![(s_i)_{adr'}]\!]^{\mathcal{D}}(adr'_2)
\end{aligned}$$

Damit folgt 1. Um 2 ebenfalls daraus zu folgern, müssen wir $(s_{i'_j})_{adr'}(adr'_j) = (s_{i_j})_{adr'}(adr'_j)$ für $j{=}1\dots n$ zeigen. Wäre dies für j nicht der Fall, müßte $i_j = i_0$ gelten und der Inhalt von adr'_j würde im i_0-ten Schritt verändert. Das würde aber $adr'_j = adr$ verlangen, was wegen

$$s_{i_0}(adr'_j) = adr'_{j-1} \cdot adr''_j \neq (E, \rho) = s_{i_0}(adr)$$

unmöglich ist. ∎

Folgerung III §3–8

Ist π ein fehlerfreies Programm, E eine Stelle in π, dann gilt

1) Ist v sichtbar an der Stelle E und E strikt in v, dann ist v relevant an der Stelle E;

2) Ist $E = E_1\, E_2$ und E_1 strikt, dann ist E_2 relevant.

Ich schließe dieses Kapitel mit einer Skizze, wie ich für die Programmstellen E eines Programms die oben erwähnte Striktheitsumgebung ${}^s\rho_E$ und den Striktheitsargumentkeller ${}^s s_E$ berechnen werde.

${}^s\rho_E$ und ${}^s s_E$ werden induktiv über die Anordnung 'oberhalb' berechnet: ich starte beim Programm mit der leeren Striktheitsumgebung und einem leeren

Argumentkeller; für andere Stellen werden Striktheitsumgebung und Argumentkeller aus denjenigen der jeweils unmittelbar darüberliegenden Stelle berechnet. Das Prinzip wird an folgenden Beispielen deutlich:

$E = \lambda v.E'$:

$$^s\rho_{E'} = \begin{cases} ^s\rho_E[v \mapsto S], & \text{falls } ^s s_E = S : {}^s s'; \\ ^s\rho_E[v \mapsto \emptyset], & \text{sonst.} \end{cases}$$

Hierbei ist $\emptyset$ ein Striktheitsausdruck, der die Striktheitseigenschaften jedes Elements aus $\mathcal{D}$ korrekt beschreibt.

$$^s s_{E'} = \begin{cases} ^s s', & \text{falls } ^s s_E = S : {}^s s'; \\ [], & \text{sonst.} \end{cases}$$

$E = E_1\ E_2$:

Ich bestimme einen Striktheitsausdruck S_2, der die Striktheitseigenschaften von E_2 korrekt beschreibt, und definiere:

$$\begin{array}{ll} ^s\rho_{E_1} = {}^s\rho_E & ^s s_{E_1} = ({}^s\rho_E S_2) : {}^s s_E \\ ^s\rho_{E_2} = {}^s\rho_E & ^s s_{E_2} = [] \end{array}$$

$E = \textbf{let}\ v_1{=}{=}E_1; \ldots; v_n{=}{=}E_n\ \textbf{in}\ E_0$:

Ich bestimme Striktheitsausdrücke $S_0, \ldots, S_n$, die die Striktheitseigenschaften von $E_0, \ldots, E_n$ korrekt beschreiben, und berechne mit einem iterativen Verfahren eine "approximative Lösung" $^s\rho$ für das Striktheitsskript $(v_1{=}{=}{}^s\rho' S_1; \ldots; v_n{=}{=}{}^s\rho' S_n)$, wobei $^s\rho'$ die Einschränkung von $^s\rho_E$ auf das Komplement von $\{v_1, \ldots, v_n\}$ ist. Anschließend definiere ich:

$$\begin{array}{ll} ^s\rho_{E_i} = {}^s\rho_E\, {}^s\rho & (i{=}0 \ldots n) \\ ^s s_{E_i} = [] & (i{=}1 \ldots n) \\ ^s s_{E_0} = {}^s s_E & \end{array}$$

Um diese Berechnungen durchzuführen, benötige ich Algorithmen, um

- zu gegebenem E einen seine Striktheitseigenschaften korrekt beschreibenden Striktheitsausdruck zu berechnen,
- nachzuweisen, daß ein gegebener Striktheitsausdruck äquivalent zu $\diamond$ ist,
- zu gegebenem Striktheitsskript eine "approximative Lösung" zu bestimmen.

Ich werde im nächsten Kapitel zeigen, wie diese Aufgaben gelöst werden können. Im übernächsten Kapitel komme ich wieder auf den Relevanzanalysealgorithmus zurück.

IV Striktheitsausdrücke

Ich benutze Striktheitsausdrücke, um Striktheitseigenschaften von λ-Ausdrücken[1] und von "Werten von Abschlüssen $(E, {}^{\mathcal{D}}\rho)$" zu beschreiben. Wir werden später sehen, daß Substitutionsoperatoren für Striktheitsausdrücke definiert sind, die es gestatten, Striktheitseigenschaften von "$(E, {}^{\mathcal{D}}\rho)$" durch solche von E und ${}^{\mathcal{D}}\rho$ auszudrücken. Wir können uns daher zunächst auf die Betrachtung von λ-Ausdrücken beschränken.

Zur Bestimmung eines Striktheitsausdrucks zu einem gegebenen λ-Ausdruck benutze ich die Technik der *abstrakten Interpretation*. Das heißt, ich mache die Menge $\mathcal{S}$ der Striktheitsausdrücke zu einer Σ_Λ-Algebra und bringe sie durch eine geeignete Σ_Λ-Relation in Beziehung zur denotationellen Semantik. Ich benutze den zugehörigen Σ_Λ-Algebrahomomorphismus von Λ nach $\mathcal{S}$, $[\![\cdot]\!]^{\mathcal{S}}$, um den λ-Ausdrücken Striktheitsausdrücke zuzuordnen.

In dieser Arbeit verwende ich als Menge der Striktheitsausdrücke $\mathcal{S}$ im wesentlichen die λ-Ausdrücke[2] über einer festen und sehr kleinen Menge $\mathcal{K}_{\mathcal{S}}$ von Konstanten. Die Interpretation $[\![\cdot]\!]^{\mathcal{S}}$ kann dadurch sehr einfach gehalten werden: sie repräsentiert Funktionsabstraktion, Funktionsanwendung und rekursive Definition in $\Lambda(\mathcal{K})$ durch die entsprechenden Operationen in $\Lambda(\mathcal{K}_{\mathcal{S}})$; lediglich $\mathcal{K}$ wird nichttrivial abgebildet.

$\mathcal{K}_{\mathcal{S}}$ muß dabei so gewählt werden, daß die Striktheitseigenschaften zumindest der gebräuchlichsten primitiven Funktionen hinreichend genau beschrieben werden können. Andererseits soll die 'Striktheitsalgebra' möglichst einfache algebraische Eigenschaften besitzen, um das Rechnen mit Striktheitsausdrücken zu erleichtern. Ich werde die Wahl von $\mathcal{K}_{\mathcal{S}}$ an einigen Beispielen erläutern.

Der Ausdruck

$$E := \textbf{if } E_b \textbf{ then } E_1 \textbf{ else } E_2$$

ist strikt in allen Variablen, in denen E_b strikt ist, und in allen, in denen sowohl E_1 als auch E_2 strikt sind. Für Funktionen erster Ordnung haben Kersjes [Kers84] und Hudak [Huda86a] zur Beschreibung dieses Sachverhaltes Mengenschnitt und -Vereinigung vorgeschlagen. Entsprechend ergibt sich für die Menge $\mathcal{S}(E)$ der Variablen, in denen E strikt ist,

$$\mathcal{S}(E) = \mathcal{S}(E_b) \cup \big(\mathcal{S}(E_1) \cap \mathcal{S}(E_2)\big).$$

Um die Striktheitseigenschaften des Bedingungsoperators adäquat beschreiben zu können, sollten deshalb Schnitt und Vereinigung von Striktheitsausdrücken definiert sein. $\mathcal{K}_{\mathcal{S}}$ enthält hierfür zwei Konstanten $\sqcap$ und $\sqcup$.

---

[1] relativ zu ihrer fixierten denotationellen Semantik

[2] mit leicht abgewandelter Syntax

Im Fall von Programmen höherer Ordnung ist man außer an der Striktheit in Variablen auch an der Striktheit in Argumenten interessiert. Striktheitsausdrücke werden deshalb beiderlei Information zum Ausdruck bringen. An einigen Stellen wird die Information über Striktheit von Argumenten jedoch nicht benutzt. Beispielsweise ist

$$E := strict\ E_1\ E_2$$

strikt in allen Variablen, in denen E_1 oder E_2 strikt sind, aber nur in den Argumenten, in denen E_2 strikt ist. Um diesen Sachverhalt zu beschreiben, verwende ich die Vereinigung von Striktheitsausdrücken und einen speziellen Operator Φ, der eventuell vorhandene Striktheitsinformation für Argumente "versteckt". Ich beschreibe also die Striktheitseigenschaften von E durch:

$$[\![strict\ E_1\ E_2]\!]^S = \Phi[\![E_1]\!]^S \sqcup [\![E_2]\!]^S.$$

$\Phi\, S$ und $(\Phi\, S) S'$ drücken dieselben Striktheitseigenschaften aus. Dies gestattet, die Funktionsanwendung wie üblich linksdistributiv über Schnitt und Vereinigung zu machen. Betrachten wir beispielsweise die Striktheitsinformation zu $strict\ E_1\ E_2\ E'$, so erhalten wir

$$\begin{aligned}
[\![strict\ E_1\ E_2\ E']\!]^S &= [\![strict\ E_1\ E_2]\!]^S\, [\![E']\!]^S \\
&= (\Phi[\![E_1]\!]^S \sqcup [\![E_2]\!]^S)\, [\![E']\!]^S \\
&\equiv (\Phi[\![E_1]\!]^S\, [\![E']\!]^S) \sqcup ([\![E_2]\!]^S\, [\![E']\!]^S) \\
&\equiv \Phi[\![E_1]\!]^S \sqcup ([\![E_2]\!]^S\, [\![E']\!]^S) \\
&= [\![strict\ E_1\ (E_2\ E')]\!]^S
\end{aligned}$$

Entsprechend werden die Striktheitseigenschaften des Bedingungsoperators **if** durch

$$[\![if]\!]^S := \lambda v_b\, v_t\, v_e.\, \Phi\, v_b \sqcup (v_t \sqcap v_e)$$

dargestellt.

Neben $\sqcup$, $\sqcap$ und Φ benutze ich noch zwei weitere Konstanten, $\diamond$ und $\emptyset$. $\diamond$ responsentiert die Striktheitseigenschaften von $\bot$; $\emptyset$ repräsentiert (u.a.) die Striktheitseigenschaften atomarer Konstanten.

Im ersten Paragraphen werde ich die Menge S der Striktheitsausdrücke definieren und eine denotationelle Semantik angeben. Diese Semantik induziert auf S eine Präordnung $\leq$ und die zugehörige Äquivalenzrelation $\equiv$. Ich werde die Semantik so wählen, daß $S_\equiv$ die Struktur eines distributiven Verbandes erhält. Hauptmotivation hierfür ist, Striktheitsausdrücke in disjunktive Normalform zu bringen und auf diese Weise "mit ihnen zu rechnen".

Im zweiten Paragraphen definiere ich die Abstraktionsrelation für die abstrakte Interpretation und definiere damit, 'wann ein Striktheitsausdruck die Striktheitseigenschaften eines $d \in D$ bzw. eines λ-Ausdrucks korrekt beschreibt'. Wir werden sehen, daß $\leq$ Striktheitsausdrücke hinsichtlich der von ihnen beschriebenen Striktheitseigenschaften miteinander vergleicht: je kleiner ein Striktheitsausdruck bzgl. $\leq$ ist, desto stärkere Striktheitseigenschaften drückt er aus. Insbesondere beschreiben bzgl. $\equiv$ zueinander äquivalente Striktheitsausdrücke dieselben Striktheitseigenschaften.

Am Ende des letzten Kapitels haben wir gesehen, daß es wichtig ist, $S \equiv \diamond$ nachweisen zu können. Leider ist $\equiv$ nicht entscheidbar, so daß dies nicht immer und vor allem nicht direkt möglich ist. Probleme bereiten vor allem **let**-Konstrukte, da ihre Semantik die Berechnung eines kleinsten Fixpunktes in dem semantischen Bereich für S voraussetzt und dieser die aufsteigende Kettenbedingung nicht erfüllt. Im fünften Paragraphen entwickele ich deshalb ein Verfahren, mit dem Striktheitsskripte "approximativ gelöst" werden können. Approximative Lösungen für Skripte erlauben, zu einem Striktheitsausdruck S einen **let**-freien Striktheitsausdruck $S' \sqsupseteq S$ zu bestimmen.

Auch für Striktheitsausdrücke ohne **let**-Konstrukte ist $\equiv$ noch unentscheidbar. Zur Behandlung dieses Problems definiere ich im dritten Paragraphen eine Teilmenge $\dot{S}$ von S und eine entscheidbare Präordnung $\dot{\leq}$ auf $\dot{S}$, so daß die von $\dot{\leq}$ induzierte, und damit ebenfalls entscheidbare Äquivalenzrelation $\dot{\equiv}$ in $\equiv$ enthalten ist und für **let**-freie $\dot{S} \in \dot{S}$ $\dot{S} \equiv \diamond$ äquivalent zu $\dot{S} \dot{\equiv} \diamond$ ist. Im vierten Paragraphen zeige ich dann, daß die polymorph typisierbaren Striktheitsausdrücke eine Teilmenge von $\dot{S}$ bilden und modifiziere einen Typprüfungsalgorithmus so, daß er zu jedem Striktheitsausdruck S einen polymorph typisierbaren Striktheitsausdruck $S' \sqsupseteq S$ berechnet. Ein Verfahren zum Nachweis von $S \equiv \diamond$ besteht dann darin, ein **let**-freies polymorph typisierbares $\dot{S} \sqsupseteq S$ zu berechnen und anschließend $\dot{S} \dot{\equiv} \diamond$ zu testen.

§1 Syntax und Semantik

1 Syntax

Definition IV §1.1–1
Die (freie) Algebra der *Striktheitsausdrücke* wird in der folgenden Tafel definiert. Die zugehörige Signatur bezeichne ich mit Σ_S. Für $x = \Phi$, λ, $\sqcup$, $\sqcap$, $\cdot$ und *let* bezeichnet Σ_x die entsprechende Teilsignatur und S_x die Teilmenge der Striktheitsausdrücke, deren Wurzeloperator eine Operation aus Σ_x ist. Die Operationen der Striktheitsalgebra nenne ich *Striktheitsoperationen*.

Importierte Sorten

$v \in \mathcal{V}$

Definierte Sorten

$S \in \mathcal{S}$	Menge der Striktheitsausdrücke

Struktur

$S ::= \diamond$	Striktheitsinformation für $\perp$
$\mid\ \emptyset$	Striktheitsinformation für atomare Konstanten
$\mid\ v$	Variable
$\mid\ \Phi\, S$	Einschränkung auf Striktheitsinformation für Variable
$\mid\ \lambda v.S$	Funktionsabstraktion
$\mid\ S_1 \sqcup S_2$	Vereinigung von Striktheitsinformation
$\mid\ S_1 \sqcap S_2$	Schnitt von Striktheitsinformation
$\mid\ S_1\ S_2$	Funktionsanwendung
$\mid$ **let** $v_1 {==} S_1$ $\vdots$ $v_n {==} S_n$ **in** S_0	für paarweise verschiedene $v_1, \ldots, v_n$ (verschränkt rekursive) Definition.

Die Striktheitsalgebra

Mehrdeutigkeiten in der Stringdarstellung löse ich durch Setzen von Klammern und die folgenden Vorrang- und Assoziationsregeln auf:

- die binären Operationen sind linksassoziativ:
  z.B. $v_1\ v_2\ v_3 = (v_1\ v_2)\ v_3$;
- die Bindungsstärke der Striktheitsoperationen nimmt in der folgenden Liste von links nach rechts ab:

$$\Phi,\ \cdot,\ \sqcap,\ \sqcup,\ \mathbf{let},\ \lambda v.$$

Als Abkürzung werde ich häufiger $\overset{\emptyset}{\diamond}$ und $\overset{\sqcup}{\sqcap}$ oder ähnliche Konstruktionen benutzen. Sie sind in Analogie zu dem gebräuchlichen $\pm$ zu sehen. So kann $\overset{\sqcup}{\sqcap}$ für $\sqcap$ und $\sqcup$ stehen; die Entscheidung bleibt innerhalb des vorliegenden Kontextes gleich. Beispielsweise ist

$$S_1 \overset{\sqcup}{\sqcap} (S_2 \overset{\sqcup}{\sqcap} S_3) = (S_1 \overset{\sqcup}{\sqcap} S_2) \overset{\sqcup}{\sqcap} S_3$$

eine Abkürzung für die beiden Gleichungen

$$S_1 \sqcup (S_2 \sqcup S_3) = (S_1 \sqcup S_2) \sqcup S_3$$

$$S_1 \sqcap (S_2 \sqcap S_3) = (S_1 \sqcap S_2) \sqcap S_3$$

Die Striktheitsausdrücke können in naheliegender Weise in die λ-Ausdrücke über der Konstantenmenge

$$\mathcal{K}_S := \{\diamond, \emptyset, \Phi, \sqcup, \sqcap\}$$

eingebettet werden[3]. Damit lassen sich die Begriffe *Menge der freien* bzw. *gebundenen Variablen* auf Striktheitsausdrücke übertragen. Dasselbe gilt für die Substitutionsoperatoren.

Auch $\mathcal{S}$ möchte ich gelegentlich als Komponente einer zweisortigen initialen Algebra auffassen (vgl. II §8.1–2). Ihre Signatur mit den beiden Sorten $\mathcal{S}$ und *SKR* bezeichne ich mit $\tilde{\Sigma}_S$. Ihr $\mathcal{S}$-Träger ist isomorph zu $\mathcal{S}$ (als Σ_S-Algebra); ihr *SKR*-Träger – ich bezeichne ihn wieder mit *SKR* – ist die Menge der *Striktheitsskripte*. *SK* ist die generische Bezeichnung für Elemente von *SKR*. Wir haben das folgende kommutative Diagramm. Die Pfeile in diesem Diagramm entsprechen Σ-Algebrahomomorphismen, wobei Σ durch die jeweilige Beschriftung gegeben wird.

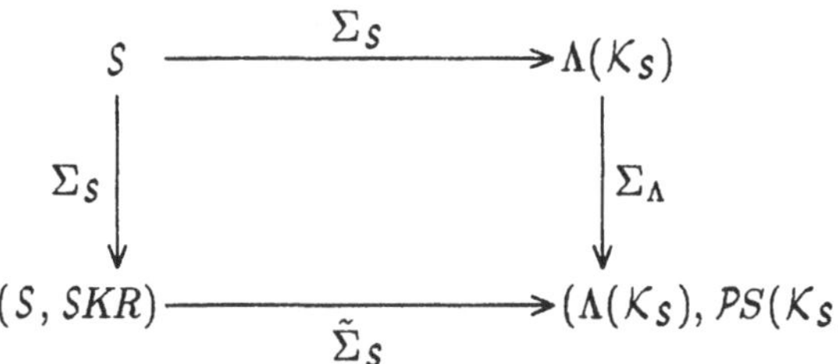

Striktheitsausdrücke werden dazu benutzt, Striktheitseigenschaften von λ-Ausdrücken und von Elementen aus $\mathcal{D}$ zu beschreiben. Um Striktheitseigenschaften von $\mathcal{D}$-Umgebungen zu beschreiben, verwende ich Striktheitsumgebungen.

Definition IV §1.1–2 Striktheitsumgebung
Eine endliche Abbildung von Variablen auf Striktheitsausdrücke heißt *Striktheitsumgebung*, generische Bezeichnung ${}^s\rho$. ${}^s\rho$ heißt *geschlossen*, wenn ${}^s\rho(v)$ für jedes $v \in \mathrm{Def}({}^s\rho)$ geschlossen ist.

2 Semantik

Wir können Striktheitsausdrücke als Teilmenge der λ-Ausdrücke über der Konstantenmenge $\mathcal{K}_S$ auffassen. Es genügt daher, eine Semantik für diese λ-

[3] Genau genommen machen wir $\Lambda(\mathcal{K}_S)$ zu einer Σ_S-Algebra, indem wir die Anwendung der Σ_S-Operationen $\diamond$, $\emptyset$, Φ, $\sqcup$ und $\sqcap$ als Funktionsanwendungen der entsprechende Konstanten interpretieren: bespielsweise interpretieren wir $\lambda S_1, S_2 \in \mathcal{S}.S_1 \sqcup S_2$ als $\lambda E_1, E_2 \in \Lambda(\mathcal{K}_S).\sqcup E_1\, E_2$. Dies entspricht im wesentlichen dem Übergang von einer uncurryfizierten zu einer curryfizierten Form. Der zugehörige Σ_S-Algebrahomomorphismus ist offensichtlich injektiv.

Ausdrücke zu definieren. In II §8.4 haben wir gesehen, daß wir dazu nur einen semantischen Bereich, sagen wir $\mathcal{B}$, zwei stetige Abbildungen $\uparrow: [\mathcal{B} \to [\mathcal{B} \to \mathcal{B}]]$ und $\downarrow: [[\mathcal{B} \to \mathcal{B}] \to \mathcal{B}]$ mit $\uparrow \circ \downarrow = id_{[\mathcal{B} \to \mathcal{B}]}$ sowie für jede Konstante eine Interpretation als Element von $\mathcal{B}$ angeben müssen.

Definition IV §1.2–1 $\mathcal{B}$

$\mathcal{B}$ ist definiert als der direkte Grenzwert in CPO* von $(\mathcal{B}_n, (\gamma_n^{\mathcal{B}}, \alpha_n^{\mathcal{B}}))$ mit

$$\mathcal{B}_n = F_{\mathcal{B}}^n(\{{}^{\top}_{\bot}\}) \qquad (\gamma_n^{\mathcal{B}}, \alpha_n^{\mathcal{B}}) = F_{\mathcal{B}}^n((\gamma_0^{\mathcal{B}}, \alpha_0^{\mathcal{B}})).$$

und

$$F_{\mathcal{B}}: F_{\mathcal{B}}(B) := ([B \to B])_{\bot}$$

$$F_{\mathcal{B}}((\gamma, \alpha): B \to B') = (\gamma_{\mathcal{B}}, \alpha_{\mathcal{B}}): F_{\mathcal{B}}(B) \to F_{\mathcal{B}}(B')$$

$$\gamma_{\mathcal{B}}(b) = \begin{cases} \bot, & \text{falls } b = \bot; \\ \gamma \circ b \circ \alpha, & \text{falls } b \in [B \to B]. \end{cases}$$

$$\alpha_{\mathcal{B}}(b) = \begin{cases} \bot, & \text{falls } b = \bot; \\ \alpha \circ b \circ \gamma, & \text{falls } b \in [B' \to B']. \end{cases}$$

und

$$\gamma_0^{\mathcal{B}}(b) = \begin{cases} \bot_{\mathcal{B}_1}, & \text{falls } b = \bot_{\mathcal{B}_0}; \\ \top_{\mathcal{B}_1}, & \text{falls } b = \top_{\mathcal{B}_0}. \end{cases}$$

$$\alpha_0^{\mathcal{B}}(b) = \begin{cases} \top_{\mathcal{B}_0}, & \text{falls } b = \top_{\mathcal{B}_1}; \\ \bot_{\mathcal{B}_0}, & \text{sonst.} \end{cases}$$

Lemma IV §1.2–2

1) $\mathcal{B}$ existiert und ist in CPO* isomorph zu $([\mathcal{B} \to \mathcal{B}])_{\bot}$. Ich bezeichne den Isomorphismus mit ψ.

2) $\mathcal{B}$ ist ein stetiger distributiver Verband, $(\mathcal{B}, \vee, \wedge)$;

3) endlicher Schnitt und Vereinigung in $[\mathcal{B} \to \mathcal{B}]$ sind punktweise definiert.

4) ψ ist verträglich mit endlichen Schnitten und Vereinigungen;

5) Der Schnitt zweier Elemente von $\mathcal{B}$ ist dann und nur dann $\bot$, wenn eines der Elemente $\bot$ ist. Insbesondere ist die Abbildung $?_{\bot}$, definiert durch

$$?_{\bot}(b) := \begin{cases} \bot, & \text{falls } b = \bot; \\ \top, & \text{sonst.} \end{cases}$$

verträglich mit endlichen Schnitten und Vereinigungen.

Beweis

1) Nach [Smyt82, S. 19] existieren in CPO alle projektiven Grenzwerte, nach [Smyt82, S. 14] existieren dann alle direkten Grenzwerte in CPO*. Nach den Seiten 19, 21 und 16 der obigen Arbeit ist $F_{\mathcal{B}}$ ω-stetig und deshalb $\mathcal{B}$ isomorph

zu $F_{\mathcal{B}}(\mathcal{B})$. Bezeichnen $(\gamma_{n\,\infty}, \alpha_{n\,\infty})$ die Einbettungen von $\mathcal{B}_n$ in $\mathcal{B}$, dann ist der Isomorphismus $\psi\colon B \to ([\mathcal{B} \to \mathcal{B}])_\perp$ gegeben durch

$$\psi(b) = \begin{cases} \perp, & \text{falls } b = \perp; \\ \bigvee_{n\in\mathbf{N}} \gamma_{n\,\infty} \circ \alpha_{n+1\,\infty}(b) \circ \alpha_{n\,\infty}, & \text{sonst.} \end{cases}$$

seine Umkehrabbildung durch

$$\psi^{-1}(f) = \begin{cases} \perp, & \text{falls } f = \perp; \\ \bigvee_{n\in\mathbf{N}} \gamma_{n+1\,\infty}(\alpha_{n\,\infty} \circ f \circ \gamma_{n\,\infty}), & \text{sonst.} \end{cases}$$

2) Induktion über n zeigt, daß alle $\mathcal{B}_n$ endliche distributive Verbände und alle γ_n und α_n Verbandshomomorphismen sind. Nach Konstruktion projektiver Grenzwerte in CPO, siehe [Smyt82, S. 19], ist dann $\mathcal{B}$ ein stetiger distributiver Verband und alle $\gamma_{n\,\infty}$, $\alpha_{n\,\infty}$ sind Verbandshomomorphismen. Weiterhin zeigt man durch Induktion über n, daß $\perp$ in $\mathcal{B}_n$ isoliert ist, d.h. $b_n \wedge b'_n = \perp$ impliziert $\perp \in \{b_n, b'_n\}$, und daß $\top$ von γ_n und von α_n auf $\top$ abgebildet wird. Entsprechend ist $\perp$ isoliert in $\mathcal{B}$ und $\gamma_{n\,\infty}$ und $\alpha_{n\,\infty}$ bilden $\top$ auf $\top$ ab.

3) Da $\mathcal{B}$ ein stetiger Verband ist, sind endliche Schnitte und Vereinigungen stetig. Daraus folgt, daß endliche Schnitte und Vereinigungen in $[\mathcal{B} \to \mathcal{B}]$ punktweise definiert sind.

4) Wir können o.E. $b_1, b_2 \neq \perp$ voraussetzen. In diesem Fall gilt:

$$\begin{aligned} \psi(b_1 \underset{\wedge}{\vee} b_2) &= \bigvee_{n\in\mathbf{N}} \gamma_{n\infty} \circ \alpha_{n+1\infty}(b_1 \underset{\wedge}{\vee} b_2) \circ \alpha_{n\infty} \\ &= \bigvee_{n\in\mathbf{N}} \gamma_{n\infty} \circ \alpha_{n+1\infty}(b_1) \circ \alpha_{n\infty} \underset{\wedge}{\vee} \gamma_{n\infty} \circ \alpha_{n+1\infty}(b_2) \circ \alpha_{n\infty} \\ &= \psi(b_1) \underset{\wedge}{\vee} \psi(b_2) \end{aligned}$$

5) Siehe Beweis von 3. ∎

Mit Hilfe von ψ werden $\uparrow$ und $\downarrow$ definiert durch:

$$\uparrow\colon \mathcal{B} \to [\mathcal{B} \to \mathcal{B}] \qquad \uparrow(b) = \begin{cases} \psi(b), & \text{falls } \psi(b) \in [\mathcal{B} \to \mathcal{B}]; \\ \perp_{[\mathcal{B}\to\mathcal{B}]}, & \text{sonst.} \end{cases}$$

$$\downarrow\colon [\mathcal{B} \to \mathcal{B}] \to \mathcal{B} \qquad \downarrow(f) = \psi^{-1}(f)$$

Da $\vee$, $\wedge$ und $?_\perp$ stetig sind, definieren wir durch

$$\begin{aligned} [\![\diamond]\!]^{\mathcal{B}} &:= \perp \\ [\![\emptyset]\!]^{\mathcal{B}} &:= \top \\ [\![\Phi]\!]^{\mathcal{B}} &:= \downarrow(?_\perp) \\ [\![\sqcup]\!]^{\mathcal{B}} &:= \downarrow(\lambda b_1.\downarrow(\lambda b_2.b_1 \wedge b_2)) \\ [\![\sqcap]\!]^{\mathcal{B}} &:= \downarrow(\lambda b_1.\downarrow(\lambda b_2.b_1 \vee b_2)) \end{aligned}$$

eine Interpretation der Konstanten in $\mathcal{K}_S$ als Elemente von $\mathcal{B}$.

Betrachten wir die Hintereinanderausführung von $[\![\cdot]\!]^{\mathcal{B}}$ und der Einbettung von $(\mathcal{S}, \mathcal{SKR})$ in $(\Lambda(\mathcal{K}_{\mathcal{S}}), \mathcal{SKR}(\mathcal{K}_{\mathcal{S}}))$, dann sehen wir, daß der Induktionsprozeß in II §8.4 $([{}^{\mathcal{B}}\mathcal{E}nv \to \mathcal{B}], [{}^{\mathcal{B}}\mathcal{E}nv \to {}^{\mathcal{B}}\mathcal{E}nv_p])$ zu einer stetigen $\tilde{\Sigma}_{\mathcal{S}}$-Algebra macht, wobei ${}^{\mathcal{B}}\mathcal{E}nv$ den Bereich der $\mathcal{B}$-Umgebungen $\mathcal{V} \to \mathcal{B}$, generische Bezeichnung ${}^{\mathcal{B}}\rho$, und ${}^{\mathcal{B}}\mathcal{E}nv_p$ den der partiellen $\mathcal{B}$-Umgebungen $\mathcal{V} \rightharpoonup \mathcal{B}$, generische Bezeichnung ${}^{\mathcal{B}}\rho_p$, bezeichnet. Den $\Sigma_{\mathcal{S}}$-Algebrahomomorphismus von $(\mathcal{S}, \mathcal{SKR})$ in diese Algebra bezeichne ich wiederum mit $[\![\cdot]\!]^{\mathcal{B}}$.

$[\![\cdot]\!]^{\mathcal{B}}$ kann auf Striktheitsumgebungen ${}^{S}\rho = [v_i \mapsto S_i]_{i=1}^{n}$ fortgesetzt werden durch

$$[\![{}^{S}\rho]\!]^{\mathcal{B}} \in [{}^{\mathcal{B}}\mathcal{E}nv \to {}^{\mathcal{B}}\mathcal{E}nv_p] \qquad [\![{}^{S}\rho]\!]^{\mathcal{B}}({}^{\mathcal{B}}\rho) = [v_i \mapsto [\![S_i]\!]^{\mathcal{B}}({}^{\mathcal{B}}\rho)]_{i=1}^{n}$$

Die Anordnungen auf $[{}^{\mathcal{B}}\mathcal{E}nv \to \mathcal{B}]$ bzw. $[{}^{\mathcal{B}}\mathcal{E}nv \to {}^{\mathcal{B}}\mathcal{E}nv_p]$ induzieren Präordnungen auf $\mathcal{S}$ und $\mathcal{SKR}$ durch:

$$\begin{aligned} S_1 \leq S_2 \;&:\Longleftrightarrow\; [\![S_1]\!]^{\mathcal{B}} \leq_{[{}^{\mathcal{B}}\mathcal{E}nv \to \mathcal{B}]} [\![S_2]\!]^{\mathcal{B}} \\ SK_1 \leq SK_2 \;&:\Longleftrightarrow\; [\![SK_1]\!]^{\mathcal{B}} \leq_{[{}^{\mathcal{B}}\mathcal{E}nv \to {}^{\mathcal{B}}\mathcal{E}nv_p]} [\![SK_2]\!]^{\mathcal{B}} \end{aligned}$$

Alle Striktheitsoperationen und die Substitutionsoperatoren sind monoton bzgl. $\leq$ (oder äquivalent: $\leq$ ist kompatibel mit allen Striktheitsoperationen und den Substitutionsoperatoren im Sinne von II §6–15) und die zugehörige Äquivalenzrelation $\equiv$ erfüllt u.a. folgende Rechenregeln:

α-Konversion

$$\lambda v.S \;\equiv\; \lambda v'.[v \mapsto v']S$$

falls v' nicht frei in S vorkommt;

$$\begin{gathered} \textbf{let } v_1 {=}{=} S_1, \ldots, v_n {=}{=} S_n \textbf{ in } S_0 \\ \equiv \\ \textbf{let } v_1' {=}{=} S_1', \ldots, v_n' {=}{=} S_n' \textbf{ in } S_0' \end{gathered}$$

falls die v_i' nicht frei in den S_j vorkommen und

$$S_j' = [v_i \mapsto v_i']_{i=1}^{n} S_j.$$

β-Konversion

$$(\lambda v.S_1)\, S_2 \;\equiv\; [v \mapsto S_2]S_1$$

Weitere Regeln für die Funktionsanwendung

$$\begin{array}{ll} (1) & \underset{\diamond}{\emptyset}\, S \;\equiv\; \underset{\diamond}{\emptyset} \\ (2) & (\Phi\, S_1)\, S_2 \;\equiv\; (\Phi\, S_1) \\ (3) & (S_1 \,\overset{\sqcup}{\sqcap}\, S_2)\, S \;\equiv\; S_1\, S \,\overset{\sqcup}{\sqcap}\, S_2\, S \end{array}$$

Regeln für Φ

$$
\begin{array}{ll}
(1) & \Phi \substack{\emptyset\\\diamond} \equiv \substack{\emptyset\\\diamond} \\
(2) & \Phi(\Phi\, S) \equiv \Phi\, S \\
(3) & \Phi\, \lambda v.S \equiv \emptyset \\
(4) & \Phi(S_1 \substack{\sqcup\\\sqcap} S_2) \equiv \Phi\, S_1 \substack{\sqcup\\\sqcap} \Phi\, S_2
\end{array}
$$

Regeln für die Abstraktion

$$
\begin{array}{ll}
(1) & \lambda v.\emptyset \equiv \emptyset \\
(2) & \lambda v.S_1 \substack{\sqcup\\\sqcap} S_2 \equiv (\lambda v.S_1) \substack{\sqcup\\\sqcap} (\lambda v.S_2)
\end{array}
$$

$\substack{\emptyset\\\diamond}$ als kleinstes/größtes Element

$$
\begin{array}{llll}
(1) & \diamond \sqcap S \equiv S & & S \sqcap \diamond \equiv S \\
(2) & \diamond \sqcup S \equiv \diamond & & S \sqcup \diamond \equiv \diamond \\
(3) & \emptyset \sqcap S \equiv \emptyset & & S \sqcap \emptyset \equiv \emptyset \\
(4) & \emptyset \sqcup S \equiv S & & S \sqcup \emptyset \equiv S
\end{array}
$$

Distributivgesetz

$$
\begin{array}{ll}
(1) & (S_1 \sqcup S_2) \sqcap S \equiv S_1 \sqcap S \sqcup S_2 \sqcap S \\
(2) & S \sqcap (S_1 \sqcup S_2) \equiv S \sqcap S_1 \sqcup S \sqcap S_2
\end{array}
$$

Kommutativgesetz

$$S_1 \substack{\sqcup\\\sqcap} S_2 \equiv S_2 \substack{\sqcup\\\sqcap} S_1$$

Assoziativgesetz

$$S_1 \substack{\sqcup\\\sqcap} (S_2 \substack{\sqcup\\\sqcap} S_3) \equiv (S_1 \substack{\sqcup\\\sqcap} S_2) \substack{\sqcup\\\sqcap} S_3$$

Idempotenz

$$S \substack{\sqcup\\\sqcap} S \equiv S$$

Absorption

$$S \substack{\sqcap\\\sqcup} (S \substack{\sqcup\\\sqcap} S') \equiv S$$

Mithin ist $\mathcal{S}$ modulo $\equiv$ ein distributiver Verband mit Schnitt $\sqcap$, Vereinigung $\sqcup$, kleinstem Element $\emptyset$, größtem Element $\diamond$ und Anordnung $\sqsupseteq$.

§2 Abstrakte Striktheitsinterpretation

In diesem Paragraphen werde ich Striktheitsausdrücke durch eine Relation 'beschreibt die Striktheitseigenschaften korrekt' zu den Werten der denotationellen Semantik von λ-Ausdrücken in Beziehung setzen und daraus eine abstrakte Interpretation von λ-Ausdrücken durch Striktheitsausdrücke gewinnen.

Zentral ist dabei eine stetige Abbildung τ von $\mathcal{D}$ in $\mathcal{B}$ mit den Eigenschaften $\tau(d) = \bot \iff d = \bot$ und

$$\tau(d_0) \cdot \tau(d_1) \cdot \dots \cdot \tau(d_n) = \bot \Longrightarrow d_0 \cdot d_1 \cdot \dots \cdot d_n = \bot.$$

Damit erlaubt $\tau(d_0)$ Aussagen über die Striktheit von d_0. Ist beispielsweise

$$\tau(d_0) \cdot \underbrace{\top \cdot \dots \cdot \top}_{i-1\text{-mal}} \cdot \bot = \bot,$$

dann ist d_0 strikt im i-ten Argument.

Gehen wir einen Schritt weiter und wählen einen geschlossenen Striktheitsausdruck S_0 mit $[\![S_0]\!]^{\mathcal{B}} \geq \tau(d_0)$, dann ist d_0 strikt im i-ten Argument, wenn

$$S_0 \underbrace{\emptyset \cdots \emptyset}_{i-1\text{-mal}} \diamond \equiv \diamond$$

erfüllt ist. In diesem Fall sage ich, S_0 *beschreibe die Striktheitseigenschaften von* d_0 *korrekt*[4].

In ähnlicher Weise werde ich sagen, daß S *die Striktheitseigenschaften von* E *korrekt beschreibt*, wenn $\tau([\![E]\!]^{\mathcal{D}}({}^{\mathcal{D}}\rho)) \leq [\![S]\!]^{\mathcal{B}}(\tau \circ {}^{\mathcal{D}}\rho)$ gilt.

Nennen wir S *strikt in* v bzw. *strikt im* i*-ten Argument*, wenn $[v \mapsto \diamond]S \equiv \diamond$ bzw.

$$S_0 \underbrace{\emptyset \cdots \emptyset}_{i-1\text{-mal}} \diamond \equiv \diamond$$

erfüllt ist, dann folgt aus einer Striktheitsaussage für S die entsprechende Striktheitsaussage für E unter der Voraussetzung, daß S die Striktheitseigenschaften von E korrekt beschreibt.

Ich beginne jetzt mit der Definition von τ.

Nach [Smyt82] bzw. nach Definition sind $\mathcal{D}$ und $\mathcal{B}$ die direkten Grenzwerte in CPO* von $(\mathcal{D}_n, (\gamma_n^{\mathcal{D}}, \alpha_n^{\mathcal{D}}))$ bzw. $(\mathcal{B}_n, (\gamma_n^{\mathcal{B}}, \alpha_n^{\mathcal{B}}))$ mit

$$\begin{aligned} \mathcal{D}_n &= F_{\mathcal{D}}^n(\{\bot\}) & (\gamma_n^{\mathcal{D}}, \alpha_n^{\mathcal{D}}) &= F_{\mathcal{D}}^n(\bot_{[\mathcal{D}_0 \to \mathcal{D}_1]}, \bot_{[\mathcal{D}_1 \to \mathcal{D}_0]}) \\ \mathcal{B}_n &= F_{\mathcal{B}}^n(\{{}^{\top}_{\bot}\}) & (\gamma_n^{\mathcal{B}}, \alpha_n^{\mathcal{B}}) &= F_{\mathcal{B}}^n((\gamma_0^{\mathcal{B}}, \alpha_0^{\mathcal{B}})). \end{aligned}$$

---

[4] S_0 beschreibt die Striktheitseigenschaften von d_0 jedoch i.A. *nicht vollständig*.

und

$$F_{\mathcal{D}}\colon F_{\mathcal{D}}(D) := D_0 + (D \times D)_\perp + ([D \to D])_\perp$$

$$F_{\mathcal{D}}((\gamma,\alpha)\colon D \to D') = (\gamma_{\mathcal{D}}, \alpha_{\mathcal{D}})\colon F_{\mathcal{D}}(D) \to F_{\mathcal{D}}(D')$$

$$\gamma_{\mathcal{D}}(d) = \begin{cases} d, & \text{falls } d \in D_0; \\ (\gamma(d_1), \gamma(d_2)), & \text{falls } d = (d_1, d_2) \in D \times D; \\ \gamma \circ d \circ \alpha, & \text{falls } d \in [D \to D]. \end{cases}$$

$$\alpha_{\mathcal{D}}(d) = \begin{cases} d, & \text{falls } d \in D_0; \\ (\alpha(d_1), \alpha(d_2)), & \text{falls } d = (d_1, d_2) \in D' \times D'; \\ \alpha \circ d \circ \gamma, & \text{falls } d \in [D' \to D']. \end{cases}$$

$$F_{\mathcal{B}}\colon F_{\mathcal{B}}(B) := ([B \to B])_\perp$$

$$F_{\mathcal{B}}((\gamma,\alpha)\colon B \to B') = (\gamma_{\mathcal{B}}, \alpha_{\mathcal{B}})\colon F_{\mathcal{B}}(B) \to F_{\mathcal{B}}(B')$$

$$\gamma_{\mathcal{B}}(b) = \begin{cases} \perp, & \text{falls } b = \perp; \\ \gamma \circ b \circ \alpha, & \text{falls } b \in [B \to B]. \end{cases}$$

$$\alpha_{\mathcal{B}}(b) = \begin{cases} \perp, & \text{falls } b = \perp; \\ \alpha \circ b \circ \gamma, & \text{falls } b \in [B' \to B']. \end{cases}$$

und

$$\gamma_0^{\mathcal{B}}(b) = \begin{cases} \perp_{\mathcal{B}_1}, & \text{falls } b = \perp_{\mathcal{B}_0}; \\ \top_{\mathcal{B}_1}, & \text{falls } b = \top_{\mathcal{B}_0}. \end{cases}$$

$$\alpha_0^{\mathcal{B}}(b) = \begin{cases} \top_{\mathcal{B}_0}, & \text{falls } b = \top_{\mathcal{B}_1}; \\ \perp_{\mathcal{B}_0}, & \text{sonst.} \end{cases}$$

Ich definiere induktiv Abbildungen $\tau_n\colon \mathcal{D}_n \to \mathcal{B}_n$ durch:

$$\tau_0(\perp) = \perp$$

$$\tau_{n+1}(d_{n+1}) = \begin{cases} \perp, & \text{falls } d_{n+1} = \perp; \\ \top, & \text{falls } d_{n+1} \in (\mathcal{D}_0 - \{\perp\}) \cup \mathcal{D}_n \times \mathcal{D}_n; \\ \bigwedge\{b_{n+1} \in [\mathcal{B}_n \to \mathcal{B}_n] \mid b_{n+1} \circ \tau_n \geq \tau_n \circ d_{n+1}\}, \\ \qquad \text{falls } d_{n+1} \in [\mathcal{D}_n \to \mathcal{D}_n]. \end{cases}$$

Eigenschaft IV §2–1

1) $\tau_n(d_n) = \perp_{\mathcal{B}_n} \iff d_n = \perp_{\mathcal{D}_n}$;

2) $d_{n+1} \in [\mathcal{D}_n \to \mathcal{D}_n] \Longrightarrow \tau_{n+1}(d_{n+1}) \circ \tau_n \geq \tau_n \circ d_{n+1}$;

3) τ_n ist stetig;

4) $\gamma_n^{\mathcal{B}} \circ \tau_n \geq \tau_{n+1} \circ \gamma_n^{\mathcal{D}}$;

5) $\alpha_n^{\mathcal{B}} \circ \tau_{n+1} \geq \tau_n \circ \alpha_n^{\mathcal{D}}$.

Beweis

1 ist nach Definition erfüllt, 2 gilt, weil $[\mathcal{B}_n \to \mathcal{B}_n]$ endlich ist und endliche Schnitte punktweise gebildet werden. Die übrigen Aussagen werden durch Induktion über n bewiesen.

$n = 0$: offensichtlich.

$n \to n+1$:

3) τ_{n+1} ist offensichtlich monoton. Ferner ist τ_{n+1} offensichtlich stetig auf $D_0 + (\mathcal{D}_n \times \mathcal{D}_n)_\perp$. Es genügt daher, für jede gerichtete Teilmenge C von $[\mathcal{D}_n \to \mathcal{D}_n]$ $\tau_{n+1}(\bigvee C) \leq \bigvee \tau_{n+1}(C)$ nachzuweisen. Aber

$$\begin{aligned}\left(\bigvee \tau_{n+1}(C)\right) \circ \tau_n &= \bigvee (\tau_{n+1}(C) \circ \tau_n) \\ &\geq \bigvee_{c \in C} (\tau_n \circ c) \\ &= \tau_n \circ \bigvee C\end{aligned}$$

4) Wir müssen $\gamma^{\mathcal{B}}_{n+1}(\tau_{n+1}(d)) \geq \tau_{n+2}(\gamma^{\mathcal{D}}_{n+1}(d))$ für alle $d \in \mathcal{D}_{n+1}$ nachweisen. Dies gilt offensichtlich für $d = \perp_{\mathcal{D}_{n+1}}$; für $d \in D_0 - \{\perp_{\mathcal{D}_{n+1}}\} \cup \mathcal{D}_n \times \mathcal{D}_n$ gilt es, weil $\gamma^{\mathcal{B}}_{n+1}$ $\top_{\mathcal{B}_{n+1}}$ auf $\top_{\mathcal{B}_{n+2}}$ abbildet. Für $d \in [\mathcal{D}_n \to \mathcal{D}_n]$ gilt:

$$\begin{aligned}\gamma^{\mathcal{B}}_{n+1}(\tau_{n+1}(d)) \circ \tau_{n+1} &= \gamma^{\mathcal{B}}_n \circ \tau_{n+1}(d) \circ \alpha^{\mathcal{B}}_n \circ \tau_{n+1} \\ &\geq \gamma^{\mathcal{B}}_n \circ \tau_{n+1}(d) \circ \tau_n \circ \alpha^{\mathcal{D}}_n \\ &\geq \gamma^{\mathcal{B}}_n \circ \tau_n \circ d \circ \alpha^{\mathcal{D}}_n \\ &\geq \tau_{n+1} \circ \gamma^{\mathcal{D}}_n \circ d \circ \alpha^{\mathcal{D}}_n \\ &= \tau_{n+1} \circ \gamma^{\mathcal{D}}_{n+1}(d)\end{aligned}$$

Mithin gilt:

$$\gamma^{\mathcal{B}}_{n+1}(\tau_{n+1}(d)) \geq \tau_{n+2}(\gamma^{\mathcal{D}}_{n+1}(d)).$$

5) Analog zum vorherigen Fall.

∎

Da $\mathcal{D}$ und $\mathcal{B}$ direkte Grenzwerte von $(\mathcal{D}_n, (\gamma^{\mathcal{D}}_n, \alpha^{\mathcal{D}}_n))$ bzw. $(\mathcal{B}_n, (\gamma^{\mathcal{B}}_n, \alpha^{\mathcal{B}}_n))$ sind, gibt es zugehörige

$$(\gamma^{\mathcal{D}}_{n\,\infty}, \alpha^{\mathcal{D}}_{n\,\infty}): \mathcal{D}_n \to \mathcal{D} \quad \text{bzw.} \quad (\gamma^{\mathcal{B}}_{n\,\infty}, \alpha^{\mathcal{B}}_{n\,\infty}): \mathcal{B}_n \to \mathcal{B}$$

Definition IV §2–2 τ

$$\tau: \mathcal{D} \to \mathcal{B} \qquad \tau := \bigvee_{n \in \mathbf{N}} \gamma^{\mathcal{B}}_{n\,\infty} \circ \tau_n \circ \alpha^{\mathcal{D}}_{n\,\infty}$$

Eigenschaft IV §2–3

1) τ ist stetig;
2) $\tau(d) = \perp \iff d = \perp$;
3) $\tau(d_1) \cdot \tau(d_2) \geq \tau(d_1 \cdot d_2)$;
4) $g \in [\mathcal{B} \to \mathcal{B}] \wedge f \in [\mathcal{D} \to \mathcal{D}] \wedge g \circ \tau \geq \tau \circ f \Longrightarrow \downarrow g \geq \tau(\downarrow f)$.

Beweis

1) τ ist als Vereinigung stetiger Funktionen stetig.

2) offensichtlich mit IV §2–1(1).

3) Für $d_1 \in D_0 \cup D \times D$ ist $d_1 \cdot d_2 = \bot$, folglich ist 3 in diesem Fall erfüllt. Für $d_1 \in [D \to D]$ ist $\alpha^D_{n+1}(d_1)$ in $[D_n \to D_n]$ und nach IV §2–1(2) gilt:

$$\tau_{n+1}\left(\alpha^D_{n+1}(d_1)\right)\left(\tau_n(\alpha^D_n(d_2))\right) \geq \tau_n\left(\alpha^D_{n+1}(d_1)(\alpha^D_n(d_2))\right)$$

und damit

$$\gamma^B_{n\,\infty}\Big(\tau_{n+1}\left(\alpha^D_{n+1}(d_1)\right)\left(\tau_n(\alpha^D_n(d_2))\right)\Big) \geq \gamma^B_{n\,\infty}\Big(\tau_n\left(\alpha^D_{n+1}(d_1)(\alpha^D_n(d_2))\right)\Big)$$

Die linke Seite konvergiert bei $n \to \infty$ gegen $\tau(d_1) \cdot \tau(d_2)$, die rechte gegen $\tau(d_1 \cdot d_2)$, womit 3 bewiesen ist.

4) Ich beweise zunächst: $\alpha^B_{n\,\infty} \circ g \circ \gamma^B_{n\,\infty} \geq \tau_{n+1}(\alpha^D_{n\,\infty} \circ f \circ \gamma^D_{n\,\infty})$.

$$\begin{aligned}(\alpha^B_{n\,\infty} \circ g \circ \gamma^B_{n\,\infty}) \circ \tau_n &\geq \alpha^B_{n\,\infty} \circ g \circ \tau \circ \gamma^D_{n\,\infty}\\ &\geq \alpha^B_{n\,\infty} \circ \tau \circ f \circ \gamma^D_{n\,\infty}\\ &\geq \tau_n \circ (\alpha^D_{n\,\infty} \circ f \circ \gamma^D_{n\,\infty})\end{aligned}$$

Mithin

$$\gamma^B_{n+1\,\infty}(\alpha^B_{n\,\infty} \circ g \circ \gamma^B_{n\,\infty}) \geq \gamma^B_{n+1\,\infty}(\tau_{n+1}(\alpha^D_{n\,\infty} \circ f \circ \gamma^D_{n\,\infty}))$$

Die linke Seite konvergiert gegen $\downarrow g$, die rechte gegen $\tau(\downarrow f)$. ∎

Die Eigenschaften 3 und 4 besagen zusammen, daß für $f \in [D \to D]$ und $g \in [B \to B]$

$$\tau(\downarrow f) \leq \downarrow g \iff \tau \circ f \leq g \circ \tau$$

erfüllt ist. Dies ist ein wichtiges Hilfsmittel, um in einigen Fällen $\tau(d) \leq b$ nachzuweisen. Besonders interessiert sind wir an einer solchen Möglichkeit für die $[\![k]\!]^D$. Meist handelt es sich bei $[\![k]\!]^D$ um die "Repräsentation einer n-stelligen Abbildung als Element von D". Obige Eigenschaft kann die Überprüfung $\tau([\![k]\!]^D) \leq b$ wesentlich vereinfachen, wenn $n = 1$ gilt. Ich werde sie jetzt auf beliebige n verallgemeinern, um sie auch für "mehrstellige $[\![k]\!]^D$" verwenden zu können.

Ich definiere für $n \geq 0$ die CPO der stetigen n-stelligen (curryfizierten) Funktionen über D, $D^{(n)}$, und ihre Einbettung $\downarrow^{(n)}$ in D induktiv durch

$$\begin{aligned}D^{(0)} &:= D & D^{(n+1)} &:= [D \to D^{(n)}]\\ \downarrow^{(0)} &:= id & \downarrow^{(n+1)}(f) &:= \downarrow\left(\lambda d.\downarrow^{(n)}(f(d))\right)\end{aligned}$$

Für $f \in \mathcal{D}^{(n)}$ und $d_1, \ldots, d_n$ gilt dann

$$f(d_1)(d_2)\cdots(d_n) = \downarrow^{(n)} f \cdot d_1 \cdot \cdots \cdot d_n.$$

Analog sind $\mathcal{B}^{(n)}$ und $\downarrow^{(n)}: \mathcal{B}^{(n)} \to \mathcal{B}$ definiert.

Eigenschaft IV §2–4
Für $f \in \mathcal{D}^{(n)}$ und $g \in \mathcal{B}^{(n)}$ gilt:

$$\tau(\downarrow^{(n)}(f)) \leq \downarrow^{(n)}(g) \iff \tau\big(f(d_1)\cdots(d_n)\big) \leq g\big(\tau(d_1)\big)\cdots\big(\tau(d_n)\big).$$

Beweis Induktion über n. ∎

Ich definiere jetzt die Relation 'beschreibt die Striktheitseigenschaften korrekt', Bezeichnung δ. τ ist dabei punktweise auf ${}^{\mathcal{D}}\mathcal{E}nv$ und ${}^{\mathcal{D}}\mathcal{E}nv_{\mathrm{p}}$ fortgesetzt; ${}^{\mathcal{D}}W$ ist die generische Bezeichnung für Elemente von $[{}^{\mathcal{D}}\mathcal{E}nv \to \mathcal{D}]$, ${}^{\mathcal{D}}\mathcal{E}$ die für Elemente von $[{}^{\mathcal{D}}\mathcal{E}nv \to {}^{\mathcal{D}}\mathcal{E}nv_{\mathrm{p}}]$.

Definition IV §2–5 δ

- $S\ \delta\ d$, falls $\forall^{\mathcal{B}}\rho \in {}^{\mathcal{B}}\mathcal{E}nv$: $[\![S]\!]^{\mathcal{B}}({}^{\mathcal{B}}\rho) \geq \tau(d)$;
- $S\ \delta\ {}^{\mathcal{D}}W$, falls $\forall^{\mathcal{D}}\rho \in {}^{\mathcal{D}}\mathcal{E}nv$: $[\![S]\!]^{\mathcal{B}}(\tau \circ {}^{\mathcal{D}}\rho) \geq \tau\big({}^{\mathcal{D}}W({}^{\mathcal{D}}\rho)\big)$;
- $SK\ \delta\ {}^{\mathcal{D}}\mathcal{E}$, falls $\forall^{\mathcal{D}}\rho \in {}^{\mathcal{D}}\mathcal{E}nv$: $[\![SK]\!]^{\mathcal{B}}(\tau \circ {}^{\mathcal{D}}\rho) \geq \tau\big({}^{\mathcal{D}}\mathcal{E}({}^{\mathcal{D}}\rho)\big)$;
- $S\ \delta\ E$, falls $S\ \delta\ [\![E]\!]^{\mathcal{D}}$;
- $SK\ \delta\ SK$, falls $SK\ \delta\ [\![SK]\!]^{\mathcal{D}}$;
- ${}^{\mathcal{S}}\rho\ \delta\ {}^{\mathcal{D}}\rho_{\mathrm{p}}$, falls $\forall v \in \mathrm{Def}({}^{\mathcal{D}}\rho_{\mathrm{p}})$: ${}^{\mathcal{S}}\rho(v)\ \delta\ {}^{\mathcal{D}}\rho_{\mathrm{p}}(v)$.

Nach dieser Definition ist es offensichtlich, daß $\leq$ Striktheitsausdrücke hinsichtlich der durch sie beschriebenen Striktheitseigenschaften vergleicht: offensichtlich werden um so stärkere Striktheitseigenschaften beschrieben, je kleiner die Striktheitsausdrücke bzgl. $\leq$ werden. Es folgt, daß bzgl. $\equiv$ zueinander äquivalente Striktheitsausdrücke dieselben Striktheitseigenschaften beschreiben.

δ hat die folgenden für uns wichtigen Eigenschaften:

Eigenschaft IV §2–6
Gilt $S_i\ \delta\ d_i$ für i=0…n, dann gilt

$$S_0 \cdots S_n \equiv \diamond \implies d_0 \cdot \cdots \cdot d_n = \bot.$$

Eigenschaft IV §2–7
0) $v\ \delta\ [\![v]\!]^{\mathcal{D}}$;

1) $S_1 \, \delta \, {}^{D}W_1 \ \wedge \ S_2 \, \delta \, {}^{D}W_2 \Longrightarrow S_1 \, S_2 \, \delta \, {}^{D}W_1 \, {}^{D}W_2$;

2) $S \, \delta \, {}^{D}W \Longrightarrow \lambda v.S \, \delta \, \lambda v.{}^{D}W$;

3) $(\forall i{=}1 \ldots n\colon \ S_i \, \delta \, {}^{D}W_i) \Longrightarrow$
$(v_1{=}{=}S_1; \ldots ; v_n{=}{=}S_n) \, \delta \, (v_1{=}{=}{}^{D}W_1; \ldots ; v_n{=}{=}{}^{D}W_n)$;

4) $SK \, \delta \, {}^{D}\mathcal{E} \ \wedge \ S \, \delta \, {}^{D}W \Longrightarrow$ **let** SK **in** $S \ \delta$ **let** ${}^{D}\mathcal{E}$ **in** ${}^{D}W$;

Beweis

1 folgt aus IV §2–3(3), 2 folgt aus IV §2–3(4), 3 folgt aus der Stetigkeit von τ, 4 folgt aus 3. ∎

Diese Eigenschaft besagt, daß wir eine abstrakte Interpretation von λ-Ausdrücken durch Striktheitsausdrücke mit Abstraktionsrelation δ^{-1} definieren können, indem wir jeder Konstanten k einen Striktheitsausdruck $[\![k]\!]^S \ \delta \ k$ zuordnen und alle anderen Operationen von Σ_Λ durch die entsprechenden Operationen in Σ_S interpretieren.

Eigenschaft IV §2–8

0) $v \, \delta \, v$;

1) $S_1 \, \delta \, E_1 \ \wedge \ S_2 \, \delta \, E_2 \Longrightarrow S_1 \, S_2 \, \delta \, E_1 \, E_2$;

2) $S \, \delta \, E \Longrightarrow \lambda v.S \, \delta \, \lambda v.E$;

3) $(\forall i{=}1 \ldots n\colon \ S_i \, \delta \, E_i) \Longrightarrow$
$(v_1{=}{=}S_1; \ldots ; v_n{=}{=}S_n) \, \delta \, (v_1{=}{=}E_1; \ldots ; v_n{=}{=}E_n)$;

4) $SK \, \delta \, SK \ \wedge \ S \, \delta \, E \Longrightarrow$ **let** SK **in** $S \ \delta$ **let** SK **in** E;

5) $S \, \delta \, E \ \wedge \ {}^{S}\rho \, \delta \, {}^{D}\rho_{P} \Longrightarrow {}^{S}\rho S \, \delta \, [\![E]\!]^{D}({}^{D}\rho_{P})$.

Beweis

0-4 folgen aus IV §2–7. 5 folgt aus $[\![{}^{S}\rho S]\!]^{B}({}^{B}\rho) = [\![S]\!]^{B}({}^{B}\rho([\![{}^{S}\rho]\!]^{B}({}^{B}\rho)))$. ∎

Definition IV §2–9

Eine FV-reduzierende Abbildung[5] I von (Λ, SKR) nach (S, SKR) heißt *eine zulässige Interpretation* von λ-Ausdrücken durch Striktheitsausdrücke, wenn $I(E) \, \delta \, E$ und $I(SK) \, \delta \, SK$ für alle $E \in \Lambda$ und $SK \in SKR$.

Eine Interpretation $[\![\cdot]\!]^S$ von K durch geschlossene Striktheitsausdrücke heißt eine *zulässige Konstanteninterpretation*, wenn $[\![k]\!]^S \ \delta \ k$ für alle $k \in K$.

Die folgende Eigenschaft ist eine unmittelbare Folgerung aus IV §2–7 und IV §2–8.

[5] $FV \circ I \subseteq FV$

Eigenschaft IV §2–10
Ist $[\![\cdot]\!]^S$ eine zulässige Konstanteninterpretation, dann ist der $\tilde{\Sigma}_\Lambda$-Algebrahomomorphismus von (Λ, SKR) in (S, SKR), der k durch $[\![k]\!]^S$ und alle anderen Operationen von $\tilde{\Sigma}_\Lambda$ durch die entsprechenden Operationen von $\tilde{\Sigma}_S$ interpretiert, eine zulässige Interpretation von λ-Ausdrücken durch Striktheitsausdrücke.
Der Homomorphismus definiert eine abstrakte (Striktheits-) Interpretation mit Abstraktionsrelation δ^{-1}.

Wir können damit zu einem gegebenen λ-Ausdruck einen seine Striktheitseigenschaften korrekt beschreibenden Striktheitsausdruck berechnen, sofern eine zulässige Konstanteninterpretation gegeben ist. Im folgenden gebe ich eine zulässige Konstanteninterpretation für unsere Beispielkonstanten an. Die Zulässigkeit kann mit IV §2–4 leicht überprüft werden.

Beispiel IV §2–11 Zulässige Konstanteninterpretation für $\mathcal{K}_0$

- $[\![n]\!]^S = \emptyset$ für $n \in \mathbf{N}$;
- $[\![true]\!]^S = \emptyset$, $[\![false]\!]^S = \emptyset$;
- $[\![+]\!]^S = \lambda v_1\, v_2.\, \Phi\, v_1 \sqcup \Phi\, v_2$;
- $[\![=]\!]^S = \lambda v_1\, v_2.\, \Phi\, v_1 \sqcup \Phi\, v_2$;
- $[\![if]\!]^S = \lambda v_1\, v_2\, v_3.\, \Phi\, v_1 \sqcup (v_2 \sqcap v_3)$;
- $[\![l\_pair]\!]^S = \lambda v_1\, v_2. \emptyset$;
- $[\![s\_pair]\!]^S = \lambda v_1\, v_2.\, \Phi\, v_1 \sqcup \Phi\, v_2$;
- $[\![is\_pair]\!]^S = \lambda v.\, \Phi\, v$;
- $[\![first]\!]^S = \lambda v.\, \Phi\, v$;
- $[\![second]\!]^S = \lambda v.\, \Phi\, v$;
- $[\![strict]\!]^S = \lambda v_1\, v_2.\, \Phi\, v_1 \sqcup v_2$;

§3 Die Präordnung $\dot{\leq}$

Dieser Paragraph definiert eine Teilmenge $\dot{S}$ von S und eine entscheidbare Präordnung $\dot{\leq}$ auf $\dot{S}$.

Mit Ausnahme der Applikation (Funktionsanwendung) ist $\dot{S}$ abgeschlossen bzgl. aller Striktheitsoperationen. Diese Striktheitsoperationen sind monoton bzgl. $\dot{\leq}$. Die Applikation und die Substitutionsoperatoren bilden nur Teilmengen von $\dot{S}^2$ bzw. $\dot{S}^{n+1}$ wieder in $\dot{S}$ ab. Auf diesen Teilmengen sind sie ebenfalls monoton bzgl. $\dot{\leq}$.

$\dot{\leq}$ impliziert $\leq$; demzufolge wird $\equiv$ von der zu $\dot{\leq}$ gehörenden Äquivalenzrelation $\dot{\equiv}$ impliziert. Desweiteren erfüllt $\dot{\equiv}$ auf $\dot{S}$ alle im vorigen Paragraphen genannten Rechenregeln; genauer: $\dot{\equiv}$ umfaßt die Einschränkungen auf $\dot{S} \times \dot{S}$ der im folgenden definierten Relationen.

Definition IV §3–1

Die Relationen $\mathbf{R}_\alpha$, $\mathbf{R}_\beta$, $\mathbf{R}_.$, $\mathbf{R}_\Phi$, $\mathbf{R}_{\underset{\diamond}{\emptyset}}$, $\mathbf{R}_\mathrm{D}$, $\mathbf{R}_\mathrm{K}$, $\mathbf{R}_\mathrm{A}$, $\mathbf{R}_\mathrm{I}$ und $\mathbf{R}_\mathrm{P}$ sind die kleinsten binären Relationen auf S mit folgenden Eigenschaften:

α-Konversion

$$\lambda v.S \;\; \mathbf{R}_\alpha \;\; \lambda v'.[v \mapsto v']S$$

falls v' nicht frei in S vorkommt;

$$\begin{array}{c} \textbf{let } v_1 {=}{=} S_1, \ldots, v_n {=}{=} S_n \textbf{ in } S_0 \\ \mathbf{R}_\alpha \\ \textbf{let } v'_1 {=}{=} S'_1, \ldots, v'_n {=}{=} S'_n \textbf{ in } S'_0 \end{array} \qquad (\mathbf{R}_\alpha)$$

falls die v'_i nicht frei in den S_j vorkommen und

$$S'_j = [v_i \mapsto v'_i]_{i=1}^n S_j .$$

β-Konversion

$$(\lambda v.S_1)\, S_2 \;\; \mathbf{R}_\beta \;\; [v \mapsto S_2] S_1 \qquad (\mathbf{R}_\beta)$$

Weitere Regeln für die Funktionsanwendung

$$\begin{array}{lc} (1) & \underset{\diamond}{\emptyset}\, S \;\; \mathbf{R}_. \;\; \underset{\diamond}{\emptyset} \\ (2) & (\Phi\, S_1)\, S_2 \;\; \mathbf{R}_. \;\; (\Phi\, S_1) \\ (3) & (S_1 \overset{\sqcup}{\sqcap} S_2)\, S \;\; \mathbf{R}_. \;\; S_1\, S \overset{\sqcup}{\sqcap} S_2\, S \end{array} \qquad (\mathbf{R}_.)$$

Regeln für Φ

$$\begin{array}{lc} (1) & \Phi \underset{\diamond}{\emptyset} \;\; \mathbf{R}_\Phi \;\; \underset{\diamond}{\emptyset} \\ (2) & \Phi(\Phi\, S) \;\; \mathbf{R}_\Phi \;\; \Phi\, S \\ (3) & \Phi\, \lambda v.S \;\; \mathbf{R}_\Phi \;\; \emptyset \\ (4) & \Phi(S_1 \overset{\sqcup}{\sqcap} S_2) \;\; \mathbf{R}_\Phi \;\; \Phi\, S_1 \overset{\sqcup}{\sqcap} \Phi\, S_2 \end{array} \qquad (\mathbf{R}_\Phi)$$

Regeln für die Abstraktion

$$\begin{array}{lc} (1) & \lambda v.\emptyset \;\; \mathbf{R}_\lambda \;\; \emptyset \\ (2) & \lambda v.S_1 \overset{\sqcup}{\sqcap} S_2 \;\; \mathbf{R}_\lambda \;\; (\lambda v.S_1) \overset{\sqcup}{\sqcap} (\lambda v.S_2) \end{array} \qquad (\mathbf{R}_\lambda)$$

$\underset{\diamond}{\emptyset}$ als kleinstes/größtes Element

$$\begin{array}{llll} (1) & \diamond \sqcap S \;\; \mathbf{R}_{\underset{\diamond}{\emptyset}} \;\; S & S \sqcap \diamond \;\; \mathbf{R}_{\underset{\diamond}{\emptyset}} \;\; S \\ (2) & \diamond \sqcup S \;\; \mathbf{R}_{\underset{\diamond}{\emptyset}} \;\; \diamond & S \sqcup \diamond \;\; \mathbf{R}_{\underset{\diamond}{\emptyset}} \;\; \diamond \\ (3) & \emptyset \sqcap S \;\; \mathbf{R}_{\underset{\diamond}{\emptyset}} \;\; \emptyset & S \sqcap \emptyset \;\; \mathbf{R}_{\underset{\diamond}{\emptyset}} \;\; \emptyset \\ (4) & \emptyset \sqcup S \;\; \mathbf{R}_{\underset{\diamond}{\emptyset}} \;\; S & S \sqcup \emptyset \;\; \mathbf{R}_{\underset{\diamond}{\emptyset}} \;\; S \end{array} \qquad (\mathbf{R}_{\underset{\diamond}{\emptyset}})$$

Distributivgesetz

$$\begin{array}{lll} (1) & (S_1 \sqcup S_2) \sqcap S \;\mathbf{R}_\mathrm{D}\; S_1 \sqcap S \sqcup S_2 \sqcap S & \\ (2) & S \sqcap (S_1 \sqcup S_2) \;\mathbf{R}_\mathrm{D}\; S \sqcap S_1 \sqcup S \sqcap S_2 & \end{array} \qquad (\mathbf{R}_\mathrm{D})$$

Kommutativgesetz

$$S_1 \overset{\sqcup}{\sqcap} S_2 \;\mathbf{R}_\mathrm{K}\; S_2 \overset{\sqcup}{\sqcap} S_1 \qquad (\mathbf{R}_\mathrm{K})$$

Assoziativgesetz

$$S_1 \overset{\sqcup}{\sqcap} (S_2 \overset{\sqcup}{\sqcap} S_3) \;\mathbf{R}_\mathrm{A}\; (S_1 \overset{\sqcup}{\sqcap} S_2) \overset{\sqcup}{\sqcap} S_3 \qquad (\mathbf{R}_\mathrm{A})$$

Idempotenz

$$S \overset{\sqcup}{\sqcap} S \;\mathbf{R}_\mathrm{I}\; S \qquad (\mathbf{R}_\mathrm{I})$$

Absorption

$$S \overset{\sqcap}{\sqcup} (S \overset{\sqcup}{\sqcap} S') \;\mathbf{R}_\mathrm{P}\; S \qquad (\mathbf{R}_\mathrm{P})$$

$\dot{\mathcal{S}}$ ist dabei definiert als die Teilmenge der Striktheitsausdrücke, die von der von $\mathbf{R}_\beta$, $\mathbf{R}_\cdot$, $\mathbf{R}_\Phi$, $\mathbf{R}_\lambda$, $\mathbf{R}_{\underset{\circ}{\emptyset}}$ und $\mathbf{R}_\mathrm{D}$ erzeugten Reduktionsrelation $\rightarrow$ stark normalisiert werden. Mit den Ergebnissen von II §6, II §7 und II §8 werde ich zeigen, daß die $\rightarrow$-Normalformen von Elementen aus $\dot{\mathcal{S}}$ bis auf α-Konversion und Assoziativität/ Kommutativität (von $\sqcap$ und $\sqcup$) eindeutig bestimmt sind. Wegen ihrer Struktur nenne ich sie *disjunktive Normalformen.* Ich werde argumentieren, daß es eine berechenbare Abbildung η gibt, die jedem Element von $\dot{\mathcal{S}}$ eine disjunktive Normalform zuordnet. Auf den disjunktiven Normalformen schließlich können wir in natürlicher Weise eine Präordnung definieren. Es wird sich herausstellen, daß sie invariant gegenüber α-Konversion, Assoziativität und Kommutativität ist. Sie kann deshalb mittels η zu einer Präordnung auf ganz $\dot{\mathcal{S}}$ fortgesetzt werden: der gesuchten Präordnung $\dot{\leq}$.

Definition IV §3–2

$\mathbf{R}$ ist der Reduktionskern $\mathbf{R}_\beta \cup \mathbf{R}_\cdot \cup \mathbf{R}_\Phi \cup \mathbf{R}_\lambda \cup \mathbf{R}_{\underset{\circ}{\emptyset}} \cup \mathbf{R}_\mathrm{D}$; $\rightarrow$ die von $\mathbf{R}$ erzeugte Reduktionsrelation.

$\dot{\mathcal{S}}$ wird definiert als die Menge der von $\rightarrow$ stark normalisierten Striktheitsausdrücke. Die generische Bezeichnung für Elemente von $\dot{\mathcal{S}}$ ist $\dot{S}$.

In diesem Abschnitt werde ich oft von der Vertauschbarkeit von $\rightarrow$ mit $\equiv_\alpha$ Gebrauch machen. Um diese Eigenschaft zu beweisen, möchte ich II §8.5–7 benutzen. Dazu ist es notwendig, ein Termersetzungssystem $\mathbf{T}$ zu definieren, das $\mathbf{R}$ erzeugt.

Für $x = \beta, \cdot, \Phi, \lambda, \underset{\circ}{\emptyset}, D, K, A, I, P$ können die Regeln in der Definition von $\mathbf{R}_\mathrm{x}$ als S-Termersetzungssystem[6] $\mathbf{T}_x$ mit Parametern $\{S, S_1, S_2, \ldots\}$ gelesen wer-

[6] $\mathbf{T}_x$ ist im allgemeinen nicht endlich, denn die universelle Quantifizierung über Variablen wird nicht über den Parametermechanismus behandelt. Dies bereitet aber keine Probleme.

den. Offensichtlich ist $\mathbf{R}_\mathrm{x}$ der von $\mathbf{T}_x$ erzeugte Reduktionskern; $\mathbf{R}_\mathrm{x}$ ist FV-reduzierend; $\mathbf{T}_x$ ist linkslinear für $x \neq I, P$.

Lemma IV §3–3

Für $x = \beta, \cdot, \Phi, \lambda, \overset{\emptyset}{\diamond}, D, K, A$ gilt:

1) $\rightarrow_{\mathbf{R}_\mathrm{x}}$ ist vertauschbar mit $\equiv_\alpha$.

2)

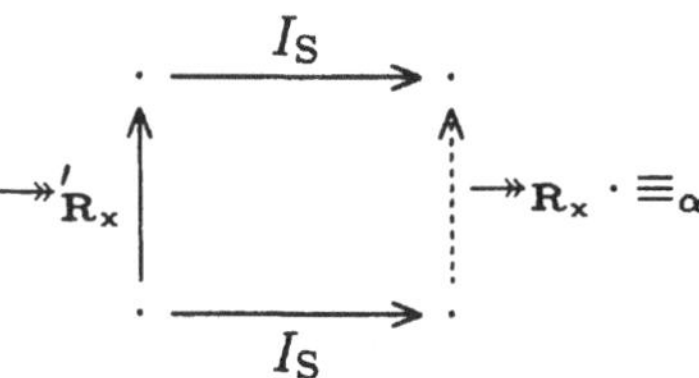

Entsprechendes gilt für Reduktionsrelationen, die von Vereinigungen (einiger) der $\mathbf{R}_\mathrm{x}$ erzeugt werden.

Beweis

Direktes Nachrechnen unter Ausnutzung von II §8.5–1 zeigt, daß die Voraussetzungen zur Anwendung von II §8.5–7 auf $\mathbf{T}_x$ erfüllt sind. ∎

Ich zeige jetzt eine Reihe von Abschlußeigenschaften für $\dot{S}$. Insbesondere sehen wir, daß $\dot{S}$ mit Ausnahme der Applikation bzgl. aller Striktheitsoperationen abgeschlossen ist. Bezüglich der Applikation ist $\dot{S}$ nicht abgeschlossen, wie das folgende Beispiel zeigt.

Beispiel IV §3–4

Definiere $\Omega := (\lambda v.v\ v)\ (\lambda v.v\ v)$. $\lambda v.v\ v$ ist eine $\rightarrow$- Normalform, liegt also insbesondere in $\dot{S}$. Aber $\Omega \rightarrow \Omega$, deshalb liegt Ω nicht in $\dot{S}$; stärker es gibt kein $S \neq \Omega$ mit $\Omega \rightarrow S$, deshalb hat Ω keine $\rightarrow$-Normalform.

Für die Applikation zeige ich deshalb eine Reihe von Spezialfällen. Im nächsten Paragraphen setze ich die Behandlung der Applikation fort und zeige, daß die Menge der polymorph typisierbaren Striktheitsausdrücke in $\dot{S}$ enthalten ist.

Satz IV §3–5 Abschlußeigenschaften von $\dot{S}$

1) $S \in \dot{S} \iff \mathrm{Si}_\rightarrow(S) < \infty$;

2) mit S liegen alle Teilausdrücke von S in $\dot{S}$;

3) $\mathrm{Si}_\rightarrow = \mathrm{Si}_{\rightarrow_{/\equiv_\alpha}}$. Insbesondere ist $\dot{S}$ rechtsabgeschlossen bzgl. $\equiv_\alpha$ und $\rightarrow_{/\equiv_\alpha}$;

4) $\dot{S}$ ist mit Ausnahme der Applikation abgeschlossen bzgl. aller Striktheitsoperationen;

5) $S = \dot{S}_0 \dot{S}_1 \cdots \dot{S}_n \in \dot{S}$, wenn
- $\dot{S}_0 \notin S_{.} \cup S_\lambda \cup S_{\sqcup\!\sqcap}$,

oder
- $\dot{S}_0 = \dot{S}_0^{(1)} \sqcup\!\sqcap \dot{S}_0^{(2)}$ und $\dot{S}_0^{(i)} \dot{S}_1 \cdots \dot{S}_n \in \dot{S}$ für $i = 1, 2$.

Beweis

1) $\mathbf{R}$ ist lokal endlich, mithin ist $\rightarrow$ lokal endlich. Nach II §6–2 gilt dann: $\mathrm{SN}_{\rightarrow}(S) \iff \mathrm{Si}_{\rightarrow}(S) < \infty$.

2) $\rightarrow$ ist schwach kompatibel.

3) Da $\rightarrow$ mit $\equiv_\alpha$ vertauschbar ist folgt die Behauptung aus II §6–11.

4) S_0 bezeichne die Menge der Striktheitsausdrücke, deren echte Teilausdrücke in $\dot{S}$ liegen. Wegen 1 ist $\mathrm{SI}_0(S)$, die Summe der $\rightarrow$-Reduktionsgrößen der direkten Teilausdrücke von S, für $S \in S_0$ endlich.

Durch Induktion über SI_0 gefolgt von der Höhe kann man mit

$$S \in \dot{S} \iff (S \rightarrow S' \Longrightarrow S' \in \dot{S})$$

nacheinander die folgenden Aussagen beweisen:

$$(1)\ S_0 \cap S_\sqcup \subseteq \dot{S} \qquad (2)\ S_0 \cap S_\sqcap \subseteq \dot{S} \qquad (3)\ S_0 - S_{.} \subseteq \dot{S}$$

5) Für $S = \dot{S}_0 \dot{S}_1 \cdots \dot{S}_n$ ist die Summe der $\rightarrow$-Reduktionsgrößen der $\dot{S}_i$, $\mathrm{SI}_1(S)$, endlich.

5 kann durch Induktion über n gefolgt von SI_1 bewiesen werden. ∎

Notation IV §3–6

Mit $\mathbf{R}_{\mathrm{AK}\alpha}$ bezeichne ich den Reduktionskern $\mathbf{R}_{\mathrm{A}} \cup \mathbf{R}_{\mathrm{K}} \cup \mathbf{R}_\alpha$; $\rightarrow_{AK\alpha}$ bezeichnet die von $\mathbf{R}_{\mathrm{AK}\alpha}$ erzeugte Reduktionsrelation, $\leftrightarrow_{AK\alpha}$ den symmetrischen Abschluß von $\rightarrow_{AK\alpha}$ und $\equiv_{AK\alpha}$ die von $\rightarrow_{AK\alpha}$ erzeugte Äquivalenzrelation. Analog seien $\mathbf{R}_{\mathrm{AK}}$, $\rightarrow_{AK}$, $\leftrightarrow_{AK}$ und $\equiv_{AK}$ definiert.

Ich möchte jetzt die Eindeutigkeit von $\rightarrow$-Normalformen modulo $\equiv_{AK\alpha}$ zeigen. Hierzu würde sich die Benutzung von II §6–14 anbieten. Leider wäre es dazu notwendig zu zeigen, daß $\rightarrow$ auf $\dot{S}$ noether'sch modulo $\equiv_{AK\alpha}$ ist, aber ich kenne keine einfache Möglichkeit zur Handhabung des Assoziativgesetzes. Ich umgehe dieses Problem, indem ich $\rightarrow$ in $\rightarrow_0$ und $\rightarrow_D$, die von $\mathbf{R}_0 := \mathbf{R}_\beta \cup \mathbf{R}_{.} \cup \mathbf{R}_\Phi \cup \mathbf{R}_\lambda \cup \mathbf{R}_{\emptyset}$ bzw. $\mathbf{R}_{\mathrm{D}}$ erzeugten Reduktionsrelationen, aufspalte. $\rightarrow_{0/\equiv_\alpha}$ ist noether'sch auf $\dot{S}$, $\rightarrow_{D/\equiv_{AK\alpha}}$ ist noether'sch auf S. Ich werde zeigen, daß $\rightarrow_0$-Normalformen von Elementen aus $\dot{S}$ eindeutig modulo $\equiv_\alpha$ und daß $\rightarrow_D$ konfluent modulo $\equiv_{AK\alpha}$ ist, daß also insbesondere $\rightarrow_D$-Normalformen eindeutig modulo $\equiv_{AK\alpha}$ sind. Anschließend zeige ich unter Ausnutzung von II §7–12, daß $\dot{S} \rightarrow_0^* \cdot \rightarrow_D^* \dot{S}'$ für jede $\rightarrow$-Normalform von $\dot{S}$ gilt, und folgere daraus die Eindeutigkeit der $\rightarrow$-Normalformen von Elementen aus $\dot{S}$ modulo $\equiv_{AK\alpha}$.

Lemma IV §3–7
$\rightarrow_0$ ist auf $\dot{S}$ konfluent modulo $\equiv_\alpha$.

Beweis
$\rightarrow_{0/\equiv_\alpha}$ ist noether'sch auf $\dot{S}$. Nach II §6–14 genügt es daher die dortigen Vertauschbarkeitsdiagramme zu überprüfen. Das zweite ist erfüllt, weil $\rightarrow_0$ mit $\equiv_\alpha$ vertauschbar ist. Zur Überprüfung des ersten habe ich II §7–11 auf $(\mathbf{T}_0, \mathbf{T}_0, \rightarrow_0 \cdot \equiv_\alpha, \rightarrow_0 \cdot \equiv_\alpha)$ angewandt. Bis auf die Bedingung für die kritischen Paare sind offenbar alle Bedingungen erfüllt. Die $(\mathbf{T}_0, \mathbf{T}_0)$ kritischen Paare habe ich mit einem Programm von Frau Beatrix Weisgerber berechnet und für jedes von ihnen[7] die in II §7–11 genannte Bedingung überprüft. ∎

Folgerung IV §3–8
$\rightarrow_0$ ist noether'sch auf $\dot{S}$; $\rightarrow_0$-Normalformen von Elementen aus $\dot{S}$ sind modulo $\equiv_\alpha$ eindeutig bestimmt.

Lemma IV §3–9
$\rightarrow_D$ ist modulo $\equiv_{AK\alpha}$ und modulo $\equiv_{AK}$ noether'sch und konfluent.

Beweis
1) Ich definiere eine monotone Interpretation $|\cdot|$ von S in $\mathbf{N}$ durch:

$$|\underset{\diamond}{\emptyset}| := 1 \qquad |v| := 1$$

$$|\Phi\, S| := |S| \qquad |\lambda v.S| := |S|$$

$$\left\{\begin{matrix} |S_1\, S_2| \\ |S_1 \sqcup S_2| \end{matrix}\right\} := |S_1| + |S_2| \qquad |S_1 \sqcap S_2| := 3^{|S_1|+|S_2|}$$

$$|\,\mathbf{let}\ v_1{=}{=}S_1; \ldots ; v_n{=}{=}S_n\ \mathbf{in}\ S_0| := \sum_{i=0}^{n} |S_i|$$

Es gilt:

$$|S| \geq 1 \ \wedge\ \frac{S_1\ \mathbf{R}_{\mathrm{AK}\alpha}\ S_2}{|S_1| = |S_2|} \ \wedge\ \frac{S_1\ \mathbf{R}_{\mathrm{D}}\ S_2}{|S_1| > |S_2|}$$

Es folgt:

---

[7] Es handelt sich hierbei eigentlich um 42 mit Variablen parametrisierte kritische-Paar-Schemata.

$$\frac{S_1 \rightarrow_{D/\equiv_{AK\alpha}} S_2}{|S_1| > |S_2|}$$

und

$$\rightarrow_D \text{ ist noether'sch modulo } \equiv_{AK\alpha}.$$

2) Zum Beweis der Konfluenzaussagen müssen wir nach II §6–14 zeigen, daß die drei Vertauschbarkeitsdiagramme

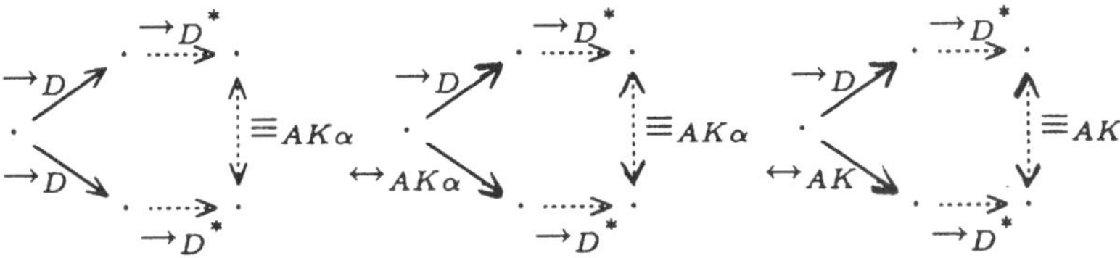

erfüllt sind. Da $\equiv_\alpha$ mit $\rightarrow_D$ vertauschbar ist, ist das zweite Diagramm erfüllt, wenn das dritte erfüllt ist. Zur Überprüfung der beiden anderen Diagramme habe ich II §7–11 wie im Beweis von IV §3–7 angewendet, d.h. ich habe die $(\mathbf{T}_D, \mathbf{T}_D)$- bzw. die $(\mathbf{T}_D, \mathbf{T}_{AK})$-kritischen Paare berechnen lassen und für sie die geforderte Bedingung überprüft. ∎

Folgerung IV §3–10

$\rightarrow_D$ ist noether'sch und konfluent modulo $\equiv_{AK\alpha}$ und modulo $\equiv_{AK}$. Insbesondere sind $\rightarrow_D$-Normalformen modulo $\equiv_{AK}$ eindeutig bestimmt.

Lemma IV §3–11

$\rightarrow_{D/\equiv_\alpha}$ ist pseudo-verschiebbar über $\rightarrow_{0/\equiv_\alpha}$.

Beweis

$\rightarrow_D$ und $\rightarrow_0$ sind vertauschbar mit $\equiv_\alpha$. Offenbar genügt es daher die Gültigkeit des folgenden Vertauschbarkeitsdiagramms nachzuweisen.

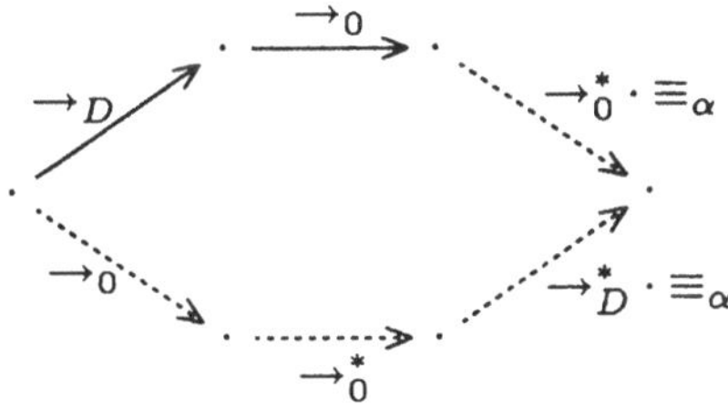

Ich habe hierzu Satz II §7–12 auf $(\mathbf{T}_D^{-1}, \mathbf{T}_0, \rightarrow_D^{-1^*} \cdot \equiv_\alpha)$ angewandt. ∎

Lemma IV §3–12

Die $\rightarrow_{0/\equiv_\alpha}$-Normalformen sind linksabgeschlossen bzgl. $\rightarrow_{D/\equiv_\alpha}$.

Beweis

Da $\rightarrow_D$ und $\rightarrow_0$ mit $\equiv_\alpha$ vertauschbar sind, genügt es offensichtlich die Gültigkeit des folgenden Diagramms[8]

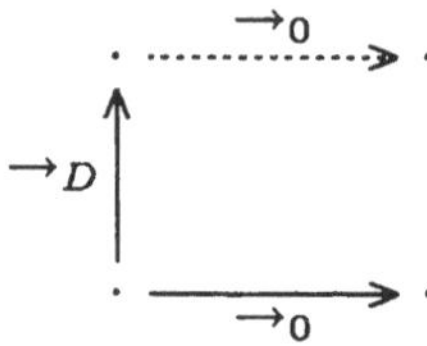

zu überprüfen. Dies ist wiederum eine Anwendung von II §7–11 und es genügt, für jedes $(\mathbf{T}_{\ulcorner}, \mathbf{T}_0)$-kritische Paar (eTS_D, eTS_0) einen $\uparrow\rightarrow_0$-Redex in eTS_D zu finden. ∎

Satz IV §3–13

$\rightarrow$ ist noether'sch auf $\dot{S}$. Deshalb besitzt jedes $\dot{S}$ mindestens eine $\rightarrow$-Normalform $\eta(\dot{S})$. $\eta(\dot{S})$ ist modulo $\equiv_{AK\alpha}$ eindeutig bestimmt.

Beweis

Ich wende Satz II §6–8 auf $\rightarrow_{0/\equiv_\alpha}$ als $\rightarrow_1$ und $\rightarrow_{D/\equiv_\alpha}$ als $\rightarrow_2$ in $\dot{S}$ modulo $\equiv_\alpha$ an. Die Voraussetzungen für II §6–8 wurden in den vorangegangenen Lemmata überprüft. Wir erhalten deshalb unter Ausnutzung der Vertauschbarkeit von $\rightarrow_0$ und $\rightarrow_D$ mit $\equiv_\alpha$:

Ist $\dot{S}'$ $\rightarrow$-Normalform von $\dot{S}$ – und damit insbesondere eine $\rightarrow_0$-Normalform – dann gibt es eine $\rightarrow_0$-Normalform $\dot{S}'_0$ von $\dot{S}$ und eine $\rightarrow_D$-Normalform $\dot{S}'_D$ von $\dot{S}'_0$ mit $\dot{S}' \equiv_\alpha \dot{S}'_D$.

Sei $\dot{S}''$ nun eine zweite $\rightarrow$-Normalform von $\dot{S}$, $\dot{S}''_0$ eine $\rightarrow_0$-Normalform von $\dot{S}$ und $\dot{S}''_D$ eine $\rightarrow_D$-Normalform von $\dot{S}''_0$ mit $\dot{S}''_D \equiv_\alpha \dot{S}''$. Nach IV §3–8 gilt $\dot{S}'_0 \equiv_\alpha \dot{S}''_0$. Da $\rightarrow_D$ konfluent modulo $\equiv_{AK\alpha}$ ist, folgt $\dot{S}'_D \equiv_{AK\alpha} \dot{S}''_D$ und mithin $\dot{S}' \equiv_{AK\alpha} \dot{S}''$. ∎

Ich untersuche jetzt die Struktur von $\rightarrow$-Normalformen. Dazu definiere ich in der folgenden Tafel die Teilmenge $\mathcal{DN}$ der Striktheitsausdrücke. Ihre Elemente nenne ich wegen ihres Aufbaus und wegen Satz IV §3–14 *disjunktive Normalformen*.

Satz IV §3–14

Die $\rightarrow$-Normalformen sind die Elemente von $\mathcal{DN}$.

---

[8] Das Diagramm kann als $(\rightarrow_D, \rightarrow_0, \rightarrow_0, S \times S)$-Vertauschbarkeitsdiagramm aufgefaßt werden.

Definierte Sorten

$D \in \mathcal{DN}$	Disjunktive Normalformen
${}^{\sqcup}D \in {}^{\sqcup}\mathcal{DN}$	Disjunktion
${}^{\sqcap}D \in {}^{\sqcap}\mathcal{DN}$	Konjunktion
${}^{\overset{\sqcup}{\sqcap}}D \in {}^{\overset{\sqcup}{\sqcap}}\mathcal{DN}$	
${}^{\backprime}D \in {}^{\backprime}\mathcal{DN}$	
$v \in {}^{\nu}\mathcal{DN} = \mathcal{V}$	Variablen
${}^{\cdot}D \in {}^{\cdot}\mathcal{DN}$	Applikation in DNF
${}^{let}D \in {}^{let}\mathcal{DN}$	**let** -Ausdrücke in DNF
${}^{\lambda}D \in {}^{\lambda}\mathcal{DN}$	Abstraktion in DNF
${}^{b}D \in {}^{b}\mathcal{DN}$	
${}^{\Phi}D \in {}^{\Phi}\mathcal{DN}$	Anwendung von Φ in DNF

Struktur

$$
\begin{aligned}
D &::= \diamond \mid \emptyset \mid {}^{\sqcup}D \\
{}^{\sqcup}D &::= {}^{\sqcap}D \mid {}^{\sqcup}D^1 \sqcup {}^{\sqcup}D^2 \\
{}^{\sqcap}D &::= {}^{\overset{\sqcup}{\sqcap}}D \mid {}^{\sqcap}D^1 \sqcap {}^{\sqcap}D^2 \\
{}^{\overset{\sqcup}{\sqcap}}D &::= {}^{\backprime}D \mid {}^{\Phi}D \mid {}^{\lambda}D \\
{}^{\backprime}D &::= {}^{\nu}D \mid {}^{\cdot}D \mid {}^{let}D \\
{}^{\cdot}D &::= {}^{\backprime}D\ D \\
{}^{let}D &::= \mathbf{let}\ v_1{=}{=}D_1; \ldots; v_n{=}{=}D_n\ \mathbf{in}\ D_0 \\
{}^{\lambda}D &::= \lambda v.{}^{b}D \\
{}^{b}D &::= \diamond \mid {}^{\overset{\sqcup}{\sqcap}}D \\
{}^{\Phi}D &::= \Phi\, {}^{\backprime}D
\end{aligned}
$$

Disjunktive Normalformen

Beweis

Induktion über die Struktur von S mit der offensichtlichen Äquivalenz der folgenden beiden Aussagen:

i) S ist eine $\rightarrow$-Normalform;

ii) S ist eine **R**-Normalform und alle unmittelbaren Teilausdrücke von S sind $\rightarrow$-Normalformen.

∎

Ich schließe diesen Abschnitt mit einigen Bemerkungen zur Berechenbarkeit.

Definition IV §3–15 schwach rechts-berechenbar, entscheidbar

Eine binäre Relation $\rightarrow$ über einer Teilmenge $\mathcal{T}'$ einer freien Algebra $\mathcal{T}$ heißt *entscheidbar*, wenn es einen (terminierenden) Algorithmus gibt mit:

Eingabe: $T_1, T_2 \in \mathcal{T}'$

Ausgabe: *true*, wenn $T_1 \rightarrow T_2$;
false, sonst.

$\rightarrow$ heißt *schwach rechts-berechenbar*, wenn es einen Algorithmus gibt mit:

Eingabe: $T \in \mathcal{T}'$

Ausgabe: "T ist in $\rightarrow$-Normalform", wenn T in $\rightarrow$-Normalform ist;
sonst ein T' mit $T \rightarrow T'$.

Folgerung IV §3–16

Da **R** schwach rechts-berechenbar ist, ist auch $\rightarrow$ schwach rechts-berechenbar. Auf $\dot{S}$ ist $\rightarrow$ noether'sch. Daher gibt es einen Algorithmus, der zu jedem $\dot{S}$ eine $\rightarrow$-Normalform, $\eta(\dot{S})$, berechnet.

Ich komme nun zur Definition von $\dot{\leq}$. Hierzu definiere ich zunächst eine Präordnung auf $\mathcal{DN}$ und zeige, daß sie invariant gegenüber $\equiv_{AK\alpha}$ ist. Dies gestattet, sie mittels η auf ganz $\dot{S}$ fortzusetzen.

Definition IV §3–17 $\sqcup$-, $\sqcap$-Faktoren

Die *Menge der $\sqcup$-Faktoren von ${}^{\sqcup}D$*, $\sqcup\text{-Fak}({}^{\sqcup}D)$, ist induktiv definiert durch

$$\sqcup\text{-Fak}({}^{\sqcap}D) := \{{}^{\sqcap}D\}$$
$$\sqcup\text{-Fak}({}^{\sqcup}D^1 \sqcup {}^{\sqcup}D^2) := \sqcup\text{-Fak}({}^{\sqcup}D^1) \cup \sqcup\text{-Fak}({}^{\sqcup}D^2)$$

Analog wird die *Menge der $\sqcap$-Faktoren von ${}^{\sqcap}D$*, $\sqcap\text{-Fak}({}^{\sqcap}D)$, definiert.

$\sqcup\text{-Fak}({}^{\sqcup}D)$ und $\sqcap\text{-Fak}({}^{\sqcap}D)$ sind offensichtlich berechenbar.

Definition IV §3–18

Auf ${}^{x}\mathcal{DN}$ werden induktiv (Grammatikinduktion) binäre Relationen ${}^{x}\dot{\leq}$ definiert durch:

$$\dot{\leq} \;=\; {}^{\sqcup}\dot{\leq} \cup \{\diamond\}\times\mathcal{DN} \cup \mathcal{DN}\times\{\emptyset\} \qquad \dot{\leq}$$

$$\frac{{}^{\sqcup}D_1 \; {}^{\sqcup}\dot{\leq} \; {}^{\sqcup}D_2}{\dfrac{{}^{\sqcap}D_2 \in \sqcup\text{-}\mathbf{Fak}({}^{\sqcup}D_2)}{\exists {}^{\sqcap}D_1 \in \sqcup\text{-}\mathbf{Fak}({}^{\sqcup}D_1):\ {}^{\sqcap}D_1 \, {}^{\sqcap}\dot{\leq} \, {}^{\sqcap}D_2}} \qquad {}^{\sqcup}\dot{\leq}$$

$$\frac{{}^{\sqcap}D_1 \; {}^{\sqcap}\dot{\leq} \; {}^{\sqcap}D_2}{\dfrac{{}^{\sqcup\sqcap}D_1 \in \sqcap\text{-}\mathbf{Fak}({}^{\sqcap}D_1)}{\exists {}^{\sqcup\sqcap}D_2 \in \sqcap\text{-}\mathbf{Fak}({}^{\sqcap}D_2):\ {}^{\sqcup\sqcap}D_1 \, {}^{\sqcup\sqcap}\dot{\leq} \, {}^{\sqcup\sqcap}D_2}} \qquad {}^{\sqcap}\dot{\leq}$$

$$ {}^{\aleph}\dot{\leq} = {}^{\imath}\dot{\leq} \cup {}^{\lambda}\dot{\leq} \cup {}^{\oplus}\dot{\leq} \qquad {}^{\aleph}\dot{\leq} $$

$$ {}^{\imath}\dot{\leq} = {}^{\nu}\dot{\leq} \cup \cdot\dot{\leq} \cup {}^{let}\dot{\leq} \qquad {}^{\imath}\dot{\leq} $$

$$ v \; {}^{\nu}\dot{\leq} \; v' \iff v = v' \qquad {}^{\nu}\dot{\leq} $$

$$ \frac{{}^{\imath}D \; D \; \cdot\dot{\leq} \; {}^{\imath}D' \; D'}{{}^{\imath}D \; {}^{\imath}\dot{\leq} \; {}^{\imath}D' \;\wedge\; D \dot{\leq} D'} \qquad \cdot\dot{\leq} $$

$$ {}^{let}\dot{\leq} = \mathbf{R}^{\epsilon}_{\alpha} \cdot {}^{let}\dot{\leq}_0 \cdot \mathbf{R}^{\epsilon}_{\alpha} $$

$$ \frac{\begin{array}{c}\textbf{let } v_1{=}{=}D_1; \ldots ; v_n{=}{=}D_n \textbf{ in } D_0 \\ {}^{let}\dot{\leq}_0 \textbf{ let } v'_1{=}{=}D'_1; \ldots ; v'_n{=}{=}D'_{n'} \textbf{ in } D'_0\end{array}}{n = n' \;\wedge\; \forall i = 0 \ldots n\colon\; v_i = v'_i \;\wedge\; D_i \dot{\leq} D'_i} \qquad {}^{let}\dot{\leq} $$

$$ {}^{\lambda}\dot{\leq} = \mathbf{R}^{\epsilon}_{\alpha} \cdot {}^{\lambda}\dot{\leq}_0 \cdot \mathbf{R}^{\epsilon}_{\alpha} $$

$$ \frac{\lambda v_1.{}^{\flat}D_1 \; {}^{\lambda}\dot{\leq}_0 \; \lambda v_2.{}^{\flat}D_2}{{}^{\flat}D_1 \; {}^{\flat}\dot{\leq} \; {}^{\flat}D_2 \;\wedge\; v_1 = v_2} \qquad {}^{\lambda}\dot{\leq} $$

$$ {}^{\flat}\dot{\leq} = \{\diamond\} \times {}^{\flat}\mathcal{DN} \cup {}^{\aleph}\dot{\leq} \qquad {}^{\flat}\dot{\leq} $$

$$ \Phi\, {}^{\imath}D \; {}^{\oplus}\dot{\leq} \; \Phi\, {}^{\imath}D' \iff {}^{\imath}D \; {}^{\imath}\dot{\leq} \; {}^{\imath}D' \qquad {}^{\oplus}\dot{\leq} $$

Wir bemerken, daß ${}^{x}\dot{\leq}$ die Einschränkung von $\dot{\leq}$ auf ${}^{x}\mathcal{DN}$ ist, daß alle ${}^{x}\dot{\leq}$ reflexiv sind, daß $\dot{\leq}$ mit den Striktheitsoperationen kompatibel und invariant gegenüber $\mathbf{R}_A$ und $\mathbf{R}_K$ ist.
Zum Beweis der Transitivität, der Entscheidbarkeit und der Invarianz gegenüber $\mathbf{R}_\alpha$ benötigen wir das

Lemma IV §3–19
Seien $v_1, \ldots, v_n$ paarweise verschiedene Variable und $v'_1, \ldots, v'_n$ Variable, die weder in D_1 noch in D_2 frei vorkommen, dann gilt

$$ \frac{D_1 \dot{\leq} D_2}{[v_i \mapsto v'_i]_{i=1}^{n} D_1 \dot{\leq} [v_i \mapsto v'_i]_{i=1}^{n} D_2} $$

Beweis Grammatikinduktion ∎

Folgerung IV §3–20
$\dot{\leq}$ ist eine kompatible, entscheidbare, gegenüber $\equiv_{AK\alpha}$ invariante Präordnung auf $\mathcal{DN}$.

Beweis

Die Aussage folgt durch Grammatikinduktion. Das vorangegangene Lemma sichert dabei die Entscheidbarkeit, Transitivität und 'Kompatibilität' von ${}^{let}\dot{\leq}$ und ${}^{\lambda}\dot{\leq}$, indem es zeigt, daß fast alle α-Konversionen die notwendigen $\dot{\leq}$-Beziehungen nachweisen können. ∎

Wegen der Invarianz von $\dot{\leq}$ gegenüber $\equiv_{AK\alpha}$ kann sie mittels η auf $\dot{S}$ fortgesetzt werden durch

Definition IV §3–21 $\dot{\leq}$, $\dot{\equiv}$

$$\dot{S}_1 \dot{\leq} \dot{S}_2 \;:\Longleftrightarrow\; \eta(\dot{S}_1) \dot{\leq} \eta(\dot{S}_2)$$
$$\dot{\equiv} \;:=\; \equiv_{\dot{\leq}}$$

Bemerkung IV §3–22

Ich habe die Fortsetzung auf $\dot{S}$ wiederum mit $\dot{\leq}$ bezeichnet, um die Notation einfach zu halten. Später werde ich mich gelegentlich auf die ursprüngliche Präordnung auf $\mathcal{DN}$ beziehen wollen. Zur Verdeutlichung werde ich sie dann mit ${}^{\mathcal{DN}}\dot{\leq}$ bezeichnen.

Eigenschaft IV §3–23

$\dot{\leq}$ ist eine Präordnung auf $\dot{S}$ mit folgenden Eigenschaften:

- $\diamond \dot{\leq} \dot{S} \dot{\leq} \emptyset$;
- $\dot{S}_1 \rightarrow_{/\equiv_\alpha}{}^{*} \dot{S}_2 \Longrightarrow \dot{S}_1 \dot{\equiv} \dot{S}_2$.

Ich werde jetzt die Kompatibilität von $\dot{\leq}$ mit den Striktheitsoperationen und den Substitutionsoperatoren – äquivalent ihre $\dot{\leq}$-Monotonie, wenn sie als partielle Abbildungen von $\dot{S}^n$ in $\dot{S}$ betrachtet werden – beweisen. Zur Vereinfachung der Rechnungen ist das folgende Lemma nützlich.

Lemma IV §3–24

1) Ist f eine n-stellige partielle Abbildung über $\dot{S}$, die in folgendem Sinne mit η verträglich ist:

$$\frac{(\dot{S}_1,\ldots,\dot{S}_n) \in \mathrm{Def}(f)}{\begin{array}{c}(\eta(\dot{S}_1),\ldots,\eta(\dot{S}_n)) \in \mathrm{Def}(f)\\ \wedge\; \eta\Big(f(\dot{S}_1,\ldots,\dot{S}_n)\Big) \equiv_{AK\alpha} \eta\Big(f\big(\eta(\dot{S}_1),\ldots,\eta(\dot{S}_n)\big)\Big)\end{array}}$$

dann gilt:

$(\dot{S}_1,\ldots,\dot{S}_n) \in \mathrm{Def}(f) \Longrightarrow$

$$\frac{f(\dot{S}_1,\ldots,\dot{S}_n) \dot{\leq} \dot{S}}{\eta\big(f(\eta(\dot{S}_1),\ldots,\eta(\dot{S}_n))\big) \dot{\leq} \eta(\dot{S})} \wedge \frac{\dot{S} \dot{\leq} f(\dot{S}_1,\ldots,\dot{S}_n)}{\eta(\dot{S}) \dot{\leq} \eta\big(f(\eta(\dot{S}_1),\ldots,\eta(\dot{S}_n))\big)}$$

2) alle Striktheitsoperationen erfüllen die Voraussetzung von 1;

3) die Substitutionsoperatoren erfüllen die Voraussetzung von 1.

Beweis

3 folgt aus IV §3–3(2). Die übrigen Aussagen sind offensichtlich. ∎

Lemma IV §3–25

$(\dot{S}, \dot{\leq})$ ist modulo $\dot{\equiv}$ ein distributiver Verband mit Schnitt $\sqcup$ und Vereinigung $\sqcap$.

Beweis

1) Ich zeige, daß $\dot{S} \sqcup \dot{S}'$ modulo $\dot{\equiv}$ die größte untere Schranke von $\dot{S}$ und $\dot{S}'$ ist. Wegen IV §3–24 genügt es, diese Eigenschaft in $\mathcal{DN}$ nachzuweisen, d.h.

$$D \sqcup D' \dot{\leq} D, D' \tag{1}$$

$$D'' \dot{\leq} D, D' \Longrightarrow D'' \dot{\leq} D \sqcup D' \tag{2}$$

Die Spezialfälle D, D' oder $D'' = \emptyset$ sind einfach. Der Fall $D, D', D'' \in {}^{\sqcup}\mathcal{DN}$ folgt unmittelbar aus

$$\sqcup\text{-Fak}({}^{\sqcup}D \sqcup {}^{\sqcup}D') = \sqcup\text{-Fak}({}^{\sqcup}D) \cup \sqcup\text{-Fak}({}^{\sqcup}D').$$

Diese Eigenschaft zeigt, daß $({}^{\sqcup}\mathcal{DN}, \dot{\leq})$ ein Halbverband mit Schnitt $\sqcup$ ist. Ganz analog erhält man, daß $({}^{\sqcap}\mathcal{DN}, \dot{\leq})$ ein Halbverband mit Vereinigung $\sqcap$ ist. Dies werden wir gleich benötigen.

2) Ich zeige, daß $\dot{S} \sqcap \dot{S}'$ modulo $\dot{\equiv}$ die kleinste obere Schranke von $\dot{S}$ und $\dot{S}'$ ist. Wegen IV §3–24 genügt es diese Eigenschaft in $\mathcal{DN}$ nachzuweisen, d.h.

$$D, D' \dot{\leq} D \sqcap D' \tag{3}$$

$$D, D' \dot{\leq} D'' \Longrightarrow D \sqcap D' \dot{\leq} D'' \tag{4}$$

Die Spezialfälle sind wiederum einfach. Ich setze daher $D, D', D'' \in {}^{\sqcup}\mathcal{DN}$ voraus. Dann gibt es

$${}^{\sqcap}D_1, \ldots {}^{\sqcap}D_n, {}^{\sqcap}D'_1, \ldots, {}^{\sqcap}D'_{n'}$$

mit

$$D \equiv_A \bigsqcup_{i=1}^{n} {}^{\sqcap}D_i \quad \wedge \quad D' \equiv_A \bigsqcup_{i'=1}^{n'} {}^{\sqcap}D'_{i'}$$

und

$$\sqcup\text{-Fak}(D) = \{{}^{\sqcap}D_1, \ldots, {}^{\sqcap}D_n\}$$
$$\sqcup\text{-Fak}(D') = \{{}^{\sqcap}D'_1, \ldots, {}^{\sqcap}D'_{n'}\}$$

Es folgt

$$D \sqcap D' \equiv_A \bigsqcup_i {}^{\sqcap}D_i \sqcap \bigsqcup_{i'} {}^{\sqcap}D'_{i'} \quad \rightarrow^*_D \cdot \equiv_{AK} \quad \bigsqcup_{i,i'} ({}^{\sqcap}D_i \sqcap {}^{\sqcap}D'_{i'})$$

und

$$D \sqcap D' \doteqdot \bigsqcup_{i,i'} ({}^{\sqcap}D_i \sqcap {}^{\sqcap}D'_{i'}).$$

Die Aussage folgt jetzt unmittelbar aus der Tatsache, daß $({}^{\sqcap}\mathcal{DN}, \dot{\leq})$ ein Halbverband mit Vereinigung $\sqcap$ ist.

3) Wegen

$$\dot{S} \sqcap (\dot{S}_1 \sqcup \dot{S}_2) \rightarrow (\dot{S} \sqcap \dot{S}_1) \sqcup (\dot{S} \sqcap \dot{S}_2)$$

ist das erste Distributivgesetz erfüllt. In jedem Verband folgt aus der Gültigkeit des ersten die Gültigkeit des zweiten Distributivgesetzes. ∎

Folgerung IV §3–26
$\dot{\leq}$ ist kompatibel mit $\substack{\sqcup \\ \sqcap}$.

Lemma IV §3–27
Wir wollen eine (partielle) Funktion f von $\dot{S}$ nach $\dot{S}$ *modulo* $\doteqdot$ *mit* $\substack{\sqcup \\ \sqcap}$ *verträglich* nennen, wenn gilt

$$\dot{S}_1 \substack{\sqcup \\ \sqcap} \dot{S}_2 \in \mathrm{Def}(f) \Longrightarrow f(\dot{S}_1 \substack{\sqcup \\ \sqcap} \dot{S}_2) \doteqdot f(\dot{S}_1) \substack{\sqcup \\ \sqcap} f(\dot{S}_2).$$

Ist f eine n-stellige (partielle) Abbildung über $\dot{S}$, die die Voraussetzung von IV §3–24 erfüllt und modulo $\doteqdot$ im (z.B.) ersten Argument verträglich mit $\sqcap$ und $\sqcup$ ist, dann genügt es, die Kompatibilitätsbedingung

$$(\dot{S}_1, \ldots, \dot{S}_n), (\dot{S}'_1, \ldots, \dot{S}'_n) \in \mathrm{Def}(f) \Longrightarrow$$

$$\frac{\forall i = 1 \ldots n\colon\ \dot{S}_i \dot{\leq} \dot{S}'_i}{f(\dot{S}_1, \ldots, \dot{S}_n) \dot{\leq} f(\dot{S}'_1, \ldots, \dot{S}'_n)}$$

für $\dot{S}_1, \dot{S}'_1 \in {}^{\sqcup}_{\sqcap}\mathcal{DN} \cup \{\diamond, \emptyset\}$ und $\dot{S}_2, \ldots, \dot{S}_n, \dot{S}'_2, \ldots, \dot{S}'_n \in \mathcal{DN}$ nachzuweisen.

Folgerung IV §3–28
$\dot{\leq}$ ist kompatibel mit Φ, λv und $\mathbf{let}_{v_1,\ldots,v_n}$.

Lemma IV §3–29
$\dot{\leq}$ ist kompatibel mit $\cdot$ und den Substitutionsoperatoren.

Beweis
Die folgenden Aussagen können durch gemeinsame Induktion über $\dot{S}$ bzgl. $\mathrm{Si}_{\rightarrow}$ gefolgt von der Teilausdrucksordnung mit IV §3–24 und IV §3–27 bewiesen werden.

$\dot{S} = \dot{S}_1\,\dot{S}_2 \Longrightarrow$

$$\big((\forall i = 1,2\colon\ \dot{S}_i \dot{\leq} \dot{S}_i') \wedge \dot{S}' := \dot{S}_1'\,\dot{S}_2' \in \dot{S}\big) \quad\Longrightarrow\quad \dot{S} \dot{\leq} \dot{S}'$$

$\dot{S} = [v_i \mapsto \dot{S}_i]_{i=1}^{n} \dot{S}_0 \wedge v_1, \ldots, v_n$ paarweise verschieden $\Longrightarrow$

$$\big((\forall i = 0 \ldots n\colon\ \dot{S}_i \dot{\leq} \dot{S}_i') \wedge \dot{S}' := [v_i \mapsto \dot{S}_i']_{i=1}^{n} \dot{S}_0' \in \dot{S}\big) \quad\Longrightarrow\quad \dot{S} \dot{\leq} \dot{S}'$$

∎

Folgerung IV §3–30
$\dot{\leq}$ ist kompatibel mit allen Striktheitsoperationen und den Substitutionsoperatoren.

Satz IV §3–31
1) $\dot{\leq}$ ist eine entscheidbare kompatible Präordnung auf $\dot{S}$, die zusätzlich mit den Substitutionsoperatoren kompatibel ist;
2) $\dot{\equiv}$ enthält die Einschränkungen der in IV §3–1 definierten Relationen auf $\dot{S}$;
3) $\dot{\leq}$ ist in $\leq$ und damit $\dot{\equiv}$ in $\equiv$ enthalten.

Beweis
1) ${}^{DN}\dot{\leq}$ ist entscheidbar und η ist berechenbar, deshalb ist $\dot{\leq}$ entscheidbar. Der Rest ist mit der vorausgegangenen Lemmata offensichtlich.
2) $\dot{\equiv}$ umfaßt die Einschränkungen von $\mathbf{R}_\beta$, $\mathbf{R}_\cdot$, $\mathbf{R}_\Phi$, $\mathbf{R}_\lambda$, $\mathbf{R}_{\mathring{\emptyset}}$ und $\mathbf{R}_\mathrm{D}$ wegen IV §3–23(3), die Einschränkungen von $\mathbf{R}_\mathrm{A}$, $\mathbf{R}_\mathrm{K}$, $\mathbf{R}_\mathrm{I}$ und $\mathbf{R}_\mathrm{P}$, weil $\sqcap$ und $\sqcup$ modulo $\dot{\equiv}$ Verbandsoperationen sind, und die Einschränkung von $\mathbf{R}_\alpha$, weil $\dot{\leq}$ invariant gegenüber $\equiv_\alpha$ ist.
3) Grammatikinduktion zeigt dies für ${}^{DN}\dot{\leq}$ unter Ausnutzung der Kompatibilität von $\leq$. Die Behauptung folgt dann aus $\dot{S} \equiv \eta(\dot{S})$. ∎

Eigenschaft IV §3–32
Enthält $\dot{S}$ keine **let**-Konstukte, dann gilt $\dot{S} \equiv \diamond \iff \dot{S} \doteq \diamond$.

Beweis
$\Leftarrow$ offensichtlich mit IV §3–31(3).

$\Rightarrow$ Es genügt offensichtlich, die Aussage für $\dot{S}$ in $\rightarrow$-Normalform nachzuweisen. Für solche $\dot{S}$ folgt sie durch strukturelle Induktion mit den folgenden offensichtlichen Eigenschaften:

- $\emptyset$, $v\,\dot{S}_1 \cdots \dot{S}_n$, $\lambda v.\dot{S} \not\equiv \diamond$;
- $\Phi\,\dot{S} \equiv \diamond \iff \dot{S} \equiv \diamond$;
- $S_1 \overset{\sqcup}{\sqcap} S_2 \equiv \diamond \iff (S_1 \equiv \diamond) \overset{\vee}{\wedge} (S_2 \equiv \diamond)$.

■

§4 Typisierung

In diesem Paragraphen definiere ich die Menge der polymorph typisierbaren Striktheitsausdrücke und zeige, daß sie eine entscheidbare Teilmenge von $\dot{S}$ ist. Der Beweis ist im wesentlichen eine Übertragung des Beweises aus [Bare81, S. 567], daß die β-Reduktion die typisierbaren λ-Ausdrücke stark normalisiert. Ferner modifiziere ich einen Typprüfungsalgorithmus von Milner [Miln78] so, daß er zu jedem S bzw. SK ein polymorph typisierbares $S' \sqsupseteq S$ bzw. $SK' \sqsupseteq SK$ berechnet.

Ich definiere zunächst die polymorphe Typisierung für λ-Ausdrücke über einer Konstantenmenge $\mathcal{K}$. Ich gehe dabei von der zweisortigen Darstellung von $\Lambda(\mathcal{K})$ aus und folge im wesentlichen [Mycr84].

Definition IV §4–1
(Polymorphe) Typen, *Typschemata* und *Typumgebungen* sind in der folgenden Tafel definiert.

Wie λ Variablen in λ-Ausdrücken *bindet*, so *bindet* $\forall$ Typvariablen in Typschemata. Wir haben daher einen analogen Begriff von der *Menge der freien* bzw. *gebundenen Typvariablen* eines Typschemas σ, $FV(\sigma)$ bzw. $BV(\sigma)$. Ähnlich übertragen wir den Substitutionsbegriff aus II §8.2–1. *(Typ-) Substitutionen* sind endliche (partielle) Abbildungen von $\mathcal{TV}$ nach $\mathcal{T}$. Sie lassen sich in natürlicher Weise zu Abbildungen von $\mathcal{T}$ nach $\mathcal{T}$ und wie in II §8.2–1 (Umbenennung gebundener Variabler) zu Abbildungen von $\mathcal{TS}$ nach $\mathcal{TS}$ fortsetzen. Punktweise

Importierte Sorten	
$\alpha \in \mathcal{TV}$	Typvariable, abzählbar unendlich viele
Definierte Sorten	
$\tau \in \mathcal{T}$	Typen
$\sigma \in \mathcal{TS}$	Typschemata
${}^{\mathcal{T}}\!\rho \in {}^{\mathcal{T}}\mathcal{E}nv := \mathcal{V} \rightarrow_{fin} \mathcal{TS}$	Typumgebungen
Struktur	

$$\tau ::= \alpha \mid \tau_1 \rightarrow \tau_2$$

$$\sigma ::= \tau \mid \forall\alpha.\sigma$$

Typen, Typschemata und Typumgebungen

Definition läßt Substitutionen auf Typumgebungen operieren. Als generische Bezeichnung für (Typ-) Substitutionen verwende ich S.

Ein Typschema $\sigma' = \forall\alpha'_1 \cdots \alpha'_m.\tau'$ heißt eine *generische Instanz* des Typschemas $\sigma = \forall\alpha_1 \cdots \alpha_n.\tau$, $\sigma \sqsubseteq \sigma'$, wenn es eine Substitution S mit Def(S) $\subseteq \{\alpha_1, \ldots, \alpha_n\}$ und $\tau' = \mathrm{S}(\tau)$ gibt, und kein α'_i frei in σ ist.

Definition IV §4–2 $\vdash$

Ausgehend von einer Typschemazuordnung $\sigma(k)$ für Konstanten definiere ich Relationen ${}^{\mathcal{T}}\!\rho \vdash E : \sigma$ und ${}^{\mathcal{T}}\!\rho \vdash SK : {}^{\mathcal{T}}\!\rho'$ als die kleinsten Relationen auf ${}^{\mathcal{T}}\mathcal{E}nv \times \Lambda \times \mathcal{TS}$ bzw. ${}^{\mathcal{T}}\mathcal{E}nv \times SKR \times {}^{\mathcal{T}}\mathcal{E}nv$ mit folgenden Eigenschaften

(1) $$\frac{{}^{\mathcal{T}}\!\rho \vdash E : \sigma}{{}^{\mathcal{T}}\!\rho \vdash E : \sigma'} \quad \text{falls } \sigma \sqsubseteq \sigma'$$

(2) $$\frac{{}^{\mathcal{T}}\!\rho \vdash E : \sigma}{{}^{\mathcal{T}}\!\rho \vdash E : \forall\alpha.\sigma} \quad \text{falls } \alpha \text{ nicht frei in } {}^{\mathcal{T}}\!\rho$$

(3) $$\frac{{}^{\mathcal{T}}\!\rho \vdash SK : {}^{\mathcal{T}}\!\rho'[v \mapsto \sigma]}{{}^{\mathcal{T}}\!\rho \vdash SK : {}^{\mathcal{T}}\!\rho'[v \mapsto \forall\alpha.\sigma]} \quad \text{falls } \alpha \text{ nicht frei in } {}^{\mathcal{T}}\!\rho$$

(4) ${}^{\mathcal{T}}\!\rho \vdash k : \sigma(k)$

(5) ${}^{\mathcal{T}}\!\rho \vdash v : \sigma$ falls ${}^{\mathcal{T}}\!\rho(v) = \sigma$

(6) $$\frac{{}^{\mathcal{T}}\!\rho[v \mapsto \tau'] \vdash E : \tau}{{}^{\mathcal{T}}\!\rho \vdash \lambda v.E : \tau' \rightarrow \tau}$$

(7) $$\frac{{}^{\mathcal{T}}\!\rho \vdash E_1 : \tau \rightarrow \tau' \ \wedge\ {}^{\mathcal{T}}\!\rho \vdash E_2 : \tau}{{}^{\mathcal{T}}\!\rho \vdash E_1\, E_2 : \tau'}$$

(8) $$\frac{{}^{\tau}\!\rho \vdash SK : {}^{\tau}\!\rho' \ \wedge\ {}^{\tau}\!\rho[{}^{\tau}\!\rho'] \vdash E : \tau}{{}^{\tau}\!\rho \vdash \textbf{let}\ SK\ \textbf{in}\ E : \tau}$$

(9) $$\frac{\forall i{=}1\ldots n\colon\ {}^{\tau}\!\rho[v_j{\mapsto}\tau_j]_{j=1}^{n} \vdash E_i : \tau_i}{{}^{\tau}\!\rho \vdash v_1{=}{=}E_1;\ldots;v_n{=}{=}E_n : [v_i{\mapsto}\tau_i]_{i=1}^{n}}$$

Eigenschaft IV §4–3 [Dama82]
Es gibt einen Algorithmus, den Typisierungsalgorithmus W von Damas und Milner[9], der zu gegebenem ${}^{\tau}\!\rho$ und E (SK) feststellt, ob es eine Substitution S und ein τ mit $\mathrm{S}\,{}^{\tau}\!\rho \vdash E : \tau$ (ein ${}^{\tau}\!\rho'$ mit $\mathrm{S}\,{}^{\tau}\!\rho \vdash SK : {}^{\tau}\!\rho'$) gibt. In diesem Fall liefert er das in gewissem Sinne allgemeinste (S,τ) $((\mathrm{S}, {}^{\tau}\!\rho'))$ mit dieser Eigenschaft.

Insbesondere sind die *Menge der polymorph typisierbaren λ-Ausdrücke*, d.h. der E, für die es ein ${}^{\tau}\!\rho$ und τ mit ${}^{\tau}\!\rho \vdash E : \tau$ gibt, und die analog definierte *Menge der polymorph typisierbaren Programmskripte* entscheidbar. Denn E bzw. SK ist dann und nur dann polymorph typisierbar, wenn es τ bzw. ${}^{\tau}\!\rho'$ mit ${}^{\tau}\!\rho \vdash E : \tau$ bzw. ${}^{\tau}\!\rho \vdash SK : {}^{\tau}\!\rho'$ gibt, wobei ${}^{\tau}\!\rho$ die konstante Typumgebung mit $\mathrm{Def}({}^{\tau}\!\rho) = FV(E)$ bzw. $\mathrm{Def}({}^{\tau}\!\rho) = FV(SK)$ und $\mathrm{Bild}({}^{\tau}\!\rho) = \{\forall\alpha.\alpha\}$ ist.

Definition IV §4–4 polymorphe Typisierung der Striktheitsausdrücke
Die von der Typschemazuordnung σ_S für K_S, gegeben durch

$$\sigma_S(\underset{\diamond}{\emptyset}) := \forall\alpha.\alpha \quad \sigma_S(\Phi) := \forall\alpha_1,\alpha_2.\alpha_1 \to \alpha_2 \quad \sigma_S(\sqcup\!\!\sqcap) := \forall\alpha.\alpha \to \alpha \to \alpha,$$

induzierte Relation $\cdot \vdash \cdot : \cdot$ heißt die *polymorphe Typisierung der Striktheitsausdrücke*.

Ich definiere:

$$\begin{aligned} {}_{{}^{\tau}\!\rho\vdash}S_{:\sigma} &:= \{S \mid {}^{\tau}\!\rho \vdash S : \sigma\} \\ {}_{{}^{\tau}\!\rho\vdash}S_{:} &:= \bigcup_{\sigma} {}_{{}^{\tau}\!\rho\vdash}S_{:\sigma} \\ {}_{\vdash}S_{:} &:= \bigcup_{{}^{\tau}\!\rho} {}_{{}^{\tau}\!\rho\vdash}S_{:} \end{aligned}$$

${}_{{}^{\tau}\!\rho\vdash}S_{:}$ und ${}_{\vdash}S_{:}$ sind die *Mengen der in der Typumgebung ${}^{\tau}\!\rho$ polymorph typisierbaren* bzw. *der polymorph typisierbaren Striktheitsausdrücke*.

Wir haben analoge Definitionen für Striktheitsskripte.

Ich werde jetzt den Typisierungsalgorithmus W von Damas und Milner so modifizieren, daß er zu jedem Striktheitsausdruck bzw. Striktheitsskript eine polymorph typisierbare Approximation berechnet. Dabei werden alle Teilausdrücke, denen mit Hilfe von W kein Typ zugewiesen werden kann, durch $\emptyset$ approximiert.

---

[9] Mein let-Konstrukt hat andere Typisierungsregeln als das von Damas und Milner. Ihre Ergebnisse lassen sich aber leicht anpassen.

Eigenschaft IV §4–5 [Robi65]
Es gibt einen Algorithmus U (Unifikation) mit

Eingabe: Typen τ_1, τ_2.

Ausgabe: *fail*, falls es kein S mit $S\tau_1 = S\tau_2$ gibt;
sonst: eine Substitution S mit folgenden Eigenschaften:

- $S\tau_1 = S\tau_2$,
- $S'\tau_1 = S'\tau_2 \Longrightarrow \exists S''$: $S' = S'' \circ S$,
- $Def(S) = FV(\tau_1) \cup FV(\tau_2)$,
- $S \circ S = S$.

Definition IV §4–6 Der Algorithmus W'

Eingabe:
- eine Typumgebung ${}^{\tau}\rho$,
- ein Striktheitsausdruck E oder ein Striktheitsskript SK (als Elemente von $\Lambda(K_S)$ bzw. $SKR(K_S)$).

Ausgabe:
- ein Striktheitsausdruck $E' \sqsupseteq E$ bzw. ein Striktheitsskript $SK' \sqsupseteq SK$,
- eine Substitution S,
- ein Typ τ bzw. eine Typumgebung ${}^{\tau}\rho'$ mit $S{}^{\tau}\rho \vdash E' : \tau$ bzw. $S{}^{\tau}\rho \vdash SK' : {}^{\tau}\rho'$.

Falls $W({}^{\tau}\rho, E) = (S, \tau)$ bzw. $(W({}^{\tau}\rho, SK) = (S, {}^{\tau}\rho'))$, dann ist $W'({}^{\tau}\rho, E) = (E, S, \tau)$ bzw. $W'({}^{\tau}\rho, SK) = (SK, S, {}^{\tau}\rho')$.

$W'({}^{\tau}\rho, E/SK)$ ist induktiv über die Struktur von E/SK definiert:

$E = k$:

$$W'({}^{\tau}\rho, E) := (k, [], [\alpha_i \mapsto \alpha_i']_{i=1}^{n}\tau)$$

mit $\forall\alpha_1 \ldots \alpha_n.\tau := \sigma_S(k)$ und neuen $\alpha_1', \ldots, \alpha_n'$;

$E = v$:

$v \in Def({}^{\tau}\rho)$:

$$W'({}^{\tau}\rho, E) := (v, [], [\alpha_i \mapsto \alpha_i']_{i=i}^{n}\tau)$$

mit $\forall\alpha_1 \ldots \alpha_n.\tau := {}^{\tau}\rho(v)$ und neuen $\alpha_1', \ldots, \alpha_n'$;

sonst:

$$W'({}^{\tau}\rho, E) := (\emptyset, [], \alpha')$$

mit einem neuen α';

$E = E_1\ E_2$:
Sei $(E_1', S_1, \tau_1) := W'({}^{\tau}\!\rho, E_1)$ und $(E_2', S_2, \tau_2) := W'(S_1\,{}^{\tau}\!\rho, E_2)$.
Sei $S := U(S_2\tau_1, \tau_2 \to \alpha')$ mit neuem α'.
$S \neq \mathit{fail}$:

$$W'({}^{\tau}\!\rho, E) := (E_1'\ E_2', S \circ S_2 \circ S_1, S\alpha')$$

sonst:
Sei $S := U(\tau_1, \alpha \to \alpha')$ mit neuen α, α';
S ist sicher verschieden von *fail*.

$$W'({}^{\tau}\!\rho, E) := (E_1'\ \emptyset, S \circ S_1, S\alpha')$$

$E = \lambda v.E_1$:
Sei $(E_1', S, \tau) := W'({}^{\tau}\!\rho[v \mapsto \alpha'], E_1)$ mit neuem α';

$$W'({}^{\tau}\!\rho, E) := (\lambda v.E_1', S, S\alpha' \to \tau)$$

$E = \textbf{let}\ \mathit{SK}\ \textbf{in}\ E_0$:
Sei $(\mathit{SK}', S', {}^{\tau}\!\rho') := W'({}^{\tau}\!\rho, \mathit{SK})$ und $(E_0', S, \tau) := W'((S'\,{}^{\tau}\!\rho)\,{}^{\tau}\!\rho', E_0)$;

$$W'({}^{\tau}\!\rho, E) := (\textbf{let}\ \mathit{SK}'\ \textbf{in}\ E_0', S \circ S', \tau)$$

$\mathit{SK} = (v_1{=}{=}E_1; \ldots; v_n{=}{=}E_n)$:
Sei $S_0 := []$ und ${}^{\tau}\!\rho_0 := {}^{\tau}\!\rho[v_i \mapsto \alpha_i]_{i=1}^{n}$ mit neuen $\alpha_1, \ldots, \alpha_n$;
Für $i{=}1 \ldots n$ definiere ich induktiv:
$(E_i'', S_i'', \tau_i) := W'({}^{\tau}\!\rho_{i-1}, E_i)$ und $S_i' := U(S_i''\,{}^{\tau}\!\rho_{i-1}(v_i), \tau_i)$;
$S_i' \neq \mathit{fail}$: $S_i := S_i' \circ S_i'' \circ S_{i-1}$ und $E_i' := E_i''$;
$S_i' = \mathit{fail}$: $S_i := S_i'' \circ S_{i-1}$ und $E_i' := \emptyset$;
${}^{\tau}\!\rho_i := S_i\,{}^{\tau}\!\rho_0$;
Sei $\mathit{SK}' := (v_1{=}{=}E_1'; \ldots; v_n{=}{=}E_n')$,

$$W'({}^{\tau}\!\rho, \mathit{SK}) := (\mathit{SK}', S_n, [v_i \mapsto \overline{{}^{\tau}\!\rho}(S_n\alpha_i)]_{i=1}^{n})$$

$\overline{{}^{\tau}\!\rho}(\sigma)$ bezeichnet dabei ein Typschema $\forall\alpha_1, \ldots, \alpha_n.\sigma$, wobei $\{\alpha_1, \ldots, \alpha_n\}$ die Menge der in σ, nicht aber in ${}^{\tau}\!\rho$ freien Typvariablen ist.

Die Korrektheit des Algorithmus wird durch Induktion über die Struktur von E/SK mit der Hilfsaussage

$$^{\tau}\!\rho \vdash \cdot : \sigma \Longrightarrow S\,{}^{\tau}\!\rho \vdash \cdot : S\sigma$$

bewiesen.

Ich übertrage jetzt den Beweis aus [Bare81, S. 587], daß die β-Reduktion auf den typisierten λ-Ausdrücken noether'sch ist, auf die in der Definition von $\dot{S}$ verwendete Reduktionsrelation $\rightarrow$ und die polymorph typisierbaren Striktheitsausdrücke. Dazu benötige ich die folgende

Definition IV §4–7

Eine binäre Relation $\rightarrow$ auf S *erhält die Typisierung*, wenn alle ${}_{\mathcal{T}\rho}\vdash S{:}\sigma$ rechtsabgeschlossen bzgl. $\rightarrow$ sind, d.h. wenn aus ${}^{\mathcal{T}}\rho \vdash S : \sigma$ und $S \rightarrow S'$ auch ${}^{\mathcal{T}}\rho \vdash S' : \sigma$ folgt.

Strukturelle Induktion zeigt, daß sich die Eigenschaft, 'die Typisierung zu erhalten', von einer Relation auf ihren schwach kompatiblen Abschluß überträgt. Allen Relationen in IV §3–1 sehen wir auf Anhieb an, daß sie die Typisierung erhalten. Wir erhalten daher die

Eigenschaft IV §4–8

$\rightarrow$ erhält die Typisierung.

Der Beweis in Barendregt benutzt nun Induktion über die Teilausdrucksordnung $\prec\!\!\!\prec$ für Typen. Ich setze daher die Teilausdrucksordnung auf $\mathcal{T}S$ fort durch

$$\forall\alpha_1 \ldots \alpha_n.\tau \prec\!\!\!\prec \forall\alpha'_1 \ldots \alpha'_{n'}.\tau' \;:\Longleftrightarrow$$

$$n = n' \;\wedge\; (\forall i{=}1\ldots n{:}\; \alpha_i = \alpha'_i) \;\wedge\; \tau \prec\!\!\!\prec \tau'$$

Zur Vereinfachung der Notation definiere ich

$$(\forall\alpha_1 \ldots \alpha_n.\bar{\tau}) \rightarrow (\forall\alpha_1 \ldots \alpha_n.\tilde{\tau}) := \forall\alpha_1 \ldots \alpha_n.\bar{\tau} \rightarrow \tilde{\tau}$$

Jedes σ ist dann entweder von der Form $\forall\alpha_1 \ldots \alpha_n.\alpha$ oder es gibt eindeutig bestimmte σ_1, σ_2 mit $\sigma = \sigma_1 \rightarrow \sigma_2$.

Mit diesen Definitionen und Notationen kann der Beweis aus Barendregt fast wortwörtlich übernommen werden und wir erhalten den

Satz IV §4–9

Die Menge der polymorph typisierbaren Striktheitsausdrücke ist eine entscheidbare Teilmenge von $\dot{S}$.

Daher kann der Algorithmus W' benutzt werden, um zu beliebigen Striktheitsausdrücken eine Approximation in $\dot{S}$ zu bestimmen.

Beweis

Definiere durch Induktion über $\prec\!\!\prec$:

$$\begin{aligned} {}^{\tau}\!\rho\!\vdash\! C_{:\forall\alpha_1,\ldots\alpha_n.\alpha} &:= \{S \in {}^{\tau}\!\rho\!\vdash\! S_{:\forall\alpha_1,\ldots\alpha_n.\alpha} \mid S \in \dot{S}\} \\ {}^{\tau}\!\rho\!\vdash\! C_{:\sigma_1\to\sigma_2} &:= \{S \in {}^{\tau}\!\rho\!\vdash\! S_{:\sigma_1\to\sigma_2} \mid \forall S_1 \in {}^{\tau}\!\rho\!\vdash\! C_{:\sigma_1}\colon\ S\ S_1 \in {}^{\tau}\!\rho\!\vdash\! C_{:\sigma_2}\} \end{aligned}$$

(1) Induktion über n zeigt nun, daß für $\sigma = \sigma_1 \to \cdots \to \sigma_n \to \forall\alpha_1\ldots\alpha_m.\alpha$ und $S \in {}^{\tau}\!\rho\!\vdash\! S_{:\sigma}$ gilt

$$S \in {}^{\tau}\!\rho\!\vdash\! C_{:\sigma} \iff \frac{\forall i{=}1\ldots n\colon\ S_i \in {}^{\tau}\!\rho\!\vdash\! C_{:\sigma_i}}{S\ S_1 \cdots S_n \in \dot{S}}$$

Die nachfolgenden Aussagen (2)-(5) werden durch gemeinsame Induktion bzgl. $\prec\!\!\prec$ mit (1) und IV §3–5 bewiesen.

(2) ${}^{\tau}\!\rho\!\vdash\! C_{:\sigma} \subseteq \dot{S}$,

(3) ${}^{\tau}\!\rho\!\vdash\! C_{:\sigma}$ ist rechts-abgeschlossen bzgl. $\equiv_\alpha$ und $\to$,

(4) ${}^{\tau}\!\rho\!\vdash\! S_{:\sigma} - (S_\lambda \cup S_{\sqcup\!\sqcap}) \subseteq {}^{\tau}\!\rho\!\vdash\! C_{:\sigma}$,

(5) $S_1, S_2 \in {}^{\tau}\!\rho\!\vdash\! C_{:\sigma} \Longrightarrow (S_1 \sqcup\!\sqcap S_2 \in {}^{\tau}\!\rho\!\vdash\! C_{:\sigma})$.

Lemma

$$\lambda v.S \in {}^{\tau}\!\rho\!\vdash\! S_{:\sigma_1\to\sigma_2} \Longrightarrow \frac{\forall S_1 \in {}^{\tau}\!\rho\!\vdash\! C_{:\sigma_1}\colon\ [v\mapsto S_1]S \in {}^{\tau}\!\rho\!\vdash\! C_{:\sigma_2}}{\lambda v.S \in {}^{\tau}\!\rho\!\vdash\! C_{:\sigma_1\to\sigma_2}}$$

Beweis

Ich bemerke zunächst, daß ${}^{\tau}\!\rho\!\vdash\! C_{:\sigma_1}$ nicht leer ist[10]. Mit IV §3–3(2) folgt dann $S \in \dot{S}$ aus $[v\mapsto S_1]S \in {}^{\tau}\!\rho\!\vdash\! C_{:\sigma} \subseteq \dot{S}$. Die Aussage kann jetzt durch Induktion über SI_1 (siehe IV §3–5) mit (1), (3) und IV §3–3(2) bewiesen werden.

Ich definiere jetzt:

$${}^{\tau}\!\rho\!\vdash\! C_{:} := \bigcup_{\sigma} {}^{\tau}\!\rho\!\vdash\! C_{:\sigma}$$

$${}^{\tau}\!\rho\!\vdash\! C^{*}_{:} := \{S \in {}^{\tau}\!\rho\!\vdash\! S_{:} \mid \frac{\bigwedge \begin{array}{l}\mathrm{Def}(\rho) \subseteq \mathrm{Def}({}^{\tau}\!\rho) \\ \forall v \in \mathrm{Def}(\rho)\colon\ \rho(v) \in {}^{\tau}\!\rho\!\vdash\! C_{:}\end{array}}{\rho S \in {}^{\tau}\!\rho\!\vdash\! C_{:}}\}$$

Wie in Barendregt kann man nun durch strukturelle Induktion über S beweisen

$$S \in {}^{\tau}\!\rho\!\vdash\! S_{:} \Longrightarrow S \in {}^{\tau}\!\rho\!\vdash\! C_{:}.$$

Aus IV §3–3(2) folgt wie oben: ${}^{\tau}\!\rho\!\vdash\! C_{:} \subseteq \dot{S}$. ■

[10] $\emptyset \in {}^{\tau}\!\rho\!\vdash\! C_{:\sigma}$.

§5 Approximative Auswertung von Striktheitsskripten

Für polymorph typisierbare Striktheitsausdrücke S ohne **let**-Konstrukte gilt nach IV §3–32 $S \equiv \diamond \iff S \doteq \diamond$. Insbesondere ist damit für solche Striktheitsausdrücke der Test auf Äquivalenz zu $\diamond$ entscheidbar. Zum Nachweis von $S \equiv \diamond$ für allgemeines S möchte ich ein polymorph typisierbares $\dot{S} \sqsupseteq S$ ohne **let**-Konstrukte bestimmen und dann $\dot{S} \doteq \diamond$ testen. Um ein **let**-Konstrukt **let** SK **in** S zu eliminieren, bestimme ich eine "approximative Lösung von SK" und setze sie in S ein.

Zur Klärung des Begriffs bemerken wir, daß ein Striktheitsskript $SK = (v_1{==}S_1; \ldots; v_n{==}S_n)$ als Gleichungssystem über $S_{\equiv}$ in den Variablen $v_1, \ldots, v_n$ aufgefaßt werden kann. Eine *Lösung* ist eine Striktheitsumgebung ${}^s\rho = [v_i \mapsto S_i']_{i=1}^n$ mit den beiden Eigenschaften

- ${}^s\rho(v_i) \equiv {}^s\rho S_i$ für $i{=}1 \ldots n$

und

- $FV({}^s\rho) \subseteq FV(SK) - \{v_1, \ldots, v_n\}$.

Die erste Bedingung besagt, daß die rechte und linke Seite jeder "Gleichung" zueinander äquivalente Striktheitsausdrücke sind, nachdem die v_i in SK durch ${}^s\rho(v_i)$ ersetzt wurden. Die zweite Bedingung sichert, daß die "Unbekannten" $v_1, \ldots, v_n$ in der Lösung nicht mehr vorkommen und keine neuen "Unbekannten" eingeführt wurden.

Nach Definition ist $[\![SK]\!]^{\mathcal{B}}({}^{\mathcal{B}}\rho)$ der kleinste Fixpunkt von

$$F_{{}^{\mathcal{B}}\rho} := \lambda^{\mathcal{B}}\rho_p \in \{v_1, \ldots, v_n\} \rightarrow \mathcal{D}.[v_i \mapsto [\![S_i]\!]^{\mathcal{B}}({}^{\mathcal{B}}\rho^{\mathcal{B}}\rho_p)]_{i=1}^n.$$

Die obige Bedingung sichert, daß $[\![{}^s\rho]\!]^{\mathcal{B}}({}^{\mathcal{B}}\rho)$ für eine Lösung ${}^s\rho$ von SK ebenfalls ein Fixpunkt von $F_{{}^{\mathcal{B}}\rho}$ ist und damit $[\![SK]\!]^{\mathcal{B}} \leq [\![{}^s\rho]\!]^{\mathcal{B}}$ und **let** SK **in** $S \leq {}^s\rho S$ erfüllt ist.

Jedes Striktheitsskript $SK = (v_1{==}S_1; \ldots; v_n{==}S_n)$ hat eine bzgl. $\leq$ minimale Lösung: $[v_i \mapsto$ **let** SK **in** $v_i]_{i=1}^n$. Diese Lösung ist jedoch nicht geeignet, **let**-Konstrukte zu eliminieren. In [Burg75] wird gezeigt, wie man eine minimale Lösung ohne Einführung neuer **let**-Konstrukte erhalten kann. Besteht SK beispielsweise nur aus einer einzigen Definition $v{==}S$, dann ist $Y\,\lambda v.S$ eine minimale Lösung, wobei Y einen Fixpunktkombinator, z.B.

$$\lambda f.(\lambda x.f\ (x\ x))\ (\lambda x.f\ (x\ x)),$$

bezeichnet. Damit erhalten wir beispielsweise

$$\textbf{let } v{==}S \textbf{ in } v \;\equiv\; Y\ (\lambda v.S) =: S_0.$$

Leider liegt Y, und damit S_0, nicht in $\dot{S}$ und ist insbesondere nicht polymorph typisierbar. Zum Nachweis von $S_0 \equiv \diamond$ wird deshalb eine polymorph typisierbare Approximation $S_0' \sqsupseteq S_0$ berechnet und $S_0' \doteq \diamond$ getestet. Setzen wir voraus, daß S polymorph typisierbar ist, dann berechnet der im vorigen Paragraphen angegebene Typisierungsalgorithmus W' S_0' zu

$$\Big(\lambda f.(\lambda x.f\ (x\ \emptyset))\ \emptyset\Big)\ (\lambda v.S) \equiv [v{\mapsto}\emptyset]S.$$

Dies ist eine grobe Approximation an S_0. Man kann oft bessere (polymorph typisierbare) Approximationen erhalten, wenn man direkt eine polymorph typisierbare "approximative Lösung" von SK bestimmt statt die minimale Lösung nachträglich zu typisieren. Ich mache deshalb folgende

Definition IV §5–1 approximative Lösung von Striktheitsskripten

Eine Striktheitsumgebung ${}^s\rho = [v_1{\mapsto}S_i']_{i=1}^n$ heißt eine *approximative Lösung* von $SK = (v_1{=}{=}S_1; \ldots ; v_n{=}{=}S_n)$, wenn die beiden Bedingungen

- $[\![SK]\!]^B \leq [\![{}^s\rho]\!]^B$

und

- $FV({}^s\rho) \subseteq FV(SK) - \{v_1, \ldots, v_n\}$

erfüllt sind.

Die "Bestimmung approximativer Lösungen" nenne ich *approximative Auswertung*.

Ich bemerke, daß eine approximative Lösung ${}^s\rho$ von SK i.a. keine Lösung von SK ist; sie approximiert lediglich die die minimale Lösung ${}^s\rho_0$ von oben: ${}^s\rho_0 \leq {}^s\rho$. Wie für Lösungen gilt jedoch

$$\mathbf{let}\ SK\ \mathbf{in}\ S_0 \ \leq\ {}^s\rho S_0.$$

Grundlage für die Bestimmung approximativer Lösungen von $SK = (v_1{=}{=}S_1; \ldots ; v_n{=}{=}S_n)$ ist ein iteratives Verfahren, das die Fixpunktbestimmung in der Definition von $[\![SK]\!]^B$ mit Hilfe von Striktheitsumgebungen simuliert. Ausgehend von ${}^s\rho_0 = [v_i{\mapsto}\diamond]_{i=1}^n$ werden induktiv Striktheitsumgebungen

$${}^s\rho_0 \leq {}^s\rho_1 \leq \cdots \leq {}^s\rho_k \leq \cdots$$

durch ${}^s\rho_{k+1} := [v_i{\mapsto}\pi_i({}^s\rho_k S_i)]_{i=1}^n$ bestimmt. Das Verfahren könnte abbrechen, sobald ${}^s\rho_k \equiv {}^s\rho_{k+1}$ erfüllt ist. Leider ist dies unentscheidbar. Ich wende das Verfahren deshalb nur auf polymorph typisierbare Striktheitsskripte an. In diesem Fall gilt

$${}^s\rho_0 \stackrel{.}{\leq} {}^s\rho_1 \stackrel{.}{\leq} \cdots \stackrel{.}{\leq} {}^s\rho_k \stackrel{.}{\leq} \cdots$$

und ich benutze ${}^{s}\rho_k \doteqdot {}^{s}\rho_{k+1}$ als Abbruchkriterium. Die π_i sind spezielle Projektionen, die erzwingen, daß die obige Folge modulo $\doteqdot$ letztendlich konstant wird, und damit sicherstellen, daß das Verfahren terminiert.

Ich werde im ersten Abschnitt das Basisverfahren vorstellen und im zweiten Abschnitt Beispiele für Projektionen angeben, die Stationarität der Iterationsfolge garantieren. Im dritten Abschnitt gehe ich auf ein allgemeines Verfahren zur Verringerung des Aufwands bei der Lösung rekursiver Gleichungssyteme ein: die Zerlegung des Gleichungssystems in verschränkt rekursive Komponenten und die Zusammensetzung von Lösungen der Komponenten zu einer Lösung des Gleichungssystems. Ich werde zeigen, daß das Verfahren auch für die Bestimmung approximativer Lösungen geeignet ist.
Das Basisverfahren ist nur für polymorph typisierbare Striktheitsskripte anwendbar und auch dann liefert es u.U. komplexe Ergebnisse unter hohem Zeitaufwand. Um die Anwendungsbedingung zu erfüllen und um große Ergebnisse nach Möglichkeit zu vermeiden, wende ich auf ein Striktheitsskript zunächst eine Reihe "heuristischer Vereinfachungen" an, bevor ich das Basisverfahren benutze. In Abschnitt vier werden einige dieser Heuristiken dargestellt. Abschnitt fünf skizziert einen Algorithmus zur approximativen Auswertung.

1 Basisverfahren

In diesem Abschnitt gebe ich zwei iterative Verfahren zur approximativen Auswertung polymorph typisierter Striktheitsskripte an, ein "Gesamt-" und ein "Einzelschrittverfahren". Für beide müssen approximierende Operatoren verwendet werden, um Terminierung zu sichern. Diese Operatoren haben eine ähnliche Funktion wie die 'widening operators' in [Cous81, S. 333].

Für das Folgende wird $\dot{\leq}$ und $\doteqdot$ komponentenweise auf *SKR* und punktweise auf ${}^{s}\mathcal{E}nv$ fortgesetzt.

Definition IV §5.1–1 approximierender Operator
Ein $\dot{\leq}$-monotoner, *FV*-reduzierender, die Typisierung erhaltender Operator φ auf polymorph typisierbaren Striktheitsausdrücken heißt *approximierend*, wenn $S \leq \varphi(S)$ für alle polymorph typisierbaren Striktheitsausdrücke S gilt.

Lemma IV §5.1–2 Gesamtschrittverfahren
Seien $SK = (v_1{=}{=}S_1; \ldots; v_n{=}{=}S_n)$ ein polymorph typisierbares Striktheitsskript und $\varphi_1, \ldots, \varphi_n$ approximierende Operatoren.
Falls die $\dot{\leq}$-aufsteigende Folge $({}^{s}\rho_k)_k$ mit

$${}^{s}\rho_0 = [v_i {\mapsto} \diamond]_{i=1}^{n} \;\wedge\; \forall k \in \mathbf{N}\colon\; {}^{s}\rho_{k+1} = [v_i {\mapsto} \varphi_i({}^{s}\rho_k S_i)]_{i=1}^{n}$$

hinsichtlich $\doteq$ stationär wird, d.h. wenn es ein k gibt mit ${}^S\rho_k \doteq {}^S\rho_{k+1}$, dann ist der stationäre Wert ${}^S\rho := {}^S\rho_k$ eine approximative Lösung von SK.

Beweis

1) Gilt ${}^T\rho{}^T\rho' \vdash SK : {}^T\rho'$, dann folgt, weil die Typisierung von den φ_i erhalten wird, durch Induktion über k für alle $k \in \mathbf{N}$ ${}^T\rho{}^T\rho' \vdash {}^S\rho_k : {}^T\rho'$; insbesondere sind alle ${}^S\rho_k(S_i)$ polymorph typisierbar, und die obige Folge ist wohldefiniert.
Aus der $\dot{\leq}$-Monotonie der φ_i und der Substitutionsoperatoren folgt, daß die Folge $\dot{\leq}$-aufsteigend ist.

2) Nach Definition ist

$$\begin{aligned}
[\![SK]\!]^{\mathcal{B}} &= \lambda^{\mathcal{B}}\rho.\text{fix}\,\lambda\rho \in \{v_1,\ldots,v_n\} \to \mathcal{B}.[v_i \mapsto [\![S_i]\!]^{\mathcal{B}}({}^{\mathcal{B}}\rho\rho)]_{i=1}^n \\
&= \lambda^{\mathcal{B}}\rho. \bigvee_{k\in\mathbf{N}} F^k_{{}^{\mathcal{B}}\rho}([v_i \mapsto \bot]_{i=1}^n)
\end{aligned}$$

$$\text{mit } F_{{}^{\mathcal{B}}\rho} = \lambda\rho \in \{v_1,\ldots,v_n\} \to \mathcal{B}.[v_i \mapsto [\![S_i]\!]^{\mathcal{B}}({}^{\mathcal{B}}\rho\rho)]_{i=1}^n$$

Induktion über k zeigt:

$$\forall k \in \mathbf{N}\colon\ \forall^{\mathcal{B}}\rho\colon\ F^k_{{}^{\mathcal{B}}\rho}([v_i \mapsto \bot]_{i=1}^n) \leq [\![{}^S\rho_k]\!]^{\mathcal{B}}({}^{\mathcal{B}}\rho)$$

$k = 0$: offensichtlich;

$k \to k+1$:

Für ${}^{\mathcal{B}}\rho$ und $i=1\ldots n$ gilt:

$$\begin{aligned}
[\![{}^S\rho_{k+1}(v_i)]\!]^{\mathcal{B}}({}^{\mathcal{B}}\rho) &= [\![\varphi_i({}^S\rho_k S_i)]\!]^{\mathcal{B}}({}^{\mathcal{B}}\rho) \\
&\geq [\![{}^S\rho_k S_i]\!]^{\mathcal{B}}({}^{\mathcal{B}}\rho) \\
&= [\![S_i]\!]^{\mathcal{B}}\left({}^{\mathcal{B}}\rho([\![{}^S\rho_k]\!]^{\mathcal{B}}({}^{\mathcal{B}}\rho))]\right) \\
&\geq [\![S_i]\!]^{\mathcal{B}}\left({}^{\mathcal{B}}\rho(F^k_{{}^{\mathcal{B}}\rho}([v_i \mapsto \bot]_{i=1}^n))\right) \\
&= F^{k+1}_{{}^{\mathcal{B}}\rho}([v_i \mapsto \bot]_{i=1}^n)(v_i)
\end{aligned}$$

Folglich:

$$F^k_{{}^{\mathcal{B}}\rho}([v_i \mapsto \bot]_{i=1}^n) \leq [\![{}^S\rho_k]\!]^{\mathcal{B}}({}^{\mathcal{B}}\rho) \leq [\![{}^S\rho]\!]^{\mathcal{B}}({}^{\mathcal{B}}\rho) \qquad \forall k \in \mathbf{N}$$

und damit $\qquad [\![SK]\!]^{\mathcal{B}} \leq [\![{}^S\rho]\!]^{\mathcal{B}}$

∎

Für die Lösung rekursiver Gleichungssysteme kennen wir neben obigem Gesamtschrittverfahren auch ein Einzelschrittverfahren. Auch dieses kann für die approximative Auswertung benutzt werden. Es ist einfacher zu implementieren und terminiert i.a. schneller.

Lemma IV §5.1–3 Einzelschrittverfahren
Seien $SK = (v_1{=}{=}S_1; \ldots; v_n{=}{=}S_n)$ ein polymorph typisierbares Striktheitsskript und $\varphi_1, \ldots, \varphi_n$ approximierende Operatoren.
Falls die $\dot{\leq}$-aufsteigende Folge $({}^s\rho_k := [v \mapsto S_k^{(i)}]_{i=1}^n)_k$ mit

$$ {}^s\rho_0 := [v_i \mapsto \diamond]_{i=1}^n \;\wedge\; S_{k+1}^{(i)} := \varphi_i([v_j \mapsto S_{k+1}^{(j)}]_{j=1}^{i-1}[v_j \mapsto S_k^{(j)}]_{j=i}^n S_i) $$

hinsichtlich $\dot{\equiv}$ stationär wird, dann ist der stationäre Wert eine approximative Lösung von SK.

Beweis analog zum vorangegangenen ∎

2 Terminierungssichernde approximierende Operatoren

Würde man in IV §5.1–2 die Identität als approximierende Operatoren benutzen, würden die konstruierten Folgen i.a. nicht stationär werden. Ein Beispiel hierfür ist die Definition des Fixpunktkombinators

$$ Y{=}{=}\lambda f.f\ (Y\ f). $$

Das k-te Zwischenergebnis ${}^s\rho_k$ hat die Form $[Y \mapsto f^k(\diamond)]$ und es gilt ${}^s\rho_k \not\dot{\equiv} {}^s\rho_{k+1}$. Ich werde in diesem Abschnitt approximierende Operatoren definieren, die die Stationarität erzwingen, indem sie die Zwischenergebnisse in einer bestimmten Tiefe abschneiden und die entfernten Teile durch $\emptyset$ ersetzen. Um $\dot{\leq}$-monoton zu sein, darf jedoch nicht die normale Tiefe benutzt werden, sondern man muß eine modifizierte Tiefe benutzen, für die in $S = S_1 \,\substack{\sqcup\\\sqcap}\, S_2$ S_1 und S_2 in derselben Tiefe wie S liegen. Die im folgenden induktiv definierten Projektionen π'_n haben diese Eigenschaft.

Definition IV §5.2–1 π'_n

$$
\begin{aligned}
\pi'_0(S) &= \emptyset \\
\pi'_{n+1}(\substack{\emptyset\\\diamond}) &= \substack{\emptyset\\\diamond} \\
\pi'_{n+1}(v) &= v \\
\pi'_{n+1}(\Phi\, S) &= \Phi\, \pi'_n(S) \\
\pi'_{n+1}(\lambda v.S) &= \lambda v.\pi'_n(S) \\
\pi'_{n+1}(S_1 \,\substack{\sqcup\\\sqcap}\, S_2) &= \pi'_{n+1}(S_1) \,\substack{\sqcup\\\sqcap}\, \pi'_{n+1}(S_2) \\
\pi'_{n+1}(S_1\ S_2) &= \pi'_n(S_1)\ \pi'_n(S_2) \\
\pi'_{n+1}(\textbf{let } v_1{=}{=}S_1; \ldots; v_n{=}{=}S_n \textbf{ in } S_0) &= \\
&\textbf{let } v_1{=}{=}\pi'_n(S_1); \ldots; v_n{=}{=}\pi'_n(S_n) \textbf{ in } \pi'_n(S_0)
\end{aligned}
$$

Die *π'-Höhe von S*, $H'(S)$, ist definiert als das minimale n mit $S = \pi'_n(S)$.

π'_n erhält offenbar die Typisierung und erfüllt $S \le \pi'_n(S)$. Es ist jedoch noch nicht $\dot{\le}$-monoton, wie das folgende Beispiel zeigt.

$$\diamond \doteqdot (\lambda v.v) \diamond$$

aber $$\pi'_1(\diamond) = \diamond \not\doteqdot \emptyset \doteqdot \emptyset\, \emptyset = \pi'_1((\lambda v.v)\diamond)$$

Statt π'_n verwende ich deshalb $\pi'_n \circ \eta$.

Festlegung IV § 5.2–2
Im folgenden bezeichne η eine berechenbare Normalformenabbildung nach IV § 3–16.

Lemma IV § 5.2–3
Die $\pi'_n \circ \eta$ ist ein approximierender Operator.

Beweis
η und π'_n erhalten die Typisierung, folglich gilt dies auch für ihre Hintereinanderausführung. Weiter gilt für alle polymorph typisierbaren Striktheitsausdrücke S:

$$S \equiv \eta(S) \le \pi'_n(\eta(S)).$$

Die $\dot{\le}$-Monotonie wird durch Induktion über n bewiesen. Für den Induktionsschritt bemerken wir, daß $\pi'_n \circ \eta$ die Voraussetzungen von IV § 3–27 erfüllt und daß es deshalb genügt, die Monotoniebedingung auf $\{\overset{\emptyset}{\diamond}\} \cup {}^{\mathcal{H}}\mathcal{DN}$ zu überprüfen. Sie ist dort offensichtlich erfüllt. ∎

Lemma IV § 5.2–4
Sind k, l natürliche Zahlen und V eine endliche Variablenmenge, dann bilden die $\dot{S}_{\doteqdot}$ mit

$$\bigwedge \begin{array}{l} H'(\dot{S}) < k \;\wedge\; BV(\dot{S}), FV(\dot{S}) \subseteq V \\ \dot{S} \text{ enthält kein } \mathbf{let} \text{ mit mehr als } l \text{ Komponenten} \end{array}$$

eine endliche Menge $\mathcal{M}(k, l, V)$.

Beweis
Induktion über k mit dem folgenden Lemma. ∎

Lemma IV § 5.2–5
In jedem distributiven Verband $(V, \wedge, \vee)$ ist für eine endliche Teilmenge V_0 von V die kleinste V_0 enthaltende und gegenüber den Verbandoperationen abgeschlossene Teilmenge endlich.

Eigenschaft IV §5.2–6
Seien $SK = (v_1{=}{=}S_1; \ldots ; v_n{=}{=}S_n)$ polymorph typisierbar und $\varphi_i = \pi'_{n_i} \circ \eta$ für $i{=}1 \ldots n$, dann werden die in IV §5.1–2 und IV §5.1–3 definierten Folgen stationär bzgl. $\dot{\equiv}$.

Beweis
Sei l die maximale Konponentenanzahl eines **let**-Teilausdrucks von SK und $V = BV(SK) \cup FV(SK)$. Dann liegt für alle $k \geq 1$ und $i{=}1 \ldots n$ ${}^s\rho_k(v_i)$ modulo $\dot{\equiv}$ in der endlichen Menge $\mathcal{M}(n_i, l, V)$. Mithin ist $({}^s\rho_k)_k$ modulo $\dot{\equiv}$ eine $\dot{\leq}$-aufsteigende Folge in einer endlichen Menge und wird folglich stationär. ∎

Die Verwendung von $\pi'_n \circ \eta$ hat den Nachteil, daß beliebig große n benutzt werden müssen, um Mycroft's Ergebnisse [Mycr80] für Programme erster Ordnung zu erhalten. Ich definiere jetzt in ähnlicher Weise Projektionsoperatoren π''_n. Sie behandeln die curryfizierte Darstellung von Funktionen adäquater. Die führt insbesondere dazu, daß $n = 1$ ausreicht, um Mycroft's Ergebnisse zu erhalten.

Definition IV §5.2–7 π''

$$
\begin{array}{ll}
\pi''_0(S) & = \emptyset \\
\pi''_{n+1}(\underset{\diamond}{\emptyset}) & = \underset{\diamond}{\emptyset} \\
\pi''_{n+1}(v) & = v \\
\pi''_{n+1}(\Phi\, S) & = \Phi\, \pi''_{n+1}(S) \\
\pi''_{n+1}(\lambda v.S) & = \lambda v.\pi''_{n+1}(S) \\
\pi''_{n+1}(S_1 \underset{\sqcap}{\sqcup} S_2) & = \pi''_{n+1}(S_1) \underset{\sqcap}{\sqcup} \pi''_{n+1}(S_2) \\
\pi''_{n+1}(S_1\, S_2) & = \pi''_{n+1}(S_1)\, \pi''_n(S_2) \\
\pi''_{n+1}(\mathbf{let}\ v_1{=}{=}S_1; \ldots ; v_n{=}{=}S_n\ \mathbf{in}\ S_0) & = \\
\qquad \mathbf{let}\ v_1{=}{=}\pi''_n(S_1); \ldots ; v_n{=}{=}\pi''_n(S_n)\ \mathbf{in}\ \pi''_n(S_0) &
\end{array}
$$

$H''(S)$ ist wiederum als das minimale n mit $S = \pi''_n(S)$ definiert.

Wie in IV §5.2–3 zeigt man, daß $\pi''_n \circ \eta$ ein approximierender Operator ist.

Im Gegensatz zu H' ordnet H'' S und S_1 in $S := \Phi\, S_1$, $S := \lambda v.S_1$ und $S := S_1\, S_2$ dieselbe Tiefe zu. Um ein Analogon für IV §5.2–4 zu erhalten, müssen wir deshalb stärkere Eigenschaften der Typisierung benutzen. Genauer benutzen wir, daß alle Zwischenergebnisse in IV §5.1–2 und IV §5.1–3 "mit Typen einer beschränkten Komplexität typisiert" werden können.

Definition IV §5.2–8 Typkomplexität
Ich ordne einem Typ/Typschema eine natürliche Zahl κ, seine sogenannte

Typkomplexität, zu:

$$\begin{aligned}\kappa(\alpha) &= 0\\ \kappa(\tau_1 \to \tau_2) &= 1 + \max(\kappa(\tau_1), \kappa(\tau_2))\\ \kappa(\forall\alpha.\sigma) &= \kappa(\sigma)\end{aligned}$$

S heißt $({}^{\mathcal{T}}\!\rho, \tau, \kappa)$*-typisierbar*, wenn der Algorithmus W' aus IV §4–6 angewandt auf $({}^{\mathcal{T}}\!\rho, S)$ ein Ergebnis (S, S', τ') liefert, $\mathrm{S} = \mathrm{U}(\tau, \tau')$ von *fail* verschieden und $\mathrm{SoS}'({}^{\mathcal{T}}\!\rho) = {}^{\mathcal{T}}\!\rho$ erfüllt ist sowie weder im Algorithmus W' noch in der Unifikation ein Typ/Typschema mit Komplexität größer κ benutzt wurde[11]. S heißt κ*-typisierbar*, wenn es ${}^{\mathcal{T}}\!\rho$ und τ gibt, so daß S $({}^{\mathcal{T}}\!\rho, \tau, \kappa)$-typisierbar ist. Analoge Definitionen gelten für Striktheitsskripte.

Eine binäre Relation $\to$ auf $\mathcal{S}$ heißt κ*-reduzierend*, wenn für $S_1 \to S_2$ aus der $({}^{\mathcal{T}}\!\rho, \tau, \kappa)$-Typisierbarkeit von S_1 die von S_2 folgt.

Lemma IV §5.2–9

1) Die in IV §3–2 definierte Reduktionsrelation $\to$ ist κ-reduzierend. Insbesondere ist η κ-reduzierend.
2) Ist S κ-typisierbar, dann ist jeder Teilausdruck κ-typisierbar.
3) Ist $S_0\, S_1\, \cdots\, S_k$ oder $\lambda v_1, \ldots, v_k.S$ κ-typisierbar, dann gilt $k \leq \kappa$.
4) Sind für paarweise verschiedene Variable $v_1, \ldots, v_n$ und $i{=}1\ldots n$ die S_i $({}^{\mathcal{T}}\!\rho, {}^{\mathcal{T}}\!\rho(v_i), \kappa)$-typisierbar, dann gilt dasselbe für $[v_j {\mapsto} S_j]_{j=1}^{n} S_i$.
5) $\pi_n'' \circ \eta$ ist κ-reduzierend.

Lemma IV §5.2–10

Ist $D \in \mathcal{DN}$ κ-typisierbar, dann gilt $H'(D) \leq (2\kappa + 1)H''(D)$.

Beweis

Induktion über H'' gefolgt von der Teilausdrucksordnung unter Ausnutzung von IV §5.2–9(3). ∎

Eigenschaft IV §5.2–11

Seien $\mathcal{SK} = (v_1{=}{=}S_1; \ldots; v_n{=}{=}S_n)$ polymorph typisierbar und $\varphi_i = \pi_{n_i}'' \circ \eta$ für $i{=}1\ldots n$, dann werden die in IV §5.1–2 und IV §5.1–3 definierten Folgen stationär bzgl. $\doteqdot$.

Beweis

Wähle κ so, daß $\mathcal{SK}$ κ-typisierbar wird. Nach IV §5.2–9 sind dann alle ${}^{s}\!\rho_k(v_i)$ κ-typisierbar. Der Beweis kann jetzt mit den beiden vorangegangenen Lemmata analog zu dem von IV §5.2–6 fortgesetzt werden. ∎

[11] D.h. wenn wir jeden Teilausdruck mit einem Typ (nicht Typschema!) mit Komplexität $\leq \kappa$ annotieren können, so daß ${}^{\mathcal{T}}\!\rho \vdash S : \tau$ mit *diesen* Typen bewiesen werden kann.

3 Zerlegung von Striktheitsskripten

Ein wichtiges Hilfsmittel zur Verringerung des Aufwands bei approximativer Auswertung von $SK = (v_1{=}{=}S_1; \ldots; v_n{=}{=}S_n)$ ist die Zerlegung von SK — ein Standardhilfsmittel bei der Lösung rekursiver Gleichungssysteme. Man stellt dazu die Abhängigkeiten der v_i untereinander in einem Graphen dar, dem sogenannten *Call-Graphen von SK*. Der Graph hat die Knoten $v_1, \ldots, v_n$ und eine Kante von v_i nach v_j, wenn v_i eine freie Variable von S_j ist. Mit Standardverfahren, siehe z.B. [Mehl84], kann man die starken Zusammenhangskomponenten dieses Graphen bestimmen und sie topologisch ordnen. Jede der starken Zusammenhangskomponenten definiert ein Striktheitsskript; seine approximativen Lösungen nenne ich auch die approximativen Lösungen der Zusammenhangskomponente. Zur Bestimmung einer approximativen Lösung für eine Zusammenhangskomponente werden nur solche von – bzgl. der topologischen Ordnung – kleineren Zusammenhangskomponenten benötigt. Die approximativen Lösungen der einzelnen Zusammenhangskomponenten können schließlich zu einer approximativen Lösung von SK zusammengefügt werden.

Das nächste Lemma legt die Grundlage für dieses Vorgehen.

Lemma IV §5.3–1

Sei $SK = (v_1{=}{=}S_1; \ldots; v_n{=}{=}S_n)$. Eine *Zerlegung von SK* ist eine Permutation σ von $\{1, \ldots, n\}$ und ein $1 \leq k \leq n$, so daß für $i{=}1 \ldots k$ und $j{=}k+1 \ldots n$ v_{σ_j} nicht frei in S_{σ_i} vorkommt.

Ist (σ, k) eine Zerlegung von SK, ${}^{S}\rho_1$ eine approximative Lösung von $SK_1 = (v_{\sigma_1}{=}{=}S_{\sigma_1}; \ldots; v_{\sigma_k}{=}{=}S_{\sigma_k})$, ${}^{S}\rho_2$ eine approximative Lösung von $SK_2' = (v_{\sigma_{k+1}}{=}{=}{}^{S}\rho_1 S_{\sigma_{k+1}}; \ldots; v_{\sigma_n}{=}{=}{}^{S}\rho_1 S_{\sigma_n})$, dann ist ${}^{S}\rho_1\,{}^{S}\rho_2$ eine approximative Lösung von SK.

Beweis

O.E. sei $\sigma = id$.
Sei $SK_2 = (v_{k+1}{=}{=}S_{k+1}; \ldots; v_n{=}{=}S_n)$ und $[\![SK]\!]^{B}({}^{B}\rho) =: {}^{B}\rho_0$.
Aus dem nachfolgenden Lemma folgt dann:

$$\begin{aligned} {}^{B}\rho_{0|\{v_1,\ldots,v_k\}} &= [\![SK_1]\!]^{B}({}^{B}\rho) \\ &\leq [\![{}^{S}\rho_1]\!]^{B}({}^{B}\rho) \\ {}^{B}\rho_{0|\{v_{k+1},\ldots,v_n\}} &= [\![SK_2]\!]^{B}({}^{B}\rho\,{}^{B}\rho_{0|\{v_1,\ldots,v_k\}}) \end{aligned}$$

Also gilt:

$$\begin{aligned} {}^{B}\rho_{0|\{v_1,\ldots,v_k\}} &\leq [\![{}^{S}\rho_1]\!]^{B}({}^{B}\rho) \\ {}^{B}\rho_{0|\{v_{k+1},\ldots,v_n\}} &\leq [\![SK_2]\!]^{B}({}^{B}\rho([\![{}^{S}\rho_1]\!]^{B}({}^{B}\rho))) \end{aligned}$$

$$= [\![SK_2']\!]^B({}^B\rho)$$
$$\leq [\![{}^S\rho_2]\!]^B({}^B\rho)$$

Die letzte Gleichheit gilt dabei, weil für $j{=}k+1\ldots n$ keine der v_j in $EAV({}^S\rho_1)$ liegen. ∎

Lemma IV §5.3–2
Seien D_1 und D_2 CPO's, $f: D_1 \to D_1$ und $g: D_1 \times D_2 \to D_2$ stetig, dann gilt

$$\text{fix}\,\lambda(x,y) \in D_1{\times}D_2.(f(x), g(x,y)) = (\text{fix}\,f, \text{fix}\,\lambda y.g(\text{fix}\,f, y)).$$

4 Heuristische Vereinfachungen

Ich benutze heuristische Vereinfachungen, um die polymorphe Typisierbarkeit für Striktheitsskripte zu erreichen und sie derart von oben zu approximieren, daß die Basisverfahren zur approximativen Auswertung nur selten große Ergebnisse liefern. Um dies zu erreichen, nehme ich auch ungenauere Ergebnisse in Kauf.

Definition IV §5.4–1 Heuristische Vereinfachung
Eine *heuristische Vereinfachung* ist eine Abbildung, die Striktheitsskripte SK auf Striktheitsskripte SK' mit $SK \leq SK'$ und $FV(SK) \supseteq FV(SK')$ abbildet.

Offensichtlich ist für eine heuristische Vereinfachung H jede approximative Lösung von $H(SK)$ auch eine approximative Lösung von SK.

Ich betrachte nun einige nützliche Beispiele für heuristische Vereinfachungen.

Erstes Beispiel ist der Übergang von einem Striktheitsskript zu einer polymorph typisierbaren Approximation, etwa mithilfe des Algorithmus W' aus IV §4–6. Diese Vereinfachung sichert die Anwendbarkeit der Basisverfahren. Ich nenne sie $H_{\mathcal{T}}$.

Ist SK polymorph typisierbar, können wir seine rechten Seiten durch Anwendung von η 'vereinfachen'. Ich nenne diese Vereinfachung H_η. Ich setze sie vorwiegend ein, um die Wirkung anderer Vereinfachungen zu vergrößern.

Wie in der Einleitung erläutert, sind wir an **let**-freien approximativen Lösungen von Striktheitsskripten interessiert. Die Basisverfahren liefern solche approximativen Lösungen, wenn sie auf Striktheitsskripte ohne **let**-Konstrukte angewendet werden. Ich benutze die heuristische Vereinfachung H_{let}, um diese Situation herzustellen. H_{let} bestimmt von innen nach außen für jeden **let**-Teilausdruck **let** SK' **in** S in SK eine approximative Lösung ${}^s\rho$ von SK' und ersetzt den **let**-Ausdruck durch ${}^s\rho S$.

Enthält ein Striktheitsskript SK nach Vereinfachung durch H_η einen Teilausdruck der Form $v\ S_1 \cdots S_n$ und S_i eine Variable, die durch SK definiert wird, dann kann es während der Iterationen des Basisverfahrens zu einer Expansion von S_i kommen. Das einfachste Beispiel liefert die Definition des Fixpunktoperators.

Beispiel IV §5.4–2

$$Y{=}{=}\lambda v.v\ (Y\ v)$$

IV §5.1–2 berechnet mit $\varphi = \pi_3'' \circ \eta$ folgende Iterationsergebnisse:

$$\begin{aligned}
{}^s\rho_1(Y) &\doteq \quad \lambda v.v \diamond \\
{}^s\rho_2(Y) &\doteq \quad \lambda v.v\ (v \diamond) \\
{}^s\rho_3(Y) &\doteq \pi_3''\ \lambda v.v\ (v\ (v \diamond)) \\
&\doteq \quad \lambda v.v\ (v\ (v\ \emptyset)) \\
{}^s\rho_4(Y) &\doteq \pi_3''\ \lambda v.v\ (v\ (v\ (v\ \emptyset))) \\
&\doteq \quad \lambda v.v\ (v\ (v \quad \emptyset \quad)) \\
&\doteq {}^s\rho_3(Y)
\end{aligned}$$

Zur Beschreibung der vorgeschlagenen heuristischen Vereinfachung H_{var} möchte ich $v_1, \ldots, v_n$ die *aktiven Variablen* des Skripts $SK = (v_1{=}{=}S_1; \ldots; v_n{=}{=}S_n)$ nennen, alle anderen Variablen nenne ich *passiv* hinsichtlich SK. H_{var} ersetzt alle aktiven Variablenvorkommen in Argumenten von passiven Variablen durch $\emptyset$. Genauer: Ist $v'\,S_1 \cdots S_n$ ein Teilausdrucksvorkommen in SK und v' hinsichtlich SK passiv, dann ersetzt H_{var} jedes Vorkommen einer aktiven Variablen in den S_i durch $\emptyset$[12].

H_{var} angewendet auf die Definition der Y-Operators liefert $Y{=}{=}\lambda v.v\ (\emptyset\ v) \doteq \lambda v.v\ \emptyset$, und man erhält ohne Iteration die approximative Lösung $[Y {\mapsto} \lambda v.v\ \emptyset]$.

Ich gebe nun eine letzte heuristische Vereinfachung an, die ähnlich wie die vorangegangene benutzt werden kann, um die Expansion von Funktionsanwendungen zu vermeiden. Betrachten wir das Beispiel

[12] Dabei habe ich der Einfachheit halber angenommen, daß jede Variable in SK höchstens einmal gebunden wird.

Beispiel IV §5.4–3

$$SK \doteq (repeat{=}{=}\lambda n\, f\, a.\, \Phi\, n \sqcup (a \sqcap repeat\ \Phi\, n\, f\, (f\, a))$$

$$\begin{aligned}
{}^{s}\rho_1(repeat) &\doteq \lambda n\, f\, a.\, \Phi\, n \sqcup a\\
{}^{s}\rho_2(repeat) &\doteq \lambda n\, f\, a.\, \Phi\, n \sqcup (a \sqcap f\, a)\\
{}^{s}\rho_3(repeat) &\doteq \lambda n\, f\, a.\, \Phi\, n \sqcup (a \sqcap f\, a \sqcap f\, (f\, a))\\
{}^{s}\rho_4(repeat) &\doteq \pi''_3\, \lambda n\, f\, a.\, \Phi\, n \sqcup (a \sqcap f\, a \sqcap f\, (f\, a) \sqcap f\, (f\, (f\, a)))\\
&\doteq \lambda n\, f\, a.\, \Phi\, n \sqcup (a \sqcap f\, a \sqcap f\, (f\, a) \sqcap f\, (f\, (f\, \emptyset)))\\
{}^{s}\rho_5(repeat) &\doteq {}^{s}\rho_4(repeat)
\end{aligned}$$

Schauen wir uns an, wie diese Expansion zustandekommt: der dritte "aktuelle Parameter" von *repeat* enthält ein Vorkommen des dritten "formalen Parameters". Desweiteren ist die H''-Höhe des aktuellen Parameters größer als die des formalen Parameters. Betrachten wir jetzt z.B. die Berechnung von ${}^{s}\rho_3$:

$$\begin{aligned}
{}^{s}\rho_3(repeat) &\doteq \lambda n\, f\, a.\, \Phi\, n \sqcup (a \sqcap {}^{s}\rho_2(repeat)\ \Phi\, n\, f\, \underline{(f\, a)})\\
&\doteq \lambda n\, f\, a.\, \Phi\, n \sqcup\\
&\qquad (a \sqcap f\, a \sqcap {}^{s}\rho_1(repeat)\ \Phi\, n\, f\, \underline{(f\, (f\, a))})\\
&\doteq \lambda n\, f\, a.\, \Phi\, n \sqcup\\
&\qquad (a \sqcap f\, a \sqcap f\, (f\, a) \sqcap {}^{s}\rho_0(repeat)\ \Phi\, n\, f\, \underline{(f\, (f\, (f\, a)))})
\end{aligned}$$

Wir bemerken, daß der jeweils unterstrichene dritte aktuelle Parameter in jedem rekursiven Aufruf tiefer wird und somit einen immer größeren Beitrag zu den Zwischenergebnissen liefert.

Allgemein tritt dieser Typ von Expansion auf, wenn über die Parameterübergabe ein "aktueller Parameter" nach einigen Iterationen als Teil eines Ausdrucks mit größerer Höhe wieder auf dieselbe Parameterposition gelangt. Um diese Situation feststellen zu können, muß man den "Fluß von Parametern" verfolgen und feststellen, ob Zyklen auftreten können, auf denen sich die Höhe vergrößert.

Die Einzelheiten sind ziemlich technisch. Deshalb gebe ich nur eine vereinfachte Darstellung. Ich beginne mit einer Erläuterung der Begriffe *aktueller* und *formaler Parameter*. Ich beschränke mich dabei auf polymorph typisierbare Striktheitsskripte einer speziellen Form. Ich fixiere eine Typumgebung ${}^{T}\rho$ für das Striktheitsskript. Wegen $S \leq \lambda v.S\, v$ für alle $v \notin FV(S)$ können wir gegebenenfalls zu einem größeren Striktheitsskript $SK = (v_1{=}{=}S_1; \ldots; v_n{=}{=}S_n)$ übergehen, um die folgenden Bedingungen zu erfüllen:

- die v_i sind in keinem der S_j gebunden;
- jedes S_j ist mittels Schnitten und Vereinigungen aufgebaut aus Ausdrücken der Form $\lambda v_1^{(j)} \cdots v_{n_j}^{(j)}.S$, wobei die S in ${}^{\forall}\mathcal{DN} - {}^{\lambda}\mathcal{DN}$ liegen und keine der $v_k^{(j)}$ binden, und n_j durch ${}^{T}\rho(v_j) = \forall \cdots .\tau_1^{(j)} \to \cdots \to \tau_{n_j}^{(j)} \to \alpha$ bestimmt wird.

$v_i^{(j)}$ ist der *i-te formale Parameter* von v_j. Für jeden Teilausdruck $v_j\,S_1' \cdots S_k'$ in SK ist S_i' ein *i-ter aktueller Parameter* von v_j.

Ich konstruiere einen Graphen zu SK, dessen Knoten die formalen Parameter der v_j sind. Der Graph enthält eine Kante von $v_i^{(j)}$ nach $v_{i'}^{(j')}$, wenn $v_i^{(j)}$ in einem i'-ten aktuellen Parameter $S_{i'}'$ von $v_{j'}$ vorkommt. Wenn das Vorkommen für kein Teilausdrucksvorkommen $v\,S_1'' \cdots S_{k''}''$ in $S_{i'}'$ mit einer passiven Variablen v in einem der $S_{i''}''$ liegt, dann heißt es *unkritisch*[13]. Die Kante wird mit *unkritisch* markiert, wenn alle Vorkommen von $v_i^{(j)}$ in einem i'-ten Argument von $v_{j'}$ unkritisch sind, sonst wird sie mit *kritisch* markiert.

Die Heuristik H_{arg} untersucht den so konstruierten Graphen nach Zyklen, die mindestens eine kritische Kante enthalten. H_{arg} bricht solche Zyklen auf, indem geeignete Vorkommen formaler Parameter in aktuellen Parametern durch $\emptyset$ ersetzt werden.

Kehren wir zu unserem Beispiel zurück. Der zugehörige Graph ist

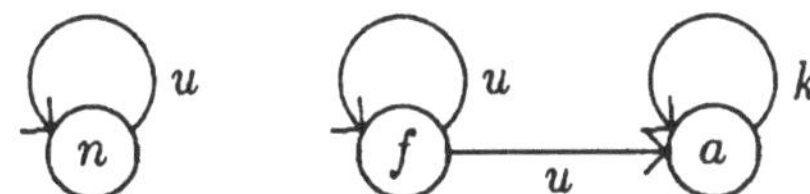

Er hat einen Zyklus mit einer kritischen Kante. Dieser wird aufgebrochen, indem das Vorkommen von a in $f\,a$ durch $\emptyset$ ersetzt wird. Wir erhalten

$$SK = (repeat{=}{=}\lambda n\, f\, a.\, \Phi\, n \sqcup (a \sqcap repeat\ \Phi\, n\, f\, (f\, \emptyset))).$$

Die Iteration ergibt:

$${}^s\rho_3(repeat) = {}^s\rho_2(repeat) = \lambda n\, f\, a.\, \Phi\, n \sqcup (a \sqcap f\, \emptyset).$$

Alle in diesem Abschnitt vorgestellten heuristischen Vereinfachungen sind offensichtlich berechenbar.

5 Algorithmus (Beispiel)

Ich skizziere nun einen Algorithmus, der zu einen gegebenen Striktheitsskript eine polymorph typisierbare, **let**-freie approximative Lösung bestimmt. Der

[13] Intuitiv sollte ein Vorkommen unkritisch heißen, wenn sich die H''-Höhe eines i'-ten aktuellen Parameters von $v_{j'}$ gegenüber der eines aktuellen Wertes für $v_i^{(j)}$ nicht vergrößert. Der angegebene Vorschlag ist nur eine grobe Approximation an diese Intuition. Insbesondere behandelt er der Einfachheit halber Vorkommen in $v\,S_1'' \cdots S_{k''}'' \prec S_{i'}'$ als unkritisch, wenn v aktiv ist. Ob ein solches Vorkommen zu einer Vergrößerung der H''-Höhe von $S_{i'}'$ führen kann, hängt im allgemeinen aber von der Struktur der zu v gehörenden rechten Seite ab. In [Maur85] wird versucht, diese Abhängigkeit mitzuberücksichtigen.

Algorithmus wurde mit kleinen Modifikationen in der Implementierung von Herrn Bernd Bellmann (V §5) verwendet.

Das Striktheitsskript wird zunächst mit $H_{\mathcal{T}}$ in ein polymorph typisierbares Striktheitsskript überführt und anschließend mit H_η vereinfacht. Nach der Elimination geschachtelter **let**-Konstrukte durch H_{let} wird es durch Anwendung von H_{var}, H_{arg} und H_η weiter vereinfacht. Anschließend wird das Ergebnis in seine rekursiven Komponenten zerlegt. Nach IV §5.3–1 werden unter Beachtung ihrer topologischen Ordnung für die Komponenten mit dem Einzelschrittverfahren (IV §5.1–3) approximative Lösungen bestimmt. Als approximierende Operatoren werden π''_n's verwendet, wobei die n in Abhängigkeit von der π''-Höhe der Komponente gewählt werden. Die so erhaltenen approximativen Lösungen für die Komponenten werden schließlich gemäß IV §5.3–1 zu einer approximativen Lösung des Striktheitsskriptes zusammengesetzt.

V Relevanzanalyse

In diesem Kapitel setze ich die in III §3 unterbrochene Diskussion zur Relevanzanalyse fort.

Ich beginne im ersten Abschnitt mit der Formulierung eines ersten Algorithmus zur Relevanzanalyse. Unter Ausnutzung der in Kapitel IV entwickelten Techniken zur Striktheitsanalyse und einer einfachen Datenflußanalyse bestimmt er zu jeder Stelle E eines Programms eine Striktheitsumgebung ${}^s\rho_E$ und einen Striktheitsargumentkeller ${}^s s_E$, so daß $({}^s\rho_E, {}^s s_E)$ den Zustand bei jedem Besuch des Interpreters an der Stelle E in einem noch näher zu präzisierenden Sinn korrekt beschreibt. Zum Nachweis der Relevanz von v an der Stelle E wertet der Algorithmus $({}^s\rho_E[v \mapsto \diamond][\![E]\!]^S)\ {}^s s_E$ approximativ aus, zum Nachweis der Relevanz von E_2 an der Stelle $E = E_1\, E_2$ wertet er $({}^s\rho_E[\![E_1]\!]^S) \diamond {}^s s_E$ approximativ aus, und testet das Ergebnis jeweils gegen $\diamond$.

Dieser erste Algorithmus benötigt zahlreiche approximative Auswertungen, um Relevanzinformation für die Stelle E zu bestimmen. Der zweite Algorithmus versucht, mit einer einzigen approximativen Auswertung von $({}^s\rho_E[\![E]\!]^S)\ {}^s s_E$ auszukommen und das Ergebnis zusätzlich auch bei der Auswertung von Oberausdrücken mitzuverwenden. Diese Optimierung kann die Kosten für die Relevanzanalyse beträchtlich verringern.

Im dritten Abschnitt gehe ich kurz auf Möglichkeiten ein, die Ergebnisse einer Relevanzanalyse gegenüber den beiden vorgestellten Algorithmen zu erweitern oder zu verbessern. Zunächst gebe ich an, wie die Algorithmen erweitert werden können, um Relevanzinformation für beliebige Teilausdrucksvorkommen, und nicht nur für Funktionsargumente zu bestimmen. Als nächstes zeige ich einige Schwächen auf, die der Einfachheit der von ihnen verwendeten Datenflußanalyse zuzuschreiben sind. Ich werde skizzieren, wie Ergebnisse von Neil Jones [Jone81] zur Überwindung der Schwächen benutzt werden können. Schließlich gehe ich kurz auf Striktheitsinformation für Komponenten strukturierter Datenobjekte ein.

Relevanzinformation wurde als wesentliches Hilfsmittel für gutes Scheduling bei *paralleler Programmauswertung* eingeführt. Aber der Relevanzbegriff wurde relativ zu einer *sequentiellen Auswertung* definiert. Im vierten Abschnitt skizziere ich ein Prozeßmodell zur Modellierung paralleler Programmauswertung. In diesem Modell wird Parallelität durch Annotation von Programmstellen eingeführt. Wird eine Stelle in einer Umgebung ausgewertet, dann gibt die Annotation an, welche Prozesse parallel zu aktivieren sind. Ich werde argumentieren, daß Relevanzinformation die maximal möglichen Annotationen festlegt, die noch sicherstellen, daß nur Prozesse aktiviert werden, deren Ergebnis für

die Bestimmung des Programmwertes benötigt werden.
Anschließend argumentiere ich, daß Relevanzinformation zur Steuerung der Priorisierung von Prozessen bei spekulativer Auswertung verwendet werden kann.
Schließlich gehe ich auf Bedingungen ein, unter denen allgemeine Relevanzinformation Stellen kennzeichnet, an denen von einer Call-by-Need zu einer Call-by-Value Auswertung übergegangen werden kann.

Kernstück meiner Relevanzanalyse ist eine Striktheitsanalyse, basierend auf den Ergebnissen von Kapitel IV. Bernd Bellmann hat eine Variante davon implementiert. Im fünften Abschnitt berichte ich kurz über diese Implementierung und demonstiere an einige Beispielen Stärken und Schwächen meines Ansatzes zur Striktheitsanalyse.

Zum Abschluß des Kapitels skizziere ich eine Reihe anderer Ansätze zur Striktheitsanalyse mit ähnlicher Zielsetzung und vergleiche sie miteinander.

§1 Algorithmus I

Der erste Algorithmus zur Relevanzanalyse lehnt sich eng an die Skizze in III §3 an. Er bestimmt induktiv über die Relation 'oberhalb' für jede Stelle E in einem Programm π eine geschlossene Striktheitsumgebung ${}^s\rho_E$ und einen geschlossenen Striktheitsargumentkeller ${}^ss_E = [S_1, \ldots, S_k]$, so daß gilt:
Ist π korrekt und $A_\pi = [(st_i, adr_i, s_i)]_{i=1}^n$, dann gibt es für jedes i mit $st_i = \downarrow$ und $s_i(adr_i) = (E, \rho)$ Adressen $adr'_0, \ldots, adr'_k$, $adr''_1, \ldots, adr''_k$ mit

- adr'_k wird in A_π ausgewertet;
- $adr'_0 = adr_i$;
- ${}^s\rho_E$ beschreibt die Striktheitseigenschaften von ρ im Speicherzustand s_i korrekt;
- für $j{=}1 \ldots k$ gilt $s_i(adr'_j) = adr'_{j-1} \cdot adr''_j$ und S_j beschreibt die Striktheitseigenschaften von adr''_j im Speicherzustand s_i korrekt.

Informal besagt dies, daß bei jeder Auswertung von (E, ρ) die Striktheitseigenschaften von ρ korrekt durch ${}^s\rho_E$ beschrieben werden und das Ergebnis der Auswertung auf (mindestens) k Argumente angewandt wird, deren Striktheitseigenschaften von den S_j korrekt beschrieben werden.

Mit III §3–7 kann man daraus folgern, daß

- eine an der Stelle E sichtbare Variable v dort auch relevant ist, wenn $({}^s\rho_E[v \mapsto \diamond]\llbracket E \rrbracket^S)\ {}^ss_E \equiv \diamond$ gilt,
- E_2 relevant an der Stelle $E = E_1\ E_2$ ist, wenn $({}^s\rho_E\llbracket E_1 \rrbracket^S) \diamond {}^ss_E \equiv \diamond$ gilt,

wobei $[\![\cdot]\!]^S$ eine zulässige Interpretation von λ-Ausdrücken durch Striktheitsausdrücke ist, und $S\,[S_1,\ldots,S_k]$ definiert ist als $S\,S_1\,\cdots\,S_k$.

Man kann leicht ein berechenbares $[\![\cdot]\!]^S$ mittels IV §2–10 bestimmen: man errät eine zulässige Konstanteninterpretation $[\![\cdot]\!]^S$ – ihre Zulässigkeit kann mit Hilfe von IV §2–4 überprüft werden – und setzt sie zu einem $\tilde{\Sigma}_\Lambda$-Algebrahomomorphismus fort, indem alle anderen Operationen von $\tilde{\Sigma}_\Lambda$ durch die entsprechenden Operationen von $\tilde{\Sigma}_S$ interpretiert werden.

Zum Nachweis von $S \equiv \diamond$ kann man folgendermaßen vorgehen: S wird zunächst *approximativ ausgewertet*, d.h. es wird eine polymorph typisierbare Approximation an S berechnet, und Teilausdrücke der Form **let** SK **in** S_0 werden durch ${}^s\rho S_0$ approximiert, wobei ${}^s\rho$ eine typerhaltende **let**-freie approximative Lösung von SK ist. Das Ergebnis ist ein **let**-freier polymorph typisierbarer Striktheitsausdruck $\sqsupseteq S$, der mit $\doteq$ gegen $\diamond$ getestet werden kann.

Zur Berechnung von ${}^s\rho_E$ und ${}^s s_E$ wird neben einem Algorithmus zur Berechnung von $[\![\cdot]\!]^S$ auch ein Algorithmus zur approximativen Auswertung von Striktheitsskripten benutzt. Ein solcher Algorithmus kann mit den Ergebnissen von IV §5 konstruiert werden.

Um die Berechnung von ${}^s\rho_E$ und ${}^s s_E$ einfacher beschreiben zu können, definiere ich die Anwendung von Substitutionen auf Striktheitsskripte.

Definition V §1–1 ${}^s\rho SK$

Für ${}^s\rho$ und $SK = (v_1{=}{=}S_1;\ldots;v_n{=}{=}S_n)$ mit $FV({}^s\rho) \cap \{v_1,\ldots,v_n\} = \emptyset$ ist ${}^s\rho SK$ definiert durch

$$ {}^s\rho SK := (v_1{=}{=}{}^s\rho' S_1;\ldots;v_n{=}{=}{}^s\rho' S_n) \text{ mit } {}^s\rho' = {}^s\rho_{|\mathcal{V}-\{v_1,\ldots,v_n\}}. $$

Lemma V §1–2

Ist ${}^s\rho SK$ definiert, dann gilt $[\![{}^s\rho SK]\!]^B = \lambda^B\rho.[\![SK]\!]^B({}^B\rho([\![{}^s\rho]\!]^B({}^B\rho)))$.

Beweis

Ist $SK = (v_1{=}{=}S_1;\ldots;v_n{=}{=}S_n)$, dann ist $[\![SK]\!]^B({}^B\rho)$ nach Definition der kleinste Fixpunkt von

$$ F_{SK,{}^B\rho} = \lambda^B\rho_p \in \{v_1,\ldots,v_n\}\to\mathcal{B}.[v_i\mapsto[\![S_i]\!]^B({}^B\rho^B\rho_p)]_{i=1}^n $$

Mit $[\![{}^s\rho S]\!]^B({}^B\rho) = [\![S]\!]^B({}^B\rho([\![{}^s\rho]\!]^B({}^B\rho)))$ kann man leicht zeigen, daß die in der Definition von $[\![SK]\!]^B({}^B\rho([\![{}^s\rho]\!]^B({}^B\rho)))$ und $[\![{}^s\rho SK]\!]^B({}^B\rho)$ benutzten Operatoren $F_{SK,{}^B\rho([\![{}^s\rho]\!]^B({}^B\rho))}$ und $F_{{}^s\rho SK,{}^B\rho}$ identisch sind, was demnach auch für ihre kleinsten Fixpunkte $[\![SK]\!]^B({}^B\rho([\![{}^s\rho]\!]^B({}^B\rho)))$ und $[\![{}^s\rho SK]\!]^B({}^B\rho)$ zutrifft. ∎

Definition V §1–3 Algorithmus I
Algorithmus I berechnet induktiv über die Relation 'oberhalb' zu jeder Stelle E in einem Programm π eine geschlossene Striktheitsumgebung ${}^s\rho_E$ und einen geschlossenen Striktheitsargumentkeller ${}^s s_E$ durch:

$E = \pi$:

$$({}^s\rho_\pi, {}^s s_\pi) = ([], [])$$

$E = \lambda v.E'$:

$$({}^s\rho_{E'}, {}^s s_{E'}) = \begin{cases} ({}^s\rho_E[v \mapsto \emptyset], []), & \text{falls } {}^s s_E = []; \\ ({}^s\rho_E[v \mapsto S], {}^s s), & \text{falls } {}^s s_E = S : {}^s s. \end{cases}$$

$E = E_1\ E_2$:

$$({}^s\rho_{E_2}, {}^s s_{E_2}) = ({}^s\rho_E, [])$$
$$({}^s\rho_{E_1}, {}^s s_{E_1}) = ({}^s\rho_E, ({}^s\rho_E[\![E_2]\!]^S) : {}^s s_E)$$

$E =$ **let** SK **in** E_0 mit $SK = (v_1{=}{=}E_1; \ldots ; v_n{=}{=}E_n)$:

$$({}^s\rho_{E_j}, {}^s s_{E_j}) = ({}^s\rho_E\, {}^s\rho', []) \quad \text{für } j{=}1 \ldots n$$
$$({}^s\rho_{E_0}, {}^s s_{E_0}) = ({}^s\rho_E\, {}^s\rho', {}^s s_E)$$

wobei ${}^s\rho'$ eine approximative Lösung von ${}^s\rho_E[\![SK]\!]^S$ ist

Der Algorithmus terminiert offensichtlich für jedes Programm π und wegen $FV([\![E]\!]^S) \subseteq FV(E)$ sind die berechneten Striktheitsumgebungen und -Argumentkeller geschlossen.

Ich bereite nun den Nachweis vor, daß die berechneten Striktheitsumgebungen und -Argumentkeller in der zu Beginn des Paragraphen genannten Beziehung zu A_π stehen. Ist E eine Stelle in π, ${}^s s_E = [S_1, \ldots, S_k]$ und der Interpreter besucht eine Adresse adr mit Inhalt (E, ρ), dann müssen wir – informal gesprochen – zeigen, daß adr auf mindestens k Argumente $adr''_1, \ldots, adr''_k$ angewendet wird, und daß ${}^s\rho_E$ und die S_j korrekte Beschreibungen der Striktheitseigenschaften von ρ bzw. der adr''_j im aktuellen Speicherzustand sind. Dem Beweis liegt die Idee zugrunde, daß diese Eigenschaften nicht nur gelten, wenn der Interpreter adr besucht, sondern *immer*, solange adr für die Berechnung potentiell von Bedeutung ist. Um zu beschreiben, wann eine Adresse sicher nicht mehr von Bedeutung ist, benutze ich ein Konzept, das üblicherweise zur Speicherverwaltung eingesetzt wird: *Erreichbarkeit*.

Man kann die Speicherzellen als Knoten eines Graphen auffassen. Die Kanten des Graphen werden durch den Inhalt der Speicherzellen festlegt: es gibt (geordnete) Kanten von adr nach adr_1 und adr_2, wenn adr den Inhalt $adr_1 \cdot adr_2$ hat, und (ungeordnete) Kanten von adr nach allen Adressen im Bild von ρ, wenn *adr* den Inhalt (E, ρ) hat. Für die Speicherverwaltung geht man von einer ausgezeichneten Menge sog. *Eintrittsknoten* aus, charakterisiert durch die Eigenschaft, daß alle zur Zeit existierenden Knoten, die für die spätere Berechnung von Bedeutung werden können, von einem der Eintrittsknoten über Graphkanten aus erreichbar sind.

Unerreichbare Adressen sind also nach Definition für die weitere Berechnung nicht mehr von Bedeutung. Um sicherzustellen, daß der Interpreter *adr* auch tatsächlich auf k Argumente mit den durch ${}^{s}s_E$ beschriebenen Striktheitseigenschaften anwendet, möchte ich die möglichen Pfade von Eintrittsknoten zu *adr* betrachten. Genauer möchte ich zeigen, daß *adr* auf jedem Pfad, über den sie (von Eintrittsknoten aus) erreichbar ist, "auf k Argumente mit den vorgegebenen Striktheitseigenschaften angewendet" wird, und daraus schließen, daß auch der Interpreter dies tut.

Es geht nun darum, die Menge der Eintrittsknoten so zu definieren, daß von den Eintrittsknoten aus unerreichbare Knoten von der Berechnung nicht mehr besucht werden, und daß die obige Idee umgesetzt werden kann.

Kandidaten für Eintrittsknoten sind die Adressen (=Knoten), deren Auswertung bereits begonnen hat aber noch nicht abgeschlossen ist – ich möchte sie die *aktiven Adressen* nennen. Die "Berechnung" wird später zu diesen Adressen zurückkehren, so daß sie erreichbar sein müssen. Für die Auswertung dieser Adressen können Framestacks angelegt worden sein, die Verweise in den Graphen enthalten. Alle so referenzierten Knoten können von der Berechnung im weiteren Verlauf ebenfalls besucht werden und müssen deshalb ebenfalls erreichbar sein. Andererseits ist bereits die Menge der aktiven Adressen für meine Anwendungen zu groß als Eintrittsknotenmenge. Wenn der Interpreter beispielsweise die Adresse *adr* besucht, dann ist sie offenbar aktiv. Wäre sie ein Eintrittsknoten, dann wäre sie über einen trivialen Pfad erreichbar und und für $k > 0$ wären Aussagen der Form "auf diesem Pfad wird *adr* auf k Argumente ... angewandt" unsinnig. Man kann nun zeigen, daß die aktiven Adressen und die von Framestacks aus referenzierten Adressen alle über Graphkanten entweder von der Startadresse oder von Adressen aus erreichbar sind, die in *new*-Schritten angelegt wurden. Die Menge dieser Adressen eignet sich als Eintrittsknotenmenge für meine Anwendung.

Pfade sind in natürlicher Weise als Folgen von Adressen definiert, wobei je zwei Adressen durch eine Richtungsangabe getrennt sind: 'L' für 'links', 'R' für 'rechts' und 'U' für 'Umgebung'.

Die obige Diskussion ist in der folgenden Definition zusammengefaßt.

Definition V §1–4 Erreichbarkeit
Seien π ein korrektes Programm, $A_\pi = [(st_i, adr_i, s_i)]_{i=1}^{n}$ und $1 \le i \le n$.

Die Relation '*adr ist im i-ten Schritt über den Pfad P erreichbar*' ist die kleinste Relation auf $ADR \times ADR.(\{\mathrm{L}, \mathrm{R}, \mathrm{U}\}.ADR)^*$, die folgende Abschlußeigenschaften erfüllt:

- adr_1 ist im i-ten Schritt über adr_1 erreichbar;
- wenn es $j < i$ mit $st_j = new-$ gibt, dann ist adr_j im i-ten Schritt über adr_j erreichbar;
- ist adr im i-ten Schritt über einen Pfad P erreichbar und gilt
  - $s_i(adr) = adr' \cdot adr''$, dann sind adr' und adr'' im i-ten Schritt erreichbar über die Pfade $P.\mathrm{L}.adr'$ bzw. $P.\mathrm{R}.adr''$;
  - $s_i(adr) = (E, \rho)$, dann sind alle adr' im Bild von ρ im i-ten Schritt über den Pfad $P.\mathrm{U}.adr'$ erreichbar.

Lemma V §1–5

Sei π ein fehlerfreies Programm. Dann ist jede im i-ten Schritt aktive Adresse im i-ten Schritt über einen Pfad erreichbar, dessen Adressen alle in A_π ausgewertet werden.

Beweis

Man kann durch Induktion über i zeigen, daß jede im i-ten Schritt aktive Adresse über einen Pfad $adr'_1.-.\ldots.-.adr'_m$ erreichbar ist, wobei die adr'_j alle in A_π ausgewertet werden, jeweils entweder bereits in s_i ausgewertet oder aber aktiv im i-ten Schritt sind, und aktive Adressen adr'_{j_1} und adr'_{j_2} mit $j_1 < j_2$ voneinander verschieden sind und die Berechnung von adr'_{j_2} in der von adr'_{j_1} enthalten ist. Die beiden letzten technischen Bedingungen sichern mit III §1.3–10(1), (3) und (6), daß in jedem dieser Pfade jeweils nur die letzte Adresse überschrieben werden kann und die Pfade damit beim Übergang von i nach $i+1$ erhalten bleiben. ∎

Das folgende Lemma ist eine Ergänzung zu IV §2–8(5). Beide werden benutzt, um die Reduktionen von λ-Ausdrücken während der Auswertung zu den entsprechenden Definitionen in V §1–3 in Verbindung zu bringen.

Lemma V §1–6

Beschreibt das Striktheitsskript SK die Striktheitseigenschaften des Skriptes SK korrekt, gilt entsprechendes für die Striktheitsumgebung ${}^S\rho$ hinsichtlich der (endlichen) $\mathcal{D}$-Umgebung ${}^D\rho_p$, und ist ${}^S\rho SK$ definiert, dann beschreibt jede approximative Lösung ${}^S\rho'$ von ${}^S\rho SK$ die Striktheitseigenschaften von $[\![SK]\!]^{\mathcal{D}}({}^D\rho_p)$ korrekt.

Beweis

Es gilt

$$\tau(\perp_{{}^D\mathcal{E}nv}{}^D\rho_p) = (\perp_{{}^B\mathcal{E}nv}(\tau \circ {}^D\rho_p)) \leq {}^B\rho([\![{}^S\rho]\!]^{\mathcal{B}}({}^B\rho)).$$

Mit V §1–2 folgt

$$\begin{aligned}[\![{}^s\rho']\!]^B({}^B\rho) &\geq [\![{}^s\rho SK]\!]^B({}^B\rho)\\ &= [\![SK]\!]^B({}^B\rho([\![{}^s\rho]\!]^B({}^B\rho)))\\ &\geq [\![SK]\!]^B(\bot_{{}^B\mathcal{E}nv}(\tau \circ {}^D\rho_p))\\ &\geq \tau([\![SK]\!]^D(\bot_{{}^D\mathcal{E}nv}{}^D\rho_p))\\ &= \tau([\![SK]\!]^D({}^D\rho_p))\end{aligned}$$

∎

Lemma V §1–7

Sei π ein fehlerfreies Programm, $A_\pi = [(st_i, adr_i, s_i)]_{i=1}^m$, und für die Stellen E von π seien ${}^s\rho_E$ und ${}^s s_E$ nach V §1–3 bestimmt.

Ist $1 \leq i \leq m$, E eine Stelle in π, ${}^s s_E = [S_1, \ldots, S_k]$ und $s_i(adr) = (E, \rho)$, dann endet jeder Pfad, über den adr im i-ten Schritt erreichbar ist, in einem Pfad der Form adr'_k.L. . . . .L.adr'_0 und es gilt:

1) $adr = adr'_0$ und für j=1 . . . k gibt es adr''_j mit $s_i(adr'_j) = adr'_{j-1} \cdot adr''_j$;

2) ${}^s\rho_E \;\delta\; [\![s_i]\!]^D \circ \rho$,
   d.h. ${}^s\rho_E$ beschreibt die Striktheitseigenschaften von ρ im Speicherzustand s_i korrekt;

3) $S_j \;\delta\; [\![s_i]\!]^D(adr''_j)$ für j=1 . . . n,
   d.h. S_j beschreibt die Striktheitseigenschaften von adr''_j im Speicherzustand s_i korrekt.

Beweis

Der Beweis wird durch Induktion über i geführt. Im Induktionsschritt wird eine Fallunterscheidung über den Schrittyp durchgeführt. Ist $st_i = \downarrow$, dann wird gemäß dem Inhalt von $s_i(adr_i)$ unterschieden. Ich betrachte als Beispiel $s_i(adr_i) = (E, \rho)$ mit $E =$ **let** SK **in** E_0 und $SK = (v_1{=}{=}E_1; \ldots; v_n{=}{=}E_n)$. Im i-ten Schritt wird s_i um neue Adressen $\overline{adr}_1, \ldots, \overline{adr}_n$ erweitert, die neue Umgebung $\rho' = \rho[v_j \mapsto \overline{adr}_j]_{j=1}^n$ konstruiert, und die $\overline{adr}_j$ erhalten die Inhalte (E_j, ρ'), adr_i den Inhalt (E_0, ρ'). Das Ergebnis ist der Speicherzustand im i+1-ten Schritt. Ist im i+1-ten Schritt eine Adresse adr über einen Pfad P erreichbar ist, dann ist entweder $adr = \overline{adr}_j$ für ein j oder wir finden zu P einen Pfad P', so daß adr im i-ten Schritt über P' erreichbar ist, und P sich aus P' ergibt, indem Teilfolgen adr_i.U durch Folgen der Form adr_i.U.$\overline{adr}_j$.U ersetzt werden. Es ist offensichtlich, daß P in adr'_k.L. . . . .L.adr'_0 endet, wenn dies für P' gilt. Da adr_i im neuen Speicherzustand keine ausgehende 'L'-Kante besitzt, ist adr_i für j=1 . . . k von adr'_j verschieden und $s_{i+1}(adr'_j) = s_i(adr'_j)$. Aussage 3 und für $adr \notin \{adr_i, \overline{adr}_1, \ldots, \overline{adr}_n\}$ auch Aussage 2 folgen nun aus der Ungleichung

$$[\![s_i]\!]^D \geq [\![s_{i+1}]\!]^D_{|\mathrm{Def}(s_i)} \qquad (*)$$

die (unter anderem) besagt, daß ${}^s\rho$ bzw. S die Striktheitseigenschaften einer Umgebung bzw. einer Adresse im $i+1$-ten Schritt korrekt beschreibt, wenn dies im i-ten Schritt der Fall ist. (∗) selbst folgt aus III §3–3. Um Aussage 2 auch für die restlichen Adressen nachzuweisen, müssen wir zeigen, daß ${}^s\rho_E\,{}^s\rho'$ die Striktheitseigenschaften von ρ' korrekt beschreibt. Sei dazu ${}^D\rho_p := [\![s_i]\!]^D \circ \rho$. Nach Voraussetzung beschreibt ${}^s\rho_E$ die Striktheitseigenschaften von ${}^D\rho_p$ korrekt. Damit erfüllen SK, $[\![SK]\!]^S$, ${}^s\rho_E$, ${}^D\rho_p$ und ${}^s\rho'$ die Voraussetzungen von V §1–6 und ${}^s\rho'$ beschreibt die Striktheitseigenschaften von $[\![SK]\!]^D({}^D\rho_p)$ korrekt, womit ${}^s\rho_E\,{}^s\rho'$ die Striktheitseigenschaften von ${}^D\rho_p([\![SK]\!]^D({}^D\rho_p))$ korrekt beschreibt. Eine Anwendung von IV §5.3–2 und (∗) zeigt nun:

$$\begin{aligned}[\![s_{i+1}]\!]^D \circ \rho' &= \big([\![s_{i+1}]\!]^D \circ \rho\big)\big([\![SK]\!]^D([\![s_{i+1}]\!]^D \circ \rho)\big)\\ &\leq \big([\![s_i]\!]^D \circ \rho\big)\big([\![SK]\!]^D([\![s_i]\!]^D \circ \rho)\big)\\ &= {}^D\rho_p([\![SK]\!]^D({}^D\rho_p))\end{aligned}$$

womit ${}^s\rho_E\,{}^s\rho'$ auch die Striktheitseigenschaften von $[\![s_{i+1}]\!]^D \circ \rho'$ korrekt beschreibt.

Alle anderen Fälle im Beweis des Satzes lassen sich nach dem gleichen Schema beweisen: man geht von einem Pfad P im $i+1$-ten Schritt zur Adresse adr aus und zeigt, daß es mindestens einen dazu "korrespondierenden" Pfad P' im Schritt i gibt[1], und sich ein Endstück der Form $adr'_k.\mathrm{L}.\ldots.\mathrm{L}.adr'_0$ von P' auf P überträgt. Der Rest ist dann eine Anwendung von (∗) und IV §2–8. ∎

Satz V §1–8

Sei π fehlerfrei, und für die Stellen E von π seien ${}^s\rho_E$ und ${}^ss_E$ gemäß V §1–3 berechnet.

Für jede Stelle E in π gilt dann:

- eine an der Stelle E sichtbare Variable v ist relevant an der Stelle E, wenn $({}^s\rho_E[v\mapsto\diamond][\![E]\!]^S)\ {}^ss_E \equiv \diamond$ erfüllt ist;
- ist $E = E_1\,E_2$, dann ist E_2 relevant, wenn $({}^s\rho_E[\![E_1]\!]^S) \diamond {}^ss_E \equiv \diamond$ erfüllt ist.

Beweis

Der Satz ist eine unmittelbare Folgerung aus V §1–5, V §1–7, IV §2–6, IV §2–8(5) und III §3–7. ∎

Definition V §1–9 Algorithmus I für Programmskripte

Ganz analog zu V §1–3 können wir einen Algorithmus definieren, der als Eingabe ein Programmskript PS nimmt und als Ausgabe zusätzlich zu einer

[1] Der Pfad muß nicht unbedingt zu adr selbst führen, sondern endet u.U. an einem Vorgänger von adr.

Striktheitsumgebung und einem Striktheitsargumentkeller für jede Stelle in *PS* eine approximative Lösung für $[\![PS]\!]^S$ liefert. Die Eigenschaften des Algorithmus für Programme lassen sich leicht auf den für Programmskripte übertragen. Insbesondere ist ein Analogon von V §1–8 erfüllt und wir können es benutzen, um Relevanzinformation für das Programmskript zu bestimmen. Die approximative Lösung von $[\![PS]\!]^S$ kann wie in V §1–3 dazu benutzt werden, Relevanzinformation für E_0 zu bestimmen, wenn *PS* zum Programm **let** *PS* **in** E_0 vervollständigt wird.

Der in diesem Paragraphen angegebene Algorithmus zur Relevanzanalyse kann noch auf verschiedene Weise optimiert werden. So würde eine Implementierung die Berechnung von ${}^s\rho_E$ und ${}^s s_E$, die Typisierung und die $\cdot\!\equiv\!\diamond$-Nachweise vermutlich miteinander verschränken. Diese Optimierungen können aber leider eine inherente Ineffizienz im Algorithmus nicht beseitigen: um Information über die Relevanz von m Variablen $v_1, \ldots, v_m$ an einer Stelle E zu erhalten, muß $[\![E]\!]^S$ in den m jeweils leicht voneinander abweichenden Umgebungen ${}^s\rho_E[v_i \mapsto \diamond]$ $(i{=}1\ldots m)$ approximativ ausgewertet und gegen $\diamond$ getestet werden. Zwar erlauben III §2–7 und geeignete Heuristiken, die Zahl der Variablen zu verringern, deren Relevanz an der Stelle E von Interesse ist, dennoch kann der Aufwand für die verbleibenden Variablen noch ziemlich hoch sein.
In ähnlicher Weise sind n approximative Auswertungen notwendig, nämlich von

$${}^s\rho_E[\![E_0]\!]^S \; {}^s\rho_E[\![E_1]\!]^S \cdots {}^s\rho_E[\![E_{i-1}]\!]^S \diamond {}^s\rho_E[\![E_{i+1}]\!]^S \cdots {}^s\rho_E[\![E_n]\!]^S \quad (i{=}1\ldots n),$$

um Information über die Relevanz der n Argumente in $E = E_0 \cdots E_n$ zu erhalten. Der im nächsten Paragraphen entwickelte Algorithmus vermeidet diese Ineffizienz.

§2 Algorithmus II

Algorithmus I wertet E in den m leicht voneinander abweichenden Umgebungen ${}^s\rho_E[v_i \mapsto \diamond]$ approximativ aus, um Relevanzinformation für die m Variablen $v_1, \ldots, v_m$ zu erhalten. Betrachtet man nun das Ergebnis einer approximativen Auswertung von E in der Umgebung ${}^s\rho_E$, dann kann man eine Approximation an jedes ${}^s\rho_E[v \mapsto \diamond][\![E]\!]^S$ erhalten, indem geeignete Teilausdrucksvorkommen durch $\diamond$ ersetzt werden. Algorithmus II nutzt dies aus, indem er E approximativ in ${}^s\rho_E$ auswertet und sich dabei in Form einer Annotation an jedem Teilausdrucksvorkommen des Ergebnisses merkt, für welche Variablen v dieses Vorkommen durch $\diamond$ ersetzt werden darf, um (noch) eine Approximation an ${}^s\rho_E[v \mapsto \diamond]$ zu erhalten.

Betrachten wir zwei Beispiele: ${}^s\rho$ sei $[v\mapsto\lambda x.x, v'\mapsto\lambda y.y]$, $E_1 = v\,v'$ und $E_2 = \lambda v'.v\,v'$. Algorithmus II wird E_1 und E_2 in der Umgebung ${}^s\rho$ zu den annotierten Striktheitsausdrücken $(\lambda y.y_{\{\}})_{\{v,v'\}}$ und $(\lambda v'.v'_{\{v\}})_{\{\}}$ auswerten. Noch nicht gebundene Funktionsargumente merkt er sich dabei auf einem Argumentkeller. Findet er später eine λ-Abstraktion, bindet er das oberste Element auf dem Keller an die entsprechende Variable, v, und merkt sich die Bindung in einer erweiterten Umgebung. Anschließend wertet er den Rumpf in der neuen Umgebung und dem verkürzten Argumentkeller aus. Erscheint v in der Annotation des Ergebnisses, dann bedeutet dies, daß v für die Auswertung "benötigt" wurde. Der Algorithmus merkt sich diese Information auf einem Ergebniskeller, dessen i-te Komponente $!_{\mathfrak{R}}$ ist, wenn das i-te Argument des Argumentkellers als "benötigt" erkannt wurde, und sonst $?_{\mathfrak{R}}$ ist. Das Ergebnis für unsere beiden Beispielauswertungen wird deshalb neben den gezeigten annotierten Striktheitsausdrücken noch jeweils den Ergebniskeller [] umfassen. Der Ergebniskeller ermöglicht, Relevanzinformation für die n Argumente in $E = E_0\,E_1 \cdots E_n$ bei der Auswertung von E mitzubestimmen.
Der Algorithmus führt eine Variable v neu in eine Annotation ein, wenn er sie auswerten soll. Wertet der Algorithmus andere Konstrukte aus, dann kombiniert er die Annotationen der Teilkonstrukte geeignet, um die Annotation des Ergebnisses zu erhalten.

Da E in ${}^s\rho_E$ approximativ ausgewertet wird, kann das Ergebnis unmittelbar als Beschreibung der Striktheitseigenschaften von E weiterverwendet werden. Dies führt dazu, daß die Umgebungen und Argumentkeller annotierte statt unannotierter Striktheitsausdrücke enthalten.

Bevor ich den Algorithmus angebe, definiere ich mit Annotationen zusammenhängende Begriffe und Abbildungen und beweise ein technisches Lemma.

Definition V §2–1 Annotation

Sei $\Sigma = (\mathbf{S}, F, \tau)$ eine (mehrsortige) Signatur; A eine nichtleere Menge. Σ_A bezeichne die Signatur $(\mathbf{S}, F\times A, \tau_A)$ mit $\tau_A(f_a) := \tau(f)$[2]. Die Elemente der freien Σ_A-Algebra heißen (mit Elementen aus A) *annotierte Σ-Terme*. Die freie Σ-Algebra wird zu einer Σ_A-Algebra, indem man f_a durch f interpretiert. Der zugehörige Σ_A-Algebrahomomorphismus $\downarrow$ bildet annotierte Terme auf Terme ab, indem er die Annotation vergißt. Für jedes $a \in A$ wird die Algebra der annotierten Terme zu einer Σ-Algebra, indem f durch f_a interpretiert wird. Der zugehörige Homomorphismus $\uparrow_a$ annotiert jedes Teilausdrucksvorkommen mit a.

Annotierte Striktheitsausdrücke, generische Bezeichnung $\bar{S}$, sind die mit endlichen Variablenmengen annotierten Striktheitsausdrücke, die folgende techni-

[2] Ich habe f_a als Bezeichnung für (f, a) verwendet.

sche Bedingung erfüllen:

> Ist u ein Vorkommen in $\bar{S}$ und v echt oberhalb von u in $\bar{S}$ gebunden, dann liegt v nicht in der Annotation von $\bar{S}_{/u}$. D.h. unterhalb einer Bindung von v darf v nicht in Annotationen vorkommen.

Annotierte Striktheitsumgebungen, generische Bezeichnung $\bar{\rho}$, sind endliche Abbildungen von Variablen auf annotierte Striktheitsausdrücke; *annotierte Striktheitsargumentkeller*, generische Bezeichnung $\bar{s}$, sind endliche Folgen annotierter Striktheitsausdrücke.

$A(\bar{S})$ bezeichnet die Annotation an der Wurzel von $\bar{S}$. $AV(\bar{S})$ ist die Menge der in Annotationen von $\bar{S}$ (und Teilausdrucksvorkommen) vorkommenden Variablen. Entsprechend sind $AV(\bar{\rho})$ und $AV(\bar{s})$ defininiert.

Wenn keine Mißverständnisse auftreten können, werde ich gelegentlich auf eine explizite Konversion von annotierten Striktheitsausdrücken durch $\downarrow$ verzichten, und $\bar{S}$ statt $\downarrow\bar{S}$ schreiben. So schreibe ich z.B. $FV(\bar{S})$ für $FV(\downarrow\bar{S})$. Gelegentlich benutze ich auch Striktheitsausdrücke S an Stellen, an denen nach dem Kontext annotierte Striktheitsausdrücke erwartet werden. In diesen Fällen identifiziere ich S mit $\uparrow_{\{\}}S$.

Eine Variable v *kommt in* $\bar{S}$ *vor*, wenn $v \in FV(\bar{S}) \cup BV(\bar{S}) \cup AV(\bar{S})$ gilt; sie kommt in $\bar{\rho}$ vor, wenn sie im Definitionsbereich von $\bar{\rho}$ liegt oder in einem ihrer Bilder vorkommt; sie kommt in $\bar{s}$ vor, wenn sie in einer der Komponenten vorkommt.

$\downarrow_v(\bar{S})$ ersetzt alle Teilausdrucksvorkommen, in deren Annotation v vorkommt, durch $\diamond$ und entfernt anschließend alle Annotationen. $\downarrow_v$ ist komponentenweise auf annotierten Striktheitsargumentkellern definiert, und durch $\downarrow_v\bar{\rho} := (\downarrow_v \circ \bar{\rho})[v \mapsto \diamond]$ für annotierte Striktheitsumgebungen.

$\mathrm{rem}\, V\, \bar{S}$ entfernt alle Variablen in V aus den Annotationen von $\bar{S}$.

Ist ${}^{\mathcal{V}}\!\rho$ eine endliche Variablenumgebung, d.h. eine endliche Abbildung von $\mathcal{V}$ in sich, dann wird $\mathrm{ren}\, {}^{\mathcal{V}}\!\rho\, \bar{S}$ aus $\bar{S}$ erhalten, indem alle Vorkommen von $v \in \mathrm{Def}({}^{\mathcal{V}}\!\rho)$ in $\bar{S}$, auch solche in Bindungen und Annotationen, durch ${}^{\mathcal{V}}\!\rho(v)$ ersetzt werden. D.h. $\mathrm{ren}\,{}^{\mathcal{V}}\!\rho$ benennt Variablen gemäß ${}^{\mathcal{V}}\!\rho$ um.

$\bar{S}_2$ *approximiert* $\bar{S}_1$, $\bar{S}_1 \leq \bar{S}_2$, wenn $\downarrow_v\bar{S}_1 \leq \downarrow_v\bar{S}_2$ gilt.

Ich führe noch einige Abkürzungen ein. Die Anwendung eines annotierten Striktheitsausdrucks auf einen annotierten Striktheitskeller wird definiert durch

$$\bar{S}\,[\bar{S}_1, \ldots, \bar{S}_n] := \bar{S} \cdot_{A(\bar{S})} \bar{S}_1 \cdot_{A(\bar{S})} \cdots \cdot_{A(\bar{S})} \bar{S}_n,$$

wobei $\cdot_V$ die mit V annotierte Applikation bezeichnet.
Ich schreibe $\downarrow_v(\bar{S}, \bar{\rho}, \bar{s})$ für

$((\downarrow_v \bar\rho)(\downarrow_v \bar S))\ (\downarrow_v \bar s)$ und ähnlich $\downarrow(\bar S, \bar\rho, \bar s)$ für $((\downarrow\bar\rho)(\downarrow\bar S))\ (\downarrow\bar s)$.
$V \cup f_{V'}(\bar S_1, \dots, \bar S_n)$ ist definiert als $f_{V\cup V'}(\bar S_1, \dots, \bar S_n)$; $V \cup (\bar S, {}^{R}s)$ als $(V \cup \bar S, {}^{R}s)$. Dabei ist ${}^{R}s$ ein *Ergebniskeller*, d.h. eine Folge von Elementen $!_{\mathcal{R}}, ?_{\mathcal{R}}$.

Ich werde Ergebniskeller später vereinigen und schneiden müssen. Hier ist die zugehörige Definition.

$$
{}^{R}x_1 \sqcap {}^{R}x_2 := \begin{cases} !_{\mathcal{R}}, & \text{falls } {}^{R}x_1 = {}^{R}x_2 = !_{\mathcal{R}} \\ ?_{\mathcal{R}}, & \text{sonst} \end{cases}
$$

$$
{}^{R}x_1 \sqcup {}^{R}x_2 := \begin{cases} ?_{\mathcal{R}}, & \text{falls } {}^{R}x_1 = {}^{R}x_2 = ?_{\mathcal{R}} \\ !_{\mathcal{R}}, & \text{sonst} \end{cases}
$$

Beide Operationen werden komponentenweise auf Ergebniskeller (gleicher Länge) fortgesetzt.

Lemma V §2–2

1) $\downarrow_v \bar S \le \downarrow \bar S$ und $\downarrow_v(\bar S, \bar\rho, \bar s) \le \downarrow(\bar S, \bar\rho, \bar s)$;
kommt v nicht in $AV(\bar S)$ bzw. in $(\bar S, \bar\rho, \bar s)$ vor, dann gilt $\downarrow_v \bar S = \downarrow \bar S$ bzw. $\downarrow_v(\bar S, \bar\rho, \bar s) \equiv_\alpha \downarrow(\bar S, \bar\rho, \bar s)$;

2) gilt $\downarrow_v \bar S \le \downarrow_v \bar S'$ für fast alle Variablen v, d.h. für alle bis auf endlich viele Ausnahmen, dann folgt $\downarrow \bar S \le \downarrow \bar S'$; analog folgt aus $\downarrow_v(\bar S, \bar\rho, \bar s) \le \downarrow_v \bar S'$ für fast alle v auch $\downarrow(\bar S, \bar\rho, \bar s) \le \downarrow \bar S'$;

3) für paarweise verschiedene $v_1, \dots, v_n, v'_1, \dots, v'_n$, wobei die v'_i nicht in $\bar S$ vorkommen, gilt:

$$
\downarrow_v(\text{ren}[v_i \mapsto v'_i]_{i=1}^n \bar S) \equiv_\alpha \begin{cases} [v_i \mapsto v'_i]_{i=1}^n \downarrow_v \bar S, & v \ne v_i, v'_i; \\ [v_i \mapsto v'_i]_{i=1}^n \downarrow_{v_i} \bar S, & v = v'_i \text{ für ein } i; \\ [v_i \mapsto v'_i]_{i=1}^n \downarrow \bar S, & v = v_i \text{ für ein } i. \end{cases}
$$

$$
\downarrow(\text{ren}[v_i \mapsto v'_i]_{i=1}^n \bar S) \equiv_\alpha [v_i \mapsto v'_i]_{i=1}^n \downarrow \bar S
$$

4)
$$
(\downarrow_{v_0}\bar\rho)(\downarrow_{v_0}(\lambda v.\bar S)) \equiv_\alpha \begin{cases} \lambda v'.(\downarrow_{v_0}\bar\rho)(\downarrow_{v_0}(\text{ren}[v \mapsto v']\bar S)), & v_0 \ne v'; \\ \lambda v'.(\downarrow\bar\rho)(\downarrow(\text{ren}[v \mapsto v']\bar S)), & v_0 = v'; \end{cases}
$$

für alle v', die weder in $\bar\rho$ noch in $\lambda v.\bar S$ vorkommen.

Beweis

1) für $\bar S$ sind die Aussagen offensichtlich; für $(\bar S, \bar\rho, \bar s)$ bemerken wir

$$
\begin{aligned}
(\downarrow_v \bar\rho)(\downarrow_v \bar S) &= (\downarrow_v \circ \bar\rho)[v \mapsto \diamond](\downarrow_v \bar S) \\
&\le ([v \mapsto v](\downarrow \circ \bar\rho))(\downarrow \bar S) \\
&\equiv_\alpha (\downarrow \bar\rho)(\downarrow \bar S)
\end{aligned}
$$

Kommt v nicht (frei) in $\bar{S}$ vor, dann gilt (II §8.5–1(6))

$$(\downarrow_v \circ \bar{\rho})[v\mapsto\diamond](\downarrow_v\bar{S}) \equiv_\alpha (\downarrow_v \circ \bar{\rho})(\downarrow_v\bar{S})$$

2) ist offensichtlich mit 1;

3) ist offensichlich mit der Bemerkung, daß $S \equiv_\alpha S'$ erfüllt ist, wenn die $v_1, \ldots, v_n, v'_1, \ldots, v'_n$ paarweise verschieden sind, die v'_j nicht in S vorkommen und S' aus S erhalten wird, indem alle Vorkommen von v_i, auch solche in Bindungen, durch v'_i ersetzt werden.

4) Wir betrachten die drei Fälle $v_0 = v$, $v_0 = v'$ und $v_0 \neq v, v'$. Im ersten Fall gilt $\downarrow_{v_0}(\lambda v.\bar{S}) = \lambda v.\downarrow\bar{S}$. Mithin

$$\begin{aligned}(\downarrow_{v_0}\bar{\rho})(\downarrow_{v_0}(\lambda v.\bar{S})) &\equiv_\alpha (\downarrow_{v_0}\bar{\rho})(\lambda v.\downarrow\bar{S})\\ &\equiv_\alpha (\downarrow_{v_0}\bar{\rho})(\lambda v'.[v\mapsto v']\downarrow\bar{S})\\ &\equiv_\alpha \lambda v'.(\downarrow_{v_0}\bar{\rho})([v\mapsto v']\downarrow\bar{S})\end{aligned}$$

nach II §8.5–1(3), (6) und (8), woraus mit 3 die Behauptung folgt.
Im Fall $v_0 = v'$ gilt ebenfalls $\downarrow_{v_0}(\lambda v.\bar{S}) = \lambda v.\downarrow\bar{S}$ und darüberhinaus $\downarrow_{v_0}\bar{\rho} = \downarrow\bar{\rho}[v'\mapsto\diamond]$. Damit gilt wie oben

$$\begin{aligned}(\downarrow_{v_0}\bar{\rho})(\downarrow_{v_0}(\lambda v.\bar{S})) &\equiv_\alpha (\downarrow_{v_0}\bar{\rho})(\lambda v'.[v\mapsto v']\downarrow\bar{S})\\ &\equiv_\alpha (\downarrow\bar{\rho}[v'\mapsto\diamond])(\lambda v'.[v\mapsto v']\downarrow\bar{S})\\ &\equiv_\alpha (\downarrow\bar{\rho})(\lambda v'.[v\mapsto v']\downarrow\bar{S})\\ &\equiv_\alpha \lambda v'.(\downarrow\bar{\rho})([v\mapsto v']\downarrow\bar{S})\end{aligned}$$

woraus mit 3 wieder die Behauptung folgt.
Im Fall $v_0 \neq v, v'$ gilt $\downarrow_{v_0}\lambda v.\bar{S} = \lambda v.\downarrow_{v_0}\bar{S} \equiv_\alpha \lambda v'.[v\mapsto v']\downarrow_{v_0}\bar{S}$. Die Aussage folgt nun wie in den beiden anderen Fällen. ∎

Ich komme nun zur Definition von Algorithmus II. Der Algorithmus berechnet zu jeder Stelle E eines Programms eine annotierte Striktheitsumgebung $\bar{\rho}_E$, einen annotierten Striktheitsargumentkeller $\bar{s}_E$, einen annotierten Striktheitsausdruck $\bar{S}_E$ und einen Ergebniskeller ${}^R s_E$. $\bar{\rho}_E$ und $\bar{s}_E$ haben dieselbe Bedeutung wie in Algorithmus I; $\bar{S}_E$ ist das Ergebnis der approximativen Auswertung von $(\bar{\rho}_E[\![E]\!]^S)\,\bar{s}_E$; ${}^R s_E$ gibt an, in welchen Elementen von $\bar{s}_E$ diese Auswertung strikt ist.

Die folgende Definition ist nur für Programme korrekt, in denen jede Variable höchstens einmal gebunden wird. Mit Hilfe von α-Konversionen kann jedes Programm in diese Form gebracht werden. Alternativ kann der Algorithmus leicht so modifiziert werden, daß er für jedes Programm korrekte Ergebnisse liefert. Diese Version wird die nötigen α-Konversionen selbst durchführen und als

Ergebnis zusätzlich das so modifizierte Programm zurückliefern. Um die Darstellung möglichst einfach zu halten, beschreibe ich jedoch die eingeschränkte Fassung.

Die bequemste Darstellung für den Algorithmus ist die Angabe einer Attributierung für die Grammatik für λ-Ausdrücke mit den ererbten Attributen $\bar{\rho}$ und $\bar{s}$ und den abgeleiteten Attributen $\bar{S}$ und ${}^{R}s$. Die Berechnung dieser Attribute benutzt folgende Hilfsmittel.

- eine berechenbare zulässige Konstanteninterpretation, nach IV §2–10 fortgesetzt zu einem $\tilde{\Sigma}_\Lambda$-Homomorphismus $[\![\cdot]\!]^S$; ich mache die technische Voraussetzung, daß die Interpretation $[\![k]\!]^S$ keine **let**-Ausdrücke enthält[3];
- einen Algorithmus, der Striktheitsskripte zu **let**-freien Striktheitsumgebungen approximativ auswertet; solche Algorithmen können mit den Ergebnissen von IV §5 konstruiert werden;
- eine im Anschluß definierte Abbildung SA.

Definition V §2–3 Algorithmus II

Eingabe: ein Programm π, in dem jede Variable höchstens einmal gebunden wird.

Ausgabe: zu jeder Stelle E in π:

- $\bar{\rho}_E$ ohne **let**-Konstrukte,
- $\bar{s}_E = [\bar{S}_1, \dots, \bar{S}_n]$ ohne **let**-Konstrukte,
- $\bar{S}_E$ ohne **let**-Konstrukte,
- ${}^{R}s_E = [{}^{R}x_1, \dots, {}^{R}x_n]$,

so daß gilt:

1) $EAV(\bar{\rho}_E)$, $FV(\bar{s}_E)$, $AV(\bar{\rho}_E)$, $AV(\bar{s}_E)$ und $AV(\bar{S}_E)$ sind Teilmengen der an der Stelle E sichtbaren Variablen,
$FV(\bar{S}_E) \subseteq (FV(E) - \mathrm{Def}(\bar{\rho}_E)) \cup FV(\bar{\rho}_E) \cup FV(\bar{s}_E)$,
2) $\downarrow_v([\![E]\!]^S, \bar{\rho}_E, \bar{s}_E) \leq \downarrow_v \bar{S}_E$,
3) ${}^{R}x_i = !_R \Longrightarrow \downarrow([\![E]\!]^S, \bar{\rho}, [\bar{S}_1, \dots, \bar{S}_{i-1}, \diamond, \bar{S}_{i+1}, \dots, \bar{S}_n]) \equiv \diamond$.

Algorithmus II ist definiert als Attributauswertungsalgorithmus für die Grammatik der λ-Ausdrücke, siehe II §8.1–1, mit ererbten Attributen $\bar{\rho}$ und $\bar{s}$, abgeleiteten Attributen $\bar{S}$ und ${}^{R}s$ und folgenden Attributierungsregeln:

$$(\bar{\rho}_\pi, \bar{s}_\pi) = ([], [])$$

$E = k$:

$$(\bar{S}_E, {}^{R}s_E) = SA([\![k]\!]^S, \bar{s}_E)$$

[3] $[\![k]\!]^S$ muß gegebenenfalls durch einen let-freien Striktheitsausdruck approximiert werden, der mit den Techniken aus IV §5 bestimmt werden kann.

$E = v$:

$$(\bar{S}_E, {}^{\mathcal{R}}s_E) = \begin{cases} \{v\} \cup SA(\bar{\rho}_E(v), \bar{s}_E), & v \in \mathrm{Def}(\bar{\rho}_E) \\ (v_{\{v\}}\ \bar{s}_E, [?_{\mathcal{R}}]_{i=1}^{\mathrm{len}(\bar{s}_E)}), & \text{sonst} \end{cases}$$

$E = \lambda v.E'$:

$\bar{s}_E = []$:

$$(\bar{\rho}_{E'}, \bar{s}_{E'}) = (\bar{\rho}_E, [])$$
$$(\bar{S}_E, {}^{\mathcal{R}}s_E) = (\lambda v.\mathrm{rem}\{v\}\bar{S}_{E'}, [])$$

$\bar{s}_E = \bar{S} : \bar{s}$

$$(\bar{\rho}_{E'}, \bar{s}_{E'}) = (\bar{\rho}_E[v \mapsto \bar{S}], \bar{s})$$
$$(\bar{S}_E, {}^{\mathcal{R}}s_E) = \left(\mathrm{rem}\{v\}\bar{S}_{E'}, \begin{Bmatrix} !_{\mathcal{R}}, & v \in \mathrm{A}(\bar{S}_{E'}) \\ ?_{\mathcal{R}}, & \text{sonst} \end{Bmatrix} : {}^{\mathcal{R}}s_{E'}\right)$$

$E = E_1\ E_2$:

$$(\bar{\rho}_{E_2}, \bar{s}_{E_2}) = (\bar{\rho}_E, [])$$
$$(\bar{\rho}_{E_1}, \bar{s}_{E_1}) = (\bar{\rho}_E, \bar{S}_{E_2} : \bar{s}_E)$$
$$(\bar{S}_E, {}^{\mathcal{R}}s_E) = (\bar{S}_{E_1}, \mathrm{tl}\,{}^{\mathcal{R}}s_{E_1})$$

$E = \textbf{let } SK \textbf{ in } E_0$ mit $SK = (v_1 == E_1; \ldots; v_n == E_n)$:

$$(\bar{\rho}_{E_j}, \bar{s}_{E_j}) = (\bar{\rho}_E(\uparrow_{\{\}} {}^{S}\rho'), []) \quad (j=1 \ldots n)$$

wobei ${}^{S}\rho'$ eine approximative Lösung von $(\downarrow\bar{\rho}_E)[\![SK]\!]^{S}$ ohne **let**-Konstrukte ist

$$(\bar{\rho}_{E_0}, \bar{s}_{E_0}) = (\bar{\rho}_E[v_i \mapsto \bar{S}_{E_i}]_{i=1}^{n}, \bar{s}_E)$$
$$(\bar{S}_E, {}^{\mathcal{R}}s_E) = (\mathrm{rem}\{v_1, \ldots, v_n\}\bar{S}_{E_0}, {}^{\mathcal{R}}s_{E_0})$$

Die Attribute können offensichtlich in einem Top-Down-Bottom-Up-Pass ausgewertet werden.

Ich werde später zeigen, daß v an der Stelle E relevant ist, wenn $v \in \mathrm{A}(\bar{S}_E)$ oder $\bar{S}_E = \diamond$ gilt. Im zweiten Fall gilt stärker, daß der Interpreter nicht an E ankommen wird, sofern π fehlerfrei ist. Ferner werde ich E_2 als relevant an der Stelle $E = E_1\ E_2$ nachweisen, wenn das erste Element von ${}^{\mathcal{R}}s_{E_1}$ $!_{\mathcal{R}}$ ist.

Ich beschreibe jetzt die Abbildung SA. Ihre Aufgabe ist es, $\bar{S}\ \bar{s}$ zu einem **let**-freien annotierten Striktheitsausdruck approximativ auszuwerten und dabei in einem Ergebniskeller festzuhalten, in welchen Argumenten die Auswertung (sicher) strikt ist.

SA benötigt eine Typisierung, um Terminierung sicherzustellen. Die Definition des Algorithmus W' aus IV §4–6 läßt sich unmittelbar in einen Algorithmus $\bar{W}'$ für annotierte Striktheitsausdrücke umformen, indem Annotationen jeweils identisch übernommen werden und insbesondere – im Fall von Typkonflikten – $\bar{S}$ durch $\emptyset_{\mathrm{A}(\bar{S})}$ ersetzt wird. $\bar{W}'$ kann benutzt werden, um zu einem beliebigen annotierten Striktheitsausdruck eine polymorph typisierbare Approximation zu bestimmen[4].

Definition V §2–4 $\mathcal{SA}$

Eingabe:
- $\bar{S}$ ohne **let**-Konstrukte,
- $\bar{s} = [\bar{S}_1, \ldots, \bar{S}_n]$ ohne **let**-Konstrukte;

Ausgabe:
- $\bar{S}'$ ohne **let**-Konstrukte,
- ein Ergebniskeller $^{\mathcal{R}}s = [^{\mathcal{R}}x_1, \ldots, {}^{\mathcal{R}}x_n]$,

so daß gilt:

1) $FV(\bar{S}') \subseteq FV(\bar{S}) \cup FV(\bar{s})$,
   $AV(\bar{S}') \subseteq AV(\bar{S}) \cup AV(\bar{s}) \cup FV(\bar{S}) \cup FV(\bar{s})$,
2) $\bar{S}' \sqsupseteq \bar{S}\ \bar{s}$,
3) $^{\mathcal{R}}x_i = !_{\mathcal{R}} \Longrightarrow \downarrow(\bar{S}\ [\bar{S}_1, \ldots, \bar{S}_{i-1}, \diamond, \bar{S}_{i+1}, \ldots, \bar{S}_n]) \equiv \diamond$.

$$\mathcal{SA}(\bar{S}, \bar{s}) = \mathcal{TSA}(\bar{S}', [], \bar{s}')$$
$$\text{mit} \left\{ \begin{array}{l} (\bar{S}'\ \bar{s}', -, -) = \bar{\mathcal{W}}'(^{\mathcal{T}}\rho, \bar{S}\ \bar{s}) \quad \text{und } |\bar{s}| = |\bar{s}'| \\ ^{\mathcal{T}}\rho = [v \mapsto \forall\alpha.\alpha]_{v \in FV(S) \cup FV(\bar{s})} \end{array} \right.$$

$\mathcal{TSA}$ wertet typisierte Tripel $(\bar{S}, \bar{\rho}, \bar{s})$ approximativ aus.

Definition V §2–5 $\mathcal{TSA}$

Eingabe:
- $\bar{S}$ ohne **let**-Konstrukte,
- $\bar{\rho}$ ohne **let**-Konstrukte,
- $\bar{s} = [\bar{S}_1, \ldots, \bar{S}_n]$ ohne **let**-Konstrukte,

so daß $\downarrow(\bar{S}, \bar{\rho}, \bar{s})$ polymorph typisierbar ist.

Ausgabe:
- $\bar{S}'$ ohne **let**-Konstrukte,
- $^{\mathcal{R}}s = [^{\mathcal{R}}x_1, \ldots, {}^{\mathcal{R}}x_n]$,

so daß gilt

1) $FV(\bar{S}') \subseteq (FV(\bar{S}) - \text{Def}(\bar{\rho})) \cup FV(\bar{\rho}) \cup FV(\bar{s})$
   $AV(\bar{S}') \subseteq AV(\bar{S}) \cup AV(\bar{\rho}) \cup AV(\bar{s}) \cup FV(\bar{S}) \cup FV(\bar{\rho}) \cup FV(\bar{s})$,
2) $\downarrow_v \bar{S}' \sqsupseteq \downarrow_v (\bar{S}, \bar{\rho}, \bar{s})$,
3) $^{\mathcal{R}}x_i = !_{\mathcal{R}} \Longrightarrow \downarrow(\bar{S}, \bar{\rho}, [\bar{S}_1, \ldots, \bar{S}_{i-1}, \diamond, \bar{S}_{i+1}, \ldots, \bar{S}_n]) \equiv \diamond$,
4) $^{\mathcal{T}}\rho \vdash \downarrow(\bar{S}, \bar{\rho}, \bar{s}) : \sigma \Longrightarrow {}^{\mathcal{T}}\rho \vdash \bar{S}' : \sigma$.

$\mathcal{TSA}$ ist über die Struktur von $\bar{S}$ definiert.

$$\mathcal{TSA}(\diamond_V, \bar{\rho}, \bar{s}) \qquad = (\diamond_{\{\}}, [!_{\mathcal{R}}]_{i=1}^{\text{len}(\bar{s})})$$

[4] Der Aussage liegt die Definition $^{\mathcal{T}}\rho \vdash \bar{S} : \sigma :\Longleftrightarrow {}^{\mathcal{T}}\rho \vdash \downarrow\bar{S} : \sigma$ zugrunde.

$$\mathcal{TSA}(\emptyset_V, \bar{\rho}, \bar{s}) = (\emptyset_V, [?_{\mathcal{R}}]_{i=1}^{\mathrm{len}(\bar{s})})$$

$$\mathcal{TSA}(v_V, \bar{\rho}, \bar{s}) = V \cup \begin{cases} (v_{\{v\}}\ \bar{s}, [?_{\mathcal{R}}]_{i=1}^{\mathrm{len}(\bar{s})}), & v \notin \mathrm{Def}(\bar{\rho}); \\ \{v\} \cup \mathcal{TSA}(\bar{\rho}(v), [], \bar{s}), & \text{sonst.} \end{cases}$$

$$\mathcal{TSA}(\Phi_V \bar{S}, \bar{\rho}, \bar{s}) = V \cup \begin{cases} (\diamond_{\{\}}, [!_{\mathcal{R}}]_{i=1}^{\mathrm{len}(\bar{s})}), & \downarrow\bar{S}' = \diamond; \\ (\Phi_{\mathrm{A}(\bar{S}')}\ \bar{S}', [?_{\mathcal{R}}]_{i=1}^{\mathrm{len}(\bar{s})}), & \text{sonst.} \end{cases}$$
$$\text{mit} \quad \{\, (\bar{S}', -) = \mathcal{TSA}(\bar{S}, \bar{\rho}, [])$$

$$\mathcal{TSA}((\lambda v.\bar{S})_V, \bar{\rho}, []) = V \cup ((\lambda v'.\mathrm{rem}\{v'\}\bar{S}')_{\{\}}, [])$$
$$\text{mit} \quad \begin{cases} v' \text{ neu} \\ (\bar{S}', -) = \mathcal{TSA}(\mathrm{ren}[v \mapsto v']\bar{S}, \bar{\rho}, []) \end{cases}$$

$$\mathcal{TSA}((\lambda v.\bar{S})_V, \bar{\rho}, \bar{S}_1 : \bar{s}) = V \cup \left(\mathrm{rem}\{v'\}\bar{S}', \begin{Bmatrix} !_{\mathcal{R}}, & v' \in \mathrm{A}(\bar{S}') \\ ?_{\mathcal{R}}, & \text{sonst} \end{Bmatrix} : {}^{\mathcal{R}}s \right)$$
$$\text{mit} \quad \begin{cases} v' \text{ neu} \\ (\bar{S}', {}^{\mathcal{R}}s) = \mathcal{TSA}(\mathrm{ren}[v \mapsto v']\bar{S}, \bar{\rho}[v' \mapsto \bar{S}_1], \bar{s}) \end{cases}$$

$$\mathcal{TSA}(\bar{S}_1 \sqcup_V \bar{S}_2, \bar{\rho}, \bar{s}) = V \cup (\bar{S}', {}^{\mathcal{R}}s_1 \sqcup {}^{\mathcal{R}}s_2)$$
$$\text{mit} \quad \begin{cases} (\bar{S}_1', {}^{\mathcal{R}}s_1) = \mathcal{TSA}(\bar{S}_1, \bar{\rho}, \bar{s}) \\ (\bar{S}_2', {}^{\mathcal{R}}s_2) = \mathcal{TSA}(\bar{S}_2, \bar{\rho}, \bar{s}) \\ \bar{S}' = \begin{cases} \diamond_{\{\}}, & \downarrow\bar{S}_1' = \diamond \text{ oder } \downarrow\bar{S}_2' = \diamond; \\ (\bar{S}_1' \sqcup_{\mathrm{A}(\bar{S}_1') \cup \mathrm{A}(\bar{S}_2')} \bar{S}_2'), & \text{sonst.} \end{cases} \end{cases}$$

$$\mathcal{TSA}(\bar{S}_1 \sqcap_V \bar{S}_2, \bar{\rho}, \bar{s}) = V \cup (\bar{S}, {}^{\mathcal{R}}s_1 \sqcap {}^{\mathcal{R}}s_2)$$
$$\text{mit} \quad \begin{cases} (\bar{S}_1', {}^{\mathcal{R}}s_1) = \mathcal{TSA}(\bar{S}_1, \bar{\rho}, \bar{s}) \\ (\bar{S}_2', {}^{\mathcal{R}}s_2) = \mathcal{TSA}(\bar{S}_2, \bar{\rho}, \bar{s}) \\ \bar{S} = \begin{cases} \diamond_{\{\}}, & \downarrow\bar{S}_1' = \diamond \text{ und } \downarrow\bar{S}_2' = \diamond, \\ \bar{S}_2', & \downarrow\bar{S}_1' = \diamond \text{ und } \downarrow\bar{S}_2' \neq \diamond, \\ \bar{S}_1', & \downarrow\bar{S}_1' \neq \diamond \text{ und } \downarrow\bar{S}_2' = \diamond, \\ \bar{S}_1' \sqcap_{\mathrm{A}(\bar{S}_1') \cap \mathrm{A}(\bar{S}_2')} \bar{S}_2', & \text{sonst.} \end{cases} \end{cases}$$

$$\mathcal{TSA}(\bar{S}_1 \cdot_V \bar{S}_2, \bar{\rho}, \bar{s}) = V \cup (\bar{S}_1', \mathrm{tl}\,{}^{\mathcal{R}}s')$$
$$\text{mit} \quad \begin{cases} (\bar{S}_1', {}^{\mathcal{R}}s') = \mathcal{TSA}(\bar{S}_1, \bar{\rho}, \bar{S}_2' : \bar{s}) \\ (\bar{S}_2', -) = \mathcal{TSA}(\bar{S}_2, \bar{\rho}, []) \end{cases}$$

Eigenschaft V §2–6
$\mathcal{TSA}$ ist partiell korrekt und terminiert.

Beweis
Die partielle Korrektheit wird durch Induktion über die Definition bewiesen. Lediglich die Aussagen 2 und 3 sind dabei nicht offensichtlich. Ich erläutere

den Beweis am Beispiel der Abstraktion. Die übrigen Fälle lassen sich ähnlich behandeln.

$\mathcal{TSA}((\lambda v.\bar{S})_V, \bar{\rho}, [])$:

Wir müssen zeigen:

$$(\downarrow_{v_0}\bar{\rho})(\downarrow_{v_0}(\lambda v.\bar{S})_V) \leq \downarrow_{v_0}(V \cup (\lambda v'.\mathrm{rem}\{v'\}\bar{S}')_{\{\}})$$

Für $v_0 \in V$ sind beide Seiten $\diamond$. Es genügt daher

$$(\downarrow_{v_0}\bar{\rho})(\downarrow_{v_0}(\lambda v.\bar{S})) \leq \downarrow_{v_0}(\lambda v'.\mathrm{rem}\{v'\}\bar{S}')$$

zu zeigen. Im Fall $v_0 \neq v'$ gilt nach V §2–2(4) und der Induktionsvoraussetzung

$$\begin{aligned}(\downarrow_{v_0}\bar{\rho})(\downarrow_{v_0}(\lambda v.\bar{S})) &\equiv_\alpha \lambda v'.(\downarrow_{v_0}\bar{\rho})(\downarrow_{v_0}\mathrm{ren}[v \mapsto v']\bar{S}) \\ &\leq \lambda v'.\downarrow_{v_0}\bar{S}' \\ &= \lambda v'.\downarrow_{v_0}\mathrm{rem}\{v'\}\bar{S}' \\ &= \downarrow_{v_0}\lambda v'.\mathrm{rem}\{v'\}\bar{S}'\end{aligned}$$

Mit V §2–2(1) und (2) folgt für $v_0 = v'$

$$\begin{aligned}\downarrow_{v'}(\bar{S}, \bar{\rho}, []) &\leq \downarrow(\bar{S}, \bar{\rho}, []) \\ &\leq \downarrow\lambda v'.\mathrm{rem}\{v'\}\bar{S}' \\ &= \downarrow_{v'}\lambda v'.\mathrm{rem}\{v'\}\bar{S}'\end{aligned}$$

$\mathcal{TSA}((\lambda v.\bar{S})_V, \bar{\rho}, \bar{S}_1 : \bar{s})$:

Ich zeige zunächst:

$$\downarrow_{v_0}((\lambda v.\bar{S})_V, \bar{\rho}, \bar{S}_1 : \bar{s}) \leq \downarrow_{v_0}(V \cup \mathrm{rem}\{v'\}\bar{S}')$$

Wie vorher ist die Ungleichung für $v_0 \in V$ erfüllt. Es genügt daher

$$(\downarrow_{v_0}\bar{\rho})(\downarrow_{v_0}(\lambda v.\bar{S}))\ (\downarrow_{v_0}(\bar{S}_1 : \bar{s})) \leq \downarrow_{v_0}\mathrm{rem}\{v'\}\bar{S}'$$

nachzuweisen. Sei wieder zunächst $v_0 \neq v'$. Wie oben gilt

$$\begin{aligned}&(\downarrow_{v_0}\bar{\rho})(\downarrow_{v_0}(\lambda v.\bar{S}))\ (\downarrow_{v_0}(\bar{S}_1 : \bar{s})) \\ &\quad\equiv_\alpha (\lambda v'.(\downarrow_{v_0}\bar{\rho})(\downarrow_{v_0}\mathrm{ren}[v \mapsto v']\bar{S}))\ (\downarrow_{v_0}\bar{S}_1) : (\downarrow_{v_0}\bar{s}) \\ &\quad\equiv ([v' \mapsto \downarrow_{v_0}\bar{S}_1](\downarrow_{v_0}\bar{\rho})(\downarrow_{v_0}\mathrm{ren}[v \mapsto v']\bar{S}))\ (\downarrow_{v_0}\bar{s}) \\ &\quad\equiv_\alpha (\downarrow_{v_0}\bar{\rho}[v' \mapsto \bar{S}_1])(\downarrow_{v_0}\mathrm{ren}[v \mapsto v']\bar{S})\ (\downarrow_{v_0}\bar{s}) \\ &\quad\leq \downarrow_{v_0}\bar{S}' \\ &\quad= \downarrow_{v_0}\mathrm{rem}\{v'\}\bar{S}'\end{aligned}$$

Für die zweite Äquivalenz modulo $\equiv_\alpha$ wurde dabei $v' \notin EAV(\downarrow_{v_0}\bar{\rho})$ benutzt.
Mit V §2–2 folgt wieder

$$\begin{aligned}\downarrow_{v'}((\lambda v.\bar{S})_V, \bar{\rho}, \bar{S}_1 : \bar{s}) &\leq \downarrow((\lambda v.\bar{S})_V, \bar{\rho}, \bar{S}_1 : \bar{s})\\ &\equiv \downarrow \mathrm{rem}\{v'\}\bar{S}'\\ &= \downarrow_{v'}\mathrm{rem}\{v'\}\bar{S}'\end{aligned}$$

Aussage 3 ist für $i > 1$ mit den Rechnungen zu Aussage 2 offensichtlich. Ich betrachte jetzt den Fall $i = 1$.

$$\begin{aligned}\downarrow(\lambda v.\bar{S}, \bar{\rho}, \diamond : \bar{s}) &\equiv \downarrow(\mathrm{ren}[v \mapsto v']\bar{S}, \bar{\rho}[v' \mapsto \diamond], \bar{s})\\ &= \downarrow_{v'}(\mathrm{ren}[v \mapsto v']\bar{S}, \bar{\rho}[v' \mapsto \bar{S}_1], \bar{s})\\ &\leq \downarrow_{v'}\bar{S}'\end{aligned}$$

Die obige Gleichheit gilt dabei wegen $\downarrow_{v'}\bar{\rho}[v' \mapsto \bar{S}_1] = \downarrow\bar{\rho}[v' \mapsto \diamond]$ (da $v' \notin AV(\bar{\rho})$), $\downarrow_{v'}\bar{s} = \downarrow\bar{s}$ (da $v' \notin AV(\bar{s})$), und $\downarrow_{v'}\mathrm{ren}[v \mapsto v']\bar{S} = \downarrow\mathrm{ren}[v \mapsto v']\bar{S}$ (da $v, v' \notin AV(\bar{S})$).

Für den Terminierungsbeweis definiere ich eine wohlfundierte Präordnung $\preceq$ auf den für $\mathcal{TSA}$ zulässigen Argumenten und zeige $(\bar{S}, \bar{\rho}, \bar{s}) \succ (\bar{S}', \bar{\rho}', \bar{s}')$, wenn $\mathcal{TSA}(\bar{S}', \bar{\rho}', \bar{s}')$ von $\mathcal{TSA}(\bar{S}, \bar{\rho}, \bar{s})$ aufgerufen wird. Die Terminierungseigenschaft folgt dann unmittelbar durch Induktion über $\preceq$.

$\preceq$ ist die lexikographische Präordnung von $\preceq_\rightarrow$, $\preceq_{\bar{\rho}}$ und $\preceq_H$ mit

$$\begin{aligned}(\bar{S}, \bar{\rho}, \bar{s}) \preceq_\rightarrow (\bar{S}', \bar{\rho}', \bar{s}') &:\Longleftrightarrow \mathrm{Si}_\rightarrow\downarrow(\bar{S}, \bar{\rho}, \bar{s}) \leq \mathrm{Si}_\rightarrow\downarrow(\bar{S}', \bar{\rho}', \bar{s}')\\ (\bar{S}, \bar{\rho}, \bar{s}) \preceq_{\bar{\rho}} (\bar{S}', \bar{\rho}', \bar{s}') &:\Longleftrightarrow |\mathrm{Def}(\bar{\rho})| \leq |\mathrm{Def}(\bar{\rho}')|\\ (\bar{S}, \bar{\rho}, \bar{s}) \preceq_H (\bar{S}', \bar{\rho}', \bar{s}') &:\Longleftrightarrow H(\bar{S}) \leq H(\bar{S}')\end{aligned}$$

Hierbei bezeichnet $\rightarrow$ die in IV §3–2 definierte Reduktionsrelation.

$\preceq_\rightarrow$ ist wohlfundiert, da $\downarrow(\bar{S}, \bar{\rho}, \bar{s})$ polymorph typisierbar ist und deshalb eine endliche $\rightarrow$-Reduktionsgröße, $\mathrm{Si}_\rightarrow$, besitzt. Damit ist $\preceq$ wohlfundiert als lexikographische Präordnung wohlfundierter Präordnungen.

Durch Induktion über die Definition von $\mathcal{TSA}$ kann man

$$\mathcal{TSA}(\bar{S}, \bar{\rho}, \bar{s}) = (\bar{S}', -) \Longrightarrow \downarrow(\bar{S}, \bar{\rho}, \bar{s}) \rightarrow^* \downarrow\bar{S}'$$

zeigen. Eine einfache Fallanalyse ergibt dann $(\bar{S}, \bar{\rho}, \bar{s}) \succ (\bar{S}', \bar{\rho}', \bar{s}')$, wenn $\mathcal{TSA}(\bar{S}', \bar{\rho}', \bar{s}')$ von $\mathcal{TSA}(\bar{S}, \bar{\rho}, \bar{s})$ aufgerufen wird. ∎

Als unmittelbare Folgerung erhalten wir:

Folgerung V §2–7 SA ist partiell korrekt und terminiert.

Eigenschaft V §2–8 Algorithmus II ist partiell korrekt und terminiert.

Beweis

Es gibt eine offensichtliche Top-Down-Bottom-Up-Ein-Pass Auswertung der Attribute in π. Die an den einzelnen Knoten angewandten Operationen terminieren alle; folglich terminiert die Auswertung.

Zum Nachweis der Korrektheit zeige ich, daß die geforderten Eigenschaften für die exportierten Attributvorkommen gelten, wenn dies für die importierten gilt. Die partielle Korrektheit folgt damit aus der Zyklenfreiheit der Attributierung.

- $\bar{\rho}_\pi$, $\bar{s}_\pi$ $\surd$;
- $E = k$: Die notwendigen Eigenschaften folgen unmittelbar aus den entsprechenden Eigenschaften von SA;
- $E = v$: Die notwendigen Eigenschaften sind im Fall $v \notin \mathrm{Def}(\bar{\rho}_E)$ offensichtlich und folgen im Fall $v \in \mathrm{Def}(\bar{\rho}_E)$ aus den entsprechenden Eigenschaften von SA.
- $E = \lambda v.E'$:

  $\bar{s}_E = []$:

  1) ist offensichtlich;

  2) für $v' \neq v$ gilt:

$$\begin{aligned}(\downarrow_{v'}\bar{\rho}_E)[\![\lambda v.E']\!]^S &= (\downarrow_{v'}\bar{\rho}_E)\lambda v.[\![E']\!]^S \\ &\equiv_\alpha \lambda v.(\downarrow_{v'}\bar{\rho}_E)[\![E']\!]^S\end{aligned}$$

  Die Gleichheit gilt dabei, weil $[\![\cdot]\!]^S$ ein Homomorphismus ist; die Gültigkeit der Äquivalenz sieht man folgendermaßen ein: v wird an der Stelle E gebunden. Weil jede Variable in π höchstens einmal gebunden wird, ist v daher an der Stelle E nicht sichtbar. Eigenschaft 1 besagt nun $v \notin EAV(\bar{\rho}_E)$, und damit folgt $v \notin EAV(\downarrow_{v'}\bar{\rho}_E)$. Die Äquivalenz folgt nun aus II §8.5–1(3) und (10).

  Nach Voraussetzung ist

$$(\downarrow_{v'}\bar{\rho}_{E'})[\![E']\!]^S \leq \downarrow_{v'}\bar{S}_{E'}$$

und damit
$$\begin{aligned}\downarrow_{v'}([\![E]\!]^S, \bar\rho_E, []) &\equiv_\alpha \lambda v.(\downarrow_{v'}\bar\rho_E)[\![E']\!]^S \\ &= \lambda v.(\downarrow_{v'}\bar\rho_{E'})[\![E']\!]^S \\ &\leq \lambda v.\downarrow_{v'}\bar S_{E'} \\ &= \downarrow_{v'}\lambda v.\mathrm{rem}\{v\}\bar S_{E'}\end{aligned}$$

Mit V §2–2 folgt daraus die Aussage auch für $v' = v$, denn
$$\begin{aligned}\downarrow_v([\![E]\!]^S, \bar\rho_E, []) &\leq \downarrow([\![E]\!]^S, \bar\rho_E, []) \\ &\leq \lambda v.\downarrow\mathrm{rem}\{v\}\bar S_{E'} \\ &= \downarrow_v\lambda v.\mathrm{rem}\{v\}\bar S_{E'}\end{aligned}$$

3) ist leer.

$\bar s_E = \bar S : \bar s$:

1) ist offensichtlich,

2) für $v' \neq v$ gilt
$$\begin{aligned}\downarrow_{v'}([\![E]\!]^S, \bar\rho_E, \bar S : \bar s) &\equiv_\alpha \left(\lambda v.(\downarrow_{v'}\bar\rho_E)[\![E']\!]^S\right)(\downarrow_{v'}\bar S) : (\downarrow_{v'}\bar s) \\ &\equiv \Big([v\mapsto\downarrow_{v'}\bar S]\big((\downarrow_{v'}\bar\rho_E)[\![E']\!]^S\big)\Big)(\downarrow_{v'}\bar s) \\ &\equiv_\alpha \downarrow_{v'}([\![E']\!]^S, \bar\rho_E[v\mapsto\bar S], \bar s) \\ &= \downarrow_{v'}([\![E']\!]^S, \bar\rho_{E'}, \bar s) \\ &\leq \downarrow_{v'}\bar S_{E'} \\ &= \downarrow_{v'}\mathrm{rem}\{v\}\bar S_{E'}\end{aligned}$$

Für die letzte Äquivalenz modulo $\equiv_\alpha$ wurde dabei $v \notin EAV(\downarrow_{v'}\bar\rho_E)$ (und II §8.5–1(8)) benutzt.
Im Fall $v' = v$ folgt die Aussage wiederum genau wie oben.

3) ist mit den Rechnungen in 2 für $i > 1$ offensichtlich. Wir betrachten jetzt den Fall $i = 1$.
$$\begin{aligned}\downarrow([\![E]\!]^S, \bar\rho_E, \diamond : \bar s) &\equiv \downarrow([\![E']\!]^S, \bar\rho_E[v\mapsto\diamond], \bar s) \\ &= \downarrow_v([\![E']\!]^S, \bar\rho_E[v\mapsto\bar S], \bar s) \\ &\leq \downarrow_v\bar S_{E'}\end{aligned}$$

Die obige Gleichheit gilt dabei wegen $\downarrow_v\bar\rho_E[v\mapsto\bar S] = \downarrow\bar\rho_E[v\mapsto\diamond]$ ($v \notin AV(\bar\rho_E)$ nach Eigenschaft 1) und $\downarrow_v\bar s = \downarrow\bar s$ ($v \notin AV(\bar s)$ nach Eigenschaft 1).
Der letzte Ausdruck ist $\diamond$ wenn $v \in \mathrm{A}(\bar S_{E'})$ erfüllt ist, womit Eigenschaft 3 im Fall $i = 1$ bewiesen ist.

- $E = E_1\, E_2$: offensichtlich.
- $E = \textbf{let } SK \textbf{ in } E_0$ mit $SK = (v_1{=}{=}E_1; \ldots; v_n{=}{=}E_n)$:
  Für $v \notin \{v_1, \ldots, v_n\}$ gilt

$$\downarrow_v(\llbracket E \rrbracket^S, \bar{\rho}_E, \bar{s}_E) \equiv_\alpha \textbf{let } (\downarrow_v \bar{\rho}_E)\llbracket SK \rrbracket^S \textbf{ in } (\downarrow_v \bar{\rho}_E)\llbracket E_0 \rrbracket^S$$

Hierbei wurde (neben II §8.5–1(3)) benutzt, daß keine der v_i in $EAV(\downarrow_v \bar{\rho}_E)$ liegt.
Wegen $(\downarrow_v \bar{\rho}_E)\llbracket SK \rrbracket^S \leq (\downarrow \bar{\rho}_E)\llbracket SK \rrbracket^S$ ist ${}^s\rho'$ auch eine approximative Lösung von $\mathcal{SK} := (\downarrow_v \bar{\rho}_E)\llbracket SK \rrbracket^S$. Ich werde jetzt zeigen, daß auch $[v_i \mapsto \downarrow_v \bar{S}_{E_i}]_{i=1}^n$ eine approximative Lösung von $\mathcal{SK}$ ist. Sei dazu ${}^s\rho_0$ eine minimale Lösung von $\mathcal{SK}$, dann gilt für $i{=}1 \ldots n$

$$\begin{aligned} {}^s\rho_0(v_i) &\equiv {}^s\rho_0((\downarrow_v \bar{\rho}_E)\llbracket E_i \rrbracket^S) \\ &\leq {}^s\rho'((\downarrow_v \bar{\rho}_E)\llbracket E_i \rrbracket^S) \\ &\equiv_\alpha (\downarrow_v(\bar{\rho}_E \uparrow_{\{\}} {}^s\rho'))\llbracket E_i \rrbracket^S \\ &\leq \downarrow_v \bar{S}_{E_i} \end{aligned}$$

Für die Äquivalenz modulo $\equiv_\alpha$ wurde wiederum $v_1, \ldots, v_n \notin EAV(\downarrow_v \bar{\rho}_E)$ und II §8.5–1 benutzt.
Es folgt:

$$\begin{aligned} \downarrow_v(\llbracket E \rrbracket^S, \bar{\rho}_E, \bar{s}_E) &\equiv_\alpha \textbf{let } (\downarrow_v \bar{\rho}_E)\llbracket SK \rrbracket^S \textbf{ in } (\downarrow_v \bar{\rho}_E)\llbracket E_0 \rrbracket^S \\ &\leq [v_i \mapsto \downarrow_v \bar{S}_{E_i}]_{i=1}^n((\downarrow_v \bar{\rho}_E)\llbracket E_0 \rrbracket^S) \\ &\equiv_\alpha (\downarrow_v \bar{\rho}_E[v_i \mapsto \bar{S}_{E_i}]_{i=1}^n)\llbracket E_0 \rrbracket^S \end{aligned}$$

Der Beweis kann jetzt wie im Fall der Abstraktion fortgesetzt werden.

■

Ich möchte als nächstes ein Analogon zu V §1–7 beweisen. Algorithmus I hat den Stellen von π *geschlossene* Striktheitsumgebungen und -Argumentkeller zugeordnet. Variablen, über deren mögliche Werte keine Information vorlag, wurden dabei an $\emptyset$ gebunden. Algorithmus II läßt diese Variablen ungebunden. Das einzige Element von $\mathcal{D}$, dessen Striktheitseigenschaften von einer Variablen korrekt beschrieben werden, ist aber $\perp$. Die von Algorithmus II berechneten Striktheitsargumentkeller und -Umgebungen beschreiben daher die Striktheitseigenschaften der entsprechenden Umgebungen und Argumente zur Laufzeit *nicht unmittelbar*– vielmehr müssen sie zunächst geschlossen werden, indem die freien Variablen durch $\emptyset$ ersetzt werden. Zu diesem Zweck definiere ich die Abbildung $close_V$ auf Striktheitsausdrücken, -Skripten, -Umgebungen und -Argumentkellern.

Definition V §2–9

Für eine endliche Variablenmenge V ist $close_V$ definiert durch

$$\begin{aligned} close_V\, S &:= [v\mapsto\emptyset]_{v\in V}\, S \\ close_V\, SK &:= [v\mapsto\emptyset]_{v\in V}\, SK \\ close_V\, {}^s\rho &:= [v\mapsto\emptyset]_{v\in V} \cdot {}^s\rho \\ close_V\,[S_1,\ldots,S_n] &:= [close_V\, S_1,\ldots, close_V\, S_n] \end{aligned}$$

Lemma V §2–10

1) für $S_1 \leq S_2$ und $V_1 \subseteq V_2$ gilt:

$$S_1 \leq close_{V_1} S_1 \leq close_{V_2} S_2$$

Insbesondere gilt für $S \equiv \diamond$: $close_{V_1} S \equiv close_{V_1} \diamond = \diamond$;

2) $close_V({}^s\rho S) \equiv_\alpha (close_V\, {}^s\rho)S$;
falls ${}^s\rho SK$ definiert ist, gilt analog $close_V({}^s\rho SK) \equiv (close_V\, {}^s\rho)SK$;

3) $close_V({}^s\rho[v\mapsto S]) = (close_V\, {}^s\rho)[v\mapsto close_V\, S]$);

4) ist ${}^s\rho$ eine approximative Lösung von SK, dann ist $(close_V\, {}^s\rho)_{|\mathrm{Def}({}^s\rho)}$ eine approximative Lösung von $close_V\, SK$.

Beweis

1) Für alle S und $V \subseteq V'$ gilt

$$([v\mapsto v]_{v\in V'-V} \cdot [v\mapsto\emptyset]_{v\in V})S \equiv_\alpha [v\mapsto\emptyset]_{v\in V}\, S$$

und
$$[v\mapsto v]_{v\in V'-V} \cdot [v\mapsto\emptyset]_{v\in V} \leq [v\mapsto\emptyset]_{v\in V'}$$

Die Aussagen folgen jetzt aus der Monotonie der Substitutionsoperatoren.

2) der erste Teil folgt aus II §8.5–1(8). Für den zweiten Teil sei $SK = (v_1{==}S_1; \ldots; v_n{==}S_n)$. Dann gilt:

$$\begin{aligned} close_V({}^s\rho SK) &= close_V(v_1{==}{}^s\rho' S_1; \ldots; v_n{==}{}^s\rho' S_n) \\ &\qquad \text{mit } {}^s\rho' = {}^s\rho_{|\mathcal{V}-\{v_1,\ldots,v_n\}} \\ &\equiv (v_1{==}{}^s\rho'' S_1; \ldots; v_n{==}{}^s\rho'' S_n) \\ &\qquad \text{mit } {}^s\rho'' = close_{V-\{v_1,\ldots,v_n\}}\, {}^s\rho' \end{aligned}$$

Die Aussage folgt jetzt aus ${}^s\rho'' = (close_V\, {}^s\rho)_{|\mathcal{V}-\{v_1,\ldots,v_n\}}$, wobei diese Gleichheit gilt, da die v_i nicht in $FV({}^s\rho)$ liegen.

3) nach Definition;

4) Ist ${}^s\rho' SK$ definiert und ${}^s\rho$ eine approximative Lösung von SK, dann gilt nach V §1–2

$$\begin{aligned} [\![{}^s\rho' SK]\!]^B({}^B\rho) &= [\![SK]\!]^B({}^B\rho([\![{}^s\rho']\!]^B({}^B\rho))) \\ &\leq [\![{}^s\rho]\!]^B({}^B\rho([\![{}^s\rho']\!]^B({}^B\rho))) \\ &= [\![{}^s\rho' \circ {}^s\rho]\!]^B \end{aligned}$$

Damit ist ${}^{s}\rho' \circ {}^{s}\rho$ eine approximative Lösung von ${}^{s}\rho' SK$. Die Aussage ergibt sich, wenn wir dies auf ${}^{s}\rho' = [v \mapsto \emptyset]_{v \in V}$ anwenden. ∎

Lemma V §2–11

Sei π ein fehlerfreies Programm, $A_\pi = [(st_i, adr_i, s_i)]_{i=1}^{m}$, und für die Stellen E von π seien $\bar{\rho}_E$, $\bar{s}_E$, $\bar{S}_E$ nach Algorithmus II bestimmt; $SV(E)$ bezeichne die Menge der an der Stelle E sichtbaren Variablen.

Ist $1 \leq i \leq m$, E eine Stelle in π, $\bar{s}_E = [\bar{S}_1, \ldots, \bar{S}_k]$ und $s_i(adr) = (E, \rho)$, dann endet jeder Pfad P, über den adr im i-ten Schritt erreichbar ist, in einem Pfad der Form $adr'_k.\mathrm{L}.\ldots.adr'_1.\mathrm{L}.adr'_0$ und es gilt

1) $adr = adr'_0$ und für $j{=}1\ldots k$ gibt es adr''_j mit $s_i(adr'_j) = adr'_{j-1} \cdot adr''_j$;
2) $close_{SV(E)}{\downarrow}\bar{\rho}_E \;\; \delta \;\; [\![s_i]\!]^{\mathcal{D}} \circ \rho$,
   d.h. $close_{SV(E)}{\downarrow}\bar{\rho}_E$ beschreibt die Striktheitseigenschaften von ρ im Speicherzustand s_i korrekt;
3) $close_{SV(E)}{\downarrow}\bar{S}_j \;\; \delta \;\; [\![s_i]\!]^{\mathcal{D}}(adr''_j)$ für $j{=}1\ldots k$,
   d.h. $close_{SV(E)}{\downarrow}\bar{S}_j$ beschreibt die Striktheitseigenschaften von adr''_j im Speicherzustand s_i korrekt.

Ist darüberhinaus v sichtbar an der Stelle E, und $adr' := \rho(v)$ wird weder in A_π ausgewertet, noch kommt sie in P vor, dann gilt weiter

4) $close_{SV(E)}{\downarrow}_v\bar{\rho}_E \;\; \delta \;\; [\![(s_i)_{adr'}]\!]^{\mathcal{D}} \circ \rho$,
   d.h. $close_{SV(E)}{\downarrow}_v\bar{\rho}_E$ beschreibt die Striktheitseigenschaften von ρ im Speicherzustand $(s_i)_{adr'}$ korrekt;
5) $close_{SV(E)}{\downarrow}_v\bar{S}_j \;\; \delta \;\; [\![(s_i)_{adr'}]\!]^{\mathcal{D}}(adr''_j)$ für $j{=}1\ldots k$,
   d.h. $close_{SV(E)}{\downarrow}_v\bar{S}_j$ beschreibt die Striktheitseigenschaften von adr''_j im Speicherzustand $(s_i)_{adr'}$ korrekt.

Beweis

Der Beweis der Teile 1-3 verläuft unter Ausnutzung des obigen Lemmas ebenso wie das Analogon V §1–7. Für den Beweis von 4 und 5 bemerken wir, daß wegen $adr' \notin \mathcal{A}_\pi$ III §3–6 anwendbar ist und

$$eval^{\mathbf{T}}_{adr'}(0, [0 \mapsto (\pi, [\,])]) = [(st_i, adr_i, (s_i)_{adr'})]_{i=1}^{m}$$

gilt. 4 und 5 können nun analog zu 2 und 3 bewiesen werden, wobei $eval^{\mathbf{T}}$ durch $eval^{\mathbf{T}}_{adr'}$ ersetzt wird und die notwendige Ungleichung $[\![(s_i)_{adr'}]\!]^{\mathcal{D}} \geq [\![(s_{i+1})_{adr'}]\!]^{\mathcal{D}}_{|\mathrm{Def}((s_i)_{adr'})}$ durch III §3–6(2) gerechtfertigt wird. ∎

Ich komme nun zum Hauptsatz dieses Paragraphen.

Satz V §2–12

Sei π ein fehlerfreies Programm, und für die Stellen E von π seien $\bar{\rho}_E$, $\bar{s}_E$, $\bar{S}_E$ und ${}^{R}s_E$ nach Algorithmus II bestimmt.

Für jede Stelle E in π gilt:

1) Eine an der Stelle E sichtbare Variable v ist dort relevant, wenn $\downarrow_v \bar{S}_E \equiv \diamond$ gilt. Dies ist insbesondere der Fall, wenn $v \in \mathrm{A}(\bar{S}_E)$ oder $\downarrow \bar{S}_E = \diamond$ erfüllt ist.

2) Ist $E = E_1\, E_2$, dann ist E_2 relevant, wenn $\mathrm{hd}^{\mathcal{R}} s_{E_1} = !_{\mathcal{R}}$ erfüllt ist.

Beweis indirekt

Sei $\mathrm{A}_\pi = [(st_i, adr_i, s_i)]_{i=1}^m$ und $\bar{s}_E = [\bar{S}_1, \ldots, \bar{S}_k]$.

1) Ist v sichtbar aber nicht relevant an der Stelle E, dann gibt es ein $1 \le i \le m$ mit $st_i = \downarrow$ und $s_i(adr_i) = (E, \rho)$, so daß $adr' := \rho(v)$ nicht in A_π ausgewertet wird. adr_i ist aktiv im i-ten Schritt. Nach V §1–5 ist adr_i dann im i-ten Schritt über einen Pfad P erreichbar, dessen Adressen alle in A. ausgewertet werden, insbesondere liegt adr' nicht auf P. Damit sind die Voraussetzungen für V §2–11(4) und (5) erfüllt, und P endet in einem Pfad der Form $adr'_k.\mathrm{L}.\ldots.adr'_1.\mathrm{L}.adr'_0$ und es gilt

- $adr_i = adr'_0$ und für $j{=}1\ldots k$ gibt es adr''_j mit $s_i(adr'_j) = adr'_{j-1} \cdot adr''_j$;
- ${}^S\!\rho := close_{SV(E)} \downarrow_v \bar{\rho}_E \;\; \delta \;\; [\![(s_i)_{adr'}]\!]^{\mathcal{D}} \circ \rho$,
- $S_j := close_{SV(E)} \downarrow_v \bar{S}_j \;\; \delta \;\; [\![(s_i)_{adr'}]\!]^{\mathcal{D}}(adr''_j) \quad$ für $j{=}1\ldots k$,

Nach III §3–7 gilt

$$\perp \neq [\![E]\!]^{\mathcal{D}}([\![(s_i)_{adr'}]\!]^{\mathcal{D}} \circ \rho) \cdot [\![(s_i)_{adr'}]\!]^{\mathcal{D}}(adr''_1) \cdot \cdots \cdot [\![(s_i)_{adr'}]\!]^{\mathcal{D}}(adr''_k)$$

Mit IV §2–6, IV §2–8(5), V §2–10 und der Korrektheit von Algorithmus II folgt daraus

$$\begin{aligned} & \diamond \not\equiv ({}^S\!\rho [\![E]\!]^S)\, S_1 \cdots S_k \\ & \quad = close_{SV(E)} \downarrow_v ([\![E]\!]^S, \bar{\rho}_E, \bar{s}_E) \\ \text{und damit} \quad & \diamond \not\equiv \downarrow_v ([\![E]\!]^S, \bar{\rho}_E, \bar{s}_E) \\ & \quad \le \downarrow_v \bar{S}_E \end{aligned}$$

2) Ist $E = E_1\, E_2$ und E_2 nicht relevant, dann gibt es einen Schritt i mit $st_i = \downarrow$ und $s_i(adr_i) = (E, \rho)$, so daß die in diesem Schritt neu erzeugte Adresse adr' mit Inhalt (E_2, ρ) nicht in A_π ausgewertet wird. Wie oben folgt daraus die Existenz von Adressen $adr'_0, \ldots, adr'_k \in \mathcal{A}_\pi$ mit

- $adr = adr'_0$ und für $j{=}1\ldots k$ gibt es adr''_j mit $s_i(adr'_j) = adr'_{j-1} \cdot adr''_j$;
- $close_{SV(E)} \downarrow \bar{\rho}_E \;\; \delta \;\; [\![s_i]\!]^{\mathcal{D}} \circ \rho$,
- $close_{SV(E)} \downarrow S_j \;\; \delta \;\; [\![s_i]\!]^{\mathcal{D}}(adr''_j)$ für $j{=}1\ldots k$.

Nach III §3–7 gilt wieder

$$\perp \neq [\![E_1]\!]^{\mathcal{D}}([\![s_i]\!]^{\mathcal{D}} \circ \rho) \cdot \perp \cdot [\![s_i]\!]^{\mathcal{D}}(adr''_1) \cdot \cdots \cdot [\![s_i]\!]^{\mathcal{D}}(adr''_k)$$

Wie oben folgt dann

$$\begin{aligned}\diamond &\not\equiv ({}^{s}\rho[\![E_1]\!]^{S}) \diamond S_1 \cdots S_k \\ &= close_{SV(E)} \downarrow ([\![E_1]\!]^{S}, \bar{\rho}_E, \diamond : \bar{s}_E) \\ \diamond &\not\equiv \downarrow ([\![E_1]\!]^{S}, \bar{\rho}_E, \diamond : \bar{s}_E) \\ &= \downarrow ([\![E_1]\!]^{S}, \bar{\rho}_{E_1}, \diamond : \bar{s}_E)\end{aligned}$$

Aus der Korrektheit von Algorithmus II ergibt sich $\mathrm{hd}({}^{R}s_{E_1}) \neq !_{\mathcal{R}}$. ∎

Algorithmus II kann damit zur Relevanzanalyse benutzt werden. Die Relevanzinformation läßt sich einfach an den berechneten abgeleiteten Attributwerten ablesen. Benutzen wir Algorithmus II beispielsweise, um Relevanzinformation für das Programm

$$\pi\colon \Big(\lambda v.(\lambda f.f\ (\lambda x.x))\ (\lambda y.y\ v)\Big)\ E_1$$

zu bestimmen, erhalten wir das Ergebnis im folgenden Diagramm. In diesem Diagramm sind die Stellen in π mit Mengen von an diesen Stellen relevanten Variablen und, sofern es sich um eine Funktionsanwendung handelt, mit einer Kennzeichnung $!_{\mathcal{R}}$ bzw. $?_{\mathcal{R}}$ annotiert, je nachdem ob das Argument als relevant erkannt wurde oder nicht.

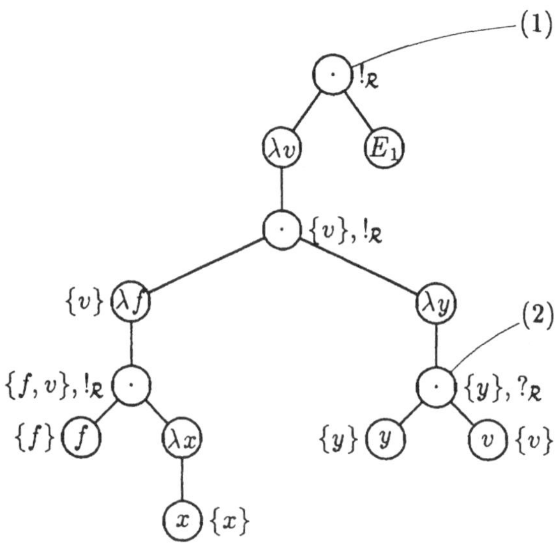

Man bemerkt, daß das Argument der mit (2) markierten Funktionsanwendung yv nicht als relevant erkannt wurde, obwohl es relevant ist. Dies erklärt sich daraus, daß der Algorithmus keine Information über die Werte von y hat, wenn er die Attributwerte an der Stelle yv berechnet. Die Analyse ist jedoch hinreichend mächtig, E_1, das Argument der mit (1) markierten Funktionsanwendung, als relevant zu erkennen. Dies erlaubt, E_1 parallel zum Funktionsrumpf auszuwerten. Die Analyse kann diese Relevanz feststellen, weil Information darüber, wie v in $\lambda y.y\ v$ benutzt wird, bei der approximativen Auswertung von $\lambda f.f\ (\lambda x.x)$ mitberücksichtigt wird.

Mit Algorithmus I hätte man im wesentlichen dieselbe Relevanzinformation berechnen können. Während Algorithmus II jedes Teilausdrucksvorkommen in π jedoch nur ein einziges Mal approximativ auswertet, hätte Algorithmus I einige Ausdrücke mehrfach approximativ ausgewertet.

Algorithmus II läßt sich noch auf verschiedene Weise optimieren.

- Offensichtlich kann die Berechnung der Relevanzinformation mit der Attributierung verschränkt werden. Die Werte für die abgeleiteten Attribute brauchen dann nicht gespeichert zu werden. Der Speicherplatz kann weiter reduziert werden, wenn man beachtet, daß die ererbten Attribute an einer Stelle E sich nur geringfügig von denen an der darüberliegenden Stelle unterscheiden. Es bietet sich daher an, nur jeweils die Unterschiede abzuspeichern.
- Der Teilalgorithmus SA berechnet polymorph typisierbare Approximationen für seine Argumente. Wird eine Definition für v in ihrem Sichtbarkeitsbereich mehrfach benutzt, dann wird im allgemeinen der zugehörige Wert mehrfach typisiert. Diesen Mehraufwand kann man einsparen, wenn man zusätzlich ererbte Attribute ${}^{\tau}\rho_E$ und ${}^{\tau}s_E$ und abgeleitete Attribute τ_E und S_E einführt. ${}^{\tau}\rho_E$ und ${}^{\tau}s_E$ liefern Information über die Typen von $\bar{\rho}_E$ bzw. $\bar{s}_E$, während für τ_E und S_E die Invariante $\mathrm{S}_E \circ {}^{\tau}\rho_E \vdash \bar{S} : \tau_E$ aufrechterhalten wird.
- $\mathcal{TSA}$ realisiert im wesentlichen eine Teilrelation der Reduktionsrelation $\rightarrow$ aus IV §3–2, allerdings für annotierte Striktheitsausdrücke. Es benutzt dabei nur die β-Reduktion und Regeln zur Propagation von $\diamond$. Durch Anwendung auch anderer Regeln, insbesondere der Regeln für Φ und zur Propagation von $\emptyset$, könnten Laufzeit und Platzbedarf verringert werden.
- Bei der Handhabung des **let**-Konstruktes berechnet der Algorithmus eine approximative Lösung von $\downarrow\bar{\rho}_E[\![SK]\!]^S$. Während dieser iterativen Berechnung wird nicht berücksichtigt, welche Variablen in der Umgebung nachgeschlagen werden. Dies kann zu einem Informationsverlust führen. Eine Alternative besteht darin, die Ergebnisse aus IV §5 so zu erweitern, daß Annotationen während der Iteration mitberechnet werden.

Definition V §2–13 Algorithmus II für Programmskripte

Algorithmus II kann ohne wesentliche Änderung auch auf Programmskripte PS angewendet werden. Die approximative Lösung des Programmskriptes kann (neben der Relevanzinformation für die Stellen im Skript) abgespeichert und später benutzt werden, um die Berechnung von Relevanzinformation für Programme $\pi =$ **let** PS **in** E_0 effizient fortzusetzen.

Satz V §2–12 behält dafür offensichtlich seine Gültigkeit.

§3 Erweiterungen

In diesem Paragraphen gehe ich kurz auf Möglichkeiten ein, wie im Vergleich zu den beiden vorgeschlagenen Algorithmen bessere Relevanzinformation bestimmt werden kann.

1 Relevanz von Teilausdrucksvorkommen

Bisher habe ich hinsichtlich der Relevanz von Teilausdrucksvorkommen nur Funktionsargumente betrachtet. Ich werde jetzt erläutern, wie die Ergebnisse der letzten beiden Paragaphen zur Bestimmung von Relevanzinformation für beliebige Teilausdrucksvorkommen erweitert werden können.

Ich setze hierfür voraus, daß $\mathcal{K}$ ein spezielles Element $k_\perp$ mit $[\![k_\perp]\!]^D = \perp$ enthält. Ich definiere $[\![k_\perp]\!]^S = \diamond$.

Seien nun $E' \leq E$ Stellen in einem fehlerfreien Programm und ${}^s\rho_E$ und ${}^ss_E$ mit Algorithmus I für die Stelle E berechnet worden. Dann ist E' an der Stelle E relevant, wenn

$$({}^s\rho_E[\![E[E' \to k_\perp]]\!]^S)\ {}^ss_E \equiv \diamond$$

erfüllt ist.

Indem neben den Variablen auch Stellen in den Annotationen zugelassen werden, kann Algorithmus II so modifiziert werden, daß er Information über die Relevanz aller Teilausdrucksvorkommen mitberechnet.

Um die Korrektheit des Vorgehens zu zeigen, müßte man im wesentlichen III §3–6 verallgemeinern. Wenn E' nicht relevant an der Stelle E ist, dann gibt es ein ausgewertetes E referenzierendes Objekt o, so daß kein E' referenzierender Nachfahre von o ausgewertet wird. In dem Schritt, in dem o erzeugt wird, greifen wir in die Auswertung ein und ändern den Inhalt von o zu $E[E' \to k_\perp]$. Anschließend vergleichen wir die so "gestörte" Auswertung $[(st'_i, adr'_i, s'_i)]_{i=1}^{m'}$ mit der ursprünglichen Auswertung $A_\pi = [(st_i, adr_i, s_i)]_{i=1}^{m}$. Wie in III §3–6 kann man zeigen, daß beide Auswertungen einander sehr ähnlich sind: genauer $m' = m$ und $\forall i{=}1\ldots m$: $st'_i = st_i$, $adr'_i = adr_i$ und $s'_i(adr) = s_i(adr)$, es sei denn, $(adr, i)_{\sim_\pi}$ ist ein Nachfahre von o und referenziert eine Stelle E'' zwischen E und E'. In diesem letzten Fall gilt $s'_i(adr) = (E''[E' \rightarrow k_\perp], \rho)$, wobei ρ durch $s_i(adr) = (E'', \rho)$ gegeben wird. Auch für III §3–6(2) und (3) kann man Analoga beweisen, womit sich die Entsprechung von III §3–7 als Folgerung ergibt. Damit wird V §1–8 übertragbar.

2 Mächtigere Datenflußanalyse

Die beiden vorgestellten Algorithmen benutzen eine verhältnismäßig schwache Datenflußanalyse. Insbesondere berücksichtigen sie die beiden in den folgenden Beispielen erläuterten Aspekte nicht.

1)
$$\pi\colon (\lambda v.v\ (\lambda x.x))\ (\lambda y.y\ E)$$

In diesem Beispiel ist E relevant, aber keiner der beiden Algorithmen erkennt dies. Beide transportieren zwar Information über die (Striktheitseigenschaften der) Argumente in den Funktionsrumpf hinein, aber sie liefern keine Information über die Benutzungen der zugehörigen "formalen Parameter" zurück an die Argumente. So wird im obigen Beispiel v, der zu $\lambda y.y\ E$ gehörende formale Parameter, (nur) auf $\lambda x.x$ angewandt, aber diese Information wird nicht zu dem Argument propagiert. Damit steht keine Information über die möglichen Werte von y zur Verfügung und dementsprechend kann E nicht als relevant erkannt werden.

2)
$$\pi\colon (\textbf{if}\ E_b\ \textbf{then}\ \lambda y.y\ E_1\ \textbf{else}\ \lambda y.y\ E_2)\ (\lambda x.x)$$

In diesem Beispiel sind die Funktionsargumente E_1 und E_2 relevant, ohne daß meine beiden Algorithmen dies erkennen würden. Der Grund liegt diesmal darin, daß sie das operationelle Verhalten der Konstanten nicht berücksichtigen. Im obigen Fall wird etwa nicht berücksichtigt, daß die Auswertung des **if**-Konstruktes seine Argumente zum **then**- oder zum **else**-Teil hintransportiert, und zwar zu genau dem Teil, der ausgewertet wird. Deshalb werden beide Teile ohne die Information darüber analysiert, daß sie (nur) auf $\lambda x.x$ angewendet werden. Wiederum steht keine Information über die möglichen Werte von y zur Verfügung und E_1 und E_2 können nicht als relevant erkannt werden.

Ausgangspunkt für eine Erweiterung der Datenflußanalyse kann eine Arbeit von Neil Jones [Jone81] sein. Für den λ-Kalkül, erweitert um Konstanten, deren operationelle Semantik durch Abbildungen von $\mathcal{K} \times \mathcal{K}$ in geschlossene λ-Ausdrücke beschrieben wird, erlauben die Ergebnisse dieser Arbeit, zu jeder Stelle E in einem Programm π je eine endliche Menge von Umgebungs-

und Kontextbeschreibungen zu berechnen[5]. Dieser Arbeit liegt die Idee zugrunde, einen während einer Programmauswertung berechneten Wert d durch die Programmstelle zu repräsentieren, durch "deren Auswertung" er entstanden ist. Eine Umgebungsbeschreibung, generische Bezeichnung $\tilde{\rho}$, ist so eine endliche Abbildung von $\mathcal{V}$ auf Applikationsstellen in π, d.h. Stellen der Form $E = E_1\, E_2$; eine Kontextbeschreibung ist entweder leer, ε, oder eine Applikationsstelle. Eine nichtleere Kontextbeschreibung gibt an, an welcher Programmstelle ein mögliches Argument gefunden werden kann. Kommt der Interpreter mit einer Umgebung ρ an einer Stelle E an, dann möchte ich dementsprechend sagen, daß ρ von $\tilde{\rho}$ repräsentiert wird, wenn für alle $v \in \mathrm{Def}(\rho)$ "$\rho(v)$ seinen Wert durch Auswertung von E_2 erhält", wobei E_2 durch $\tilde{\rho}(v) = E_1\, E_2$ gegeben wird. Ähnlich möchte ich (informal) sagen, daß eine Kontextbeschreibung den "Kontext des Besuches" repräsentiert, wenn die Kontextbeschreibung ε ist und das Ergebnis der gegenwärtigen Auswertung von E auf kein Argument angewendet wird, oder wenn die Kontextbeschreibung $E_1\, E_2$ ist und das Ergebnis der Auswertung auf ein Argument angewandt wird, "dessen Wert durch Auswertung von E_2 erhalten wird".

Die einer Stelle E zugeordneten Umgebungs- bzw. Kontextbeschreibungen sind dadurch charakterisiert, daß für jeden Besuch von E der "Kontext" und die Umgebung des Besuches durch mindestens eine E zugeordnete Kontext- bzw. Umgebungsbeschreibung repräsentiert wird.

Die mit dem Verfahren zugeordneten Mengen sind für unsere beiden Beispiele in den folgenden Diagrammen dargestellt. Die Kontextmengen sind dabei durch Pfeile dargestellt. Ein Pfeil von einer Stelle E zu einer Applikationsstelle $E_1\, E_2$ bedeutet dabei, daß ein "für E berechneter Wert" zur Laufzeit auf einen "für E_2 berechneten Wert" angewendet werden kann. Die Umgebungsmengen werden im Diagramm nur für die Stellen angegeben, die sie nicht unmittelbar von der darüberliegenden Stelle erben.

[5] Die Arbeit zeigt, wie eine endliche Beschreibung einer Obermenge der bei der Auswertung von π erreichbaren Zustände des Interpreters bestimmt werden kann. Die Umgebungs- und Kontextbeschreibungen lassen sich daraus leicht ableiten.

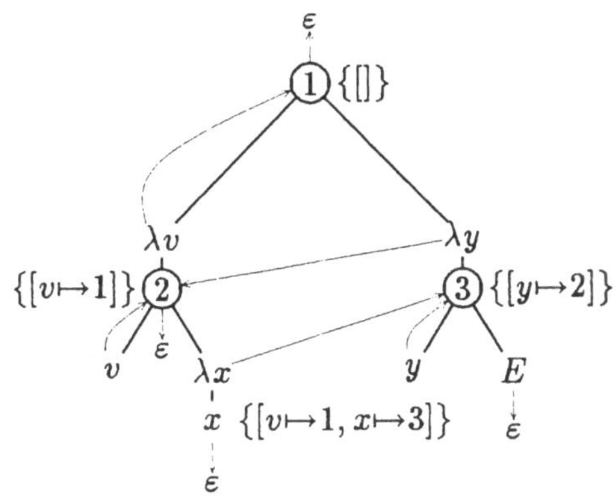

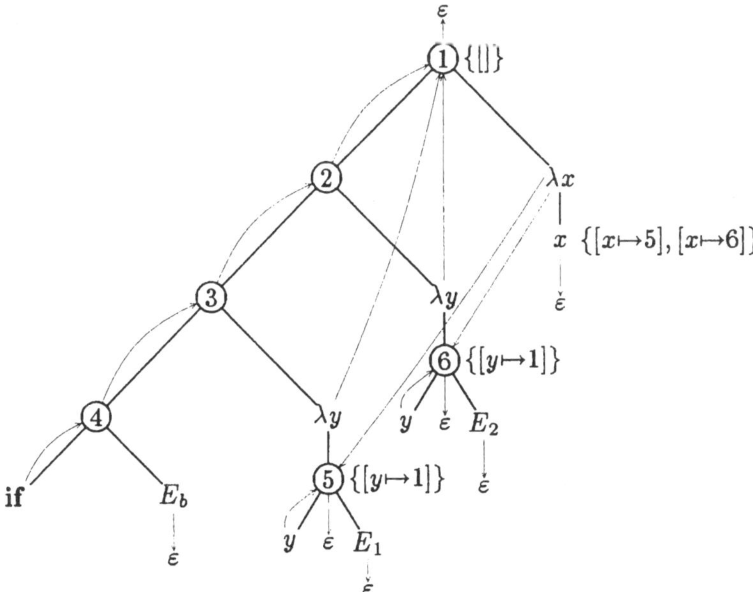

Wenn wir voraussetzen, daß sich das Verfahren von Jones auf unsere etwas andere Ausgangssituation mit **let**-Konstrukten und Konstanten, deren operationelle Semantik gemäß III §1.3–3 beschrieben wird, übertragen läßt[6], dann können wir diese mächtigere Datenflußanalyse zur Relevanzanalyse in der folgenden Weise einsetzen.

[6] Ich bin zuversichtlich, daß dies für eine große Klasse interessanter Auswertungsfunktionen möglich ist. Um let-Konstrukte behandeln zu können, wird man neben Applikationsstellen auch rechte Seiten von let-Konstrukten als Bilder in Umgebungsbeschreibungen zulassen. Wenn $eval_K$ sich als Auswertungsfunktion für ein endliches Termersetzungssystem auffassen läßt, würde man zu den Programmstellen alle Nicht-Wurzel-Stellen in Ausgabeschablonen hinzunehmen. Desweiteren dürfte man in der Lage sein, für die Knoten und Parameter der Eingabeschablonen (Ober-) Mengen der Stellen zu finden, "auf die sie während einem erfolgreichen Match fallen können". Dies reicht aus, um den Ansatz von Jones zu übertragen.

Nehmen wir für den Moment an, für jede Funktionsapplikationsstelle $E = E_1 E_2$ sei ein Striktheitsausdruck S_E gegeben, der die Striktheitseigenschaften jeder E_2 während der Programmauswertung referenzierenden Adresse korrekt beschreibt. Ist $\tilde{\rho}$ eine E zugeordnete Umgebungsbeschreibung, dann erhält man daraus eine Striktheitsumgebung, indem man die E' im Bild von $\tilde{\rho}$ durch die zugehörenden $S_{E'}$ ersetzt. In dieser Weise kann man E eine endliche Menge von Striktheitsumgebungen zuordnen. Ähnlich kann man E auch eine Menge von Striktheitsargumentkellern zuordnen. Ist $E' = E_1' \, E_2'$ eine E zugeordnete Kontextbeschreibung und ${}^s s'$ ein E' zugeordneter Argumentkeller, dann ist ${}^s s = S_{E'} : {}^s s'$ ein E zugeordneter Striktheitsargumentkeller[7]. Nach Konstruktion wird "die Situation bei einem Besuch von E durch den Interpreter" von mindestens einem E zugeordnenten Paar $({}^s\rho, {}^s s)$ im Sinne von III §3–7[8] korrekt wiedergegeben. Man erhält daraus beispielsweise:

> v ist relevant an der Stelle E, wenn für alle E zugeordneten ${}^s\rho$ und ${}^s s$
>
> $$({}^s\rho[v \mapsto \diamond][\![E]\!]^S) \; {}^s s \equiv \diamond$$
>
> erfüllt ist. Ähnliche Aussagen gelten auch für die Relevanz von Teilausdrucksvorkommen.

Zur Bestimmung der S_E wählen wir für jede Applikationsstelle $E = E_1 \, E_2$ eine neue Variable v_E und definieren $S_E' = \bigsqcap (name \circ \tilde{\rho})[\![E_2]\!]^S$, wobei der Schnitt über alle E zugeordneten Umgebungsbeschreibungen $\tilde{\rho}$ läuft und *name* E' auf die zugehörige Variable $v_{E'}$ abbildet. Die $v_E == S_E'$ bilden ein Striktheitsskript, dessen approximative Lösungen die oben für die S_E geforderten Eigenschaften erfüllen.

Der oben angedeutete Algorithmus ist in der Lage, E im ersten und E_1 und E_2 im zweiten Beispiel als relevant zu erkennen. Die Einzelheiten der Übertragung auf unseren Call-by-Need Interpreter und die Frage nach der Praktikabilität des Algorithmus müssen aber noch näher untersucht werden.

---

7 Da der von den Kontextbeschreibungen induzierte Graph zyklisch sein kann, muß die Länge von ${}^S s$ u.U. künstlich beschränkt werden.

8 Genaugenommen muß III §3–7 geringfügig verallgemeinert werden, so daß Quelle und Ziel eines *result*-Schrittes als identisch behandelt werden. Genauer wird in der Voraussetzung von III §3–7 jede Bedingung $s_{i_j}(adr_j') = adr_{j-1}' \cdot adr_j''$ durch die schwächere Bedingung

$$\exists i_{j-1} \le i_1' \le \cdots \le i_{n_j}' \le i_j, adr_0''', \ldots, adr_{i_{n_j}'}''' :$$

$$\bigwedge \begin{array}{l} adr_{j-1}' = adr_0''' \wedge s_j(adr_j') = adr_{i_{n_j}'}''' \cdot adr_j'' \\ \forall l\colon st_{i_l'} = result \; adr_{i_l'-1}''' \wedge adr_{i_l'} = adr_{i_l}''' \end{array}$$

ersetzt.

3 Strukturierte Datenobjekte

Die in IV §2–2 definierte Striktheitsabstraktion identifiziert alle von $\perp$ verschiedenen nichtfunktionalen Werte miteinander. Entsprechend liefern meine Algorithmen wenig Information über die Relevanz von Komponenten strukturierter Daten. Betrachten wir beispielsweise

$$E\colon (\lambda v.\mathit{first}\ v)\ (\mathit{l\_pair}\ x\ E_1),$$

dann ist x relevant an der Stelle E, aber

$$[\![E]\!]^S \equiv (\lambda v.\, \Phi\, v)\ \emptyset \equiv \emptyset.$$

Insbesondere gilt damit $({}^S\!\rho[x\mapsto\diamond][\![E]\!]^S)\ {}^S\!s \equiv \emptyset$ und meine Algorithmen können die Relevanz von x nicht feststellen.

Um auch für Komponenten strukturierter Daten Relevanzinformation zu erhalten, könnte man Konstruktoren und Selektoren als zusätzliche Operationen der Striktheitsalgebra aufnehmen. Neue Rechenregeln würden die Selektoren in Beziehung zu den Konstruktoren und den anderen Striktheitsoperationen setzen. Betrachten wir das Beispiel erneut mit in dieser Weise erweiterten Striktheitsausdrücken, so ergibt sich

$$\begin{aligned}[\![E]\!]^S &\equiv (\lambda v.\mathit{first}\ v)\ (\mathit{pair}\ x\ [\![E_1]\!]^S)\\ &\equiv \mathit{first}\ (\mathit{pair}\ x\ [\![E_1]\!]^S)\\ &\equiv x\end{aligned}$$

Damit kann x als relevant erkannt werden.

In dieser Arbeit wurde die Korrektheit der Algorithmen gezeigt, indem der semantische Bereich $\mathcal{D}$ für die Interpretation von Programmen zu dem semantischen Bereich $\mathcal{B}$ für die Interpretation von Striktheitsausdrücken in Beziehung gesetzt wurde. Diese Beziehung war wesentlich, um zu zeigen, daß δ die Eigenschaften einer Repäsentationsrelation für eine abstrakte Interpretation erfüllt. Wenn man diesen Ansatz für die um Konstruktoren und Selektoren erweiterten Striktheitsausdrücke beibehalten möchte, stellt sich die Frage, wie das zugehörige $\mathcal{B}$ aussehen soll. Ich kann dazu im Moment nicht viel sagen – außer, daß $\mathcal{B}$ wesentlich komplexer sein müßte als

$$\mathcal{B} \cong \bigoplus_{k\in \mathit{Konst}\cup \mathit{Sel}} \mathcal{B}^{n(k)} + ([\mathcal{B}\to\mathcal{B}])_\perp,$$

wobei *Konst* und *Sel* die Mengen der Konstruktoren bzw. Selektoren und $n(k)$ die Stelligkeit von k bezeichnen. Um dies einzusehen, betrachten wir als Beispiel das Programmfragment

$$E\colon \textbf{if}\ i = 0\ \textbf{then}\ \mathit{nil}\ \textbf{else}\ \mathit{l\_cons}\ E_1\ E_2.$$

Als Striktheitsinterpretation von E erwarte ich

$$[\![E]\!]^S = \Phi\, i \sqcup (nil \sqcap cons\, [\![E_1]\!]^S\, [\![E_2]\!]^S).$$

Wird in einem korrekten Programm *head* auf E angewandt, ist das Ergebnis E_1. Entprechend erwarte ich, daß *head* auf die Striktheitsinterpretation von E angewandt den Striktheitsausdruck $[\![E_1]\!]^S$ ergibt. Damit muß $\mathcal{B}$ ein Element $b \neq \top$ mit $\tau(nil), \tau([d_1, d_2]) \leq b$ enthalten. Dies ist mit einem $\mathcal{B}$ der obigen Form nicht möglich, zumindest wenn τ nach Art von Kapitel IV definiert wird. Vermutlich wird man die Ideale des obigen Bereiches verwenden müssen.

Ich habe oben argumentiert, daß die Striktheitsabstraktion τ und die Striktheitsausdrücke strukturierte Daten nicht in der wünschenswerten Weise berücksichtigen. Das gleiche gilt auch für den Relevanzbegriff. Für atomare Daten ist die Fragestellung nach der Relevanz z.B. einer Variablen erschöpfend. Wenn die Variable aber strukturierte Daten als Werte annehmen kann, ist darüberhinaus auch Information über die Relevanz ihrer *Komponenten* interessant. Im Programmskript

$$PS\colon l\_sum{=}{=}\lambda v.E$$
$$E\colon \textbf{if } v = nil \textbf{ then } 0 \textbf{ else } head\, l + l\_sum(tail\, l)$$

sind beispielsweise alle Komponenten von v an der Stelle E relevant. Da es sich dabei um Information handelt, die für eine effiziente parallele Auswertung interessant sein kann, sollte der Relevanzbegriff entsprechend erweitert werden.

Statt von der Relevanz einer Variablen v an der Stelle E würde man dann von der Relevanz von "Komponenten von v" sprechen. Die in einem entsprechenden Relevanzanalysealgorithmus verwendete Striktheitsanalyse müßte beispielsweise zu einen Ausdruck E, einer Variablen v und einer Menge von Komponenten "von E" Information darüber liefern, welche Komponenten von v ausgewertet werden müssen, um die angegebenen Komponenten von E auszuwerten; die Datenflußanalyse müßte neben Information über die möglichen Umgebungen und Argumente auch Information über die Komponenten von E liefern, die definitiv ausgewertet werden, wenn der Interpreter an der Stelle E ankommt.

§4 Anwendungen

In diesem Paragraphen möchte ich auf die Möglichkeiten und die Bedingungen zum Einsatz von Relevanzinformation zur effizienten Programmauswertung eingehen. Obwohl relativ zu einen sequentiellen Interpreter definiert, war eine der intendierten Anwendungen, Relevanzinformation zum Scheduling von Auswertungsprozessen bei der parallelen Auswertung von Programmen zu benutzen. Ich skizziere deshalb zunächst ein Modell, das einer parallelen Programmauswertung zugrundeliegen kann und diskutiere den Zusammenhang zwischen Relevanzinformation und paralleler Auswertung. Im Anschluß daran gehe ich auf die Möglichkeit ein, Relevanzinformation zur Priorisierung von Prozessen in einem spekulative Berechnung unterstützenden Prozeßsystem zu verwenden. Schließlich untersuche ich die Möglichkeiten, Relevanzinformation bei sequentieller Programmauswertung zur Erkennung von Stellen zu benutzen, an denen lokal von einer Call-by-Need Parameterübergabe zu einer Call-by-Value Parameterübergabe übergegangen werden kann.

1 Parallele Programmauswertung

Ich skizziere nun ein Modell für die parallele Programmauswertung. Man kommt von dem sequentiellen Interpreter aus III §1.3–3 zu dem neuen Modell, indem man die zuvor passiven Adressen zu aktiven Prozessen macht und die Schritte, die der sequentielle Interpreter zur Auswertung einer Adresse durchführt[9], jetzt von dem entsprechenden Prozeß durchführen läßt. Rekursive Aufrufe des Interpreters, sofern sie nicht tailrekursiv sind, werden dabei auf das Senden einer Nachricht abgebildet; dem Warten auf die Rückkehr des rekursiven Aufrufs entspricht das Warten auf eine Antwortnachricht, die den "Wert" des entsprechenden Prozesses mitteilt. In dieser Weise kann man die sequentielle Programmauswertung auf einem dynamischen Prozeßnetz simulieren. Um Parallelität auszunutzen, nehme ich an, daß alle Stellen in einem Programm annotiert sind. Die Annotation enthält eine Menge V an der Stelle sichtbarer Variablen. Wenn ein Prozeß aktiv wird, sendet er für jedes $v \in V$ eine Aktivierungsnachricht an den Prozeß $\rho(v)$. Ist E eine Applikationsstelle $E_1\ E_2$, dann enthält seine Annotation auch die Angabe '!', wenn ein für E_2 erzeugter Prozeß unmittelbar nach Erzeugung aktiviert werden soll, bzw. '?', wenn dies nicht der Fall sein soll.

Das Modell beruht auf der Arbeit 'Expressions as Processes' [Kenn82]. Es wurde von Herrn Oberhauser und mir bereits zur Beschreibung eines Simulators für die parallele Reduktion von Kombinatorgraphen benutzt [Maur85a]. Ich

[9] Genauer: die Schritte auf der obersten Ebene einer $\downarrow/\uparrow$-Klammer.

skizziere im folgenden die wichtigsten Merkmale.

Ein *Berechnungszustand* besteht aus einer Menge sequentieller Prozesse, die sich im Laufe der weiteren Berechnung vergrößern kann. Prozesse kommunizieren über *Nachrichtenaustausch*; sie haben einen *Zustand*, der u.a. festlegt, welche *Aktionen* sie gegenwärtig prinzipiell ausführen können, d.h. welche Nachrichtentypen sie empfangen, welche Nachrichten sie senden und welche internen Schritte sie ausführen können. Ein *Schritt des Prozeßsystems* besteht in der Auswahl einer ausführbaren Aktion und ihrer Ausführung. Jede Aktion ist einem Prozeß zugeordnet, ihre Ausführung verändert den Zustand dieses Prozesses und/oder des Kommunikationsmediums.

In meinem Fall entspricht ein Prozeß einer Adresse des sequentiellen Interpreters. Der Prozeßzustand enthält deshalb eine spezielle Komponente, die ich den *Inhalt des Prozesses* nenne. Der Prozeßinhalt hat im wesentlichen die Form eines Speicherinhalts wie in III §1.3 beschrieben. Es sind lediglich Adressen durch Prozesse und Stellen durch annotierte Stellen ersetzt. Der Prozeßzustand enthält eine weitere wichtige Komponente, die ich *Auswertungsstatus* nenne. Diese Komponente kann drei verschiedene Werte haben, *unausgewertet*, *in Auswertung* und *ausgewertet*. Entsprechend dem Inhalt dieser Komponente nenne ich einen Prozeß *unausgewertet*, *aktiv* bzw. *ausgewertet*. Unausgewertete und ausgewertete Prozesse reagieren nur auf den Empfang von Nachrichten. Sie können keine internen Schritte durchführen. Aktive Prozesse können prinzipiell Nachrichten empfangen und versenden und interne Schritte ausführen. Neben den beiden genannten Komponenten enthält der Zustand noch weitere für die Arbeit des Prozesses relevante Information, so u.U. einen Framestack, wie er für die Behandlung von Konstanten benötigt wird. Ich gehe darauf jedoch nicht weiter ein.

Es gibt drei *Nachrichtentypen*, *Aktivierungsnachrichten* (activate), *Anforderungsnachrichten* (request) und *Antwortnachrichten* (answer). Anforderungsnachrichten werden immer (implizit) als Paar Aktivierungs-/Anforderungsnachricht gesendet.

Neue Prozesse werden als unausgewertete Prozesse erzeugt. Sie werden aktiv, wenn sie eine Aktivierungsnachricht empfangen. Ein aktiver Prozeß versucht, seinen *Wert* zu bestimmen. Dieser ergibt sich aus seinem Inhalt und dem Wert einiger der dort referenzierten Prozesse. Um seinen Wert zu bestimmen, führt ein Prozeß in Abhängigkeit von seinem Zustand, speziell seinem Inhalt, die der sequentiellen Auswertung (nach III §1.3–3) entsprechenden Schritte aus. Wenn in der sequentiellen Auswertung *eval* tail-rekursiv aufgerufen wird, dann verhält sich der Prozeß genauso, als wäre er unausgewertet gewesen und hätte gerade eine Aktivierungsnachricht erhalten. Wird *eval* rekursiv aufgerufen, dann sendet der Prozeß eine Anforderungsnachricht an den entsprechenden

Prozeß und wartet, bis dieser seinen Wert durch eine Antwortnachricht mitgeteilt hat. Wenn ein aktiver Prozeß seinen Wert bestimmt hat, wird er zu einem ausgewerteten Prozeß. Ausgewertete Prozesse, und nur solche, können Anforderungsnachrichten empfangen. Sie reagieren darauf, indem sie an den Sender eine Antwortnachricht senden und ihm dadurch ihren Wert mitteilen.

Ein Beispiel: wir nehmen an, ein unausgewerteter Prozeß hätte gerade eine Aktivierungsnachricht empfangen, sein Inhalt sei $(E_1\ E_2, \rho)$ und die Stelle $E_1\ E_2$ sei mit $(V, !)$ annotiert. Der Prozeß wird aktiv und sendet zunächst für alle $v \in V$ Anforderungsnachrichten an $\rho(v)$. Anschließend beginnt er seinen Wert, d.h. den Wert von $E_1\ E_2$ in der Umgebung ρ, zu bestimmen. Dazu erzeugt er gemäß der entsprechenden Regel in III §1.3–3 zwei neue Prozesse P_1 und P_2 mit Inhalt (E_1, ρ) bzw. (E_2, ρ) und ändert seinen Inhalt zu $P_1 \cdot P_2$. Wie in der zweiten Komponente seiner Annotation festgelegt sendet er eine Aktivierungsnachricht an P_2. Anschließend sendet er eine Anforderungsnachricht an P_1, um dessen Wert zu erfahren, und wartet auf die entsprechende Antwortnachricht. Nehmen wir an, der durch diese Nachricht mitgeteilte Wert sei $(\lambda v.\lambda v'.E, \rho')$. Der Prozeß ändert dann seinen Inhalt zu $(\lambda v'.E, \rho'[v \mapsto P_2])$ und verhält sich anschließend ebenso, als wäre er gerade durch eine Aktivierungsnachricht aktiviert worden, d.h. er sendet Aktivierungsnachrichten an $(\rho'[v \mapsto P_2])(v'')$ für alle v'' in der Annotation von $\lambda v'.E$ und beginnt, den Wert von $(\lambda v'.E, \rho'[v \mapsto P_2])$ zu bestimmen. Gemäß der entsprechenden Regel in III §1.3–3 ist dieser Abschluß ausgewertet. Der Prozeß hat damit seinen Wert bestimmt und wird zum ausgewerteten Prozeß. Er beantwortet (von nun an) alle Anforderungsnachrichten, indem er dem entsprechenden Sender seinen Wert durch eine Antwortnachricht mitteilt.

Die wesentlichen Zustandsübergänge eines Prozesses sind im folgenden Diagramm noch einmal schematisch zusammengefaßt. Dabei wird das Senden bzw. der Empfang einer Nachricht von Typ *typ* durch !*typ* bzw. ?*typ* dargestellt.

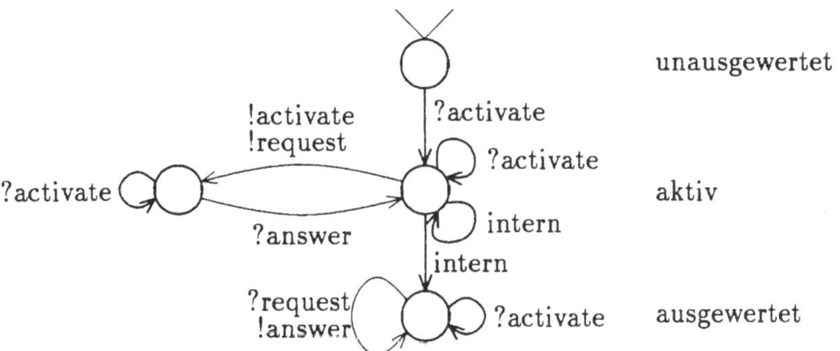

In Analogie zum sequentiellen Modell können wir die Auswertung eines annotierten Programms $\bar{\pi}$ im Prozeßmodell wie folgt definieren. Wir erzeugen einen einzelnen Prozeß mit Inhalt $(\bar{\pi}, [])$, den *Startprozeß*, und senden ihm eine Aktivierungs- gefolgt von einer Anforderungsnachricht. Der Startprozeß versucht nun wie oben beschrieben, seinen Wert zu bestimmen. Wenn dies abgeschlossen ist, beantwortet er die anfängliche Anforderungsnachricht mit einer Antwortnachricht, die seinen Wert mitteilt, der *Ergebnisnachricht*. Damit ist die Auswertung von $\bar{\pi}$ beendet, ihr Ergebnis ist der gelieferte Wert, die Auswertung selbst ist die Folge der Schritte des Prozeßsystems vom Empfang der ersten Aktivierungsnachricht durch den Startprozess bis zum Senden der Antwortnachricht mit seinem Wert. Im Gegensatz zum sequentiellen Fall kann es verschiedene Auswertungen desselben Programms geben, da sich das Prozeßsystem nichtdeterministisch verhält. Ich sage , ein Prozeß werde während einer Auswertung *aktiviert*, wenn während der Auswertung eine Aktivierungsnachricht an ihn abgesandt wird, d.h. ich setze nicht voraus, daß die Nachricht schon empfangen wurde, wenn die Auswertung endet; ich sage, ein Prozeß werde während einer Programmauswertung *ausgewertet*, wenn er während der Auswertung zu einem ausgewerteten Prozeß wird.

Nicht jede Auswertung endet mit einer Ergebnisnachricht. Einige Auswertungen enden überhaupt nicht, andere enden irregulär, weil in einen Berechnungszustand überhaupt keine Aktion auswählbar ist. Diese Situation wird üblicherweise *Deadlock* genannt.

Auf der Basis einer geeigneten Formalisierung des Prozeßmodells (die ich hier jedoch nicht angeben möchte) kann ich folgende Eigenschaft beweisen.

Eigenschaft V §4.1–1

Sei $\bar{\pi}$ ein annotiertes Programm, so daß das zugehörige nicht annotierte Programm $\pi := \downarrow\bar{\pi}$ fehlerfrei (bzgl. *eval*) ist. Dann gilt

1) Keine der Auswertungen von $\bar{\pi}$ enden in einem Deadlock.
2) Wird das Prozeßsystem fair gescheduled, d.h. wird jede Aktion, die über beliebig lange Zeit ausführbar ist, letztendlich auch zur Ausführung ausgewählt, dann endet jede Auswertung von $\bar{\pi}$ mit einer Ergebnisnachricht.
3) Spiegeln die Annotationen in $\bar{\pi}$ korrekte Relevanzinformation wider, dann endet jede Auswertung von $\bar{\pi}$ mit einer Ergebnisnachricht (auch dann, wenn faires Scheduling nicht vorausgesetzt wird), alle aktivierten Prozesse werden ausgewertet, und sie entsprechen eineindeutig den bei der (sequentiellen) Auswertung von π ausgewerteten Adressen.
4) Ist $A^p_{\bar{\pi}}$ eine parallele Auswertung von $\bar{\pi}$, die mit einer Ergebnisnachricht endet und die maximal so viele Prozesse aktiviert, wie die (sequentielle) Auswertung von π Adressen auswertet, dann spiegeln alle Annotationen in $A^p_{\bar{\pi}}$ korrekte Relevanzinformation wider.

Die erste Aussage besagt, daß, unabhängig von Annotationen, Deadlocks nun bei fehlerhaften Programmen auftreten können. Es kann jedoch auch bei fehlerfreien Programmen vorkommen, daß eine Auswertung nicht endet. In diesem Fall werden ab einem bestimmten "Zeitpunkt" nur noch "nutzlose Aktionen" ausgewählt, obgleich auch "nützliche" auswählbar wären. Wird dies, z.B. durch faires Scheduling, verhindert, dann endet die Auswertung fehlerfreier Programme regulär mit einer Ergebnisnachricht.
Die beiden letzten Aussagen besagen, daß Relevanzinformation die maximal möglichen Annotationen festlegt, durch die (noch) keine für die Programmauswertung irrelevanten Prozesse aktiviert werden. Auf Grund dessen ist es auch nicht erforderlich, faires Scheduling zu fordern, um Terminierung zu sichern: jede auswählbare Aktion ist "nützlich".

Beweis

Ich werde nur die Grundidee des Beweises darlegen.

In dem Beweis werden Prozesse (und entsprechend auch Adressen) über "ihre Entstehungsgeschichte", d.i. eine Folge natürlicher Zahlen, identifiziert: der Startprozeß wird durch die leere Folge identifiziert; wird ein Prozeß P durch die Folge α identifiziert und P' wird von P erzeugt, nachdem dieser genau i Prozesse erzeugt hat, dann wird P' durch $\alpha.i$ identifiziert.

1) Sei $\bar{\pi}'$ das annotierte Programm, das man aus π erhält, indem man alle Stellen mit $\{\}$ bzw. mit $(\{\},?)$ annotiert. Dann simuliert die Auswertung $A^p_{\bar{\pi}'}$ von $\bar{\pi}'$ durch das Prozeßmodell die Auswertung von π durch $eval^{\mathbf{T}}$. Dabei entsprechen die in A_π benutzten Adressen den in $A^p_{\bar{\pi}'}$ erzeugten Prozessen eineindeutig. Auch die Schritte entsprechen einander im wesentlichen. Es gibt lediglich einen bedeutenderen Unterschied: $eval^{\mathbf{T}}$ merkt sich nicht, daß eine Adresse schon ausgewertet wurde; wenn eine Adresse zum wiederholten Mal "besucht" wird, überprüft $eval^{\mathbf{T}}$ jedesmal, daß sie ausgewertet ist. Demgegenüber wird im Auswertungsstatus eines Prozesses festgehalten, daß der Prozeß schon ausgewertet wurde. Dies führt dazu, daß einige Schritte in A_π keine Entsprechung in der Auswertung von $\bar{\pi}'$ besitzen. Es sind dies genau die Schritte, in denen $eval^{\mathbf{T}}$ überprüft, daß eine bereits ausgewertete Adresse tatsächlich ausgewertet ist[10]. Aufgrund dieses Ergebnisses endet die Auswertung von $\bar{\pi}'$ mit einer Ergebnisnachricht, alle von ihr aktivierten Prozesse werden ausgewertet, und sie entsprechen eineindeutig den in A_π ausgewerteten Adressen.
Man kann diese Auswertung auch durch Auswertung von $\bar{\pi}$ erhalten, wenn die Aktivierungsnachrichten auf Grund von Annotationen unterdrückt werden.

[10] Man könnte im Inhalt einer Adresse ein Bit setzen, wenn sie ausgewertet wurde. In diesem Fall würden die Schritte von $eval^{\mathbf{T}}$ bei der Auswertung von π den Nichtkommunikationsschritten bei der Auswertung von $\bar{\pi}'$ genau entsprechen.

Deshalb nenne ich sie *die sequentielle Auswertung von* $\bar{\pi}$.

2) Fixieren wir einen Berechnungszustand in einer Auswertung $A_{\bar{\pi}}^{p}$ von $\bar{\pi}$. Ein aktiver Prozeß P_2 heißt ein *direkter Nachfahre* von einem aktiven Prozeß P_1, wenn P_1 in einem früheren Schritt eine Anforderungsnachricht an P_2 geschickt hat (und nun auf die Antwort von P_2 wartet). Offensichtlich hat jeder Prozeß höchstens einen direkten Nachfahren. Die maximale Kette direkter Nachfahren, die im Startprozess beginnt, heißt die *aktuelle Hauptberechnung*. Man kann zeigen, daß die Hauptberechnung in jedem Berechnungszustand von $A_{\bar{\pi}}^{p}$ die (Haupt-) Berechnung in einem Schritt der sequentiellen Auswertung von $\bar{\pi}$ "realisiert", und daß insbesondere, falls die letztere fortgesetzt werden kann, die erstere entsprechend fortgesetzt werden kann. Insbesondere kann keine der Hauptberechnungen von $\bar{\pi}$ in einen Deadlock geraten, und, falls das Prozeßsystem fair gescheduled wird, wird letztlich auch eine Aktion der Hauptberechnung ausgewählt und sie damit fortgesetzt.

3) Wenn die Annotation korrekte Relevanzinformation widerspiegelt, dann erhalten nur Prozesse eine Aktivierungsnachricht, die auch in der sequentiellen Auswertung aktiviert werden. Abgesehen vom Senden und Empfangen von Aktivierungsnachrichten sind damit die Schritte in der Auswertung von $\bar{\pi}$ und seiner sequentiellen Auswertung gleich (bis auf die Reihenfolge). Damit kann es aber auch nur endlich viele Aktivierungsnachrichten geben und die Auswertung terminiert regulär mit einer Ergebnisnachricht.

4) Jede Auswertung von $\bar{\pi}$, die mit einem Ergebnis endet, muß alle von der sequentiellen Auswertung von $\bar{\pi}$ ausgewerteten Prozesse auswerten. Gibt es eine Stelle E, deren Annotation keine korrekte Relevanzinformation widerspiegelt, dann wird von der sequentiellen Auswertung mindestens ein "E referenzierender" Prozeß ausgewertet, denn ansonsten würde jede Annotation korrekte Relevanzinformation für diese Stelle widerspiegeln. Bei der Aktivierung dieses Prozesses wird an einen Prozeß eine Aktivierungsnachricht geschickt, der nach der Definition des Relevanzbegriffes in der sequentiellen Auswertung nicht aktiviert wird. ∎

Relevanzinformation ermöglicht, Prozesse, deren Wert für die Bestimmung des Programmwertes sicher benötigt wird, möglichst früh zu aktivieren. Wie in III §2–12 zum Ausdruck gebracht, ist Relevanzinformation aber redundant. Nehmen wir der Einfachheit halber an, jede Variable sei in π nur einmal gebunden; dann ist beispielsweise eine Variable v an jeder Stelle unterhalb von E relevant, wenn sie an der Stelle E relevant ist. Da nur die als erste bei einem Prozeß ankommende Aktivierungsnachricht von Bedeutung ist, genügt es jedoch (praktisch), v nur in die Annotation von E (oder einer darüberliegenden Stelle) aufzunehmen. Wird sie ebenfalls in die Annotation für Stellen unterhalb von E aufgenommen, kann dies unnötige Aktivierungsnachrichten nach sich ziehen. Da Kommunikation ein reales Prozeßsystem belastet, sollten die Annotationen so gewählt werden, daß unnötige Aktivierungsnachrichten nach Möglichkeit vermieden werden.

2 Priorisierung spekulativer Auswertungen

In der Praxis müssen die während einer Programmauswertung erzeugten Prozesse auf ein festes Prozessornetz abgebildet werden. Hauptziel ist, die Auswertung des Programmes möglich schnell durchzuführen. Dazu ist es u.a. wichtig, die Ressourcen des Prozessornetzes effektiv zu nutzen. So kann es günstig sein, einen Prozeß auch dann zu aktivieren, wenn es nicht sicher, sondern nur wahrscheinlich oder möglich ist, daß sein Berechnungsergebnis für die Programmauswertung benötigt wird. Warren Burton [Burt84] hat solche Berechnungen *spekulativ* genannt, im Gegensatz zu den *notwendigen* Berechnungen, von deren Ergebnis feststeht, daß es für die Programmauswertung erforderlich ist.

Es liegt nahe, daß die spekulativen Berechnungen die notwendigen Berechnungen nach Möglichkeit nicht behindern sollten, insbesondere, daß spekulative Berechnungen nur dann durchgeführt werden sollen, wenn das Prozessornetz mit der Durchführung notwendiger Berechnungen nicht ausgelastet werden kann. Zur Kontrolle der spekulativen Berechnungen hat Burton ein Priorisierungschema vorgeschlagen. Notwendige Berechnungen erhalten eine höhere Priorität als spekulative Berechnungen und werden bei der Betriebsmittelvergabe entsprechend bevorzugt.

Man kann auch spekulative Berechnungen weiter unterscheiden gemäß der gegenwärtigen "Unsicherheit" darüber, ob ihr Ergebnis für die Programmauswertung wichtig ist. Eine Berechnung B, die relativ zu einer Berechnung A notwendig ist, steht in dieser Hinsicht auf derselben Stufe wie A, wohingegen eine Berechnung, die relativ zu A nur spekulativ ist, einer Stufe größerer Unsicherheit zugeordnet werden kann. Je größer die Unsicherheit darüber ist, ob das Berechnungsergebnis benötigt wird, desto niedriger ist die zugeordnete Priorität.

Burton hat die Benutzung von Striktheitsinformation ins Auge gefaßt, um festzulegen, ob ein von A erzeugter Prozeß mit derselben oder einer niedrigeren Priorität bearbeitet werden soll. Wertet A beispielsweise $E = E_1 \, E_2$ aus und E_1 ist als strikt bekannt, dann ist die Auswertung von E_2 notwendig für A und kann deshalb dieselbe Prioritätsstufe erhalten. Statt Striktheits- kann man auch Relevanzinformation benutzen, denn ist E_2 relevant an der Stelle E, dann wird das Ergebnis der Auswertung von E_2 zur Bestimmung des Programmwertes benötigt, sofern dies für das von A berechnete Ergebnis gilt.

Die Verwendung von Relevanz- anstelle von Striktheitsinformation führt dazu, daß eine größere Anzahl der von einer Berechnung A erzeugten Prozesse auf der Prioritätsstufe von A eingeordnet werden. Dies ist vorteilhaft, wenn A sich schließlich als notwendig herausstellt, es ist nachteilig, wenn A sich als unnötig erweist. Ein krasses Beispiel hierfür ist etwa

$$\begin{aligned} \pi&: (\lambda v.0)\, E \\ E&: E_1\, E_2 \\ E_1&: \lambda v.0 \end{aligned}$$

E_2 ist relevant an der Stelle E, weil der sequentielle Interpreter E nicht erreichen wird. Wird Relevanzinformation zur Prioritätszuordnung benutzt, dann erhält die Berechnung von E_2 dieselbe Priorität wie die von E. Andererseits ist die Berechnung von E_2 offensichtlich unnötig. Man könnte deshalb schließen, die Benutzung von Relevanzinformation sei nicht allzu gut zur Prioritätszuordnung geeignet. Diese Argumentation würde jedoch die folgenden Punkte übersehen.

- Was das Beispiel anbelangt, so ist die Berechnung von E_2 deshalb unnötig, weil schon die von E unnötig ist. Ein Relevanzanalysealgorithmus, der E_2 als relevant an der Stelle E erkennt, erkennt, zumindest implizit, ebenfalls, daß E unerreichbar ist. Man könnte diese Information explizit machen und damit sowohl die Berechnung von E wie die von E_2 verhindern.
- Relevanzinformation ist auf der Stufe der notwendigen Berechnungen optimale Information, um neue Berechnungen als notwendig zu erkennen. Auf Stufen größerer Unsicherheit ist ihre Benutzung optimal, sofern sich die übergeordnete Berechnung als notwendig herausstellt, ansonsten wäre es besser gewesen, wenn bereits die übergeordnete Berechnung nicht gestartet worden wäre. Aber dies ist ein allgemeines Problem spekulativer Berechnung: sie kann sich schließlich als notwendig aber auch als unnötig herausstellen.
- Relevanzinformation ist eine sehr natürliche Grundlage, Berechnungen gemäß ihres "Spekulativitätsgrades" einzuteilen. Wenn E_2 relevant an der Stelle $E = E_1\, E_2$ ist, dann ist die Berechnung von E_2 genauso spekulativ wie die von E, in dem Sinne, daß die erste genau dann für die Programmauswertung benötigt wird, wenn dies für die zweite gilt.

3 Lokale Call-by-Value Parameterübergabe

Der in der Arbeit eingeführte Interpreter realisiert Call-by-Need Parameterübergabe. Kommt er beispielsweise mit einer Umgebung ρ an einer Stelle $(\lambda v.E_1)\, E_2$ an, dann konstruiert er einen Abschluß (E_2, ρ) und wertet anschließend den Funktionsrumpf E_1 in der Umgebung $\rho[v \mapsto (E_2, \rho)]$ aus. Der

Abschluß wird erst zu dem Zeitpunkt ausgewertet, zu dem sein Wert benötigt wird, um die Berechnung fortzusetzen. Anschließend wird er durch seinen Wert ersetzt. Für viele Implementierungen, speziell solche, die aus Effizienzgründen die aktuelle Umgebung über einen Keller realisieren, ist die Konstruktion eines Abschlusses jedoch kostspielig. Die Konstruktion und spätere Destruktion des Abschlusses könnte vermieden werden, wenn E_2 by-Value übergeben würde, d.h. wenn *zunächst* E_2 in der Umgebung ρ zu einem Wert w und *danach* E_1 in der Umgebung $\rho[v \mapsto w]$ ausgewertet würde. Dieser Übergang von Call-by-Need zu Call-by-Value Auswertung für E_2 kann jedoch dazu führen, daß E_2 ausgewertet wird, obwohl sein Wert nicht zur Bestimmung des Programmergebnisses benötigt wird. Es ist auch in einem fehlerfreien Programm durchaus möglich, daß diese Auswertung zu einem Fehler führt oder nicht terminiert. In diesem Fall haben wir nicht nur Ressourcen für die Durchführung unnötiger Berechnungen eingesetzt, sondern zudem auch das Ergebnis der Programmauswertung verändert.

Viele Übersetzer verfolgen deshalb die Strategie, nur lokal an den Stellen die by-Need Auswertung durch eine by-Value Auswertung zu ersetzen, wo dies (sicher) das Ergebnis der Programmauswertung nicht ändern wird.

Wenn E_2 relevant an einer Stelle $E = E_1\ E_2$ ist und der Interpreter kommt mit einer Umgebung ρ an der Stelle E an, dann ist sicher, daß (E_2, ρ) auch während der by-Need Auswertung ausgewertet wird. Ähnliches gilt, wenn E_1 sich in der Umgebung ρ zu $(\lambda v'.E_1', \rho')$ auswertet und v' relevant an der Stelle E_1' ist. Es erscheint daher möglich, entweder statisch zur Übersetzungszeit oder dynamisch zur Laufzeit by-Need Auswertung nach den folgenden Regeln lokal in by-Value Auswertung umzuwandeln, ohne die Semantik des Programms zu verändern.

(RS) ist E_2 relevant an der Stelle $E_1\ E_2$, dann kann E_2 by-Value übergeben werden,

(RD) kommt der Interpreter mit einer Umgebung ρ an einer Stelle $E = E_1\ E_2$ an, und liefert die Auswertung von (E_1, ρ) ein Ergebnis der Form $(\lambda v'.E', \rho')$, wobei v' relevant an der Stelle E' ist, dann kann E_2 by-Value übergeben werden.

Dies trifft jedoch nur unter bestimmten Bedingungen zu. Es muß sichergestellt werden, daß eine Teilauswertung in der reinen by-Need Auswertung nach dem lokalen Übergang zur by-Value Parameterübergabe nicht mehrfach durchgeführt wird.

Ich werde das Problem im folgenden an einigen Beispielen erläutern und Bedingungen an den Interpreter formulieren, unter denen die Benutzung von (RS) und (RD) *sicher* ist, d.h. die Semantik des Programms nicht ändert. Diese

Bedingungen sind sehr einschränkend und können vermutlich gerade von den Implementierungen nicht erfüllt werden, für die ein besonders großer Effizienzunterschied zwischen by-Need und by-Value Auswertung besteht. Es ist deshalb wichtig, daß die Benutzung der Regeln (RS) und (RD) auch ohne besondere Anforderungen an den by-Need/Value Interpreter sicher sein kann, wenn statt voller nur eingeschränkte Relevanzinformation zugrundegelegt wird. Ich werde argumentieren, daß dies z.B. zutrifft, wenn nur die von den beiden in dieser Arbeit vorgeschlagenen Algorithmen bestimmte Relevanzinformation in den Regeln benutzt wird.

Vergleichen wir eine Programmauswertung, in der ein an der Stelle $E = E_1\ E_2$ relevantes E_2 by-Value übergeben wird, mit einer, bei der es by-Need übergeben wird, so stellen wir fest, daß die Auswertung von E_2 in ersten Fall "früher" gestartet wird als im zweiten Fall. Es ist deshalb möglich, daß sie im ersten Fall Objekte auswertet, die im zweiten Fall zu diesem Zeitpunkt schon ausgewertet sind. Das macht Probleme, wenn es sich um Objekte handelt, die gerade ausgewertet werden, d.h. wenn sich Auswertungszyklen bilden.

Betrachten wir hierzu das Beispiel

$$\pi\colon\ \mathit{first}(\mathit{second}(\mathbf{let}\ v{=}{=}E\ v\ \mathbf{in}\ v)).$$

Ich setze zunächst voraus, daß E die Form *l_pair* 1 hat. Das Funktionsargument von $E\ v$, v, ist dann relevant, denn der Interpreter kommt ein einziges Mal an der Stelle $E\ v$ an und der dabei konstruierte Nachfahre (v, ρ)[11] wird von dem anschließenden *second* ausgewertet. Wird (v, ρ) by-Need übergeben, dann ist die Auswertung von $adr = \rho(v)$ zum Zeitpunkt der Auswertung von (v, ρ) abgeschlossen, und die Programmauswertung terminiert korrekt mit dem Ergebnis 1. Wird (v, ρ) jedoch by-Value übergeben, dann wird adr zum Zeitpunkt der Auswertung von (v, ρ) gerade ausgewertet, stärker: die Auswertung von adr hat die Auswertung von (v, ρ) bewirkt — es hat sich ein Auswertungszyklus gebildet. Nur wenn zu diesem Zeitpunkt der Inhalt des von adr aus erreichbaren Teils des Speichers[12] eindeutig zum Ausdruck bringt, daß die by-Value Auswertung schon gestartet wurde, kann eine Endlosschleife vermieden werden. Dies führt unmittelbar zur folgenden Forderung an den Call-by-Need/ Value Interpreter:

(B1) Bevor eine by-Value Übergabe gestartet wird, muß der Speicherinhalt modifiziert werden, entweder zu $(E_1, \rho) \cdot (E_2, \rho)$ oder zu $(E', \rho'[v' \mapsto (E_2, \rho)])$, je nachdem ob (RS) oder (RD) die by-Value Übergabe rechtfertigt.

---

[11] ρ bezeichne die bei der Reduktion des let-Konstruktes konstruierte Umgebung.

[12] Man kann den Speicher als Graphen auffassen, dessen Knoten die Speicherzellen sind und dessen Kanten durch ihren Inhalt gegeben werden.

Dies ist allein noch nicht hinreichend. Wählen wir im obigen Beispiel E als $k\,(\lambda x.E')$ mit $E' = l\_pair\ 1\ x$ und nehmen an, daß die operationelle Semantik von k zunächst eine Applikation von ihrem ersten auf ihr zweites Argument konstruiert, die Applikation auswertet und anschließend als Ergebnis liefert. Die Auswertung von $E\,v$ führt dann nach einigen Zwischenschritten zur Auswertung von k mit den beiden Argumenten $(\lambda x.E', \rho)$ und (v, ρ). Diese konstruiert eine neue über ihren Framestack addressierte Applikation $(\lambda x.E', \rho) \cdot (v, \rho)$ und startet ihre Auswertung. Da x relevant an der Stelle E' ist, kann (v, ρ) nach Regel (RD) by-Value übergeben werden. Hierzu würde unter Beachtung von (B1) zunächst die Applikation durch $(E', \rho[x \mapsto (v, \rho)])$ überschrieben. Es ergäbe sich folgender Zustand:

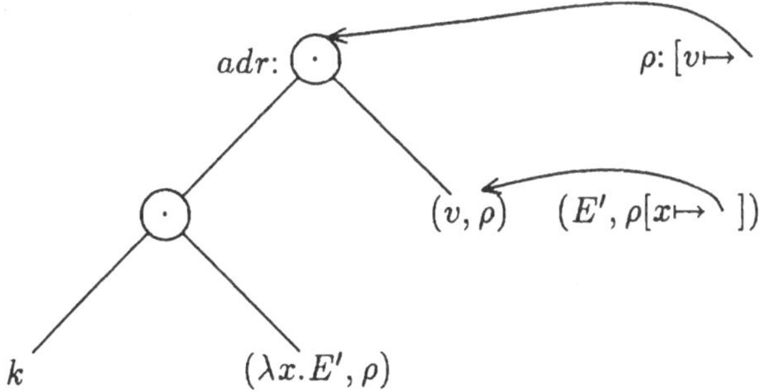

Die anschließende Auswertung von $adr = \rho(v)$ würde dieselbe Situation wie die laufende vorfinden: eine Anwendung von k auf die Argumente $(\lambda x.E', \rho)$ und (v, ρ) — eine Endlosschleife. Dieses Problem tritt nicht auf, wenn die operationelle Semantik der Konstanten die folgende Bedingung erfüllt.

(B2) Die Aktionenfolge bei der Reduktion einer Konstanten zerfällt in zwei Teile, wobei der erste keine *new*-Aktionen und der zweite keine *eval*-Aktionen enthält.

Diese Bedinung sichert, daß zum Zeitpunkt des Starts einer Teilauswertung der für die Auswertung einer Adresse *adr* relevante Teil des Berechnungszustand vollständig in dem Teil des Speichers kodiert ist, der von *adr* aus sichtbar ist.

Es gibt noch einen weiteren Aspekt, den man beachten sollte. Betrachten wir wieder unser Beispiel und nehmen diesmal an, E habe die Form $k\,(\lambda x.E')$ und $E\,v$ würde sich in einer kostspieligen Auswertung zu $l\_pair\,1\,v$ auswerten. Wiederum ist das Argument von $E\,v$ relevant. Wenn es by-Value übergeben wird, dann wertet die entsprechende Auswertung $E\,v$ als Seiteneffekt vollständig aus. Würde die unterbrochene Berechnung von $E\,v$ nach der Auswertung von v fortfahren, ohne dies zu beachten, dann würde die als kostspielig vorausgesetzte Auswertung von $E\,v$ unnötig dupliziert. Als dritte Bedingung fordere ich deshalb:

(B3) Eine Berechnung testet nach Rückkehr jedes rekursiven Aufrufs, ob ihre

Aufgabe als Seiteneffekt miterledigt wurde[13]. Ist dies der Fall, endet sie sofort.

Ich bin mir nicht sicher, ob diese letzte Bedingung wirklich notwendig ist. Jedenfalls ist sie sinnvoll, um unnötige Berechnungen einzusparen.

Unter den Bedingungen (B1-3) kann ich zeigen, daß die Anwendung der Regeln (RS) und (RD) semantikerhaltend ist. Der Beweis konstruiert für fehlerfreie Programme eine bijektive Abbildung zwischen den den Speicherzustand verändernden Schritten der reinen by-Need Auswertung einerseits und denen der by-Need/Value Auswertung andererseits.

Leider stellen die angegebenen Bedingungen sehr starke Anforderungen an den verwendeten Interpreter. Ich erwarte, daß eine entsprechende Implementierung über *reine* Graphreduktion die Anforderungen erfüllen kann, da hier der gesamte Berechnungszustand im Graphen festgehalten wird und alle für die Auswertung eines Knotens relevanten Teile des Graphen stets von diesem Knoten aus erreichbar sind. Gegenwärtig gehe ich jedoch davon aus, daß die Anforderungen von *programmierter* Graphreduktion [John84] nicht erfüllt werden können. Diese Implementierungstechnik versucht, möglichst viele Berechnungen ohne expliziten Graphaufbau durchzuführen. Oft wird für die Auswertung eines Knotens relevante Information auf einen Keller und nicht im Graphen festgehalten, oder sie steht im Graphen, ist aber nur über den Keller referenzierbar. Dies kann zu der im vorletzten Beispiel gezeigten Situation führen.

Die oben skizzierten Anforderungen lassen sich auch nur schwer mit der parallelen Auswertung nach unserem Prozeßmodell in Einklang bringen. Die Synchronisation im parallelen Modell müßte stark abgeschwächt werden, um Deadlocks auf Auswertungszyklen zu vermeiden. Das notwendige Protokoll würde wesentlich komplexer und die Anzahl der notwendigen Nachrichten würde anwachsen.

Es erscheint daher oft sinnvoll, nicht allgemeine Relevanzinformation zur Transformation von Call-by-Need in Call-by-Value heranzuziehen, sondern diese Information so einzuschränken, daß keine Auswertungszyklen auftreten können. Eine entsprechende Datenflußanalyse könnte alle Fälle entdecken, in denen diese Gefahr besteht. Alternativ kann man die von einem gegebenen Relevanzanalysealgorithmus bestimmte unvollständige Relevanzinformation daraufhin untersuchen, ob ihre Ausnutzung in den Regeln (RS) und (RD) zu Auswertungszyklen führen kann. So treten beispielsweise bei der gemischten by-Need/Value Auswertung fehlerfreier Programme keine Auswertungszyklen auf, wenn in den Regeln (RS) und (RD) statt allgemeiner Relevanzinformation nur Relevanzin-

[13] Zur Realisierung des Tests setzt man im Inhalt einer Adresse ein Bit, wenn sie ausgewertet wurde.

formation benutzt wird, die durch einen der beiden in dieser Arbeit vorgeschlagenen Algorithmen bestimmt wurde. Der Einsatz der Regeln (RS) und (RD) auf der Basis der in dieser Weise eingeschränkten Relevanzinformation ist deshalb sicher auch ohne besondere Anforderungen an den realisierenden Interpreter.

Um ein Gefühl dafür zu bekommen, warum dies gilt, schauen wir uns genauer an, was es bedeutet, wenn beispielsweise Algorithmus I ein Funktionsargument als relevant an der Stelle $E = E_1\ E_2$ erkennt. In diesem Fall wurde zu E eine Striktheitsumgebung ${}^s\rho_E$ und ein Striktheitsargumentkeller ${}^s s_E = [S_1, \ldots, S_k]$ bestimmt und es gilt $({}^s\rho_E[\![E_1]\!]^S) \diamond {}^s s_E \equiv \diamond$. Wenn der Interpreter an der Stelle E ankommt, ist folgende Situation gegeben

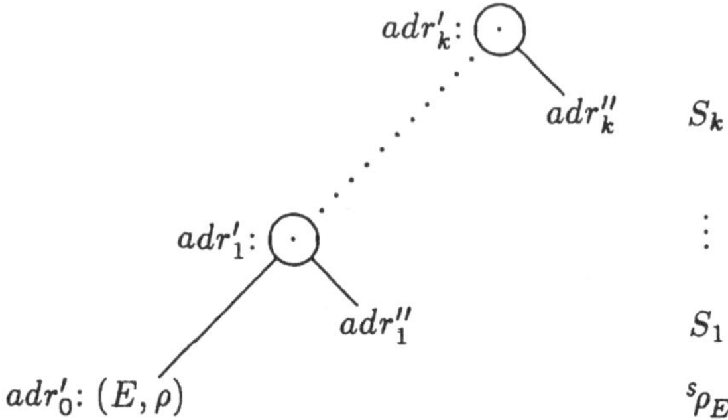

wobei alle adr'_j aktiv sind, d.h. der Interpreter wird sukzessive die adr'_j für $j{=}0 \ldots k$ auswerten und dabei für $j > 0$ jeweils das vorangegangene Ergebnis auf adr''_j anwenden. Außerdem beschreiben die S_j die Striktheitseigenschaften der adr''_j und ${}^s\rho_E$ die von ρ korrekt. Die Tatsache $({}^s\rho_E[\![E_1]\!]^S) \diamond {}^s s_E \equiv \diamond$ bedeutet nun nicht nur, daß (E_2, ρ) bis zum Ende der Programmauswertung ausgewertet wird. Vielmehr kann man zeigen, daß (E_2, ρ) auch bei reiner by-Need Auswertung bis zum Ende der Auswertung von adr'_k ausgewertet werden wird. Diese by-Need Auswertung terminiert und bildet nach III §1.3–10(3) insbesondere keine Auswertungszyklen, d.h. sie wird keine aktiven Adressen besuchen. Wir vergleichen jetzt die Call-by-Value Auswertung von (E_2, ρ) mit der Call-by-Need Auswertung. Bis zu dem Zeitpunkt, an dem die erstere zum ersten Mal auf eine aktive Adresse stößt, werden beide einander entsprechende Schritte ausführen. $adr'_0, \ldots, adr'_{k-1}$ sind die einzigen Adressen, die während der by-Value Auswertung aktiv sind, jedoch zum Zeitpunkt der by-Need Auswertung schon ausgewertet sein könnten. Es genügt also, wenn wir zeigen, daß diese Adressen von der Auswertung von (E_2, ρ) nicht "besucht" werden können. Man kann leicht durch Induktion über die Schrittnummer zeigen, daß in der Situation des obigen Diagramms die Adressen $adr'_0, \ldots, adr'_{k-1}$ von ρ aus höchstens über adr'_k aus erreichbar sein können. Da adr'_k während der by-Need Auswertung von (E_2, ρ) aktiv ist, wird diese adr'_k nicht besuchen und damit auch keine der adr'_j. Entsprechendendes gilt damit ebenfalls für die by-Value Auswertung von (E_2, ρ), weshalb keine Auswertungszyklen auftreten können. Die Argumentation ist für Algorithmus II und für Regel (RD) ähnlich.

§5 Implementierung

Herr Bernd Bellmann hat im Rahmen seiner Diplomarbeit [Bell87] den von mir beim Workshop 'Programs as Data Object' vorgestellten Algorithmus zur Striktheitsanalyse [Maur85] implementiert. In diesem Paragraphen beschreibe ich kurz die Unterschiede zu Algorithmus I und gehe anhand von Beispielen auf einige Erfahrungen mit der Implementierung ein. Nähere Einzelheiten über verwendete Implementierungstechniken, Optimierungen und Heuristiken finden sich in der Diplomarbeit von Herrn Bellmann.

Der implementierte Algorithmus basiert im wesentlichen auf den Ergebnissen von Kapitel IV. Im Gegensatz zur vorliegenden Arbeit enthält die Eingabesprache keine **let**-Konstrukte. Desweiteren wird die λ-Abstraktion als strikte Operation behandelt. Entsprechend differieren die der Implementierung und dieser Arbeit zugrundeliegenden Striktheitsbegriffe geringfügig. Dies wirkt sich unter anderem auf die Regeln für das Rechnen mit Striktheitsausdrücken aus, siehe IV §3–1. Die Regel $\Phi(3)$ nimmt die Form $\Phi\,\lambda v.S\ \mathbf{R}_\Phi\ [v\mapsto\emptyset]S$ und die Regel $\lambda(1)$ die Form $\lambda v.\underset{\diamond}{\emptyset}\ \mathbf{R}_\lambda\ \underset{\diamond}{\emptyset}$ an. Alle anderen Regeln können unverändert übernommen werden.

Der Algorithmus hat folgende Ein-/Ausgabespezifikation.

`Eingabe`: Ein Programmskript *PS* ohne **let**-Ausdrücke;

`Ausgabe`: Eine Annotation für *PS*.
Annotiert werden Abstraktionen und Funktionsanwendungen mit $!_S$ oder $?_S$. Wird eine Funktionsanwendung $E_1\,E_2$ mit $!_S$ annotiert, bedeutet dies, daß $[\![E_1]\!]^D({}^D\!\rho[\![PS]\!]^D)$ für jede Umgebung ${}^D\!\rho$ strikt ist; wird die Abstraktion $\lambda v.E$ mit $!_S$ annotiert, so ist $[\![\lambda v.E]\!]^D({}^D\!\rho[\![PS]\!]^D)$ strikt für jedes ${}^D\!\rho$. Striktheit wird dabei bezüglich der Interpretation verstanden, die die λ-Abstraktion als strikte Operation interpretiert.

Der Algorithmus berechnet zunächst mit Techniken aus IV §5 eine approximative Lösung ${}^S\!\rho$ für $[\![PS]\!]^S$. Dabei wird eine polymorphe Typisierung benutzt, um die Voraussetzung für eine Anwendung des iterativen Basisverfahrens zu erfüllen. Wahlweise können die heuristischen Vereinfachungen H_{var} und H_{arg} eingesetzt werden, um die Berechnung zu beschleunigen oder die Größe der Ergebnisse zu beschränken. Um die Terminierung des Basisverfahrens zu sichern, werden Projektionsoperatoren aus der π''_j-Familie verwendet. Die verwendeten j können wahlweise vom Programm in Abhängigkeit von der Tiefe des Programmskripts (nach einer Vereinfachung durch H_η) automatisch bestimmt oder vom Benutzer vorgegeben werden. Durch Setzen von Parametern kann die Benutzung disjunktiver oder konjunktiver Normalformen festgelegt werden. Nachdem eine approximative Lösung ${}^S\!\rho$ von $[\![PS]\!]^S$ bestimmt ist, werden in einem bottom-up Durchlauf durch *PS* die Annotationen berechnet. Dazu wird der Funktionsteil jeder Applikation und jede λ-Abstraktion in der Umgebung ${}^{S}\rho$ approximativ ausgewertet. Auswertungsergebnisse von Teilausdrucksvorkommen werden dabei zur approximativen Auswertung von Oberausdrücken benutzt. An dem Ergebnis kann man sehr einfach die gewünschte Striktheitsinformation ablesen. Weil die λ-Abstraktion als strikte Operation aufgefaßt wird, kann der Algorithmus auch ohne den Einsatz einer Datenflußanalyse interessante Ergebnisse liefern. In seiner gegenwärtigen Form benutzt er keine Datenflußanalyse. Es wäre aber nicht schwer, ihn um die Datenflußanalyse aus Algorithmus I zu erweitern.

Die Implementierung durch ein PASCAL-Programm von etwa 6500 Zeilen benutzt eine Reihe von Optimierungen, auf die ich hier nicht näher eingehen kann. Die wichtigsten werden in Bernd Bellmanns Diplomarbeit beschrieben.

Die folgenden Beispiele wurden auf einer Siemens 7.570P unter BS2000 gerechnet. Sofern nicht anders angegeben, wurden die heuristischen Vereinfachungen H_{var} und H_{arg} verwendet und die Tiefen, in denen Zwischenergebnisse abgeschnitten werden, automatisch vom Programm bestimmt. In den Beispielen ist jeweils das Eingabeprogramm zusammen mit der berechneten Annotation in Form eines annotierten Programms angegeben. Annotationen mit $?_S$ wurden weglassen, mit $!_S$ annotierte Applikationen bzw. Abstraktionen werden durch $E_1 \,!_S\, E_2$ bzw. $\lambda^S v.E$ dargestellt.

1) Die beiden ersten Beispiele zeigen zwei Versionen der Fakultät. Die erste Version berechnet die Fakultät nach dem divide-and-conquer Prinzip, um dadurch Parallelität einzuführen. Die zweite Fassung führt einen akkumulierenden Parameter ein, um die Definition 'tail-rekursiv' zu machen. Diese Transformation wird häufig eingesetzt, um den Speicherbedarf zu verringern.

$$\begin{aligned} parfac &== \lambda^S n.\lambda^S m.\ \textbf{if}\ n < m\ \textbf{then}\ 1\ \textbf{else if}\ n = m\ \textbf{then}\ n\ \textbf{else} \\ &\qquad (\lambda^S mid.parfac\ !_S\ n\ !_S\ mid * parfac\ !_S\ (mid+1)\ !_S\ m)!_S \\ &\qquad\qquad (n+m)/2; \\ fac &== \lambda^S n.parfac\ !_S\ 1\ !_S\ n \end{aligned}$$

Laufzeit: $0.178s$

$$\begin{aligned} tfac &== \lambda^S n.\lambda^S m.\ \textbf{if}\ n = 0\ \textbf{then}\ m\ \textbf{else}\ tfac\ !_S\ (n-1)\ !_S\ (n*m); \\ fac &== \lambda^S n.tfac\ !_S\ n\ !_S\ 1 \end{aligned}$$

Laufzeit: $0.148s$

Die in diesen Beispielen definierten Funktionen sind strikt in all ihren Argumenten und dies wird von der Analyse korrekt erkannt. Besonders wichtig für die Anwendungen ist, daß die tail-rekursive Version *tfac* als strikt im zweiten Argument erkannt wurde. Wie in [Burt87] gezeigt wurde, ist dies Voraussetzung dafür, daß die erwünschte Speicherplatzoptimierung erreicht wird. Denn wird das zweite Argument von *tfac* 'by-Need' übergeben, dann wird während der Auswertung ein Ausdruck in der Größenordnung von n aufgebaut, der den (unausgewerteten) Wert des akkumulierenden Parameters repräsentiert. Der Platzbedarf liegt damit in derselben Größenordnung wie für die nicht transformierte Version. Wird der zweite Parameter hingegen 'by-Value' übergeben, hat die Funktion konstanten Platzbedarf.

Dieselben Ergebnisse hätten auch mit Mycrofts Verfahren [Mycr80] berechnet werden können. Allgemein kann man zeigen, daß sofern die Voraussetzung für die Anwendung von Mycrofts Algorithmus erfüllt sind, d.h. für Programme erster Ordnung, dieser Algorithmus und der von Herrn Bellmann implementierte dieselben Ergebnisse liefern.

2) Wie in Kapitel IV nahegelegt, benutzt die Implementierung von Herrn Bellmann disjunktive (oder konjunktive) Normalformen bei der Berechnung von $\dot{\leq}$. Es ist wohlbekannt, daß mit Hilfe von Schnitten und Vereinigungen kompakt beschreibbare Funktionen exponentiell große disjunktive Normalformen besitzen können. Man muß befürchten, daß der Algorithmus für derartige Funktionen extrem lange Laufzeiten haben wird. Das Problem kann noch dadurch verschärft werden, daß die disjunktiven Normalformen für Striktheitsausdrücke i.a. mehrstufig sind.

$$f == \lambda v_1, \dots, v_{kn}.(\bigsqcap_{i=0}^{n-1} \bigsqcup_{j=1}^{k} v_{ik+j}) \sqcap f\ v_1\ \cdots\ v_{kn}$$

ist eine Beispielfamilie für Programme mit kn Argumenten, einer Programmgröße in der Ordnung von kn und einer disjunktiven Normalform mit etwa nk^n Operatorsymbolen. Die Größe der disjunktiven Normalformen wächst also exponentiell in der Anzahl der Parameter. Die folgende Tabelle zeigt die Laufzeiten für einige dieser Programme in Abhängigkeit von n und k:

n/k	2/2	2/3	2/4	3/2	3/3	3/4	4/2	4/3
Zeit (s)	0.2	0.3	0.8	0.3	3.6	38	1.4	96

Wie zu erwarten war, steigt der Zeitbedarf dramatisch an. Allerdings sind Programme, deren Argumente so stark voneinander abhängen, sehr selten. Der Algorithmus kann deshalb in der Praxis durchaus anwendbar sein. Beim Einsatz sollte man jedoch berücksichtigen, daß es Programme gibt, deren Analyse extrem viel Zeit beansprucht. Die Auswertung könnte etwa mit einer Zeitschranke ablaufen. Wenn sie überschritten wird, kann man lokal zu stärker approximierenden terminierungssichernden Projektionsoperatoren übergehen – etwa zu $S\_rem \circ \pi''_j \circ \eta$, wobei S_rem alle Schnitte durch $\emptyset$ approximiert.

Der manchmal sehr hohe Zeitbedarf ist übrigens kein Fehler der Implementierung. Vielmehr werde ich am Ende dieses Kapitels zeigen, daß der Algorithmus gemeinsam mit dem von Mycroft und anderen zu einer Klasse iterativer Algorithmen gehört, deren worst-case Laufzeitverhalten mindestens exponentiell ist.

3) Das nächste Programmskript definiert als Beispiele für höhere Funktionen die 'SKI-Kombinatoren' von Turner [Turn79]. Es zeigt das Ergebnis der Analyse des Kombinatorcodes für die im ersten Bespiel definierte tailrekursive Version der Fakultät *tfac*.

$$
\begin{array}{lll}
S & == & \lambda^S x.\lambda y.\lambda z.(x\ z)\ (y\ z); \\
K & == & \lambda^S x.\lambda y.x; \\
I & == & \lambda^S x.x; \\
B & == & \lambda^S x.\lambda y.\lambda z.x\ (y\ z); \\
C & == & \lambda^S x.\lambda y.\lambda z.x\ z\ y; \\
SS & == & \lambda^S k.\lambda x.\lambda y.\lambda z.k\ (x\ z)\ (y\ z); \\
BB & == & \lambda^S k.\lambda x.\lambda y.\lambda z.k\ x\ (y\ z); \\
CC & == & \lambda^S k.\lambda x.\lambda y.\lambda z.k\ (x\ z)\ y; \\
Y & == & \lambda^S f.f\ (Y\ !_S\ f); \\
eq & == & \lambda^S x.\lambda^S y.x = y; \\
minus & == & \lambda^S x.\lambda^S y.x - y; \\
mult & == & \lambda^S x.\lambda^S y.x * y; \\
if & == & \lambda^S x.\lambda y.\lambda z.\ \textbf{if}\ x\ \textbf{then}\ y\ \textbf{else}\ z; \\
tfac & == & SS\ !_S\ S\ !_S\ (B\ !_S\ if\ !_S\ (C\ !_S\ eq\ !_S\ 0)) \\
 & & \quad (SS\ !_S\ B\ !_S\ (B\ !_S\ tfac\ !_S\ (C\ !_S\ minus\ !_S\ 1))\ !_S\ mult); \\
res & == & tfac\ !_S\ 2\ !_S\ 1
\end{array}
$$

Laufzeit: $0.250s$

An den beiden strikten Applikationen im Ergebnis *res* sieht man, daß die Analyse *tfac* als strikt in beiden Argumenten erkannt hat.

4) Das nächste Beispiel zeigt eine Schwäche meines Ansatzes. Er "verliert" interessante Information bei rekursiv definierten höheren Funktionen. Das Beispiel definiert die höhere Funktion *repeat*, die angewandt auf f, n und a als Wert $f^n(a)$ liefert. Mithilfe von *repeat* wird anschließend eine Addition *itadd* durch wiederholte Addition von 1 definiert.

$$\begin{aligned}
repeat &== \lambda f.\lambda^S n.\lambda a.\ \mathbf{if}\ n = 0\ \mathbf{then}\ a \\
&\qquad \mathbf{else}\ repeat\ f\ !_S\ (n-1)\ (f\ a); \\
succ &== \lambda^S n.n + 1; \\
itadd &== \lambda^S n.\lambda m.repeat\ succ\ !_S\ n\ m
\end{aligned}$$

Laufzeit: 0.145s

Wie wir sehen, ist die Analyse nicht in der Lage, *itadd* als strikt in beiden Argumenten zu erkennen. Der Grund liegt in der für das Striktheitsskript

$$SK = \big(repeat{==}\lambda f\ n\ a.\ \Phi\ n \sqcup (a \sqcap repeat\ f\ (\Phi\ n)\ (f\ a))\big)$$

bestimmten approximativen Lösung. Mein Ansatz konstruiert für $l \geq 1$ nacheinander die Striktheitsumgebungen

$${}^s\rho_l = [repeat{\mapsto}\lambda f\ n\ a.\ \Phi\ n \sqcup \prod_{j=0}^{l-1} f^j\ a].$$

Leider ist keine davon eine approximative Lösung von SK. Dies wird deutlich, wenn man *repeat* auf

$$\lambda f.\lambda v_1 \ldots v_l.\ \bigsqcup_{j=1}^{l} v_j \sqcap f\ v_2\ \cdots\ v_n\ \emptyset,$$

$l+1$ und $\diamond$ anwendet. Das Ergebnis ist $\emptyset$, während ${}^s\rho_l$ angewandt auf diese Argumente einen Wert echt kleiner als $\emptyset$ liefert. Insbesondere wird die obige Folge nicht stationär. Damit mein Algorithmus terminiert, müssen die Zwischenergebnisse in einer bestimmten Tiefe durch $\emptyset$ approximiert werden. Die so modifizierte Folge wird stationär mit einem stationären Wert der Form

$$[repeat{\mapsto}\lambda f\ n\ a.\ \Phi\ n \sqcup (\prod_{j=0}^{l-1} f^j\ a \sqcap f^l\ \emptyset)].$$

Dieses Ergebnis erlaubt nicht mehr, *repeat* $f\ n\ a$ als strikt in a zu erkennen, wenn f strikt ist.

5) Die nächsten beiden Beispiele zeigen weitere Ergebnisse für Programme mit höheren Funktionen. Im ersten Beispiel wird die höhere Funktion *compose*, die Hintereinanderausführung von Funktionen, zur Definition einer höheren Funktion h verwendet. Die Analyse ist in der Lage, "optimale" Striktheitsinformation zu berechnen.

$$\begin{aligned}
compose &== \lambda^S f.\lambda g.\lambda x.f\ (g\ x);\\
h &== \lambda^S x.\lambda f_1.\lambda f_2.compose\,!_S\ (\textbf{if}\ x\ \textbf{then}\ f_1\ \textbf{else}\ f_2);\\
res &== \lambda^S x.\lambda^S y.\lambda^S z.\\
&\qquad h\,!_S\ x\ (\lambda^S z.z+y)\ (\lambda^S z.z-y)\,!_S\ (\lambda^S x.x)\,!_S\ z
\end{aligned}$$

Laufzeit: 0.156s

Das zweite Beispiel definiert zunächst die höhere Funktion *reduce* mit drei Argumenten, einer zweistelligen Funktion f, einem Startwert s und einer Liste l. Listen kann man auffassen als Elemente einer freien Algebra mit der nullstelligen Operation *nil* und der zweistelligen Operation *cons*. *reduce* ersetzt die Konstruktoren *nil* und *cons* in l durch s bzw. f und wertet das Ergebnis aus. Die höhere Funktion *map* wird anschließend mithilfe von *reduce* definiert. Sie wendet ihr erstes Argument, eine Funktion, auf jede Komponente ihres zweiten Argumentes, eine Liste, an. *redtree* ist eine Version von *reduce* für Bäume. Konzeptionell besteht ein Baum aus der Wurzel mit einem Inhalt und einer Folge von Bäumen, den Nachfahren der Wurzel. Die Wurzel ist als Paar (*Inhalt,Liste der Nachfahren*) realisiert, auf dessen Komponenten über *head* bzw. *tail* zugegriffen wird. *redtree* kann drei Konstruktoren interpretieren, den Wurzelkonstruktor, *cons* und *nil*. Entsprechend hat *redtree* neben dem Baum b drei weitere Argumente. *append* konkateniert zwei Listen, und *flatten* bestimmt unter Ausnutzung von *redtree* eine Stringdarstellung seines Argumentes.
Die Analyse ist nicht in der Lage, "optimale" Striktheitsinformation zu berechnen: sie erkennt nicht, daß *reduce* f s strikt in s ist, wenn f im zweiten Argument strikt ist.

$$\begin{aligned}
reduce &== \lambda f.\lambda s.\lambda^S l.\ \textbf{if}\ l = nil\ \textbf{then}\ s\ \textbf{else}\\
&\qquad f\ (head\,!_S\ l)\ (reduce\ f\ s\,!_S\ (tail\,!_S\ l));\\
map &== \lambda f.reduce\ (\lambda x.\lambda^S y.s_cons\,!_S\ (f\ x)\,!_S\ y)\ nil;\\
redtree &== \lambda^S f.\lambda g.\lambda s.\lambda b.f\ (head\,!_S\ b)\\
&\qquad\qquad (reduce\ g\ s\,!_S\ (map\ (redtree\,!_S\ f\ g\ s)\,!_S\ (tail\,!_S\ b)));\\
append &== \lambda^S l_1.\lambda l_2.reduce\ s_cons\ l_2\,!_S\ l_1;\\
flatten &== \lambda^S b.redtree\,!_S\ s_cons\ append\ nil\,!_S\ b;
\end{aligned}$$

Laufzeit: 0.206s

Die ersten Erfahrungen mit der Implementierung sind ermutigend. Obwohl die Analyse für gewisse Programme extreme Laufzeiten haben kann, konnte bei unseren anderen Beispielen interessante Striktheitsinformation in sehr kurzer Zeit berechnet werden. Bisher liegen noch keine Erfahrungen für Programme realistischer Größe vor. Wir erwarten aber, daß sich der Aufwand in der Praxis normalerweise in tragbaren Grenzen hält. Der Algorithmus behandelt ein Programm nämlich nicht als ganzes, sondern benutzt die in IV §5 eingeführte Technik der Zerlegung, d.h. ein Programm wird in seine rekursiven Komponenten zerlegt und jede Komponente wird getrennt analysiert. Der Gesamtaufwand ist die Summe der für die einzelnen Komponenten benötigten Zeiten. Es ist zu erwarten, daß selbst sehr große Programme i.a. keine großen rekursiven Komponenten enthalten werden.

Die Implementierung läßt sich leicht so modifizieren, daß sie Algorihtmus I realisiert. Wir planen, sie als Modul in einem Übersetzer von HOPE-Programmen [Burs80] in die Eingabesprache der parallelen G-Maschine [Rabe87] einzusetzen. Dies wird u.a. ermöglichen, Laufzeit- und Platzverhalten in der Praxis zu studieren. Die Relevanzinformation wird dazu verwendet werden, die Auswertung von Programmen auf der parallen G-Maschine zu verbessern, die zur Zeit im Rahmen des Sonderforschungsbereiches 124, Teilprojekt C1, auf einem Transputernetzwerk realisiert wird.

§6 Vergleich mit anderen Ansätzen

Striktheitsinformation ist ein wichtiges Hilfmittel optimierender Übersetzer für funktionale Sprachen mit verzögerter Auswertung. Aus diesem Grund hat das Problem der Striktheitsanalyse das Interesse vieler Forscher auf sich gezogen. Neben meinem in Kapitel IV vorgestellten Ansatz gibt es eine Reihe anderer Vorschläge mit etwa derselben Zielsetzung. Ich werde in diesem Paragraphen einige davon skizzieren und sie anschließend untereinander und mit meinem Ansatz vergleichen.

Die mir bekannten Ansätze zur Striktheitsanalyse basieren alle auf abstrakter Interpretation. Sie unterscheiden sich u.a. in der verwendeten Eingabesprache, dem verwendeten abstrakten Bereich, in ihrer Genauigkeit und den zum Beweis ihrer Korrektheit verwendeten Techniken.

1 Der Algorithmus von Mycroft

Der erste mir bekannte Ansatz stammt von Allen Mycroft [Mycr80,Mycr81]. Die Eingabesprache ist die Sprache der Programme erster Ordnung. Dies ist eine Algebra mit den beiden Sorten *Ausdruck* und *Programm*. Die Ausdrücke konstruierenden Operationen konstruieren jeweils aus n Ausdrücken einen neuen Ausdruck; n ist abhängig von der Operation und heißt die Stelligkeit der Operation. Die Operationen gehören zu einer von zwei Klassen: den *Konstanten* oder den *Variablen*. Konstanten ist eine vordefinierte, vom Programm unabhängige, "Bedeutung" zugeordnet, während die "Bedeutung" von Variablen von einem Programm festgelegt werden kann. Ein Programm hat die Form

$$\pi: \quad \begin{array}{ll} f_1(x_{11},\ldots,x_{1n_1}) & == E_1 \\ & \vdots \\ f_m(x_{m1},\ldots,x_{mn_m}) & == E_m \end{array}$$

wobei die f_i paarweise verschiedene n_i-stellige Variablen sind, und für jedes i die x_{ij} paarweise und von den f_l verschiedene 0-stellige Variablen sind und in E_i als Variablen höchstens die x_{ij} und die f_l vorkommen.

Ein *semantischer Rahmen*, bestehend aus einer CPO $\mathcal{D}$ und einer Interpretation $[\![k]\!]^{\mathcal{D}}$ als n-stellige stetige Abbildung über $\mathcal{D}$ für jede n-stellige Konstante k, ordnet jedem Programm π eine Semantik $[\![\pi]\!]^{\mathcal{D}}$ zu. Um die Darstellung einfach zu halten, nehme ich ohne wesentliche Einschränkung an, daß π die Form

$$\begin{array}{ll} f_1(x_1,\ldots,x_n) & == E_1 \\ & \vdots \\ f_m(x_1,\ldots,x_n) & == E_m \end{array}$$

hat, d.h. ich setze voraus, daß alle in π definierten (Funktions-) Variablen n-stellig sind und "formale Parameter" $x_1,\ldots,x_n$ haben. In diesem Fall ist $[\![\pi]\!]^{\mathcal{D}}$ eine Umgebung ${}^{\mathcal{D}}\!\rho$, die die f_i auf n-stellige stetige Abbildungen über $\mathcal{D}$ abbildet. $[\![\pi]\!]^{\mathcal{D}}$ wird gegeben durch

$$\begin{aligned} [\![\pi]\!]^{\mathcal{D}} &= \mathrm{fix}\, \lambda\, {}^{\mathcal{D}}\!\rho \in \{f_1,\ldots,f_m\} \to [\mathcal{D}^n \to \mathcal{D}].\ [f_i \mapsto [\![E_i]\!]^{\mathcal{D}}_{{}^{\mathcal{D}}\!\rho}]_{i=1}^m \\ &= \bigvee_{l \in \mathbf{N}} {}^{\mathcal{D}}\!\rho_l \end{aligned}$$

$$\text{mit} \quad \begin{cases} {}^{\mathcal{D}}\!\rho_0 = [f_i \mapsto \bot_{[\mathcal{D}^n \to \mathcal{D}]}]_{i=1}^m \\ {}^{\mathcal{D}}\!\rho_{l+1} = [f_i \mapsto [\![E_i]\!]^{\mathcal{D}}_{{}^{\mathcal{D}}\!\rho_l}]_{i=1}^m \end{cases}$$

Bezeichnet p_i die i-te Projektion von $\mathcal{D}^n$, d.h. $p_i(d_1,\ldots,d_n) = d_i$, dann bildet $[\![E]\!]^{\mathcal{D}}$ eine Umgebung ${}^{\mathcal{D}}\!\rho \in \{f_1,\ldots,f_m\} \to [\mathcal{D}^n \to \mathcal{D}]$ wie folgt auf eine n-stellige stetige Abbildung $[\![E]\!]^{\mathcal{D}}_{{}^{\mathcal{D}}\!\rho}$ über $\mathcal{D}$ ab.

$$\begin{aligned} [\![x_i]\!]^{\mathcal{D}}_{{}^{\mathcal{D}}\!\rho} &= p_i \\ [\![k(E_1,\ldots,E_l)]\!]^{\mathcal{D}}_{{}^{\mathcal{D}}\!\rho} &= \lambda \vec{d}.\ [\![k]\!]^{\mathcal{D}}([\![E_1]\!]^{\mathcal{D}}_{{}^{\mathcal{D}}\!\rho}(\vec{d}),\ldots,[\![E_l]\!]^{\mathcal{D}}_{{}^{\mathcal{D}}\!\rho}(\vec{d})) \\ [\![f(E_1,\ldots,E_n)]\!]^{\mathcal{D}}_{{}^{\mathcal{D}}\!\rho} &= \lambda \vec{d}.\ {}^{\mathcal{D}}\!\rho(f)([\![E_1]\!]^{\mathcal{D}}_{{}^{\mathcal{D}}\!\rho}(\vec{d}),\ldots,[\![E_n]\!]^{\mathcal{D}}_{{}^{\mathcal{D}}\!\rho}(\vec{d})) \end{aligned}$$

Eine n-stellige Abbildung f über D heißt strikt im i-ten Argument, wenn $f(d_1, \ldots, d_n) = \bot$ aus $d_i = \bot$ folgt. Mycroft hat gezeigt, daß exakte Striktheitsinformation für die durch ein Programm definierten Funktionen i.a. nicht berechenbar ist. Um korrekte, wenn auch unvollständige Striktheitsinformation zu einem Programm zu erhalten, definiert Mycroft eine Abbildung τ von D auf $B = \{\substack{\top \\ \bot}\}$, die alle von $\bot$ verschiedenen Werte in D auf $\top$ und $\bot$ auf $\bot$ abbildet. Eine Abbildung $g \in [B^n \rightarrow B]$ beschreibt die Striktheitseigenschaften von $f \in [D^n \rightarrow D]$ korrekt, wenn $\tau \circ f \leq g \circ \tau$ erfüllt ist[14]. In diesem Fall folgt die Striktheit von f im i-ten Argument aus der von g im i-ten Argument. g seinerseits ist strikt im i-ten Argument genau dann, wenn mit $b_i = \bot$ und $b_j = \top$ für $j \neq i$ $g(b_1, \ldots, b_n) = \bot$ erfüllt ist.

Angenommen für alle k beschreibt $[\![k]\!]^B$ die Striktheitseigenschaften von $[\![k]\!]^D$ korrekt. Wenn man $(B, [\![\cdot]\!]^B)$ anstelle von $(D, [\![\cdot]\!]^D)$ als semantischen Rahmen verwendet, dann kann man jedem Programm π wie vorher eine Bedeutung $[\![\pi]\!]^B$ zuordnen. Es ist einfach zu zeigen, daß die Striktheitseigenschaften von $[\![\pi]\!]^D$ von $[\![\pi]\!]^B$ korrekt beschrieben werden. Da B endlich ist, wird die aufsteigende Folge ${}^B\rho_l$ stationär mit stationären Wert $[\![\pi]\!]^B$. Dies definiert einen Algorithmus zur Berechnung von $[\![\pi]\!]^B$.

Mycroft's Algorithmus hat zwei Nachteile: Erstens ist seine Beschränkung auf Programme erster Ordnung eine wesentliche Einschränkung, da höhere Funktionen zusammen mit verzögerter Auswertung wesentlich zur Modularisierbarkeit funktionaler Programme beitragen und damit die Entwicklung übersichtlicher, klarer, leicht wartbarer, fehlerarmer Programme unterstützen [Hugh85]. Zweitens macht der Algorithmus keine Aussagen über die Striktheit in Komponenten von Datenobjekten, die mit nicht strikten Datenkonstruktoren konstruiert wurden. Die im weiteren skizzierten Ansätze versuchen die erste dieser Schwächen zu kurieren. Es wurden auch einige Lösungen für das zweite Problem vorgeschlagen, etwa [Hugh85a,Wadl85,Hall87]. Da ich dieses Problem in der vorliegenden Arbeit jedoch nur am Rande erwähnt habe, gehe ich auch jetzt nicht näher darauf ein.

2 Der Algorithmus von Kersjes

Der erste mir bekannte Ansatz zur Striktheitsanalyse von Programmen höherer Ordnung stammt von Wilhelm Kersjes [Kers84]. Seine Eingabesprache ist die zweisortige Algebra der Kombinatorprogramme mit den Sorten *Ausdruck* und *Programm*. Ausdrücke sind aus nullstelligen Variablen und Konstanten, der zweistelligen Operation Funktionsanwendung, auch Applikation genannt,

---

[14] τ wurde komponentenweise auf D^n fortgesetzt.

und der dreistelligen Operation '**if** · **then** · **else** ·' aufgebaut. Kombinatorprogramme haben die Form

$$\pi: \quad \begin{array}{ll} f_1\, x_{11} \cdots x_{1n_1} & == E_1 \\ & \vdots \\ f_m\, x_{m1} \cdots x_{mn_m} & == E_m \end{array}$$

und müssen dieselben Kontextbedingungen wie Programme erster Ordnung erfüllen. Um die Darstellung einfach zu halten, werde ich wieder voraussetzen, daß alle n_i gleich sind und $x_{ij} = x_i$ gilt.

Die in der Originalarbeit von Kersjes benutzten semantischen Funktionen sind keine Homomorphismen der Kombinatorprogrammalgebra. Durch entsprechende Erweiterung der verwendeten semantischen Bereiche kann das Verfahren aber als eine Instanz abstrakter Interpretation dargestellt werden. Ich werde dies im folgenden tun. Meine Darstellung weicht daher von der Originalarbeit ab.

Kersjes analysiert ein Programm in zwei Schritten. Im ersten Schritt bestimmt er für jede im Programm definierte Funktion, in welchen ihrer Parameter sie strikt ist. Im zweiten Schritt berechnet er für jeden Parameter x_i einer im Programm definierten Funktion f und für jedes $j \in \mathbf{N}$, welche E_l in $f\,E_1 \cdots E_n$ (sicher) ausgewertet werden, wenn E_i als Wert eine im j-ten Argument strikte Funktion hat. Für die beiden Schritte verwendet er zwei verschiedene abstrakte Interpretationen.

Zur Beschreibung des abstrakten Bereiches für den ersten Schritt führe ich die folgenden Bezeichnungen ein. Ein Striktheitsvektor, ${}^{s}s$, ist eine Folge $[{}^{s}x_1, \ldots, {}^{s}x_l]$, wobei die ${}^{s}x_i$ entweder $!_S$ oder $?_S$ sind. $!_S$ steht für sicher strikt, $?_S$ für möglicherweise nicht strikt. Eine Umgebung, ρ, ist eine partielle Abbildung von Variablen auf Striktheitsvektoren der Länge n. Ein semantischer Rahmen wird durch die Angabe eines Striktheitsvektors ${}^{s}s_k$ für jede Konstante k gegeben mit der folgenden intuitiven Interpretation: hat die i-te Komponente von ${}^{s}s_k$ den Wert $!_S$, dann repräsentiert k eine im i-ten Argument strikte Funktion. Die abstrakte Interpretation interpretiert Ausdrücke E in einer Umgebung ρ als Paar $[\![E]\!]^S_\rho$ bestehend aus einem Striktheitsvektor und einer Menge von Variablen. Der Striktheitsvektor gibt an, in welchen seiner Argumente E (sicher) strikt ist. Die Variablenmenge beschreibt, in welchen Variablen E strikt ist. $[\![E]\!]^S$ wird definiert durch

$$\begin{array}{ll} [\![k]\!]^S_\rho & = ({}^{s}s_k, \{\}) \\ [\![v]\!]^S_\rho & = \begin{cases} (\rho(v), \{\}), & \text{falls } v \in \mathrm{Def}(\rho); \\ ([], \{v\}), & \text{sonst.} \end{cases} \end{array}$$

$$[\![E_1\, E_2]\!]_\rho^S = \begin{cases} ([], V_1), & \text{falls } {}^S s_1 = []; \\ ({}^S s'_1, V_1), & \text{falls } {}^S s_1 = ?_S : {}^S s'_1; \\ ({}^S s'_1, V_1 \cup V_2), & \text{falls } {}^S s_1 = !_S : {}^S s'_1. \end{cases}$$
$$\text{mit} \quad \begin{cases} ({}^S s_1, V_1) = [\![E_1]\!]_\rho^S \\ ({}^S s_1, V_1) = [\![E_1]\!]_\rho^S \end{cases}$$
$$[\![\textbf{if } E_b \textbf{ then } E_t \textbf{ else } E_e]\!]_\rho^S$$
$$= [\![E_b]\!]_\rho^S \sqcup ([\![E_t]\!]_\rho^S \sqcap [\![E_e]\!]_\rho^S)$$

Hierbei ist $({}^S s_1, V_1) \,\underset{\sqcap}{\sqcup}\, ({}^S s_2, V_2)$ definiert als $([], V_1 \underset{\cap}{\cup} V_2)$.

Die Funktion *str_vec* ist definiert durch $str\_vec({}^S s, V) := [{}^S x_1, \ldots, {}^S x_n]$ mit ${}^S x_i = !_S$ bzw. $?_S$, je nachdem, ob x_i in V liegt oder nicht.

Definieren wir auf den Striktheitsvektoren der Länge n eine Anordnung durch

$$[{}^S x_1, \ldots, {}^S x_n] \leq [{}^S x'_1, \ldots, {}^S x'_n] \;:\Longleftrightarrow\; \forall i\colon\; {}^S x_i \leq {}^S x'_i$$

mit $?_S < !_S$ und setzen sie punktweise auf Umgebungen ρ der Form $[f_i \mapsto {}^S s_i]_{i=1}^m$ fort, dann ist $str\_vec \circ [\![E]\!]^S$ monoton und die monoton fallende Folge $({}^S \rho_l)_l$, definiert durch

$$\begin{aligned} {}^S \rho_0 &= [f_i \mapsto [!_S]_{j=1}^n]_{i=1}^m \\ {}^S \rho_{l+1} &= [f_i \mapsto str\_vec([\![E_i]\!]_{\rho_l}^S)]_{i=1}^m, \end{aligned}$$

wird stationär. Der stationäre Wert definiert die Striktheitsinterpretation $[\![\pi]\!]^S$ von π. $[\![\pi]\!]^S$ ordnet damit jedem f_i einen Striktheitsvektor ${}^S s_i$ der Länge n zu. f_i ist strikt im j-ten Argument, wenn die j-te Komponente von ${}^S s_i$ den Wert $!_S$ hat. $[\![\pi]\!]^S$ läßt sich auch als Fixpunkt beschreiben: es ist der größte Fixpunkt von

$$\lambda\rho.[f_i \mapsto str\_vec([\![E_i]\!]_\rho^S)]_{i=1}^m,$$

wobei ρ aus dem Bereich der Umgebungen mit Definitionsbereich $\{f_1, \ldots, f_m\}$ und den Striktheitsvektoren der Länge n als Zielbereich stammt.

Die abstrakte Interpretation für den zweiten Schritt interpretiert einen Ausdruck E als ein Tupel $[\![E]\!]^P = ({}^S s, va, pf)$. Der Striktheitsvektor ${}^S s$ gibt wie oben an, in welchen seiner Argumente E strikt ist. va ist (x_i, l), wenn E die Form $x_i\, E_1 \cdots E_l$ hat, sonst $*$. pf bildet die x_i auf Parameterfunktionen ab, das sind endliche Abbildungen von natürlichen Zahlen auf Teilmengen von $\{x_1, \ldots, x_n\}$. Ist x_j Element von $(pf(x_i))(l)$, dann bedeutet dies intuitiv, daß E strikt in x_j ist, sofern x_i an eine in ihrem l-ten Argument strikte Funktion gebunden ist.

$[\![E]\!]^P$ wird wie folgt definiert:

$$[\![k]\!]^P \quad = ({}^S s_k, *, pf_{\{\}})$$

$$[\![v]\!]^P = \begin{cases} ([\![\pi]\!]^S(f_i), *, pf_{\{\}}), & \text{falls } v = f_i; \\ ([], (x_i, 0), pf_{\{\}}), & \text{falls } v = x_i; \\ ([], *, pf_{\{\}}), & \text{sonst.} \end{cases}$$

$$[\![E_1\ E_2]\!]^P = \begin{cases} ([], va_1{+}1, pf_1), & \text{falls } {}^s s_1 = []; \\ ({}^s s_1', va_1{+}1, pf_1), & \text{falls } {}^s s_1 = ?_S : {}^s s_1'; \\ ({}^s s_1', *, pf_1 \cup pf_2) & \text{falls } {}^s s_1 = !_S : {}^s s_1' \text{ und } va_1 = *; \\ ({}^s s_1', (v, l{+}1), pf_{1,(v,l)} \cup pf_2) & \\ & \text{falls } {}^s s_1 = !_S : {}^s s_1' \text{ und } va_1 = (v, l); \end{cases}$$

$$\text{mit} \begin{cases} ({}^s s_1, va_1, pf_1) = [\![E_1]\!]^P \\ ({}^s s_2, va_2, pf_2) = [\![E_2]\!]^P \\ \quad pf_{1,(v,l)} = pf_1[v \mapsto pf_1(v)[l{+}1 \mapsto V]] \\ \quad \text{mit} \begin{cases} V = (pf_1(v))(l{+}1) \cup V' \\ ({}^s s, V') = [\![E_2]\!]^S_{[\![\pi]\!]^S} \end{cases} \end{cases}$$

$$[\![\textbf{if } E_b \textbf{ then } E_t \textbf{ else } E_e]\!]^P$$
$$= [\![E_b]\!]^P \sqcup ([\![E_t]\!]^P \sqcap [\![E_e]\!]^P)$$

Hierbei ist $va{+}1$ definiert durch $*{+}1 := *$ und $(v,l){+}1 := (v,l{+}1)$; $pf_{\{\}}$ ist die Abbildung, die jedem x_i die konstante Parameterabbildung mit Wert $\{\}$ zuordnet; $pf_1 \, \substack{\sqcup \\ \sqcap} \, pf_2$ ist punktweise definiert, wobei Schnitt und Vereinigung von Parameterfunktionen ebenfalls punktweise zu bilden sind; $({}^s s_1, va_1, pf_1) \substack{\sqcup \\ \sqcap} ({}^s s_2, va_2, pf_2)$ ist definiert als $([], *, pf_1 \substack{\sqcup \\ \sqcap} pf_2)$.

$[\![\pi]\!]^P$ ergibt sich als $[f_i \mapsto pf_i]_{i=1}^m$, wobei pf_i die dritte Komponente in $[\![E_i]\!]^P$ ist.

$[\![\pi]\!]^S$ und $[\![\pi]\!]^P$ machen Aussagen über die Striktheitseigenschaften der in π definierten Funktionen. Während $[\![\pi]\!]^S(f)$ Aussagen darüber macht, in welchen seiner Argumente f strikt ist, erlaubt $[\![\pi]\!]^P(f)$ Aussagen darüber zu machen, welche der Argumente in $f\ E_1 \cdots E_n$ *in Abhängigkeit von den Striktheitseigenschaften der* E_i (sicher) ausgewertet werden. Dies ist interessante Striktheitsinformation für Programme zweiter Ordnung.

Betrachten wir als Beispiel die Hintereinanderausführung von Funktionen, *compose*, wie üblich definiert durch

$$compose\ f\ g\ x == f\ (g\ x).$$

Der Algorithmus berechnet $[\![compose]\!]^S$ zu $[!_S, ?_S, ?_S]$, d.h. *compose* wird als strikt im ersten Argument erkannt. $[\![compose]\!]^P$ ordnet f die Parameterfunktion $[1 \mapsto \{g\}]$ und den beiden anderen Argumenten die konstante Parameterfunktion $\{\}$ zu. $[\![compose]\!]^P$ erlaubt damit die Aussage, daß *compose* $f\ g\ x$ "strikt in g ist, wenn f strikt in seinem ersten Argument ist". $[\![compose]\!]^P$ ermöglicht nicht die ebenfalls korrekte Aussage, daß *compose* "strikt in x ist, wenn sowohl f als auch g in ihrem ersten Argument strikt sind".

Kersjes hat die Korrektheit seiner Analyse nicht dadurch bewiesen, daß er $[\![\pi]\!]^S$ und $[\![\pi]\!]^P$ zu einer denotationellen Semantik in Beziehung gesetzt hat. Stattdessen hat er eine Reduktionssemantik für die Kombinatorsprache angegeben und festgelegt, in welcher Weise Striktheitsinformation die Reduktionsstrategie bestimmt. Er beweist nun die Korrektheit der von seinem Algorithmus bestimmten Striktheitsinformation, indem er die Programmauswertung unter Ausnutzung der Striktheitsinformation mit der Auswertung ohne ihre Verwendung vergleicht und zeigt, daß für jedes Programm entweder beide nicht terminieren oder beide terminieren und in diesem Fall identische Normalformen als Ergebnis liefern. Der Korrektheitsbeweis basiert also auf einer operationellen, nicht auf einer denotationellen Semantik.

In den Jahren 1984 und 85 haben sich mehrere Forscher mit dem Problem der Striktheitsanalyse für Programme höherer Ordnung beschäftigt. In dieser Zeit habe ich einen Algorithmus entwickelt, der die in Kapitel IV vorgestellten Striktheitsausdrücke als abstrakten semantischen Bereich für die Striktheitsanalyse benutzt[Maur85]. Zur selben Zeit haben auch Stuart Wray, Hudak/Young und Burn/Hankin/Abramsky an diesem Problem gearbeitet.

3 Der Algorithmus von Wray

Obwohl unabhängig davon entstanden, kann der Vorschlag von Stuart Wray [Wray85][15] [Wray86] im wesentlichen als eine Erweiterung der Arbeit von Kersjes verstanden werden. Die Erweiterung umfaßt folgende Aspekte:

Erstens verschmilzt Wray die beiden Schritte zur Berechnung von $[\![\pi]\!]^S$ und $[\![\pi]\!]^P$ miteinander; dies kann genauere Information sowohl für $[\![\pi]\!]^S$ als für $[\![\pi]\!]^P$ liefern.

Zweitens gestattet die Analyse nicht nur (sichere) Aussagen über die Striktheit einer Funktion f in ihrem i-ten Argument, sondern sie macht Aussagen über die Art, in der das i-te Argument bei einer Auswertung von $f\,E_1 \cdots E_n$ benutzt wird. Wray unterscheidet folgende Fälle: eine Berechnung von $f\,E_1 \cdots E_n$

- terminiert definitiv nicht, wenn sie mit der Auswertung von E_i beginnt,
- wertet (sofern sie terminiert) E_i definitiv aus,
- wertet E_i definitiv nicht aus,
- kann E_i auswerten, muß aber nicht.

Im letzten Fall konnte die Analyse keine Aussagen über die Benutzung von E_i machen.

[15] Der in dieser Arbeit vorgeschlagene Algorithmus kann für einige Programme fehlerhafte Information bestimmen. Der Fehler läßt sich jedoch einfach beheben.

Drittens macht die Analyse für eine durch $f\,x_1 \cdots x_n == E$ definierte Funktion nicht nur Aussagen über ihre ersten n Argumente, sondern kann darüberhinaus auch Aussagen über die Benutzung weiterer Argumente machen.

4 Der Algorithmus von Hudak und Young

Der Vorschlag zur Striktheitsanalyse von Paul Hudak und Jonathan Young [Huda86a] kommt meinem von Herrn Bellmann implementierten, auf Striktheitsausdrücken basierenden Algorithmus am nächsten. Beide benutzen als Eingabesprache den untypisierten λ-Kalkül. Hudak und Young benutzen jedoch einen anderen abstrakten Bereich zur Beschreibung von Striktheitseigenschaften. Er basiert auf folgender Beobachtung: ein Teil der Striktheitseigenschaften eines λ-Ausdrucks E wird durch Auswertung des Ausdrucks offenbar: die Variablen, in denen E strikt ist. Da E jedoch auch eine Funktion als Wert haben kann, wird ein Teil seiner Striktheitseigenschaften erst dadurch deutlich, daß E auf ein oder mehrere Argumente angewandt wird. Dieser Teil gibt an, wie Striktheitseigenschaften von E' sich auf die Striktheitseigenschaften von $E\,E'$ auswirken können. Betrachten wir das Beispiel

$$E = \textbf{if } x \geq 0 \textbf{ then } \lambda v.v \textbf{ else } \lambda v.0 - v$$

E ist strikt in x, wie sich durch Auswerten von E in einer Umgebung ρ, die x an $\perp$ bindet, feststellen läßt. Darüberhinaus hat E aber auch die Eigenschaft, die Striktheit eines Arguments E' in einer Variablen auf das Ergebnis von $E\,E'$ zu überträgen – eine Eigenschaft, die E beispielsweise von $\lambda v.0$ unterscheidet. Um beide Aspekte zum Ausdruck bringen zu können, beschreiben Hudak und Young Striktheitsinformation als ein sog. *Striktheitspaar*, bestehend aus einer Menge von Variablen und einer Abbildung, die Striktheitsinformation auf Striktheitsinformation abbildet. Werden die Striktheitseigenschaften von E durch das Striktheitspaar (V, f) beschrieben, dann ist V eine Menge von Variablen, in denen E strikt ist; f gibt an, wie die Striktheitseigenschaften von E', beschrieben durch ein Striktheitspaar P', bei der Anwendung von E auf E' transformiert werden. Definieren wir $V \sqcup (V', f')$ als $(V \cup V', f')$, dann gehört zu $E\,E'$ das Striktheitspaar $V \sqcup f(P')$.

Der semantische Bereich der Striktheitspaare $\mathcal{P}$ erfüllt die Isomorphie $\mathcal{P} \cong \wp\mathcal{V} \times [\mathcal{P} \rightarrow \mathcal{P}]$, wobei $\wp\mathcal{V}$ die Menge der Teilmengen von $\mathcal{V}$ bezeichnet. Nennen wir eine Abbildung von $\mathcal{V}$ auf Striktheitspaare eine Striktheitsumgebung und bezeichnen Striktheitsumgebungen mit ${}^{\mathcal{P}}\!\rho$, dann wertet die abstrakte semantische Funktion $[\![\cdot]\!]^{\mathcal{P}}$ λ-Ausdrücke in Striktheitsumgebungen zu Striktheitspaaren aus. $[\![E]\!]^{\mathcal{P}}_{{}^{\mathcal{P}}\!\rho}$ wird relativ zu einer Interpretation $[\![k]\!]^{\mathcal{P}}$ der Konstanten durch

Striktheitspaare definiert durch:

$$\begin{aligned}
[\![k]\!]^{\mathcal{P}}_{\mathcal{P}\rho} &= [\![k]\!]^{\mathcal{P}} \\
[\![v]\!]^{\mathcal{P}}_{\mathcal{P}\rho} &= {}^{\mathcal{P}}\!\rho(v) \\
[\![\lambda v.E]\!]^{\mathcal{P}}_{\mathcal{P}\rho} &= (\{\}, \lambda P \in \mathcal{P}.[\![E]\!]^{\mathcal{P}}_{\mathcal{P}\rho[v\mapsto P]}) \\
[\![E_1\ E_2]\!]^{\mathcal{P}}_{\mathcal{P}\rho} &= [\![E_1]\!]^{\mathcal{P}}_{\mathcal{P}\rho} \cdot [\![E_2]\!]^{\mathcal{P}}_{\mathcal{P}\rho}
\end{aligned}$$

Dabei ist die binäre Operation $\cdot$, die Applikation auf Striktheitspaaren, definiert durch $(V, f) \cdot P := V \sqcup f(P)$.

Betrachten wir einige Beispiele: $[\mathcal{P} \to \mathcal{P}]$ enthält ein spezielles Fehlerelement *perr*, definiert durch $perr(P) = (\{\}, perr)$. Hudak und Young benutzen *perr* als Funktionsteil im Striktheitspaar von Ausdrücken, die keine Funktionen sind. Damit ergibt sich als Striktheitspaar für die Additionsfunktion

$$[\![-]\!]^{\mathcal{P}} = [\![+]\!]^{\mathcal{P}} = \Big(\{\}, \lambda(V_1, f_1).(\{\}, \lambda(V_2, f_2).(V_1 \cup V_2, perr))\Big).$$

Dies läßt sich folgendermaßen interpretieren: $+$ ist in keiner Variablen strikt; $+E_1$ ist in keiner Variablen strikt; $+E_1\ E_2$ ist strikt in allen Variablen, in denen E_1 oder E_2 strikt sind. Man bemerkt, daß $+$ nicht als strikt (im ersten Argument) behandelt wird. Dies reflektiert korrekt das operationelle Verhalten der meisten Interpreter. Hudak und Young waren die ersten, die diesen Aspekt in ihrer Striktheitsanalyse berücksichtigt haben. Ich habe ihn später aufgegriffen und festgestellt, daß man in diesem Fall vom Striktheits- zum Relevanzbegriff übergehen sollte.
Das Striktheitspaar für den Bedingungsoperator wird gegeben durch

$$[\![\mathbf{if}]\!]^{\mathcal{P}} = \Bigg(\{\}, \lambda(V_b, f_b).\Big(\{\}, \lambda(V_t, f_t).(\{\}, \lambda(V_e, f_e).(V_b \cup (V_t \cap V_e), f_t \sqcap f_e))\Big)\Bigg).$$

Dabei ist $f \sqcap f'$ punktweise definiert und $(V, f) \sqcap (V', f')$ definiert durch $(V \cap V', f \sqcap f')$.
Eine Anwendung obiger Regeln erlaubt nun, das Striktheitspaar zu E aus dem obigen Beispiel zu bestimmen:

$$[\![E]\!]^{\mathcal{P}}_{\mathcal{P}\rho} = (V_{\mathcal{P}\rho(x)}, \lambda(V, f).(V, perr)),$$

wobei V_P die erste Komponente von P bezeichnet.

Hudak und Young beweisen die Korrektheit ihrer Striktheitsinterpretation, indem sie Striktheitspaare zu Elementen des semantischen Bereiches $\mathcal{D}$ der Standardsemantik durch eine Relation δ 'beschreibt die Striktheitseigenschaften korrekt'[16] in Bezug setzen. δ ist definiert als der Durchschnitt über eine Familie von Relationen δ_n 'beschreibt die Striktheitseigenschaften auf der Stufe n korrekt'. Nach Definition beschreibt $(V, f) \in \mathcal{P}$ die Striktheitseigenschaften von $d \in \mathcal{D}$ auf der Stufe 0 korrekt, wenn $V = \{\}$ oder $d = \perp$ erfüllt ist; $P \in \mathcal{P}$ beschreibt die Striktheitseigenschaften von $d \in \mathcal{D}$ auf der Stufe n korrekt, wenn für alle $m \leq n$, alle $P_1, \ldots, P_m$ und alle $d_1, \ldots, d_m$, so daß P_i die Striktheitseigenschaften von d_i auf der Stufe $n-1$ korrekt beschreibt, $P \cdot P_1 \cdot \cdots \cdot P_m$ die Striktheitseigenschaften von $d \cdot d_1 \cdots \cdot d_m$ auf der Stufe 0 korrekt beschreibt. Eine Striktheitsumgebung ${}^{\mathcal{P}}\rho$ beschreibt nach Definition die Striktheitseigenschaften einer Wertumgebung ${}^{\mathcal{D}}\rho$ korrekt, wenn ${}^{\mathcal{P}}\rho(v)$ die Striktheitseigenschaften von ${}^{\mathcal{D}}\rho(v)$ korrekt beschreibt. Hudak und Young konnten beweisen, daß $[\![E]\!]^{\mathcal{P}}_{{}^{\mathcal{P}}\rho}$ die Striktheitseigenschaften von $[\![E]\!]^{\mathcal{D}}_{{}^{\mathcal{D}}\rho}$ korrekt beschreibt, sofern die Striktheitseigenschaften von ${}^{\mathcal{D}}\rho$ durch ${}^{\mathcal{P}}\rho$ und für alle Konstanten k die Striktheitseigenschaften von $[\![k]\!]^{\mathcal{D}}$ durch $[\![k]\!]^{\mathcal{P}}$ korrekt beschrieben werden.

Leider ist nicht offensichtlich, wie Striktheitspaare repräsentiert werden sollten, schon gar nicht, wie mit ihnen gerechnet werden soll. Hudak und Young geben an, daß man im Fall typisierbarer Programme die für die Striktheitsanalyse von Programmen und Programmskripten notwendigen Fixpunktberechnungen in einer endlichen (von der Typisierung abhängigen) Teilmenge von $\mathcal{P}$ effektiv durchführen kann. Obwohl sie keinen Beweis für diese Aussage angegeben haben, bin ich von ihrer Korrektheit überzeugt. Allerdings ist die in dieser Weise etwa für ein Programmskript *PS* gewonnene Information nur bedingt zur Berechnung von Striktheitsinformation für E in einem Programm $\pi =$ **let** *PS* **in** E nutzbar, da die für die Analyse von π notwendige Teilmenge von $\mathcal{P}$ echt größer sein kann als die für die Analyse von *PS* verwendete.

5 Der Algorithmus von Burn, Hankin und Abramsky

Burn, Hankin und Abramsky [Burn85] haben sich auf die Berechnung von Striktheitsinformation für typisierte λ-Ausdrücke beschränkt. Die verwendeten Typen sind Elemente einer freien Algebra $\mathcal{T}$, generisches Element τ, mit einer (oder mehreren) 0-stelligen Operation A, dem Basistyp, und einer zweistelligen Operation $\rightarrow$, der Funktionsraumbildung. Die Sprache der typisierten λ-Ausdrücke ist eine freie Algebra, deren Signatur ich mit $\Sigma_{\mathcal{T}}$ bezeichne. Sie ist in der folgenden Tafel definiert.

Ein semantischer Rahmen für den typisierten λ-Kalkül besteht aus einer CPO $\mathcal{D}_A$, die die Elemente des Basistyps definiert, und einer Interpretation $[\![k_\tau]\!]^{\mathcal{D}}$ als Element von $\mathcal{D}_\tau$ für jede Konstante k_τ. $\mathcal{D}_\tau$ ist induktiv definiert: $\mathcal{D}_{\tau_1 \rightarrow \tau_2} :=$

[16] Hudak und Young nennen diese Relation 'ist sicher für'. Ich habe die Relation umbenannt, um die Analogie zu der entsprechenden Relation in IV §2 zu unterstreichen.

Importierte Sorten

$\tau \in \mathcal{T}$	Typen
$k_\tau \in \mathcal{K}_\tau$	Konstanten vom Typ τ
$v_\tau \in \mathcal{V}_\tau$	Variablen vom Typ τ abzählbar unendlich viele

Definierte Sorten

$E_\tau \in \Lambda_\tau$ λ-Ausdrücke vom Typ τ

Struktur

$$\begin{aligned} E_\tau ::= &\ k_\tau \\ |&\ v_\tau \\ |&\ \lambda v_{\tau_1}.E_{\tau_2} \qquad \text{falls } \tau = \tau_1 \to \tau_2 \\ |&\ E_{\tau' \to \tau}\, E_{\tau'} \end{aligned}$$

Die Algebra der typisierten λ-Ausdrücke

$[\mathcal{D}_{\tau_1} \to \mathcal{D}_{\tau_2}]$, d.h. $\mathcal{D}_{\tau_1 \to \tau_2}$ ist die CPO der stetigen Abbildungen von $\mathcal{D}_{\tau_1}$ nach $\mathcal{D}_{\tau_2}$.

Eine typisierte Umgebung, ${}^{\mathcal{T}}\!\rho$, ist eine Abbildung von $\mathcal{V} := \bigcup_\tau \mathcal{V}_\tau$ in $\mathcal{D} := \bigcup_\tau \mathcal{D}_\tau$ mit der Eigenschaft ${}^{\mathcal{T}}\!\rho(v_\tau) \in \mathcal{D}_\tau$. Die CPO der typisierten Umgebungen bezeichne ich mit ${}^{\mathcal{T}}\mathcal{E}nv$.

Analog zum untypisierten λ-Kalkül, siehe II §8.4, läßt sich $([{}^{\mathcal{T}}\mathcal{E}nv \to \mathcal{D}_\tau])_\tau$ zu einer stetigen $\Sigma_{\mathcal{T}}$-Algebra machen. Der $\Sigma_{\mathcal{T}}$-Homomorphismus $[\![\cdot]\!]^{\mathcal{D}}$ von der Sprache der typisierten λ-Ausdrücke in diese Algebra wird gegeben durch

$$\begin{aligned} [\![k_\tau]\!]^{\mathcal{D}}_{{}^{\mathcal{T}}\!\rho} &= [\![k_\tau]\!]^{\mathcal{D}} \\ [\![v_\tau]\!]^{\mathcal{D}}_{{}^{\mathcal{T}}\!\rho} &= {}^{\mathcal{T}}\!\rho(v_\tau) \\ [\![\lambda v_{\tau_1}.E_{\tau_2}]\!]^{\mathcal{D}}_{{}^{\mathcal{T}}\!\rho} &= \lambda d_1 \in \mathcal{D}_{\tau_1}.[\![E_{\tau_2}]\!]^{\mathcal{D}}_{{}^{\mathcal{T}}\!\rho[v_{\tau_1} \mapsto d_1]} \\ [\![E_{\tau_1}\, E_{\tau_2}]\!]^{\mathcal{D}}_{{}^{\mathcal{T}}\!\rho} &= [\![E_{\tau_1}]\!]^{\mathcal{D}}_{{}^{\mathcal{T}}\!\rho}([\![E_{\tau_2}]\!]^{\mathcal{D}}_{{}^{\mathcal{T}}\!\rho}) \end{aligned}$$

Ein Element $f \in \mathcal{D}_{\tau_1 \to \tau_2}$ heißt strikt, wenn $f(\bot_{\mathcal{D}_{\tau_1}}) = \bot_{\mathcal{D}_{\tau_2}}$ erfüllt ist. Zur Bestimmung von Striktheitsinformation definieren Burn et.al. in Analogie zu Mycroft einen abstrakten semantischen Rahmen $(\mathcal{B}_A, (\sigma_\tau([\![k_\tau]\!]^{\mathcal{D}}))_{k_\tau})$, wobei $\mathcal{B}_A$ die CPO $\{{}^{\top}_{\bot}\}$ ist und $\mathcal{D}_\tau$ von σ_τ auf $\mathcal{B}_\tau$ abgebildet wird. σ_A ist die von Mycroft definierte Abstraktionsabbildung, die $\bot$ auf $\bot$ und alle anderen Elemente von $\mathcal{D}_A$ auf $\top$ abbildet. σ_A wird mit einem etwas allgemeineren Verfahren, als es in IV §2 für denselben Zweck verwendet wurde, induktiv auf $\mathcal{D}_\tau$ hochgehoben[17]. Man kann die folgenden wichtigen Aussagen über $(\sigma_\tau)_\tau$ beweisen:

[17] In IV §2 ist τ_n das Analogon zu σ_τ.

- σ_τ ist stetig;
- $\sigma_\tau(d) = \perp_{\mathcal{B}_\tau} \iff d = \perp_{\mathcal{D}_\tau}$;
- für $\tau = \tau_1 \to \tau_2$ und $f \in \mathcal{D}_\tau$, $g \in \mathcal{B}_\tau$ gilt $\sigma_\tau(f) \leq g \iff \sigma_{\tau_2} \circ f \leq g \circ \sigma_{\tau_1}$.

Aus den letzten beiden Eigenschaft folgt die Berechtigung, ein g mit $g \geq \sigma_\tau(f)$ eine korrekte Beschreibung der Striktheitseigenschaften von f zu nennen. Die obigen Eigenschaften sichern weiter, daß $[\![PS]\!]^{\mathcal{B}}$ die Striktheitseigenschaften von $[\![PS]\!]^{\mathcal{D}}$ korrekt beschreibt. Dabei wird die übliche Fixpunktsemantik für Programme vorausgesetzt. Das iterative Verfahren zur Berechnung von $[\![PS]\!]^{\mathcal{B}}$ terminiert, da alle Zwischenergebnisse in der endlichen Menge $\mathcal{B}_{\tau_1} \times \cdots \times \mathcal{B}_{\tau_n}$ liegen, wenn PS ein Skript der Form $(v_{\tau_1}{=}{=}E_{\tau_1}; \ldots; v_{\tau_n}{=}{=}E_{\tau_n})$ ist.

Dies liefert einen Algorithmus zur Striktheitsanalyse typisierter Programmskripte und λ-Ausdrücke.

Ein Reihe moderner funktionaler Programmiersprachen unterwerfen den Programmierer einer Typdisziplin. Sie verwenden jedoch statt der monomorph typisierten Programme, die der Striktheitsanalyse von Burn/Hankin/Abramsky zugrunde liegen, polymorph typisierte Programme. Diese Sprachen erlauben neben Basistypen (und verschiedenen mehrstelligen Typkonstruktoren) auch Typvariablen zur Konstruktion von Typen. Ein Ergebnis von S. Abramsky[Abra85] zeigt, daß der Algorithmus von Burn et.al. benutzt werden kann, um auch für polymorph typisierbare λ-Ausdrücke Striktheitsinformation zu bestimmen. Abramsky führt dazu das Konzept der *polymorphen Invarianz* ein: er definiert die Menge $\Lambda_M(E)$ der monomorph typisierten Instanzen des untypisierten λ-Ausdrucks E und nennt eine Eigenschaft P auf monomorph typisierten λ-Ausdrücken *polymorph invariant*, wenn entweder alle oder keine der monomorph typisierten Instanzen eines untypisierten λ-Ausdrucks die Eigenschaft P haben. Er zeigt anschließend, daß Striktheit eine polymorphe Invariante ist. Dies führt ihn auf folgenden Algorithmus zum Nachweis der Striktheit eines polymorph typisierbaren λ-Ausdrucks E.

> Wähle eine beliebige monomorph typisierte Instanz von E und wende darauf den Algorithmus von Burn et.al. an. Der Algorithmus wird unabhängig von der Wahl der Instanz von E stets dasselbe Ergebnis liefern. Liefert er das Ergebnis *strikt*, dann ist jede monomorph typisierte Instanz von E strikt in der Standardsemantik.

Obwohl dies ein schönes Ergebnis ist, löst es noch nicht alle praktischen Probleme der Striktheitsanalyse. Die modernen typisierten Sprachen erlauben nämlich nicht nur Polymorphismus sondern generischen Polymorphismus. Ein solches Typsystem wurde beispielsweise in IV §4 eingeführt. Es benutzt anstelle von Typen Typschemata σ mit der Definition $\sigma ::= \tau \mid \forall\alpha.\sigma$. Dies gestattet, verschiedenen Vorkommen eines Namens verschiedene Instanzen eines polymorphen Typs zuzuordnen. Der Algorithmus von Abramsky ist nicht unmittelbar auf generisch polymorph typisierbare Ausdrücke anwendbar. Vielmehr muß (zumindest konzeptionell) ein generisch polymorph typisierbarer Ausdruck zunächst zu einem polymorph typisierbaren Ausdruck "ausgefaltet" werden. So muß beispielsweise ein Ausdruck der Form **let** $v == E$ **in** E' transformiert werden in den Ausdruck $[v \mapsto Y(\lambda v.E)]E'$. Dies führt dazu, daß an den Vorkommen von v in E' abstrakte Interpretationen von u.U. unterschiedlichen monomorph typisierten Instanzen von $Y(\lambda v.E)$ berechnet werden müssen. Daraus folgt insbesondere, daß die zur Bestimmung von Striktheitsinformation in einem Programmskript *PS* berechnete abstrakte Semantik $[\![PS_\tau]\!]^B$ i.a. nicht ausreicht, um für ein Programm **let** *PS* **in** E Striktheitsinformation an den Stellen in E zu bestimmen. Vielmehr werden häufig $[\![PS_{\tau'}]\!]^B$ für neue monomorph typisierte Instanzen $PS_{\tau'}$ von *PS* berechnet werden müssen.

6 Der Algorithmus von Kuo und Mishra

Kuo und Mishra [Kuo87,Kuo86] behandeln Striktheitsinformation als eine spezielle Form von Typinformation[18]. Ihr Typsystem ist in der folgenden Tafel definiert.

Das Typsystem enthält einen speziellen Typ Δ, dessen einziges Element $\perp$ ist. Typen der Form $\cdots \rightarrow \Delta$ machen damit Striktheitsaussagen. So bezeichnet $\Delta \rightarrow \alpha \rightarrow \Delta$ den Typ der zweistelligen, im ersten Argument strikten Funktionen.
Nach Definition hat ein λ-Ausdruck den Typ $\tau_1 \wedge \tau_2$, wenn er sowohl den Typ τ_1 als auch den Typ τ_2 hat. Die Typkonjunktion erlaubt mehrere Typinformationen miteinander zu verbinden. Beispielweise beschreibt der Typ $\Delta \rightarrow \alpha \rightarrow \Delta \;\; \wedge \;\; \alpha \rightarrow \Delta \rightarrow \Delta$ den Typ der zweistelligen, in beiden Argumenten strikten Funktionen.

Um Striktheitsinformation möglichst kompakt und prägnant darstellen zu können, benutzen Kuo und Mishra Typaussagen der Form $C, {}^{\tau}\rho \vdash E : \tau$.
Dabei ist C eine (konsistente) Menge von Typinklusionen der Form $\tau_0 \subseteq \tau_0'$ mit atomaren Typen τ_0 und τ_0'. $\tau_0 \subseteq \tau_0'$ bedeutet, daß τ_0 einen Teiltyp von τ_0' bezeichnet. Die Konsistenzforderung besagt im wesentlichen, daß der transitive

[18] Meine Darstellung ist etwas vereinfacht. Um die λ-Abstraktion als strikte Operation behandeln zu können, definieren Kuo und Mishra Striktheit nicht wie üblich als die Eigenschaft, $\perp$ auf $\perp$ abzubilden, sondern als die Eigenschaft, '*letztendlich divergierende Terme*' auf 'letztendlich divergierende Terme' abzubilden. Intuitiv ist ein 'letztendlich divergierender Term' ein Term, der sich nach Anwendung auf hinreichend viele Argumente notwendigerweise zu $\perp$ auswertet. Diese geänderte Striktheitsdefinition trägt wesentlich zur Komplexität der Arbeit von Kuo und Misha bei. In meiner Darstellung gehe ich von der üblichen Striktheitsdefinition aus.

Importierte Sorten

$\alpha \in \mathcal{TV}$ Typvariablen

Definierte Sorten

$\tau \in \mathcal{T}$ Typen

Struktur

$\tau ::= int \mid bool \mid real \mid \ldots$	Basistypen
$\mid \alpha$	Typvariable
$\mid \Delta$	Typ mit einzigem Element $\perp$
$\mid \tau_1 \rightarrow \tau_2$	Funktionsraumbildung
$\mid \tau_1 \wedge \tau_2$	Konjunktion von Typen

Typen

Abschluß der durch C auf atomaren Typen definierten Relation irreflexiv sein muß.
${}^{\mathcal{T}}\!\rho$ ist wie üblich eine Abbildung von Variablen auf Typen.
Die Aussage $C, {}^{\mathcal{T}}\!\rho \vdash E : \tau$ besagt, daß der Ausdruck E den Typ τ hat, wenn man voraussetzt, daß die durch C gegebenen Teiltypbeziehungen erfüllt sind und die freien Variablen in E die durch ${}^{\mathcal{T}}\!\rho$ zugeordneten Typen haben.

Zur Zuordnung von Typaussagen dieser Form an λ-Ausdrücke wird ein Typinferenzalgorithmus von Mitchell[Mitc84] benutzt. Der Algorithmus bestimmt zu einer Typinklusionsmenge C, einer Typumgebung ${}^{\mathcal{T}}\!\rho$ und einem Ausdruck E eine endliche Menge von Typisierungen für $(C, {}^{\mathcal{T}}\!\rho, E)$, das sind Tripel der Form (C', S', τ'), wobei C' eine konsistente Typinklusionsmenge, S' eine Typsubstitution und τ' ein Typ ist sowie $C', \mathrm{S}'({}^{\mathcal{T}}\!\rho) \vdash E : \tau'$ erfüllt ist und $\mathrm{S}'(C)$ aus C' bewiesen werden kann. Die Menge ist in dem Sinne vollständig, daß jede Typisierung für $(C, {}^{\mathcal{T}}\!\rho, E)$ eine Instanz eines ihrer Elemente ist. Die von dem Algorithmus verwendeten Typen haben eine einschränkte Syntax: sie enthalten keine Typkonjunktionen.

Der Algorithmus basiert auf einer Typbeschreibung für jede Konstante in Form einer Menge von Paaren der Form (C, τ), wobei C eine Typinklusionsmenge und τ ein Typ ist. Beispiele für solche Typbeschreibungen sind:

$$[\![+]\!]^{\mathcal{T}} = \{(\{\}, int \rightarrow int \rightarrow int), (\{\}, \Delta \rightarrow int \rightarrow \Delta), (\{\}, int \rightarrow \Delta \rightarrow \Delta)\}$$
$$[\![\mathbf{if}]\!]^{\mathcal{T}} = \{(\{\alpha \subseteq bool; \beta, \gamma \subseteq \delta\}, \alpha \rightarrow \beta \rightarrow \gamma \rightarrow \delta), (\{\}, \Delta \rightarrow \beta \rightarrow \gamma \rightarrow \Delta)\}$$

Der oben erwähnte Algorithmus wählt für jedes Vorkommen einer Konstanten k in E ein Paar (C, τ) aus $[\![k]\!]^{\mathcal{T}}$ aus und stellt fest, ob diese Auswahl zu einer

Typisierung von E benutzt werden kann. Sein Ergebnis ist die Menge aller in dieser Weise gefundenen Typisierungen. Diese Menge kann $\prod_k |[\![k]\!]^{\mathcal{T}}|$ Elemente enthalten, wobei k über die Vorkommen von Konstanten in E läuft.

Kuo und Mishra wollen diesen Aufwand vermeiden. Statt zunächst die Menge aller möglichen Typisierungen zu bestimmen und anschließend nach einem gerade interessanten Striktheitstyp zu durchsuchen, wollen sie unmittelbar zu beweisen versuchen, daß E diesen Striktheitstyp hat. Dies ist ein vielversprechender Ansatz. Aus ihren mir vorliegenden Arbeiten geht noch nicht hervor, wie der Algorithmus zur Lösung dieses Problems konkret aussieht. Ich erwarte jedoch, daß er notwendigerweise eine Backtrackmöglichkeit enthalten muß, um nach einer erfolglosen Auswahl eines Elementes aus $[\![k]\!]^{\mathcal{T}}$ ein neues Element auswählen zu können. Es ist damit nicht offensichtlich, daß exponentieller Aufwand tatsächlich vermieden werden kann.

Kuo und Mishra beweisen die Korrektheit ihres Ansatzes, indem sie ein semantisches Modell für ihre Typen angeben. Ein Typ entspricht in diesem Modell einem Ideal[19] im semantischen Bereich $\mathcal{D}$ der denotationellen Standardsemantik. Der Typ Δ entspricht dabei dem Ideal $\{\perp\}$. Der Beweis zeigt, daß das benutzte Typinferenzsystem in Bezug auf dieses Modell korrekt ist.

7 Vergleich

Die oben skizzierten Algorithmen lassen sich nach einer Reihe von Gesichtspunkten miteinander vergleichen. Ich werde mich auf folgende Aspekte konzentrieren: zugelassene Eingabesprache, Genauigkeit, Laufzeitverhalten, Wiederverwendbarkeit von Analyseergebnissen und Behandlung der λ-Abstraktion.

Eingabesprache

Die skizzierten Algorithmen zerfallen hinsichtlich der zugelassenen Eingabesprache in zwei Gruppen: solche, die untypisierte Programme zulassen und solche, die eine Typisierung verlangen. Zur ersten Gruppe gehören die Algorithmen von Kersjes, Wray, mir und Hudak/Young, zur zweiten die von Burn/Hankin/Abramsky und von Kuo/Mishra. Für untypisierte funktionale Sprachen, etwa ALFL [Huda84] benötigt man Algorithmen aus der ersten Gruppe.

Genauigkeit der bestimmten Striktheitsinformation

Der Striktheitstest ist unendscheidbar. Ein Algorithmus, der nur sichere Striktheitsinformation liefert, kann deshalb nicht auch gleichzeitig vollständige Strikt-

[19] Ein Ideal ist eine nichtleere nach unten und gegenüber der Bildung kleinster oberer Schranken von gerichteten Mengen abgeschlossene Teilmenge einer CPO.

heitsinformation bestimmmen. Dies gilt insbesondere für die oben skizzierten Algorithmen. Die unterschiedliche Repräsentation von Striktheitsinformation bedingt jedoch Unterschiede hinsichtlich der Genauigkeit der ermittelten Information.

Kersjes und Wray verzichten weitgehend darauf, Beziehungen zwischen den Benutzungen verschiedener Argumente in der Beschreibung der Striktheitseigenschaften festzuhalten. Ihre Beschreibung kann zum Ausdruck bringen, daß eine Funktion sicher ein bestimmtes Argument auswertet, aber nicht, daß sie sicher (irgend-) eines aus einer Menge von Argumenten auswertet. Zur angemessenen Beschreibung der Striktheitseigenschaften eines Bedingungsoperators ist es bespielsweise wichtig ausdrücken zu können, daß entweder das zweite *oder* das dritte Argument sicher ausgewertet wird. Da die Repräsentationen von Kersjes und Wray solche Aussagen nicht zulassen, können sie beispielsweise f in

$$\begin{aligned} &cond\; b\; t\; e == \textbf{if}\; b\; \textbf{then}\; t\; \textbf{else}\; e \\ &f\; x\; y \qquad == cond\; (x > 0)\; y\; (0 - y) \end{aligned}$$

nicht als strikt im zweiten Argument erkennen.

Der Algorithmus von Kuo und Mishra benutzt bei der Typinferenz nur Typen ohne Typkonjunktionen. Derart eingeschränkte Typen können nicht zum Ausdruck bringen, daß eine Funktion in mehreren Argumenten strikt ist. Aus diesem Grund erkennt der Algorithmus nicht, daß

$$g\; x\; y\; z == \textbf{if}\; x > 0\; \textbf{then}\; y + z\; \textbf{else}\; g\; (x - 1)\; z\; y$$

strikt im zweiten und im dritten Argument ist.

Übrigens erkennt der Algorithmus von Kuo und Mishra f als strikt im zweiten Argument, während die Algorithmen von Kersjes und Wray g als strikt in allen drei Argumenten erkennen.

Mycroft's Algorithmus versucht, möglichst wenig Information über Abhängigkeiten bei der Benutzung verschiedener Argumente zu verlieren. Für Programme erster Ordnung ist er denen von Kersjes, Wray und Kuo/Mishra hinsichtlich der Genauigkeit der ermittelten Striktheitsinformation überlegen. Die anderen oben skizzierten Algorithmen, einschließlich meines eigenen[20], sind echte Erweiterungen von Mycroft's Algorithmus.

Was höhere Funktionen angeht, so verzichten Kersjes und Wray darauf, Striktheitsaussagen auch für den Fall zu machen, daß ein funktionales Argument

---

[20] wenn etwa als terminierungssichernde Projektionsoperatoren π_1'' benutzt wird.

als Teil eines Argumentes eines funktionalen Argumentes auftritt. Einfachstes Beispiel hierfür ist die Hintereinanderausführung von Funktionen

$$compose\ f\ g\ x == f\ (g\ x).$$

Hier tritt das funktionale Argument g als Teil des Argumentes $(g\ x)$ zum funktionalen Argument f auf. Wie wir gesehen haben, kann der Algorithmus von Kersjes nicht feststellen, daß $compose\,f\,g\,x$ strikt in x ist, wenn sowohl f als auch g strikt sind. Die anderen Algorithmen haben keine Probleme, diese Eigenschaft festzustellen.

Mein Algorithmus hat eine Schwäche bei der Bestimmung von Striktheitsinformation für rekursiv definierte höhere Funktionen. Er liefert beispielsweise $\lambda f\ n\, a.\ \Phi\, n \sqcup (a \sqcap f\ \emptyset)$ als Beschreibung der Striktheitseigenschaften von

$$repeat == \lambda f\ n\, a.\ \textbf{if}\ n = 0\ \textbf{then}\ a\ \textbf{else}\ repeat\ f\ (n-1)\ (f\ a)$$

Daraus kann man nicht mehr herleiten, daß *repeat* $f\ n\ a$ strikt in a ist, wenn f strikt ist – Information, die von den anderen Algorithmen bestimmt werden kann. Grund für das weniger gute Ergebnis ist die Tatsache, daß das von meinem Algorithmus bestimmte Ergebnis unabhängig vom Typ der Argumente korrekt sein muß. Mein Algorithmus und der von Burn et.al. berechnen im wesentlichen dieselbe Iterationsfolge

$$\Big([repeat \mapsto \lambda f\ n\, a.\ \Phi\, n \sqcup (\prod_{i=0}^{l} f^i\ a \sqcap f^l\ \diamond)]\Big)_{l \in \mathbf{N}}.$$

Burn et.al. legen im Gegensatz zu mir jedoch eine feste monomorph typisierte Instanz von *repeat* zugrunde. Interpretiert über dem zugehörigen endlichen semantischen Bereich wird die Iterationsfolge stationär. Der stationäre Wert beschreibt jedoch die Striktheitseigenschaften nicht aller monomorph typisierten Instanzen von *repeat* korrekt. Werden die Striktheitseigenschaften von einer anderen monomorph typisierten Instanz von *repeat* benötigt, muß die Iteration ggf. über dem neuen semantischen Bereich wiederholt werden. Demgegenüber suche ich nach einer approximativen Lösung, die die Striktheitseigenschaften von *repeat* unabhängig vom Typ der Argumente beschreibt. Dies trifft jedoch für kein Element der Iterationsfolge zu. Die notwendige Approximation führt dann zu dem beobachteten Informationsverlust.

Hinsichtlich der Güte der bestimmten Striktheitsinformation sind die Algorithmen von Burn et.al. und von Hudak den anderen skizzierten Algorithmen überlegen.

Laufzeitverhalten

Die Algorithmen von Kersjes und Wray haben polynomielles Laufzeitverhalten. Die derzeitige Version des Algorithmus von Kuo und Mishra kann exponentiell viel Zeit benötigen. Die übrigen Algorithmen erweitern alle den Algorithmus von Mycroft. Ein Ergebnis von Hudak und Young [Huda86a,Huda85] zeigt, daß alle Algorithmen dieser Klasse bereits für Programme erster Ordnung (mindestens) exponentiell viel Zeit in der Größe der Eingabe benötigen können.

Hudak und Young zeigen, daß das Entscheidungproblem *RMBF*[21] vollständig in deterministischer exponentieller Zeit ist. Eine Instanz von *RMBF* ist ein Paar (eq, a), wobei eq die Form $f(x_1, \ldots, x_n) == E$ hat, E gemäß der folgenden Grammatik aufgebaut ist und a die Form $(b_1, \ldots, b_n)$ mit $b_i \in \{0, 1\}$ hat.

$$
\begin{aligned}
E ::= {} & 0 \mid 1 \mid x_i \\
\mid {} & E_1 \wedge E_2 \mid E_1 \vee E_2 \\
\mid {} & f(E_1, \ldots, E_n)
\end{aligned}
$$

Grammatik für boole'sche Ausdrücke

Einem eq der obigen Form können wir eine Interpretation f_{eq} als n-stellige monotone boole'sche Funktion zuordnen, nämlich den kleinsten Fixpunkt von eq in Bezug auf die Standardinterpretation von $\wedge$ bzw. $\vee$ als boole'sches 'und' bzw. 'oder'.
Ein Paar (eq, a) liegt in der Sprache *RMBF* genau dann, wenn $f_{eq}(a) = 1$ gilt. Die Größe von (eq, a) ist definiert als die Anzahl der Zeichen in einer Stringdarstellung von (eq, a).

Das Ergebnis von Hudak und Young kann man kurz auch so formulieren: Die Auswertung rekursiv definierter boole'scher Funktionen an einer Stelle kann exponentiell viel Zeit in der Anzahl der Argumente benötigen.

Der Algorithmus von Mycroft (und seine Erweiterungen) kann dazu benutzt werden, rekursive monotone bool'sche Funktionen an beliebiger Stelle auszuwerten. Daraus folgt, daß er (und seine Erweiterungen) (mindestens) exponentielles "worst case" Laufzeitverhalten hat.

Mein Algorithmus zur Striktheitsanalyse benutzt disjunktive Normalformen zur Darstellung approximativer Lösungen von Striktheitsskripten. Im Abschnitt über die Implementierung wurde eine Beispielfamilie gezeigt, deren disjunktive Normalformen exponentiell mit der Anzahl der Funktionsargumente anwächst. Da für höhere Funktionen mehrstufige disjunktive Normalformen entstehen, kann der Zeit- und Platzbedarf prinzipiell auch überexponentiell

[21] Recursive Monotone Boolean Function.

anwachsen. Praktische Erfahrungen anderer Autoren für Programme erster Ordnung [Clac85,Youn86] deuten darauf hin, daß i.a. wenig Iterationen zur Bestimmung von Striktheitsinformation notwendig sind und daß die Ergebnisse kompakt dargestellt werden können. Andererseits sichern die in IV §5 eingeführten heuristischen Vereinfachungen, daß die Tiefe der mehrstufigen disjunktiven Normalformen für Programme höherer Ordnung fast immer sehr klein bleiben wird. Man kann daher erwarten, daß mein Algorithmus in praktischen Fällen akzeptables Laufzeitverhalten zeigt. Bei Bedarf kann darüberhinaus der Zeit- und Platzbedarf meines Algorithmus auf Kosten seiner Genauigkeit drastisch verringert werden, indem man etwa für die Analyse einer rekursiven Skriptkomponente stärker approximierende terminierungssichernde Projektionsoperatoren einsetzt.

Der Algorithmus von Burn et.al. muß mit Elementen aus $\mathcal{B}_\tau$ rechnen. Die Elementanzahl von $\mathcal{B}_\tau$ kann mit wachsender Komplexität von τ drastisch (überexponentiell) zunehmen. Man muß deshalb mit überexponentiellem (worst case) Laufzeitverhalten rechnen. Ob das Verfahren in praktischen Fällen akzeptable Laufzeiten hat, hängt wesentlich von der Wahl geeigneter Repräsentationen für die Elemente von $\mathcal{B}_\tau$ ab. Für $\tau \cong A^n \to A$ liegen seit einiger Zeit Vorschläge vor [Clac85,Youn86]. Für allgemeines τ hat Chris Martin jüngst [Mart87] einen auf [Clac85] aufbauenden Ansatz vorgestellt. Elemente aus $\mathcal{B}_\tau$ mit $\tau = \tau_1 \to \cdots \to \tau_n \to A$ werden als Paare bestehend aus einer unteren $\top$-Grenzlinie (minimal 1 frontier) und einer oberen $\perp$-Grenzlinie (maximal 0 frontier) dargestellt. Die untere $\top$-Grenzlinie von $f \in \mathcal{B}_\tau$, $U_\top(f)$ besteht aus den minimalen Elementen unter den Argumenten x von f, für die f den Wert $\top$ liefert, d.h.

$$U_\top(f) = \mathrm{MIN}\{(x_1, \ldots, x_n) \in \mathcal{B}_{\tau_1} \times \cdots \times \mathcal{B}_{\tau_n} \mid f\, x_1 \cdots x_n = \top\},$$

die obere $\perp$-Grenzlinie von $f \in \mathcal{B}_\tau$, $O_\perp(f)$, besteht aus den maximalen Elementen unter den Argumenten x von f, für die f den Wert $\perp$ liefert, d.h.

$$O_\perp(f) = \mathrm{MAX}\{(x_1, \ldots, x_n) \in \mathcal{B}_{\tau_1} \times \cdots \times \mathcal{B}_{\tau_n} \mid f\, x_1 \cdots x_n = \perp\}.$$

Dabei liefern MIN und MAX zu Teilmengen partiell geordneter Mengen die Mengen ihrer minimalen bzw. maximalen Elemente.

Für Funktionen f erster Ordnung, d.h. $\tau \cong A^n \to A$, entspricht $U_\top(f)$ der (reduzierten) disjunktiven Normalform von f, während $O_\perp(f)$ sehr eng mit der (reduzierten) disjunktiven Normalform von $\neg \circ f \circ \neg$, d.h. mit der (reduzierten) konjunktiven Normalform von f, zusammenhängt. Die Darstellung ist damit für Funktionen erster Ordnung ähnlich zu der von mir verwendeten. Während ich aber die disjunktive Normalform zu einer (mit Hilfe eines Funktionals definierten) Funktion f berechne, indem ich bool'sche Formeln unter Benutzung algebraischer Regeln manipuliere, bestimmt Martin $U_{\top}(f)$ und $O_{\perp}(f)$, indem er f für geeignet gewählte Argumente auswertet.

Bei höheren Funktionen ergeben sich auch in der Darstellung deutliche Unterschiede. Während ich beispielsweise die Identitätsfunktion id typunabhängig durch $\lambda x.x$ darstelle, ist Martin's Darstellung typabhängig: für $id_{A\to A}$ ergibt sich $(\{\top\},\{\perp\})$, für $id_{(A\to A\to A)\to A\to A\to A}$

$$(\{(\lambda x\,y.x\wedge y,\top,\top),\ (\lambda x\,y.x,\top,\perp),\ (\lambda x\,y.y,\perp,\top),\ (\lambda x\,y.\top,\perp,\perp)\}$$
$$\{(\lambda x\,y.\perp,\top,\top),\ (\lambda x\,y.x,\perp,\top),\ (\lambda x\,y.y,\top,\perp),\ (\lambda x\,y.x\vee y,\perp,\perp)\})$$

wobei die benutzten zweistelligen Funktionen wieder durch ihre Grenzliniendarstellung repräsentiert werden, $\lambda x\,y.x\vee y$ beispielsweise durch $(\{(\top,\perp),(\perp,\top)\},\{(\perp,\perp)\})$.

Wiederverwendbarkeit

Striktheitsanalyse ist kostspielig. Deshalb ist es wesentlich, Analyseergebnisse für Programmteile nach Möglichkeit in anderen Programmen wiederzuverwenden, wenn sie diese Programmteile benutzen. In dieser Arbeit habe ich deshalb Programmskripte als wiederverwendbare Programmeinheiten betrachtet und angenommen, daß ein Programm π normalerweise aus einem Programmskript *PS* und einem auszuwertenden Ausdruck E besteht. Während ein Programm normalerweise nur ein einziges Mal ausgewertet wird, kann man erwarten, daß ein Programmskript bzw. Komponenten davon öfter bis sehr oft verwendet werden. Es ist deshalb interessant, Information bei der Striktheitsanalyse von *PS* so weit als möglich für die Striktheitsanalyse von π und insbesondere auch für E verwenden zu können.

Alle vorgestellten Algorithmen erlauben, die Striktheitsinformation für Stellen in *PS* unverändert zu übernehmen. Wird der Algorithmus von Burn et.al. auf (generisch) polymorph typisierte Programme angewandt, dann kann es bei der Analyse von E notwendig werden, $[\![PS_\tau]\!]^{\mathcal{B}}$ für verschiedene neue monomorphe Instantiierungen PS_τ von *PS* zu berechnen. Eine ähnliche Notwendigkeit erwarte ich bei Einsatz des Verfahrens von Hudak und Young. Die Algorithmen von Kersjes, Wray und mir können demgegenüber den einmal bestimmten abstrakten Wert von *PS* unmittelbar für die Analyse von E einsetzen. Eine neue Analyse von *PS* ist nicht mehr erforderlich. Dies spart Zeit und erlaubt, den für *PS* erzeugten Code zusammen mit zugehöriger Striktheitsinformation in Bibliotheken abzuspeichern, ohne daß die Quellen ebenfalls immer zugänglich sein müssen.

Behandlung der λ-Abstraktion

Die Ansätze von Hudak/Young und von mir sind die einzigen, die die λ-Abstraktion als nicht-strikte Operation behandeln. Alle anderen Ansätze behandeln sie als strikte Operation, d.h. sie identifizieren $\lambda x.\bot$ mit $\bot$[22]. Diese Identifikation ist berechtigt, wenn der für die Auswertung zugrundegelegte Interpreter ein Programm zu 'Normalform' oder einer 'starken Head-Normal-Form' auswertet. Viele Interpreter, z.B. der MIRANDA-Interpreter[Turn85] und die G-Maschine[John84], berechnen jedoch stattdessen eine 'schwache Head-Normal-Form'. Diese Normalformen zeichnen sich dadurch aus, daß ohne Vorhandensein eines Argumentes keine Reduktionen im Rumpf von λ-Abstraktionen durchgeführt werden, und daß keine Reduktionen in den Argumenten unterversorgter primitiver Operationen ausgeführt werden. Diese Interpreter behandeln damit die λ-Abstraktion als nicht strikte Operation: sie unterscheiden zwischen $\lambda v.\bot$ und $\bot$, indem sie im ersten Fall terminieren, im zweiten Fall nicht terminieren. In derselben Weise unterscheiden sie zwischen $+\bot$ und $\bot$.

Wurde Striktheitsinformation unter der Voraussetzung bestimmt, daß die λ-Abstraktion strikt ist, dann kann sie nur unter Beachtung besonderer Vorsichtsmaßnahmen zur Optimierung einer Programmauswertung durch einen Interpreter eingesetzt werden, für den diese Operation nicht strikt ist. So darf beispielsweise i.a. E_2 in $E_1\,E_2$ nur dann by-Value übergeben werden, wenn E_1 als strikt bekannt ist *und* sicher ist, daß $E_1\,E_2$ auf hinreichend viele Argumente angewendet wird, um ein nicht-funktionales Ergebnis zu produzieren.

Daneben hat die Entscheidung, $\bot$ und $\lambda v.\bot$ für die Striktheitsanalyse zu identifizieren, eine interessante Nebenwirkung: es gibt weder strikte Datenkonstruktoren, die auf funktionalen Daten arbeiten, noch ist die Konstante *strict*[23] strikt in ihrem ersten Argument. Offensichtlich ist nämlich 0 der Wert von *strict* $(\lambda v.\bot)$ 0; ist aber $[\![\lambda v.\bot]\!]^{\mathcal{D}} = \bot$, dann folgt daraus:

$$[\![strict]\!]^{\mathcal{D}} \cdot \bot \cdot 0 \neq \bot,$$

womit *strict* nicht strikt im ersten Argument ist. Ähnlich kann man argumentieren, daß die "strikten" Datenkonstruktoren, etwa *s_pair*, nicht strikt sind, wenn sie auf funktionalen Argumenten arbeiten.

In dieser Arbeit habe ich deshalb die λ-Abstraktion als nicht-strikte Operation behandelt. Allein mit Striktheitsinformation kann man dann jedoch viele Optimierungsmöglichkeiten nicht mehr erkennen. Dies war ein wesentlicher Grund, von dem über die denotationelle Semantik definierten Striktheitsbegriff

[22] $\bot$ bezeichnet eine nichtterminierende Berechnung, etwa $Y\,\lambda v.v$.

[23] *strict* ist eine Konstante mit zwei Argumenten mit folgender operationeller Semantik: werte das erste Argument aus und liefere den Wert des zweiten Arguments als Ergebnis. Die Konstante wird in funktionalen Programmiersprachen mit verzögerter Auswertung eingesetzt, um explizit eine Call-by-Value Parameterübergabe zu erzwingen.

zu dem über die operationelle Semantik definierten Relevanzbegriff überzugehen. Der Übergang zur operationellen Semantik macht das Hilfsmittel der Datenflußanalyse verfügbar. Mit ihr kann den Programmstellen (sichere) Information über die möglichen Zustände des Interpreters "an diesen Programmstellen" zugeordnet werden. Obwohl die in der Arbeit verwendete Datenflußanalyse zur Bestimmung der Bindungsumgebungen, in der ein Ausdruck ausgewertet werden kann, und seiner möglichen Argumente sehr einfach ist, ermöglicht sie, in etwa dieselben, manchmal sogar mehr Optimierungsmöglichkeiten zu erkennen wie unter der Voraussetzung strikter λ-Abstraktion.

Literatur

Abra85 Samson Abramsky, "Strictness Analysis and Polymorphic Invariance", in *Programs as Data Objects*, p. 1-23, Copenhagen, Denmark, October 1985, Lecture Note in Computer Science, Vol. 217.

Apt81 K. Apt and G. Plotkin, "A Cook's Tour of Countable Nondeterminism", *ICALP 81*, p. 479-494, 1981.

Bare81 H.P. Barendregt, "The Lambda Calculus: Its Syntax and Semantics", in *Studies in Logic and the Foundations of Mathematics*, North-Holland, 1981.

Bell87 Bernd Bellmann, *Implementierung eines Striktheitsanalysealgorithmus für untypisierte λ-Ausdrücke*, 1987, Diplomarbeit an der Universität des Saarlandes, Fachbereich Informatik.

Burg75 W.H. Burge, *Recursive Programming Techniques*, Addison Wesley, 1975.

Burn85 G. L. Burn, C. L. Hankin and S. Abramsky, "The Theory and Practice of Strictness Analysis for Higher Order Functions", in *Programs as Data Objects*, p. 42-62, Copenhagen, Denmark, October 1985, Lecture Note in Computer Science, Vol. 217.

Burn87 G. L. Burn, "Evalution Transformers – a Model for the Parallel Evaluation of Functional Languages", *Proc. Functional Programming Languages and Computer Architure*, 274, p. 446-470, Springer, Portland, Oregon, USA, September 1987.

Burs80 R. M. Burstall, D. B. MacQueen and D. T. Sannella, "HOPE: An Experimental Applicative Language", *Proceedings of the 1980 ACM Symposium on Lisp and Functional Programming Languages*, Stanford, Aug 1980.

Burt84 Warren Burton, *Controlling Speculative Computation in a Parallel Functional Programming Language*, Feb. 1984, unpublished.

Burt87 Warren Burton, Dieter Maurer, Hans-Georg Oberhauser and Reinhard Wilhelm, "A Space-Efficient Optimazation of Call-By-Need", *IEEE, Transactions on Software Engineering*, SE-13, 6, June 1987.

Clac85 Chris Clack and Simon Peyton-Jones, "Strictness Analysis – A Practical Approach", *Proc. Functional Programming Languages and Computer Architecture*, p. 35-49, Sept. 1985.

Clem86 D. Clement, J. Despeyroux, T. Despeyroux and G. Kahn, "A Simple Appicative Language: Mini-ML", *Proc. of the 1986 ACM Conf. on Lisp and Functional Programming*, p. 13-27, Cambridge, Mass., 1986.

Cour79 Bruno Courcelle, "Infinite Trees in Normal Form and Recursive Equations Having a unique Solution", *Math. Systems Theory*, 13,2, p. 131-180, 1979.

Cous81 Patrick Cousot, "Semantic Foundations of Program Analysis", in *Program Flow Analysis - Theory and Application*, ed. Steven S. Muchnick, Neil D. Jones, p. 303-343, Prentice-Hall, 1981.

Cous77 P. Cousot and R. Cousot, "Abstract Interpretation: A Unified Lattice Model for Static Analysis of Programs by Construction of Approximation of Fixpoints", *4th POPL*, Los Angeles, Jan. 1977.

Cous79 P. Cousot and R. Cousot, "Systematic Design of Program Analysis Frameworks", *6th POPL*, p. 269-282, San Antonio, Jan. 1979.

Dama82 L. Damas and R. Milner, "Principal type schemes for functional programs.", *9th ACM Symp. on Principles of programming languages*, 1982.

Fair86 Jon Fairbairn and Stuart C. Wray, "Code Generation Techniques for Functional Languages", *Proceedings of the 1986 ACM Conference on LISP and Functional Programming*, p. 94-104, Cambridge, Mass., Aug. 1986.

Gold85 B. Goldberg and Paul Hudak, "Serial Combinators: Optimal Grains of Parallelism", *Lecture Notes in Computer Scienc 201*, p. 382, Sept. 1985.

Hall87 Cordelia V. Hall and David S. Wise, "Compiling Strictness into Streams", *Proceedings of the* 14th *Annual ACM Symposium on Principles of Programming Languages*, p. 132-143, München, Jan. 1987.

Hank86 Chris Hankin, Geoff Burn and Simon Peyton Jones, "A Safe Approach to Parallel Combinator Reduction", *ESOP 86*, p. 99-110, March 1986.

Hech77 Matthew S. Hecht, *Flow Analysis of Computer Programs*, North-Holland, 1977.

Huda84 Paul Hudak, "ALFL Reference Manual and Programmer's Guide", Technical Report YALEU/DCS/TR-322 (second edition), 1984.

Huda85 Paul Hudak and J. Young, "A Set-Theoretic Characterization of Function Strictness in the Lambda Calculus", Research Report YALEU/DCS/RR-391, Yale University, Department of Computer Science, Jan. 1985.

Huda86 Paul Hudak and Benjamin Goldberg, "Distributed Execution of Functional Programs Using Serial Combinators", Yale University, May 1986.

Huda86a Paul Hudak and Jonathan Young, "Higher Order Strictness Analysis in Untyped Lambda Calculus", *13th ACM Symposium on Principles of Programming Languages*, 1986.

Huet77 Gérard Huet, "Confluent Reductions; Abstract Properties and Applications to Term Rewriting Systems", *Proceedings of the* 18th *Annual IEEE Symposium on Foundations of Computer Science*, p. 30-45, Providence, Rhode Island, 1977.

Huet80 Gérard Huet, "A Complete Proof of Correctness of the Knuth-Bendix Completion Algorithm", N° 25, INRIA, Juli 1980.

Hugh82 John Hughes, "Super-combinators: A New Implementation Method for Applicative Languages", *Proc. ACM Symposium on Lisp and Functional Programming*, Pittsburgh, 1982.

Hugh85 John Hughes, "Why Functional Programming Matters", Internal report, Programming Methodology Group, Chalmers Institute of Technology, Gothenburg, Sweden, 1985.

Hugh85a John Hughes, "Strictness Detection in Non-Flat Domains", *Proc. Workshop on Programs as Data Objects*, Copenhagen, Oct 1985.

Hugh87 John Hughes, "Analysing Strictness by Abstract Interpretation of Continuations", in *Abstract Interpretation*, ed. S. Abramsky and C. Hankin, Ellis-Horwood, 1987.

John81 Thomas Johnsson, "Detecting when Call-by-Value can be Used instead of Call-by-Need", Laboratory for Programming Methodology Memo 14, Chalmers University of Technology, October 1981.

John84 Thomas Johnsson, "Efficient Compilation of Lazy Evaluation", *SIGPLAN Notices*, 19, 6, p. 58-69, 1984, Proceedings of the ACM SIGPLAN 84 Symposium on Compiler Construction.

Jone81 Neil D. Jones, "Flow Analysis of Lambda Expressions", *Symposium on Functional Languages and Computer Architecture*, p. 376-407, 1981.

Jone86 Neil D. Jones and Alan Mycroft, "Data Flow Analysis of Applicative Programms Using Minimal Function Graphs", *Proc. 13th Symposium on Principles of Programming Languages*, p. 296-306, ACM, January 1986.

Jone87 Neil D. Jones, "Flow Analysis of Lazy Higher Order Functional Programs", in *Abtract Interpretation of Declarative Languages*, ed. S. Abramsky and C Hankin, Ellis Horwood, 1987.

Kenn82 J.R. Kennaway and M.R. Sleep, "Expressions as Processes", *1982 ACM Symposium on Lisp and Functional Programming*, 1982.

Kers84 W. H. Kersjes, "A Reduction Strategy for Efficient Parallel Evaluation of Functional Programs Using Program Analysis", Lehrstuhl für Informatik II, RWTH Aachen, 1984.

Kieb87 Richard B. Kieburtz and Maria Napierala, "Abstract Semantics", in *Abstract Interpretation*, ed. S. Abramsky and C. Hankin, Ellis-Horwood, 1987.

Kuo86 Tsung-Min Kuo, "A Practical Method for Strictness Analysis", Department of Computer Science, SUNY at Stony Brook, Dec 1986, preliminary version.

Kuo87 Tsung-Min Kuo and Prateek Mishra, "On strictness and its Analysis", *Proceedings of the* 14th *Annual ACM Symposium on Principles of Programming Languages*, p. 144-155, München, Jan 1987.

Land64 P. J. Landin, "The Mechanical Evaluation of Expressions", *Computer Journal*, 6, 4, 1964.

Loog87 Rita Loogen, "Designing a Parallel Programmable Graph Reduction Machine with Distributed Memory", RWTH Aachen, Draft, 1987.

Mart87 C. Martin and C. Hankin, "Finding Fixed Points in Finite Lattices", *Proc. Functional Programming Languages and Computer Architure*, 274, p. 426-445, Springer, Portland, Oregon, USA, September 1987.

Maur85 Dieter Maurer, "Strictness Computation Using Special λ-Expressions", in *Programs as Data Objects*, p. 136-155, Copenhagen, Denmark, October 1985, Lecture Note in Computer Science, Vol. 217.

Maur85a Dieter Maurer and Hans-Georg Oberhauser, "Ein Simulator für die parallele Reduktion von Kombinatorcode", SFB 124 - C1, 9/1985, Universität des Saarlandes, West Germany, 1985.

Mehl84 Kurt Mehlhorn, "Graph Algorithms and NP-completeness", in *Data Structures and Algorithms 2*, Springer, 1984.

Miln78 R. Milner, "A theory of type polymorphism in programming", *Journal of computer and system sciences*, 17(3), 1978.

Mitc84 J. C. Mitchell, "Coercion and Type Inference", *Symposium on Programming Languages and Systems XI*, 1984.

Mycr80 Alan Mycroft, "The Theory and Practice of Transforming Call-by-Need into Call-by-Value.", *Proc. 4th Int. Symp. on Prgramming: Lecture Notes in Computer Science, number 83, Paris, pp. 269-281*, 1980.

Mycr81 Alan Mycroft, *Abstract Interpretation and Optimizing Transformations for Applicative Programs*, Ph.D. Th., University of Edinburgh, 1981.

Mycr83 Alan Mycroft and F. Nielson, "Strong Abstract Interpretation using Power Domains", *ICALP 83*, 1983.

Mycr84 Alan Mycroft, "Polymorphic Type Schemes and Recursive Definitions", in *Symposium on Programming*, ed. Paul, Robinet, p. 217-228, LNCS 167, 1984.

Mycr85 Alan Mycroft and Neil Jones, "A Relational Framework for Abstract Interpretation", *Programs as Data Objects*, 217, p. 156-171, Springer Verlag, Copenhagen, 1985.

Niel87 Flemming Nielson, "Strictness Analysis and Denotational Abstract Interpretation", *Proceedings of the* 14th *Annual ACM Symposium on Principles of Programming Languages*, p. 120-131, München, Jan. 1987.

Ober88 Hans-Georg Oberhauser, *Graphreduktion für funktionale Sprachen — Vergleich und Synthese zweier Reduktionsmechanismen*, 1988, Dissertation, Universität des Saarlandes.

Peyt86 Simon Peyton-Jones, "FLIC - a Functional Language Intermediate Code", Internal Note 2048, University College London, Nov 1986.

Plot81 Gordon D. Plotkin, "A Structural Approach to Operational Semantics", DAIMI FN-19, Aarhus University, Sept. 1981.

Rabe87 Martin Raber, Thomal Remmel, Dieter Maurer, Fritz Müller, Hans-Georg Oberhauser and Reinhard Wilhelm, "A Concept for a Parallel G-machine", SFB 124 Report 06/1987, Universität des Saarlandes, 1987.

Robi65 J.A. Robinson, "A Machine Oriented Logic Based on the Resolution Principle", *JACM*, 12(1), 1965.

Scot72 D. S. Scott, "Continous lattices", in *Toposes, Algebraic Geometry and Logic*, ed. F. W. Lawvere, p. 97-136, LNM 274, 1972.

Smyt82 M. B. Smyth and G. D. Plotkin, "The Category-Theoretic Solution of Recursive Domain Equations", Internal Report CSR-102-82, University of Edinburgh, February 1982.

Stoy77 J. E. Stoy, *Denotational Semantics: The Scott-Strachey Approach to Programming Language Theory*, MIT Press, Cambridge, Mass., 1977.

Turn79 D.A. Turner, "A new implementation technique for applicative languages", *Software - Practice and Experience*, 9, p. 31-49, Sept. 1979.

Turn85 D. A. Turner, "Miranda: A Non-Strict Functional Language with Polymorphic Types", *Proceedings Functional Programming Languages and Computer Architecture*, p. 1-16, Nancy, France, Sept. 1985.

Wadl85 Phil Wadler, "Strictness Analysis on Non-Flat Domains", Programming Research Group, Oxford University, Nov. 1985.

Wadl87 P. Wadler and John Hughes, "Projections for Strictness Analysis", *Proc. Functional Programming Languages and Computer Architure*, 274, p. 385-407, Springer, Portland, Oregon, USA, September 1987.

Wise82 David S. Wise, "Interpreters for Functional Programming", in *Functional Programming and its Applications*, ed. Darlington, Henderson, Turner, p. 253-280, Cambridge University Press, 1982.

Wray85 Stuart C. Wray, "A New Strictness Detection Algorithm", *Proc. Workshop on Implementation of Functional Languages, Aspenäs*, Institutionen för Informationsbehandling, Chalmers Tekniska Högskola, Göteborg, Sweden, 1985.

Wray86 Stuart C. Wray, *Implementation and Programming Techniques for Functional Languages*, PhD thesis, University of Cambridge Computer Laboratory, 1986.

Youn86 Jonathan Young and Paul Hudak, "Finding Fixpoints on Function Spaces", Research Report YALEU/DCS/RR-505, December 1986.

Notationen

Definitionen

Band 146: W. Damm, Entwurf und Verifikation mikroprogrammierter Rechnerarchitekturen. VIII, 327 Seiten. 1987.

Band 147: F. Belli, W. Görke (Hrsg.), Fehlertolerierende Rechensysteme / Fault-Tolerant Computing Systems. 3. Internationale GI/ITG/GMA-Fachtagung, Bremerhaven, September 1987. Proceedings. XI, 389 Seiten. 1987.

Band 148: F. Puppe, Diagnostisches Problemlösen mit Expertensystemen. IX, 257 Seiten. 1987.

Band 149: E. Paulus (Hrsg.), Mustererkennung 1987. 9. DAGM-Symposium, Braunschweig, Sept./Okt. 1987. Proceedings. XVII, 324 Seiten. 1987.

Band 150: J. Halin (Hrsg.), Simulationstechnik. 4. Symposium, Zürich, September 1987. Proceedings. XIV, 690 Seiten. 1987.

Band 151: E. Buchberger, J. Retti (Hrsg.), 3. Österreichische Artificial-Intelligence-Tagung. Wien, September 1987. Proceedings. VIII, 181 Seiten. 1987.

Band 152: K. Morik (Ed.), GWAI-87. 11th German Workshop on Artificial Intelligence. Geseke, Sept./Okt. 1987. Proceedings. XI, 405 Seiten. 1987.

Band 153: D. Meyer-Ebrecht (Hrsg.), ASST'87. 6. Aachener Symposium für Signaltheorie. Aachen, September 1987. Proceedings. XII, 390 Seiten. 1987.

Band 154: U. Herzog, M. Paterok (Hrsg.), Messung, Modellierung und Bewertung von Rechensystemen. 4. GI/ITG-Fachtagung, Erlangen, Sept./Okt. 1987. Proceedings. XI, 388 Seiten. 1987.

Band 155: W. Brauer, W. Wahlster (Hrsg.), Wissensbasierte Systeme. 2. Internationaler GI-Kongreß, München, Oktober 1987. XIV, 432 Seiten. 1987.

Band 156: M. Paul (Hrsg.), GI – 17. Jahrestagung. Computerintegrierter Arbeitsplatz im Büro. München, Oktober 1987. Proceedings. XIII, 934 Seiten. 1987.

Band 157: U. Mahn, Attributierte Grammatiken und Attributierungsalgorithmen. IX, 272 Seiten. 1988.

Band 158: G. Cyranek, A. Kachru, H. Kaiser (Hrsg.), Informatik und „Dritte Welt". X, 302 Seiten. 1988.

Band 159: Th. Christaller, H.-W. Hein, M. M. Richter (Hrsg.), Künstliche Intelligenz. Frühjahrsschulen, Dassel, 1985 und 1986. VII, 342 Seiten. 1988.

Band 160: H. Mäncher, Fehlertolerante dezentrale Prozeßautomatisierung. XVI, 243 Seiten. 1987.

Band 161: P. Peinl, Synchronisation in zentralisierten Datenbanksystemen. XII, 227 Seiten. 1987.

Band 162: H. Stoyan (Hrsg.), Begründungsverwaltung. Proceedings, 1986. VII, 153 Seiten. 1988.

Band 163: H. Müller, Realistische Computergraphik. VII, 146 Seiten. 1988.

Band 164: M. Eulenstein, Generierung portabler Compiler. X, 235 Seiten. 1988.

Band 165: H.-U. Heiß, Überlast in Rechensystemen. IX, 176 Seiten. 1988.

Band 166: K. Hörmann, Kollisionsfreie Bahnen für Industrieroboter. XII, 157 Seiten. 1988.

Band 167: R. Lauber (Hrsg.), Prozeßrechensysteme '88. Stuttgart, März 1988. Proceedings. XIV, 799 Seiten. 1988.

Band 168: U. Kastens, F. J. Rammig (Hrsg.), Architektur und Betrieb von Rechensystemen. 10. GI/ITG-Fachtagung, Paderborn, März 1988. Proceedings. IX, 405 Seiten. 1988.

Band 169: G. Heyer, J. Krems, G. Görz (Hrsg.), Wissensarten und ihre Darstellung. VIII, 292 Seiten. 1988.

Band 170: A. Jaeschke, B. Page (Hrsg.), Informatikanwendungen im Umweltbereich. 2. Symposium, Karlsruhe, 1987. Proceedings. X, 201 Seiten. 1988.

Band 171: H. Lutterbach (Hrsg.), Non-Standard Datenbanken für Anwendungen der Graphischen Datenverarbeitung. GI-Fachgespräch, Dortmund, März 1988, Proceedings. VII, 183 Seiten. 1988.

Band 172: G. Rahmstorf (Hrsg.), Wissensrepräsentation in Expertensystemen. Workshop, Herrenberg, März 1987. Proceedings. VII, 189 Seiten. 1988.

Band 173: M. H. Schulz, Testmustergenerierung und Fehlersimulation in digitalen Schaltungen mit hoher Komplexität. IX, 165 Seiten. 1988.

Band 174: A. Endrös, Rechtsprechung und Computer in den neunziger Jahren. XIX, 129 Seiten. 1988.

Band 175: J. Hülsemann, Funktioneller Test der Auflösung von Zugriffskonflikten in Mehrrechnersystemen. X, 179 Seiten. 1988.

Band 176: H. Trost (Hrsg.), 4. Österreichische Artificial-Intelligence-Tagung. Wien, August 1988. Proceedings. VIII, 207 Seiten. 1988.

Band 177: J. Pliquett, L. Voelkel, Signaturanalyse. 224 Seiten. 1988.

Band 178: H. Göttler, Graphgrammatiken in der Softwaretechnik. VIII, 244 Seiten. 1988.

Band 179: W. Ameling (Hrsg.), Simulationstechnik. 5. Symposium. Aachen, September 1988. Proceedings. XIV, 538 Seiten. 1988.

Band 180: H. Bunke, O. Kübler, P. Stucki (Hrsg.), Mustererkennung 1988. 10. DAGM-Symposium, Zürich, September 1988. Proceedings. XV, 361 Seiten. 1988.

Band 181: W. Hoeppner (Hrsg.), Künstliche Intelligenz. GWAI-88, 12. Jahrestagung. Eringerfeld, September 1988. Proceedings. XII, 333 Seiten. 1988.

Band 182: W. Barth (Hrsg.), Visualisierungstechniken und Algorithmen. Fachgespräch, Wien, September 1988. Proceedings. VIII, 247 Seiten. 1988.

Band 183: A. Clauer, W. Purgathofer (Hrsg.), AUSTROGRAPHICS '88. Fachtagung, Wien, September 1988. Proceedings. VIII, 267 Seiten. 1988.

Band 184: B. Gollan, W. Paul, A. Schmitt (Hrsg.), Innovative Informations-Infrastrukturen. I. I. I. – Forum, Saarbrücken, Oktober 1988. Proceedings. VIII, 291 Seiten. 1988.

Band 185: B. Mitschang, Ein Molekül-Atom-Datenmodell für Non-Standard-Anwendungen. XI, 230 Seiten. 1988.

Band 186: E. Rahm, Synchronisation in Mehrrechner-Datenbanksystemen. IX, 272 Seiten. 1988.

Band 187: R. Valk (Hrsg.), GI – 18. Jahrestagung I. Vernetzte und komplexe Informatik-Systeme. Hamburg, Oktober 1988. Proceedings. XVI, 776 Seiten.

Band 188: R. Valk (Hrsg.), GI – 18. Jahrestagung II. Vernetzte und komplexe Informatik-Systeme. Hamburg, Oktober 1988. Proceedings. XVI, 704 Seiten.

Band 189: B. Wolfinger (Hrsg.), Vernetzte und komplexe Informatik-Systeme. Industrieprogramm zur 18. Jahrestagung der GI, Hamburg, Oktober 1988. Proceedings. X, 229 Seiten. 1988.

Band 190: D. Maurer, Relevanzanalyse. VIII, 239 Seiten. 1988.